懐かしい京急沿線にタイムトリップ

京急全線
古地図さんぽ

坂上 正一 著

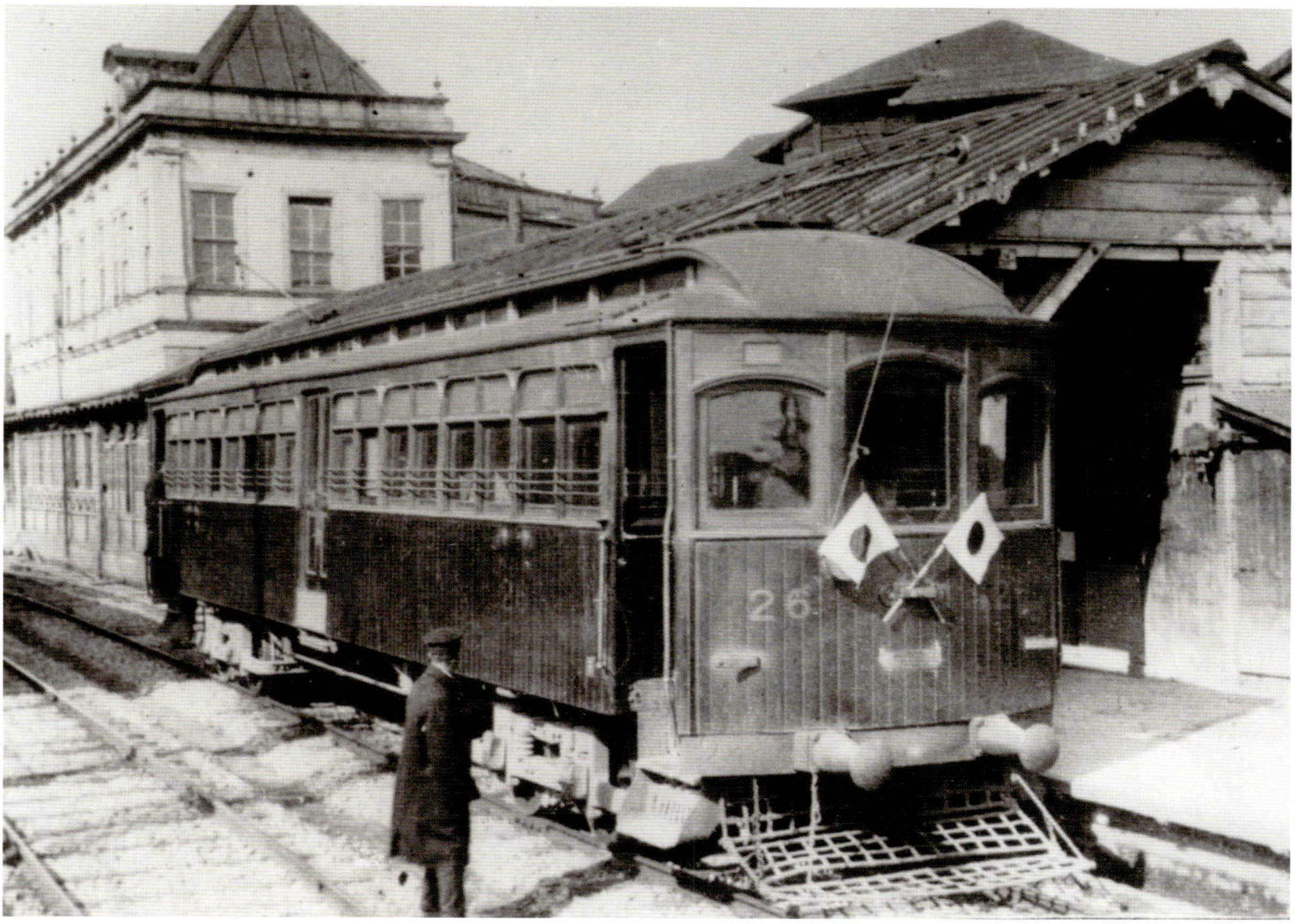

1911（明治44）年に製造された大型ボギー電車26号形。提供：京急電鉄

1章【京急本線（港区・品川区・大田区）、空港線】

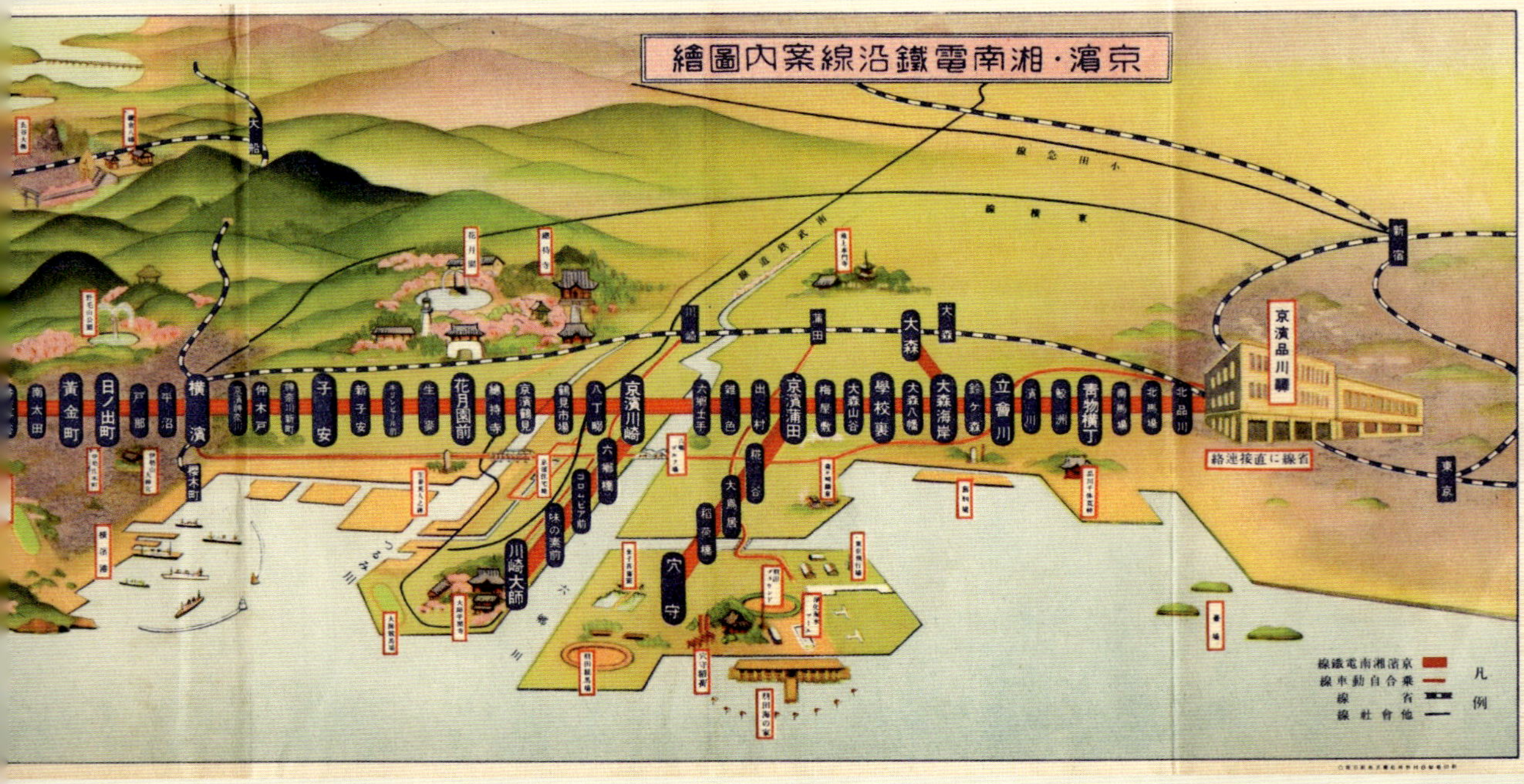

所蔵：生田 誠

京浜・湘南電鉄沿線案内図絵（昭和初期）

2章【京急本線（川崎市・横浜市）、大師線、逗子線】

所蔵：生田 誠

京浜湘南電鉄沿線遊覧案内（昭和戦前期）

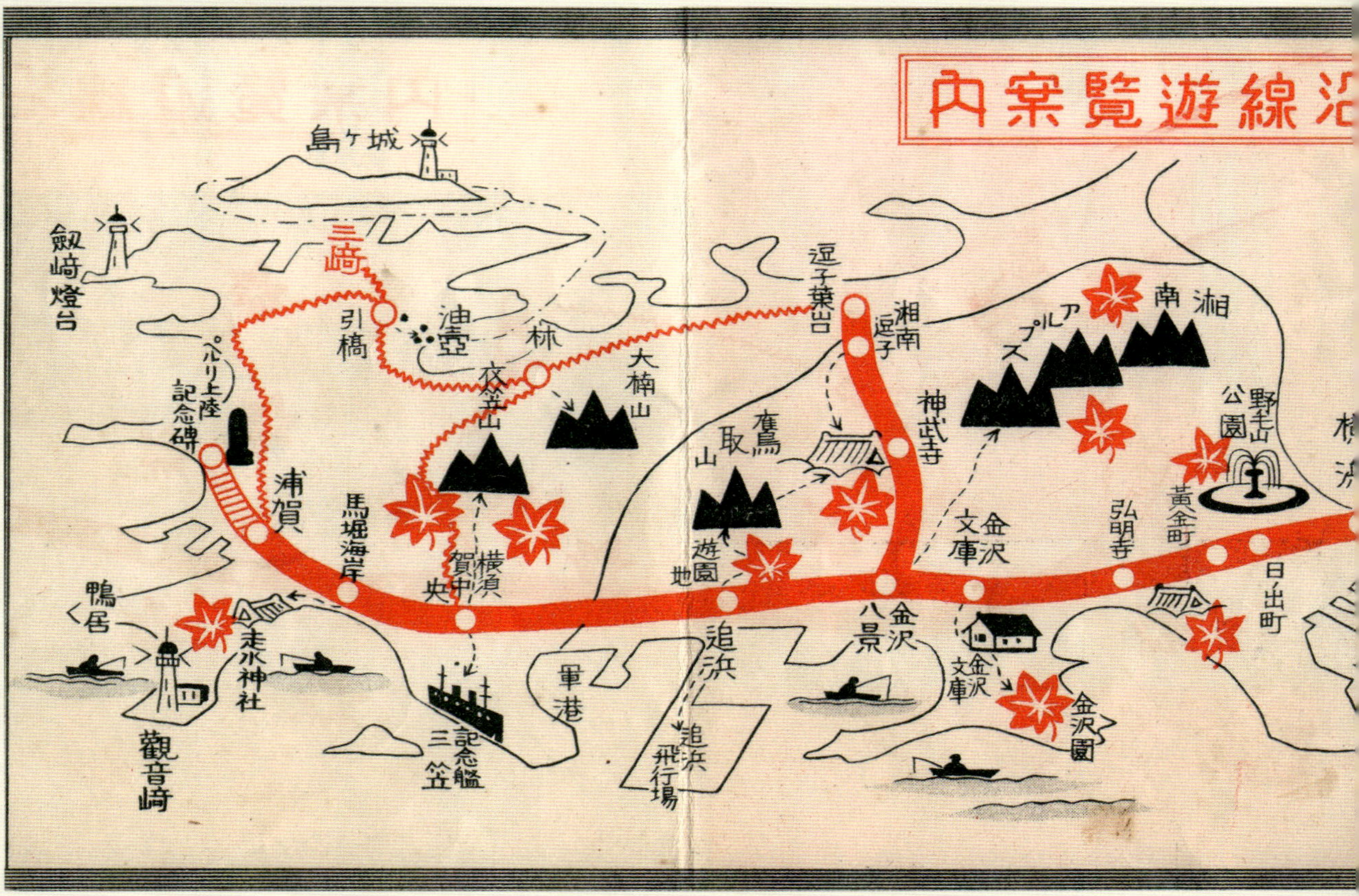

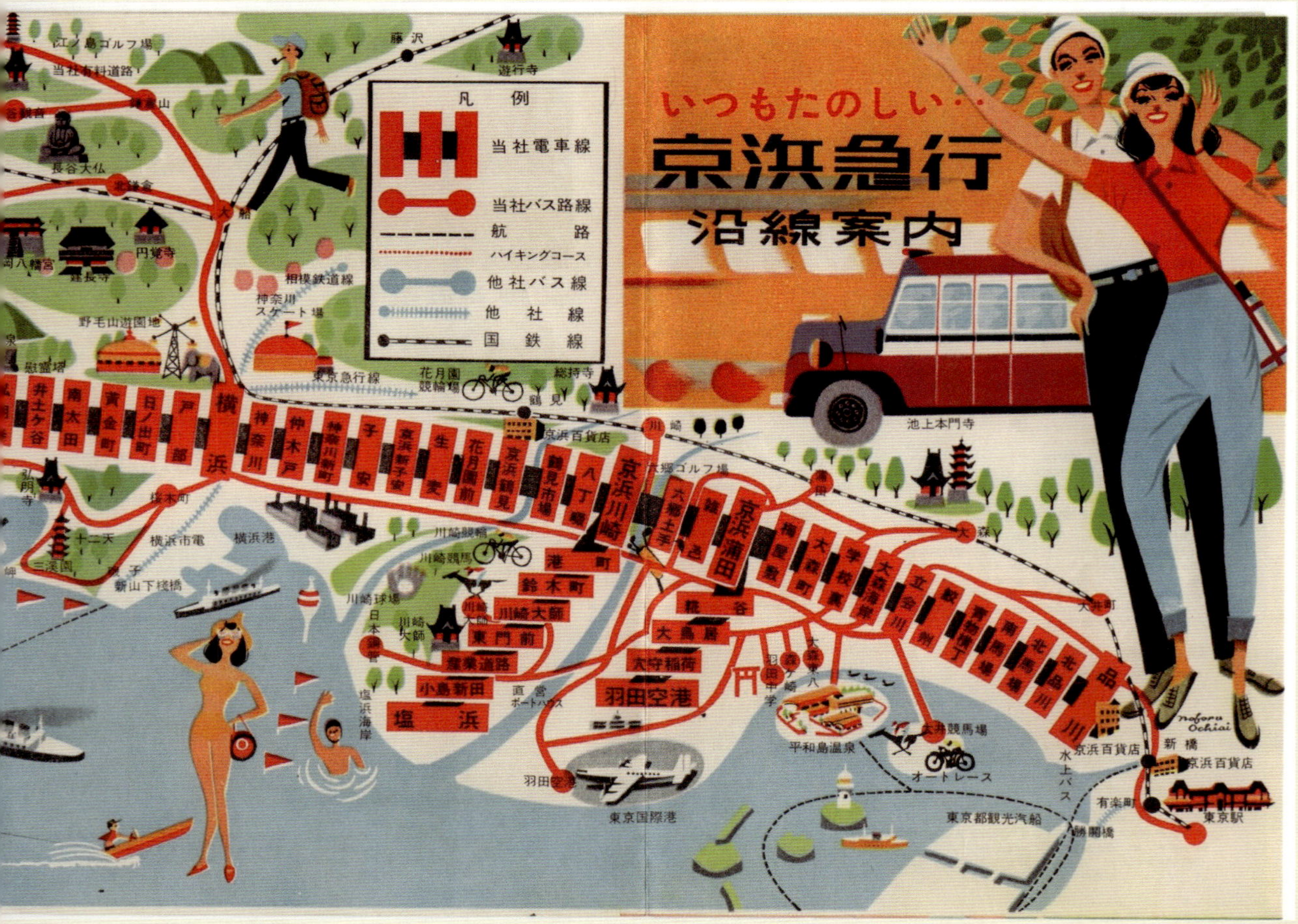
いつもたのしい…
京浜急行
沿線案内
凡例
当社電車線
当社バス路線
航路
ハイキングコース
他社バス線
他社線
国鉄線
藤沢
遊行寺
長谷大仏
円覚寺
建長寺
野毛山遊園地
相模鉄道線
東京急行線
花月園競輪場
総持寺
京浜百貨店
池上本門寺
井土ケ谷
南太田
黄金町
日ノ出町
戸部
横浜
神奈川
仲木戸
神奈川新町
子安
京浜新子安
生麦
花月園前
京浜鶴見
鶴見市場
八丁畷
京浜川崎
六郷土手
雑色
京浜蒲田
梅屋敷
大森町
学校裏
大森海岸
立会川
鮫洲
青物横丁
南馬場
北馬場
北品川
品川
港町
鈴木町
川崎大師
東門前
産業道路
小島新田
塩浜
糀谷
大鳥居
穴守稲荷
羽田空港
横浜市電
横浜港
三渓園
新山下桟橋
川崎球場
平和島温泉
大井競馬場
オートレース
東京国際港
東京都観光汽船
水上バス
新橋
有楽町
東京駅
所蔵：生田 誠

京浜急行沿線案内（昭和30年代）

懐かしい京急の切符

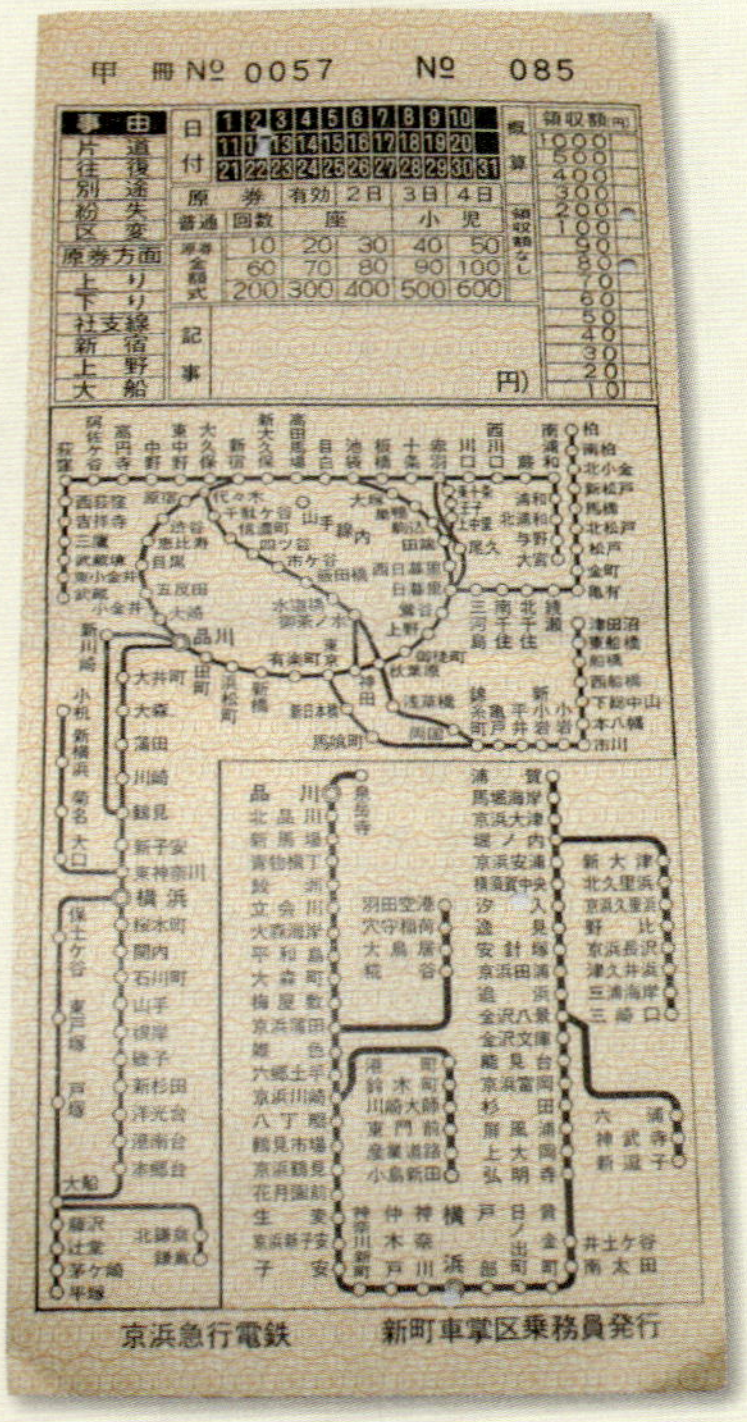

京急電鉄の乗務員が乗客に対して、乗り越しや行き先変更時に発行する車内補充券。

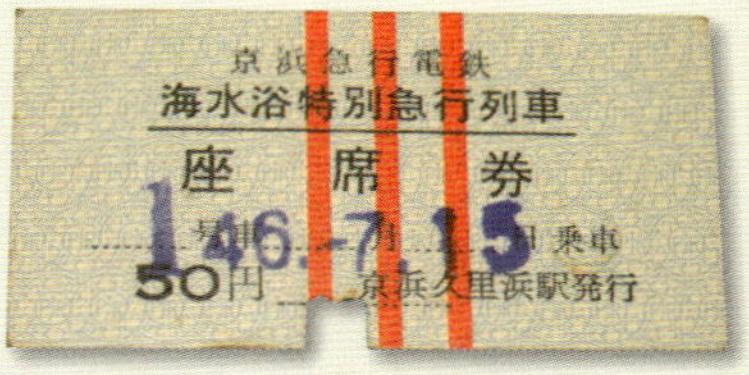

昭和46（1971）年7月15日に京浜久里浜駅で発行された「海水浴特別急行列車」の座席券（50円）。

昭和46（1971）年8月28日に品川駅で発行された座席指定券で、料金は50円だった。

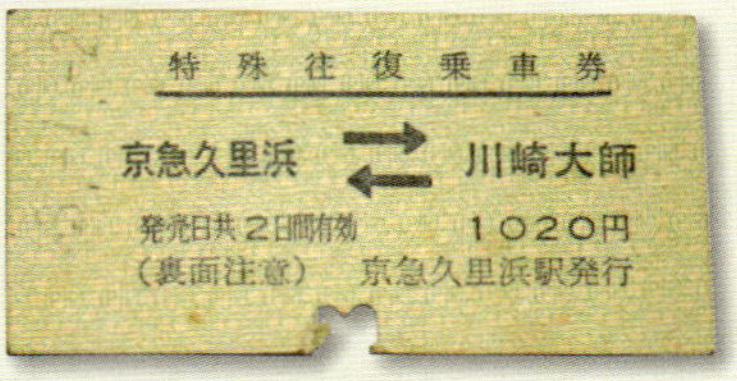

京急久里浜駅発行の京急久里浜～川崎大師間の「特殊往復乗車券」。初詣用の往復切符。

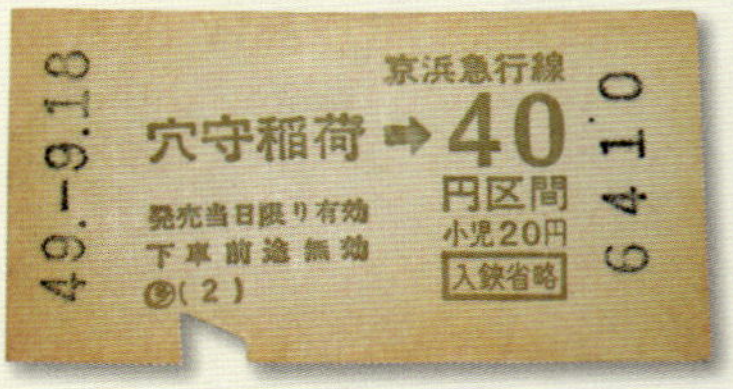

昭和49（1975）年9月18日発行の穴守稲荷駅から40円区間の切符。

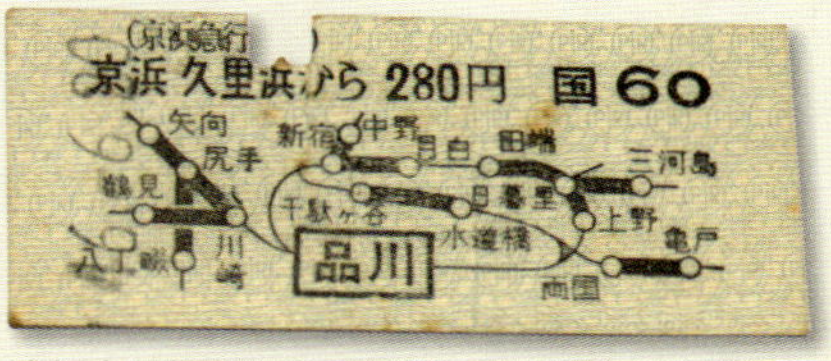

京浜久里浜駅から国鉄線に乗り継ぐ280円分の切符。川崎と品川で乗り継ぐ。

■主な参考資料

『大東京名所百景写真帖』青海堂
『最新東京案内』東京倶楽部 編　綱島書店
『東京案内』石倉翠葉 編　中央教育会
『四五日の旅・名所回遊』松川二郎 著　有精堂書店
『最新東京繁昌記』伊藤銀月 著　内外出版協会
『東京の近郊・一日二日の旅』田山花袋 著　磯部甲陽堂
『東海道線東京近郊電化写真帖』鉄道省東京電気事務所 編　鉄道省東京電気事務所
『東京近郊電車案内』渡辺政太郎 編　鉄道智識普及学会
『遠足の栞』東京女子高等師範学校附属高等女学校 編　東京女子高等師範学校附属高等女学校校友会
『横浜繁昌記』横浜新報社著作部 編　横浜新報社
『横浜の史蹟と名勝』横浜郷土史研究会
『夏のプラン』松波治郎 著　第百通信社
『一日の行楽』田山花袋 著　博文館
『浮世風俗やまと錦絵（江戸末期時代 下巻）』橋口五葉 編　日本風俗図絵刊行会
『金沢八景』古典籍資料：国会図書館
『海の荒鷲』愛国婦人会
『維新前後の政争と小栗上野の死』蜷川新 著　日本書院
『三浦繁昌記』岡田緑風 著　公正新聞社
『青木繁画集（附・歌稿、尺牘と談片）』政教社
『三浦の名所』福良虎雄 著　鈴木勝之助
『四五日の旅:名所回遊』松川二郎 著　有精堂書店
『最新東京名所写真帖』小島又市
『東京風景』小川一真出版部
『仁山智水帖』光村写真部
『東京名物食べある記』時事新報家庭部 編　正和堂書房
『映画女優スタアになるまで』小池善彦 著　章華社
『蒲田町史』市郡合併記念：蒲田町史編纂会 編　蒲田町史編纂会
『川崎市民読本』川崎市教育会 編　川崎市教育会
『日本名勝旧蹟産業写真集関東地方之部』西田繁造 編　富田屋書店
『横浜の港湾』横浜市港湾部 編　横浜市港湾部
『日本之名勝』瀬川光行 編　史伝編纂所
『大東京寫眞帖』出版元、刊行年等不明
『地理写真帖』野口保興 編　東洋社
『外国新聞に見る日本』毎日コミュニケーションズ
『神奈川県史』神奈川県
『横浜市史』横浜市
『川崎市史』川崎市
『川崎誌』市制記念：市制記念川崎誌刊行会 編　市制記念川崎誌刊行会
『品川区史』品川区
『品川町史』品川町
『大田区史』
『逗子町誌』荒井友三郎 編　逗子町
『池上町史』:大東京併合記念　池上町史編纂会 編　大林閣
『昭和の郊外 東京・戦前編』三浦展 編　柏書房
『昭和の郊外 東京・戦後編』三浦展 編　柏書房
『京浜急行八十年史』京浜急行電鉄
『京浜急行 最近の十年』京浜急行電鉄

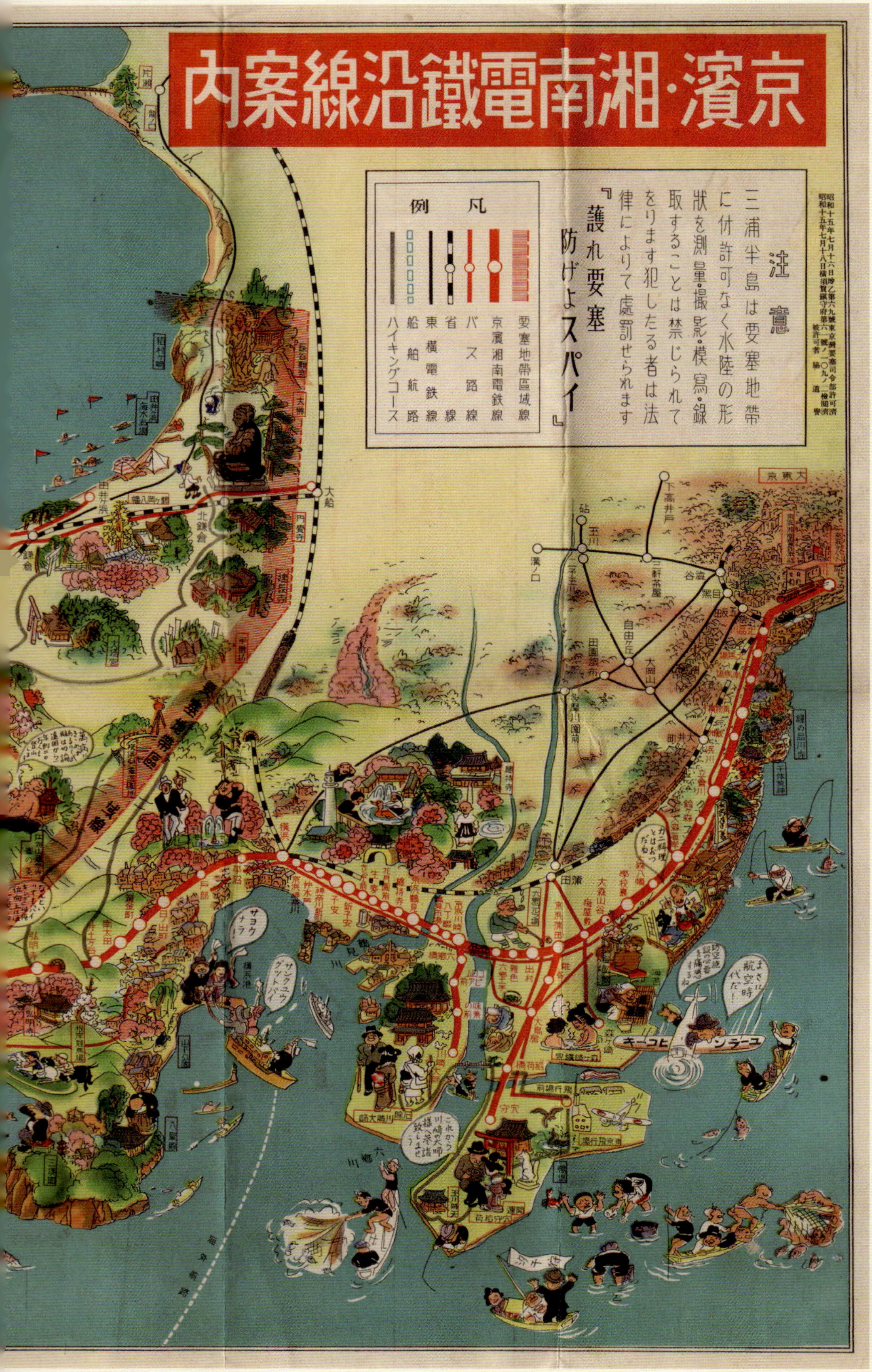

京浜・湘南電鉄
沿線案内
(昭和戦前期)

所蔵:生田 誠

詩の町歌の島そうして魚の港だよ
この銃後の意気を戦線の兄さんに見せたいねー
あれは三原山の煙だ！
これは面白いなァー
あッ！とびこんだ!!
海をへだてゝ眺める富士はまた格別だや
こゝは年中草花の花盛りだ!!
絶景々々
アルプス縦走の感ありだ
三浦半島はハイカーの至宝だ幾度来ても尚ほ心ひかるゝ半島の魅力よ
本場の妙義山もはだしだね！
皇國の興廢この一戦にあり
江の島
城ヶ島
原
引橋
林
長井
三浦富士
武山不動
武山下
秋谷
葉山
長柄
木古庭
二子山
三峯山
衣笠
満昌寺
浦賀
浄林寺
馬堀海岸
横須賀中央
逸見
追浜
神武寺
鷹取山
金沢八景
金沢文庫
杉田
湘南田浦
湘南富岡
隆起地層天然記念物
海水浴場
要塞地帯区域線

京急120年のドラマチック
～序に代えて～

1898（明治31）年2月25日、大師電気鉄道株式会社は産声をあげた。翌年1月21日、川崎大師御会式に合わせて大師電気鉄道の、文字通りの一番電車が多摩川沿岸の大師河原を走り始めたのが京浜急行電鉄の長い歴史の第一頁目となった。

京急の前身となる大師電気鉄道は日本で3番目、関東では最も早い電気鉄道であった。東京電力のルーツとなる東京電燈が開業して十年余。「電気の時代」は幕を開けたとはいえまだまだ黎明期、自前の発電所を設けて電車を走らせ始めた大師電気鉄道は開業間もなく京浜電気鉄道と改称する。川崎大師参詣に向けた観光鉄道から脱皮し、京浜間を結ぶ都市間連絡鉄道たらんと壮大なビジョンを掲げたことが神奈川～東京～千葉を走る現在の京急につながった。

本書では京急沿線を明治～大正～昭和の三代にわたる古地図で振り返っている。明治時代の品川は文字通り「海っぺり」にあった。川崎大師と旧宿場町以外あたり一面田園地帯だった川崎が都市化していくのは大正末期から昭和にかけてであった。開港地横浜、軍港として発展した横須賀も港を離れると然り。観光地三浦半島は京急が昭和の後半に開通するまで海岸線を離れると山また山の地であった。

京浜急行電鉄の120年は、東京～川崎～横浜～横須賀そして三浦半島の歴史でもあることを往時の古地図が教えてくれる。

2018年7月　著者 記

1章
京急本線
（港区・品川区・大田区）
空港線

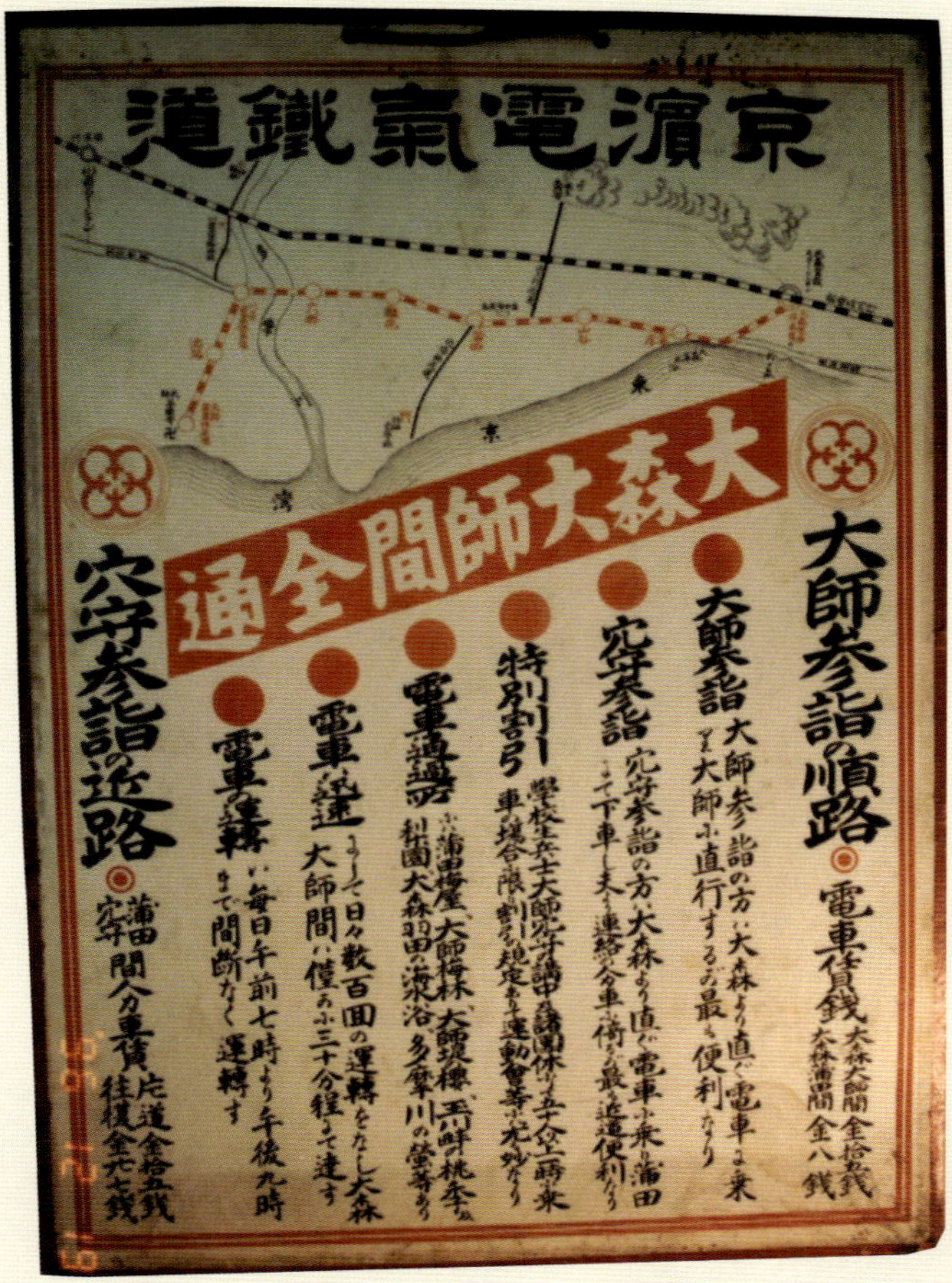

大森～大師間全通を知らせる
京浜電気鉄道のポスター
提供：京急電鉄

陸軍陸地測量部発行 1/10000地形図「三田」「品川」

明治42年（1909年）

京急本線

泉岳寺

山手線新駅誕生で劇的に変貌の予感

開業年	昭和43(1968)年6月21日
所在地	東京都港区高輪2-16-34
キロ程	1.2㎞（品川起点）
駅構造	2面4線(地下)
乗降客	189,752人

徳川家康入府の頃の東京は、日比谷あたりまで入江だった。下町江東区は天正年間（1573～91）に埋立・開発が始まり、深川が誕生した。東京湾京浜部の埋立が本格化するのは明治30年代だ。そのことが伺えるのが明治42年の地図だ。文字通り海っぺりを走っていた鉄道も漸く東側に陸地らしきものが出来始めている。この埋立に一役買ったのが、隅田川の浚渫工事による土砂であった。

京急の夢を実現した泉岳寺駅開業

京浜急行電鉄（以下、京急と表記）が泉岳寺駅で都営地下鉄浅草線（当時は1号線）及び京成電鉄との相互直通運転を開始したのは昭和43（1968）年6月21日のことだ。この都心乗り入れで京急は明治31（1898）年2月25日、その前身となる大師電気鉄道創業以来の目標を実現した。京急にとって「昭和43年6月21日」は、創業記念日に匹敵するメモリアルデーといえる。

明治40年代の泉岳寺山門前（「最新東京名所写真帖」）

京急は大師電気鉄道創業後すぐに、ゆくゆくは京浜間連絡鉄道たらんと志し、「京浜電気鉄道」と改称。部分開業を積み重ねながら、明治38年12月には品川～神奈川間全通を達成。その2年後の明治40（1910）年には、内務省に品川～青山間支線延長を申請してい

昭和43年という年

京浜急行電鉄が泉岳寺駅で都心直通運転を実現した昭和43か年は、日本は高度成長期の真っ只中。昭和35年からスタートした池田勇人の所得倍増計画でサラリーマンの年収は100万円の大台が見えてきた年だった。

列島は「昭和元禄」と浮かれ、街行く女性のミニスカートが眩しかった時代だった。前年10月、「ミニの女王」ツイッギーが来日。3週間に渡ってのファッションショーで、日本にも爆発的なミニスカートブームを起こしたのだ。膝上露わなスカートが「胴長短足」の日本女性に受け入れられるかどうか疑問視する声もあったが、女心は洋の東西、体型の違いを問わず同じだったのだ。

ミニスカートに続いてホットパンツが流行した昭和40年代初頭は「失神」が流行語となる一方で全共闘は「止めてくれるな、おっかさん」とゲバ棒を振り回す青春を選択する。東京オリンピック前後から始まった高度経済成長の波は人々の価値観を革命的に変え、忍耐や我慢はもはや美徳ではなく、性欲を含めて自身の欲望に忠実足らんとするライフスタイルを生み、硬派軟派の二極化現象を生んだ。そうした世相にミニスカートとホットパンツが彩りを添えていたのが昭和40年代だった。

陸軍陸地測量部発行 1/10000地形図「三田」「品川」

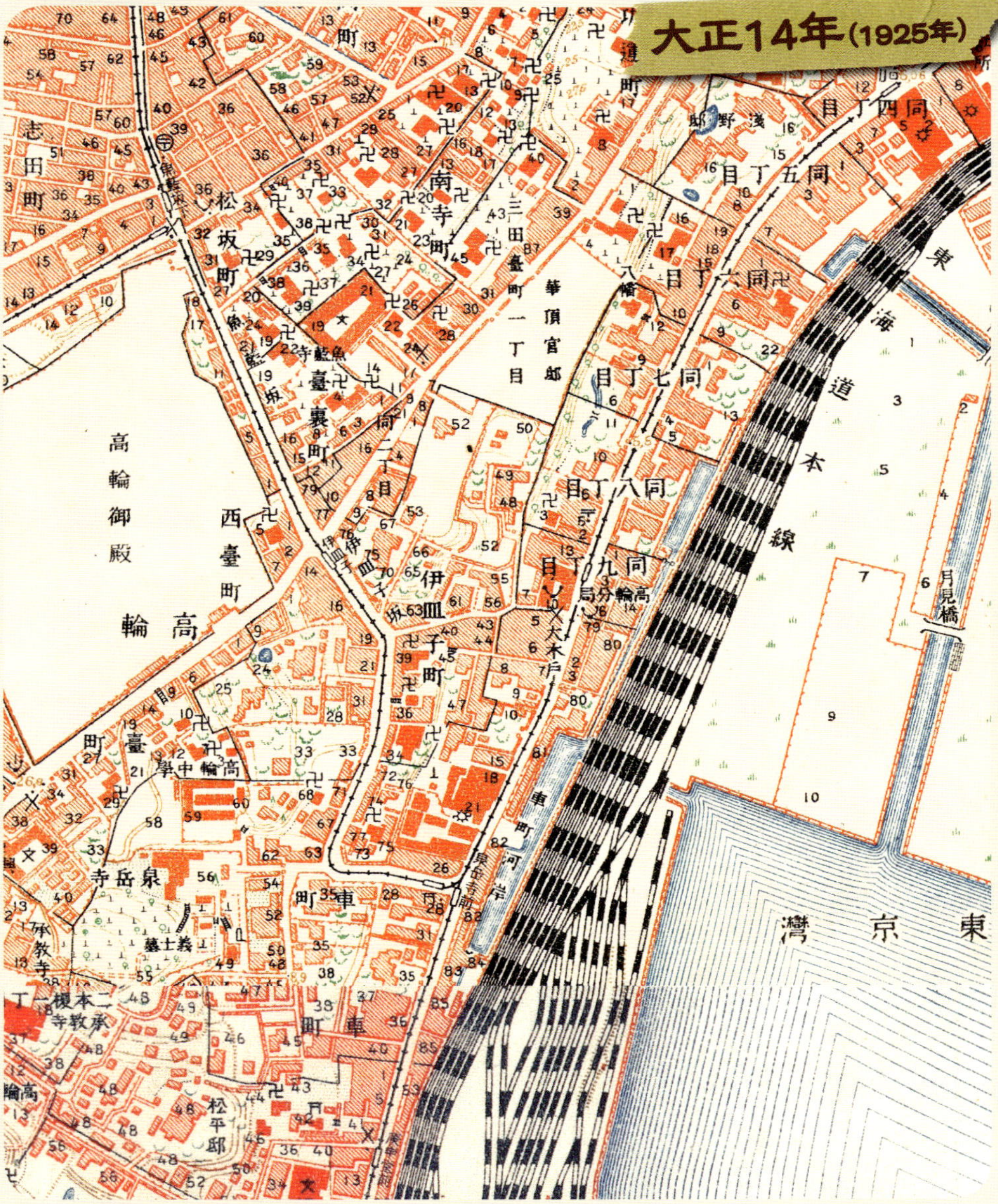

右ページの明治42年地図から16年後の大正14年。現在の湾岸部につながる埋立地が誕生している。埋立のおかげで鉄道も何本も線路を敷設する余裕が生まれ、人を含めた流通機能が向上しているのが見て取れる。地図左側の高輪御殿は、高松宮が起居した。江戸時代は赤穂浪士の大石内蔵助らが切腹した肥後細川家の下屋敷跡。大正時代には皇太子であった昭和天皇が一時期東宮御所としていたこともある。

願生寺の牛供養塔

昔は牛町だった泉岳寺駅

地下鉄泉岳寺駅がある高輪2丁目の一画は江戸時代、牛町と呼ばれていた。本来の町名は車町だが、牛飼いが多く、千頭からいたことから、俗称の牛町で呼ばれるようになった。牛飼いの発端は寛永11(1634)年、増上寺の安国殿普請で、京都から牛持ち人足を呼び、材木や石材の運搬に当たらせたことによる。力の強い牛は江戸城の拡張工事にもよく使われたことから、工事が完了すると幕府は牛持ち人足の江戸定住を図り、この地を与えたことによる。泉岳寺駅そばの願生寺(港区高輪2-16-22)には牛町時代を偲ばせる牛供養塔がある。

る。

通称「青山線」として語り継がれているこの支線は、大崎、目黒を経由しながら渋谷・青山に至る路線だった。この青山線計画はその後、品川まで延びていた東京電車鉄道との乗り入れ話が進み、京急はわざわざ軌間変更までして実現しかかったところで、東京市が東京電車鉄道を買収。大正元(1912)年、東京市は京急に肘鉄。かくて青山線も幻となってしまった。

省線品川駅乗り入れもならず、京急

陸軍陸地測量部発行 1/10000地形図「三田」「品川」

昭和12年(1937年)

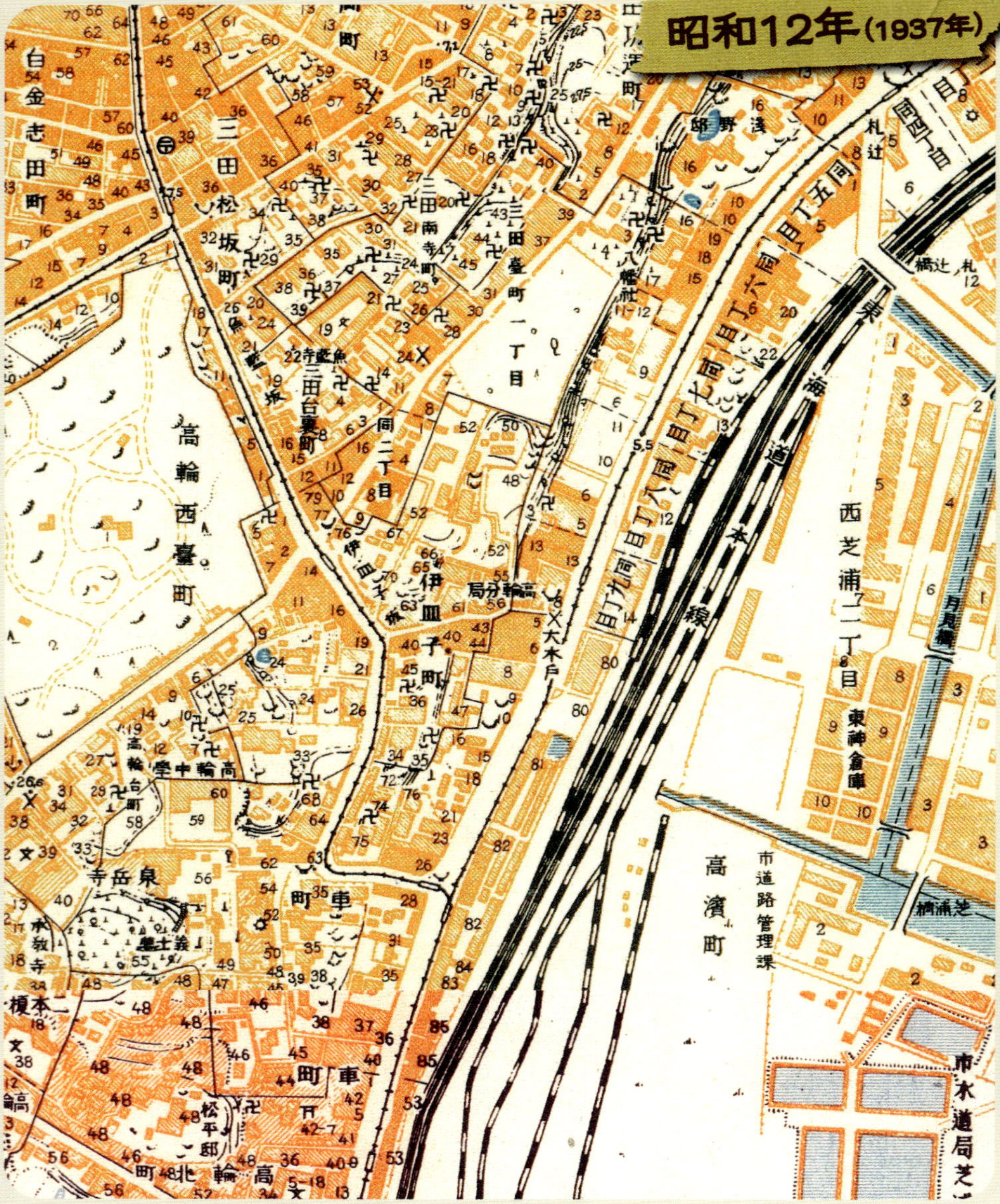

昭和10年代に入ると、埋立地には番地がついている。地図の西芝浦は現在の芝浦4丁目であり、高濱町は現在の港南地区だ。高浜運河もこのころには出来上がっていたことがわかる。鉄道の西側を走る第一京浜は前ページの大正14年地図と比較すると、自動車の時代が到来したことから拡幅されている。第一京浜を走る市電(都電)は往時の1番線で品川から上野までがその路線だった。地図中央下の市電停留所が「泉岳寺」で、現在の地下鉄泉岳寺駅だ。

それまでは只の寺なり泉岳寺

赤穂浪士事件が起きたのは元禄15(1702)年だが、泉岳寺(曹洞宗)と浅野家の関係はそれより60年ほど前の寛永年間末期に遡る。
泉岳寺は慶長17(1612)年、家康の肝いりで外櫻田に建立されるが、寛永の大火(1641年)で焼失。泉岳寺の復興がままならない様子を見て、時の将軍家光が毛利・浅野・朽木・丹羽・水谷の五大名に命じて、高輪の地で再建された。浅野家と泉岳寺の付き合いはこのとき以来のものと由緒は伝える。
当時の泉岳寺は寺院の多い高輪ではその他大勢クラスだった。赤穂浪士事件後、江戸中でヒーロー扱いされた義士を葬ったお寺として知名度は飛躍的にアップし、今に至っている。「それまでは只の寺なり泉岳寺」と川柳に詠まれているのが、泉岳寺の「事件前・事件後」を表している。

明治40年代の赤穂義士墓所(「最新東京名所写真帖」)

は以降、永きに渡って品川でとどまったままだった。

しかし、泉岳寺駅開業で積年の願望がついに実現。京浜急行は三浦半島から東京都心そして房総へと、神奈川・東京・千葉と1都2県を結ぶ大動脈となった。

泉岳寺開業日を、創業記念日に匹敵するメモリアルデー云々と推測する所以である。

山手線新駅は泉岳寺駅と一体化

鉄道路線が複数直結するターミナル駅ともなれば駅前は賑やかになるものだが、泉岳寺駅はあいにく地下駅。ために泉岳寺駅界隈は駅ビルができるわけでもなく、なんとなく無愛想な街になっていた。しかし、間もなく泉岳寺駅周辺は劇的に変貌する。山手線品川新駅の誕生だ。

JR東日本が2020年の東京五輪前に暫定開業する予定の山手線新駅の位置は品川駅から900メートル、田町駅から1300メートルの距離。泉岳寺駅と300メートルほど離れた場所に新駅が誕生する。

田町車両基地を核とする品川大開発は東京都がガイドラインを策定しているが、漏れ聞こえてくるところでは新駅と品川駅、さらに泉岳寺駅を歩行者専用デッキでつなげ、1つの街のように回遊できるようになる計画という。どちらかと言えばこれまで無味乾燥的だった泉岳寺駅界隈が劇的に変わることは必至だ。

高輪の岡場所

泉岳寺駅近くに「高輪大木戸」の一部が残されている。規模は横4間、長さ5間、高さ1丈。1間は1.8メートル、1丈は約3メートルだから、かなり大きな大木戸を設け、左右に土手石台を築いて出入りの人馬をチェック。いわば江戸の関所機能をもっていたのが高輪の大木戸だ。五代綱吉の元禄以降、大木戸の先から品川宿口まで18町（1町は約109メートル）、ずらりと引き手茶屋が軒を並べたのが、高輪の岡場所だ。

品川宿には多数の遊女を抱えた旅籠屋があり、そこに案内する引き手茶屋の多くは高輪にあり、通じていた旅籠屋に客を案内していた。当時の洒落本によると、品川の遊客は芝山内の僧侶が半数、古川を挟んで増上寺の西側に上屋敷があった薩摩が三割、町人が二割。高輪の茶屋で酒食し、勢いを付けると酔顔を海風に吹かせながら18町を駕籠に揺られて品川に乗り込んだ。

高輪の引手茶屋はそのうち女も置くようになる。女遊びの露払いのような引き手茶屋より、自前で女を置いた方が儲かると考えるのは自然の成り行きで、高輪～品川間に100軒を越える茶屋が街道筋に並び、岡場所と化したのが、高輪の歴史の一コマとなっている。

建設省地理調査所発行 1/10000地形図「三田」「品川」

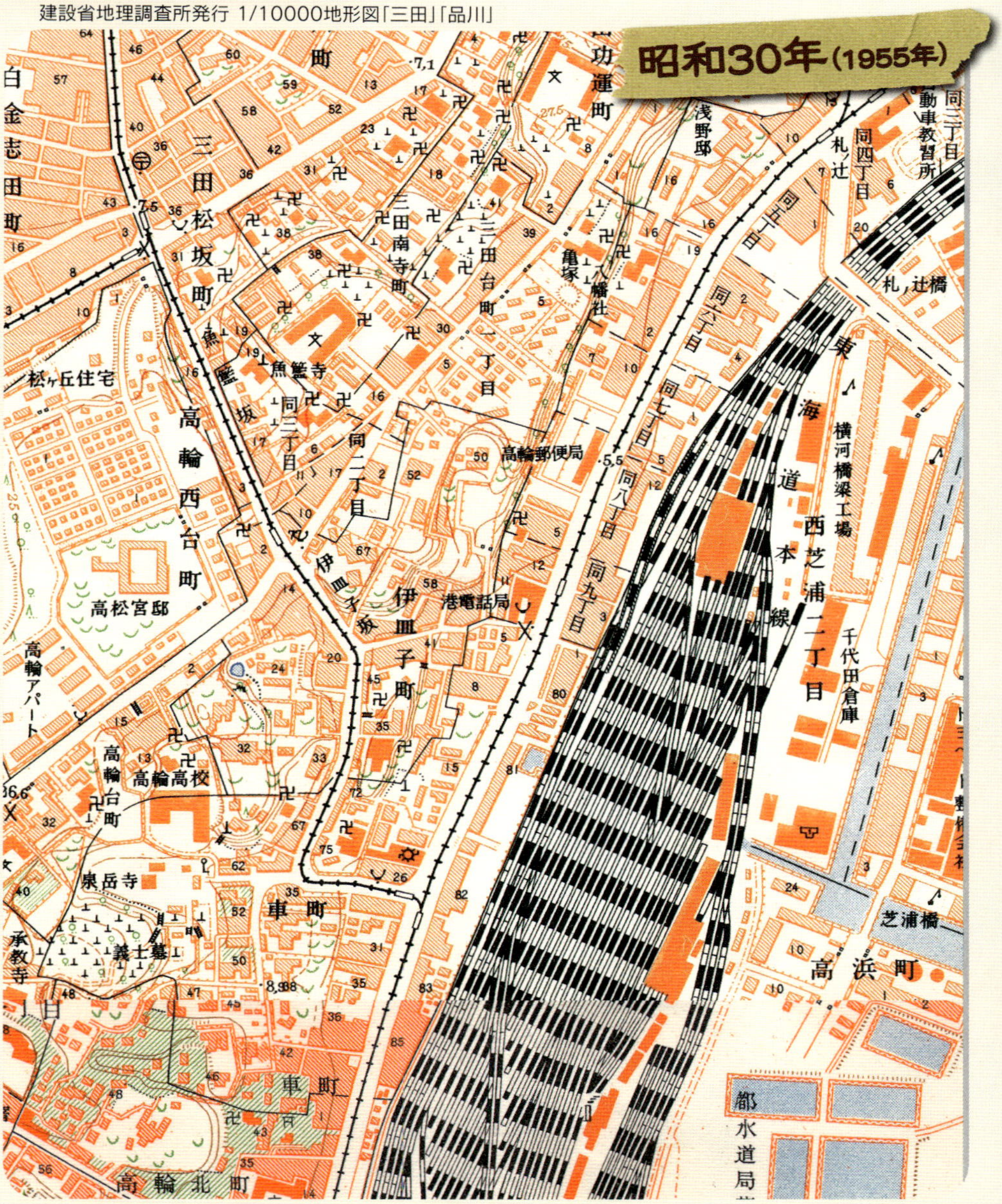

田町車両基地は昭和初期に開設されている。昭和30年ごろの日本は車社会が到来する直前。鉄道黄金時代の末期だ。現在、車両基地は再開発に着手され、都電「泉岳寺停留所」の南側に山手線新駅が誕生する。高輪御殿は戦後、払い下げされた。その跡地に都営高輪アパート等々が建設された。高松宮邸も設けられたが、地図でご覧の通り、戦前と比べると僅かな敷地である。

高輪の大木戸

新駅名は、JR東日本がすでにスタートさせているが、地元での一番人気は「高輪」という。その他、「芝浦」「泉岳寺」「新品川」等々が喧しい。

山手線新駅の開業イメージ図はすでに公表されている。ホーム～コンコース～街をつなぐのは約1キロに及ぶ広大な吹き抜け空間となっており、ガラス面を多用した都市空間が誕生するようなイメージとなっている。新駅開業予定まで2年足らず。カウントダウンの段階に入った。

京急創業以来の「都心乗り入れ直通運転」という夢を実現した泉岳寺駅開業から半世紀。新駅誕生で品川駅とも一体化する泉岳寺周辺はどのように変貌していくのだろう。

陸軍陸地測量部発行 1/10000地形図「品川」

明治42年(1909年)

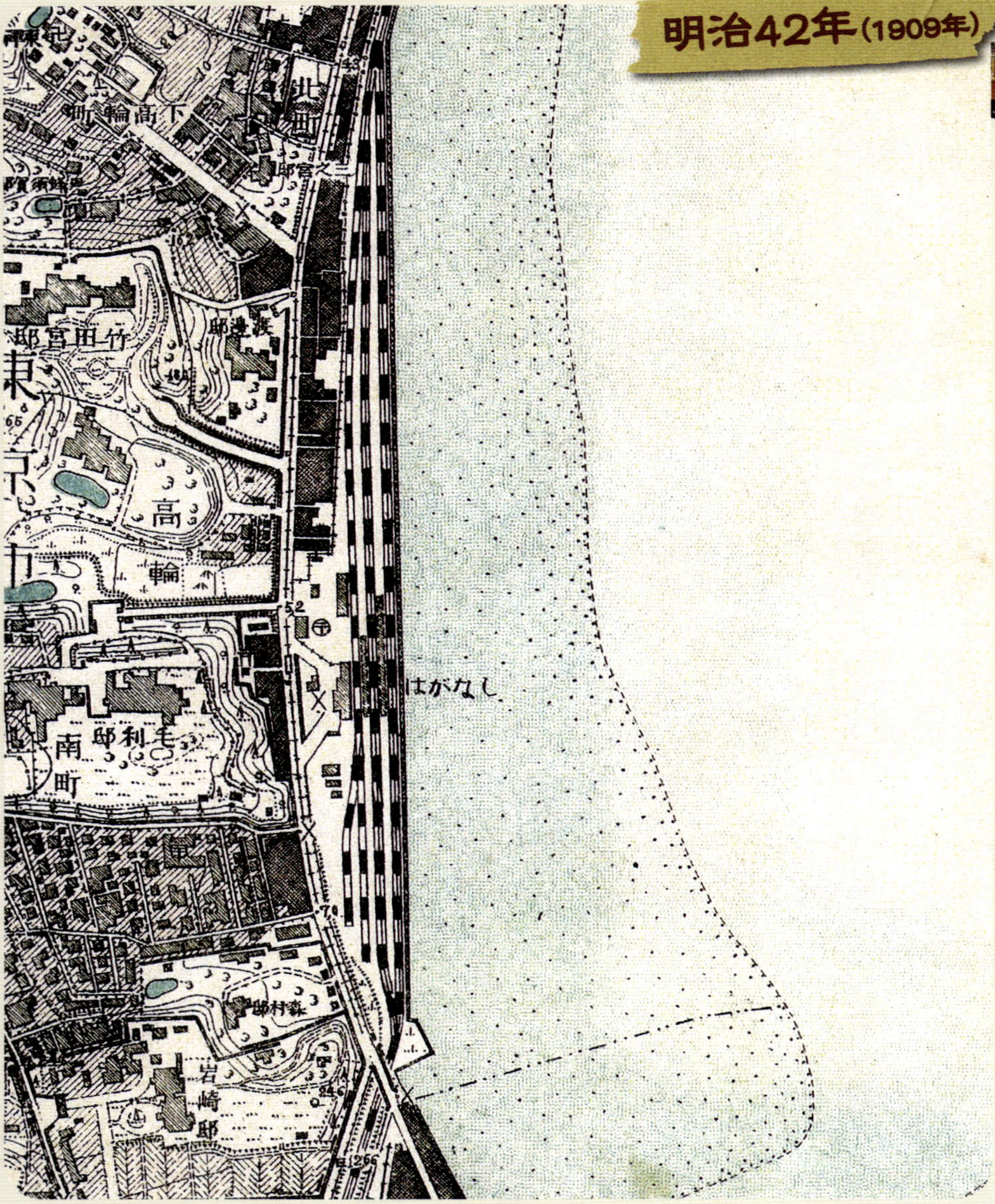

明治時代の品川駅のロケーションである。往時は品川海と呼ばれた湾岸部の埋め立てが進んでいるが、埋立地を利用する形で、この頃までは品川海岸は潮干狩りの名所でもあった。しかし、埋立が始まる前の品川駅はちょっとの高波でも潮をかぶりそうな海岸線にあったことが伺える。そのかわり、駅から見る景観はさぞかし見事なものだったろう。京浜急行はこのころはまだ北品川駅が「品川駅」の時代である。

京急本線

品川

京急の品川駅はJR品川駅と一体地上駅

開業年	大正13(1924)年3月11日
所在地	東京都港区高輪3-26-26
キロ程	0.0km（品川起点）
駅構造	2面3線(高架)
乗降客	279,218人

北品川駅も高架化

2027年にJR東海のリニア中央新幹線が開業することなども踏まえ、品川駅周辺開発計画が着々と進行している。東京都が策定した「品川駅・田町駅周辺まちづくりガイドライン」は100ページを超えるボリュームがあることからも、都が品川大改造に気合を入れていることがうかがえる。

東京ドーム3個分にも及ぶ広大な車両基地跡地には、ガイドラインに沿ってオフィスや商業施設、マンション等がこれから建っていくことになる。羽田空港に近いため高度制限は160メートル程度。8棟が建設される予定だ。

品川駅も一新されるのが、この品川大改造だ。

鉄道開通当時、八ツ山を走る陸蒸気（「東京名所図会」）

京急品川駅はJRと第一京浜（国道15号）に挟まれた窮屈なスペースにある。

鉄道開通と品川宿

明治5年、新橋～横浜間の鉄道開通までに、沿線各地で猛反対の声が上がった。畑の作物に影響が出る、火の粉が飛んで火事になる等々、反対理由は様々だが、品川宿も「宿場が寂れる」と大反対。ために駅は品川の宿場に設けられず、高輪に設けることになった。品川駅が港区にある所以だ。

鉄道開通は品川宿にどう影響を与えたか。「東京の人が素通りしてしまう」という品川宿の杞憂も、蓋を開けてみれば品川通いが便利になったことで、以前にもまして客が増えた。

品川宿は吉原に匹敵する遊女を抱えた傾城宿場だが、蒸気機関車という物珍しさもあって、品川宿で遊ぶ東京の人士が増えた。その情景は錦絵「東京名所三十六戯撰」（写真）にも描かれるほどだった。

錦絵品川宿遊女

陸軍陸地測量部発行 1/10000地形図「品川」

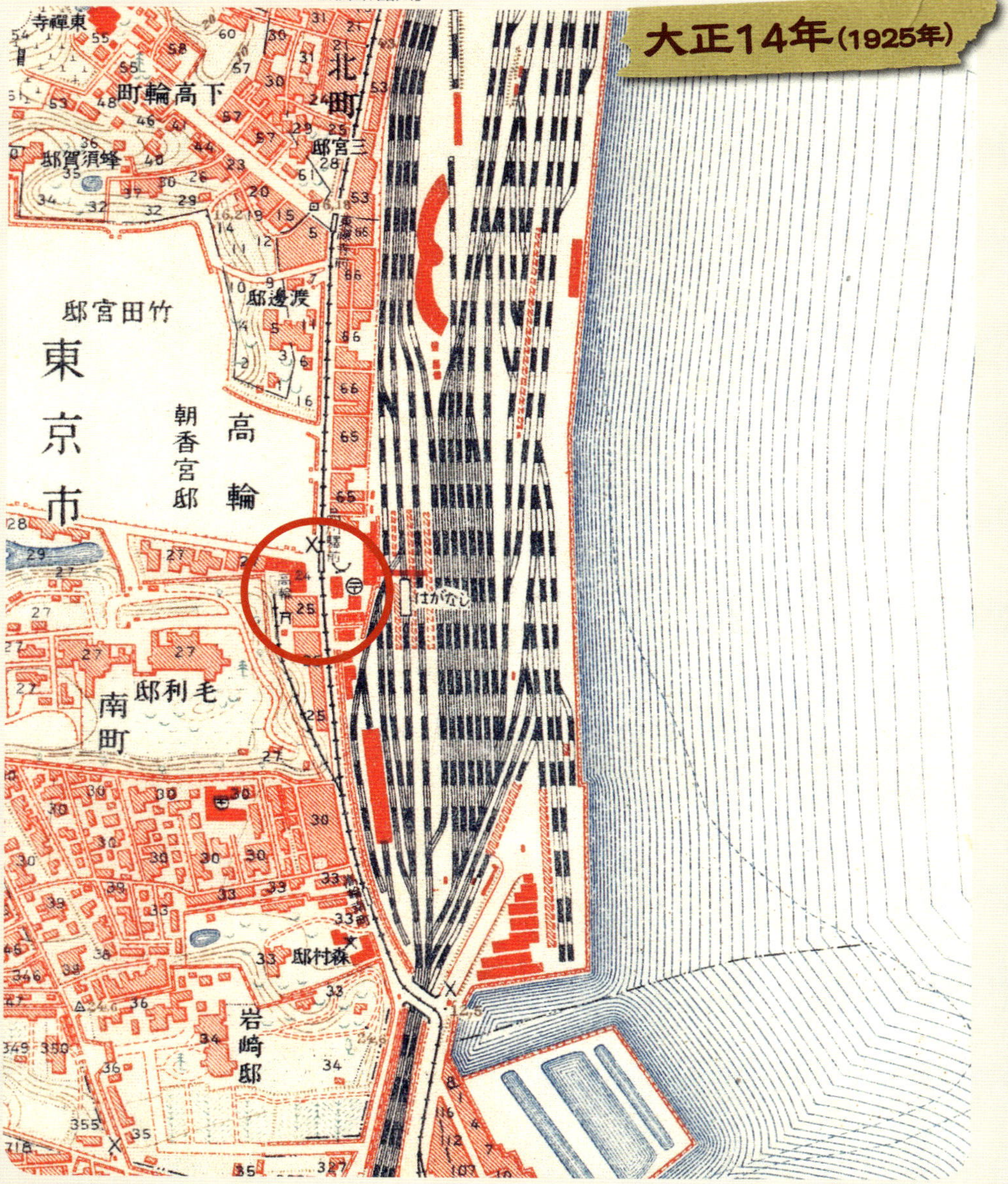

地図左側中央、毛利邸のところに鉄道路線が見えるが、ここは京浜急行のステーションだった。国鉄乗り入れが叶わなかった京浜急行は品川駅を設け、駅ビルのハシリとして高輪ビルディングを建設し、停車場とした。大正14年のことだ。高輪ビルディングは1階に売店、中2階と2階には20数軒の店舗を出店させた本格的な駅ビルだった。京浜急行が国鉄品川駅乗り入れを果たすのは昭和8年のことである。

高浜運河からの展望

高浜運河沿い緑地

品川駅から海岸通り方面へ徒歩10分ほどで、高浜運河に出る。運河沿いにはコースが設定されており2600メートルほどのコースとなっており水辺のジョギングやウォーキングなどを楽しめる。コース沿いには距離表示板も設置されており、休憩スポットもある。天王洲アイルもさることながら、新橋方面の景観もなかなかのもの。

現在は2階にある2面3線のホームをJRと同じ地上に下ろし、2面4線に拡げることになっている。

品川駅の改良は第一京浜の渋滞解消も図ったもので、現在の京急品川駅のJR側移動と同時に北品川駅も高架化することになっている。

JRと同様に2階がコンコースになれば、JR～京急の乗り換えも容易になる。また、ペディストリアンデッキを建設すれば、第一京浜を渡り京急の「ウィング品川」や西武系の「品川プリンスホテル」ともフラットに結ばれる。高輪のシティホテル群にも新たな動きが

陸軍陸地測量部発行 1/10000地形図「品川」

昭和12年(1937年)

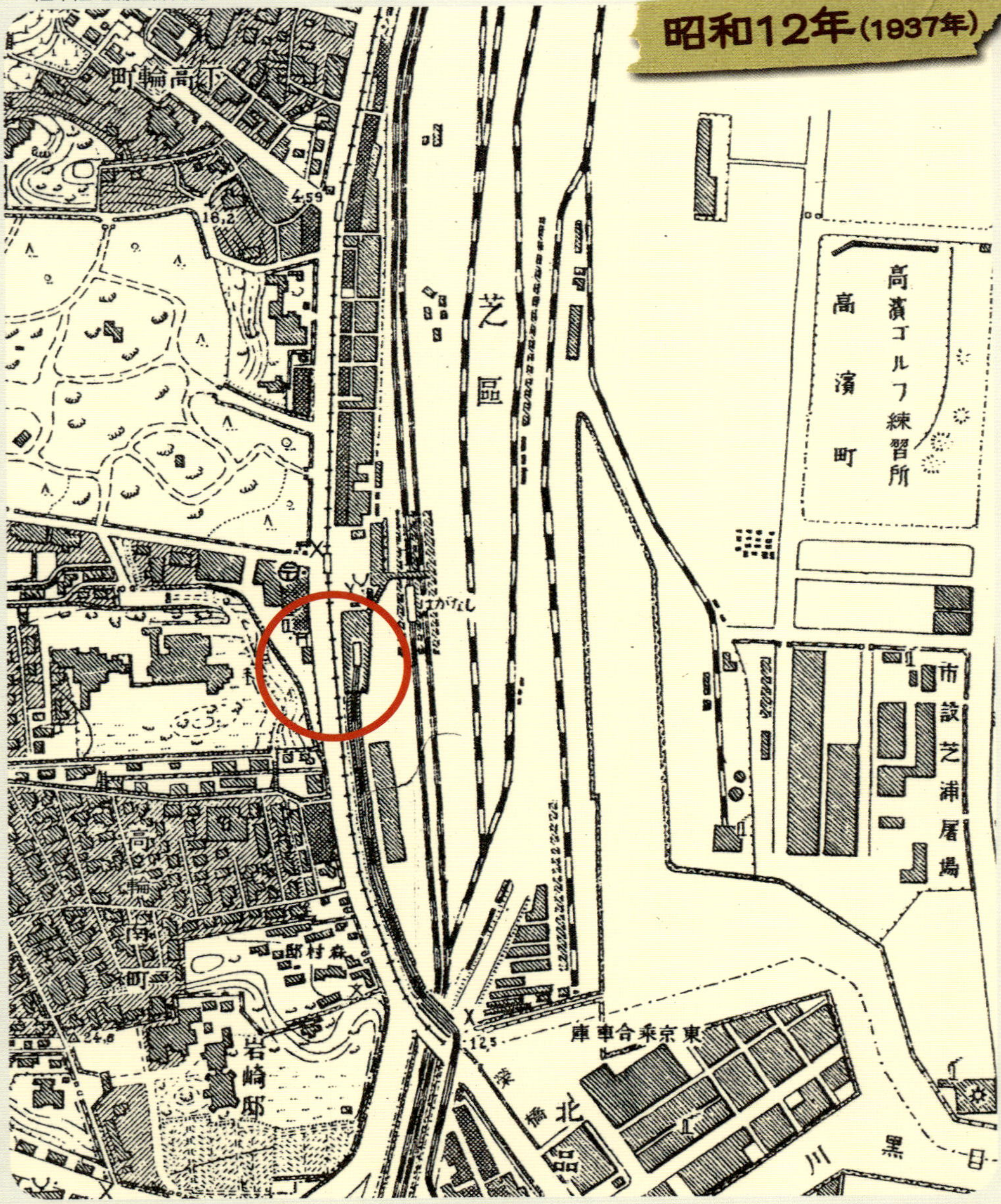

京浜急行が品川駅に乗り入れてから4年後の品川駅周辺。埋立地にゴルフ練習場が見える。ゴルフは日本では明治末期から大正初期にかけて富裕層の間で裾野が広がり始めた。会員制がほとんどだった。地図下に見える「岩崎邸」は三菱岩崎家の邸。現在の「三菱関東閣」だ。三菱グループの倶楽部となっている。品川の港湾部の埋立は、戦前はこれ以降進行せず、本格化するのは戦後からだ。

鉄道の時代と近代国家への移行

鉄道会社が日本各地で創立されるのは明治20年(1887)の私設鉄道条例公布後である。翌年には山陽、讃岐、甲武、九州などの鉄道会社が創立されている。華族、豪商、地方資産家、地主などを主な株主として、明治24年までに開業した私設鉄道会社は15社に及んでいる。

帝国憲法が発布されたのは、明治22(1889)年2月11日である。鉄道の時代がスタートした明治20年代は、日本が近代国家としての制度を整えていった時期とも一致している。

経済に目を移せば、輸出が急速に伸びていった。アメリカの絹織物工業の進展にともない、生糸の米国内向け輸出が伸び、輸出関連企業が高い利益を上げている。工場の創設も相次ぎ、雇用の機会も増大、典型的な近代資本主義へのステップを踏んでいる。

憲法発布の祝賀風景。於桜田門

出てくることになる。

品川駅改造の着手はオリンピック後になる予定だが、品川駅が現在地に落ち着いたのは昭和8（1933）年のことだ。それから90年余の時を隔てて品川駅は一新されることになる。

近くて遠かった「国鉄品川駅」

川崎大師の参詣客輸送を意図して開業した大師電気鉄道をルーツとする京浜急行電鉄にとって「品川駅」は長い間、近くて遠いものだった。

大師電気鉄道は明治33年1月の開業後間もなく、京浜電気鉄道と改称。東京と横浜を結ぶ都市間鉄道目指して部分開業を重ね、品川・八ツ山（現在の北品川駅）に停留場を設けたのは明治37年だった。

その後高輪に延長し、現在地とは反対側、第一京浜の西側に新たな品川駅となる高輪停留場を設置したのが大正14（1925）年である。国鉄品川駅とは目と鼻の先だ。なぜ、乗り入れが実現しなかったのか。

明治30年代、品川湊での潮干狩り(国会図書館蔵)

品川町の交通事故

明治末期になると車馬の通行は頻繁になり、更に自動車が出現すると、京浜国道は従来の幅員4～5間では対応できなくなった。昭和2年に改修され、東京側幅員22m、車道と歩道を区別化し、アスファルトで舗装された。
しかし、「新国道の開通は交通の往返頓に輻輳し、交通事故もしたがって頻発」と、品川町史は記述。町内の交通事故件数を上げている（数字は昭和3年度→昭和6年）

荷車・馬車その他
35件→38件
自転車55件→49件
自動車166件→327件
京浜電車16件→5件
省線2件→0件
計274件→319件

品川町では昭和4年に町内7ヶ所に交通標識を設置し、品川警察署も南馬場町・青物横丁・御殿山病院前に交通立番所を設け、信号機を設置。交通の整理を行ったとある。

建設省地理調査所発行 1/10000地形図「品川」

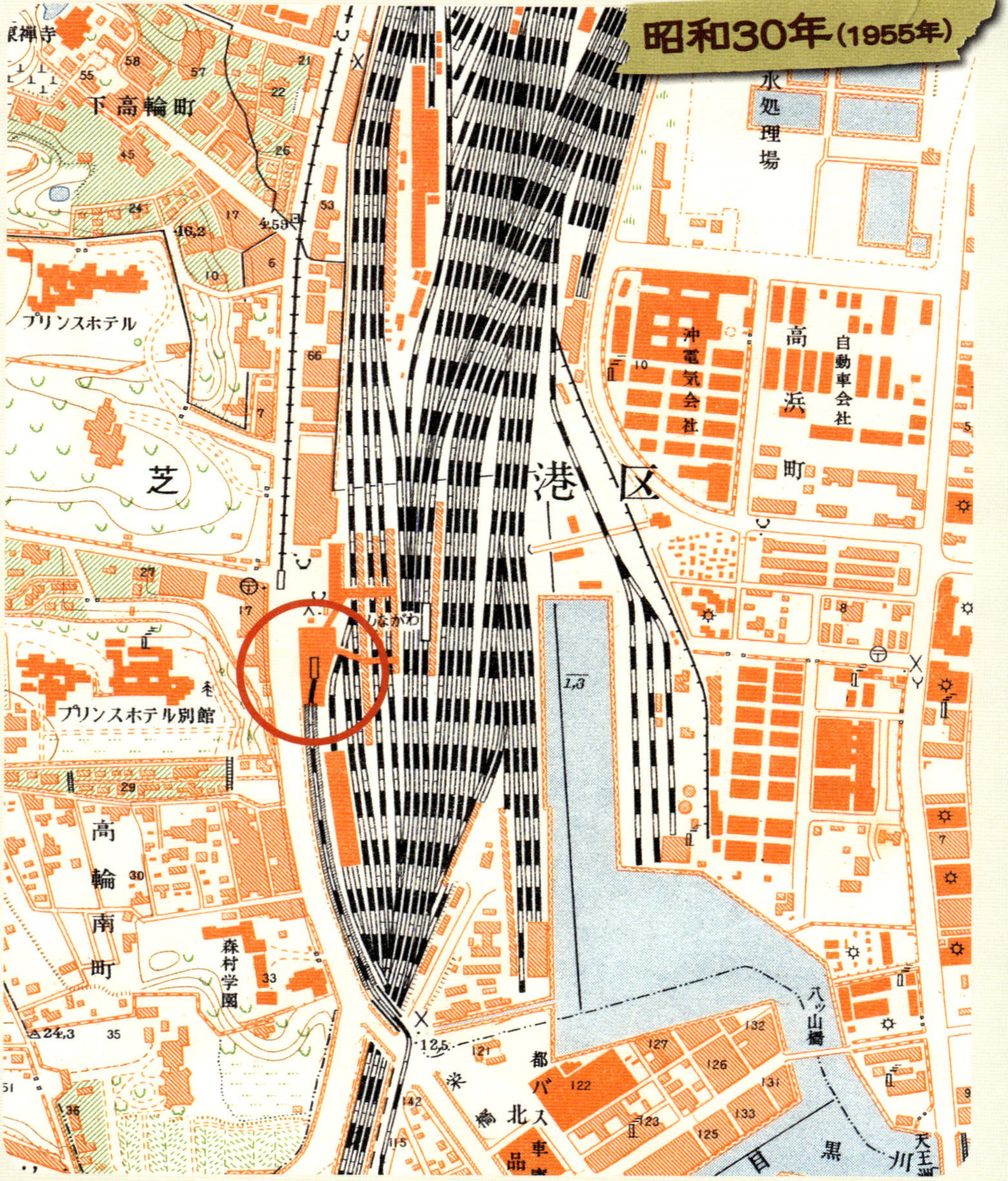

終戦から10年の品川駅。地図右上に下水処理場が見える。現在は再生処理場に蓋をする形の人工地盤に品川シーズンテラスが建っている。戦前はバスターミナルだったところは都バスの車庫となり、目黒川が流れ込む東側一帯が天王洲アイルとなっていくのが、昭和30年代以降である。品川駅西側の高輪エリアにプリンスホテルが建設されており、品川が変貌していく直前の地図である。

1965年当時の京浜急行品川駅。撮影：荻原二郎

明治37（1905）年に京浜電気鉄道品川～川崎間が全通すると、駅間の短い便利さと蒸気機関車より早い速度で競合路線となった官設鉄道の乗客を吸収した。

例えば官営鉄道大森駅の乗降客は明治35年に117万6千人であったが、38年には38万2千人と3分の1に激減しているほどだ。このため官設鉄道は38年12月に新橋～横浜間に急行列車を運行した。

しかし、38年12月に品川～神奈川間を全通させ、快速を誇る京浜電気鉄道の電車に敵わなかった。そこで鉄道院は明治43年頃より蒸気機関車に変えて京浜間の電化を目指すが、架線切れなどトラブル続きで電車運転を営業できたのは大正4年である。

国鉄が京浜電気鉄道乗り入れにウンと言わなかったのは、こうした過去のいきさつも多分に影響していたのだろう。しかし、時は流れて恩讐も彼方へ。京浜急行電鉄は東京オリンピック・パラリンピック後、名実ともにJR品川駅に乗り入れることになった。

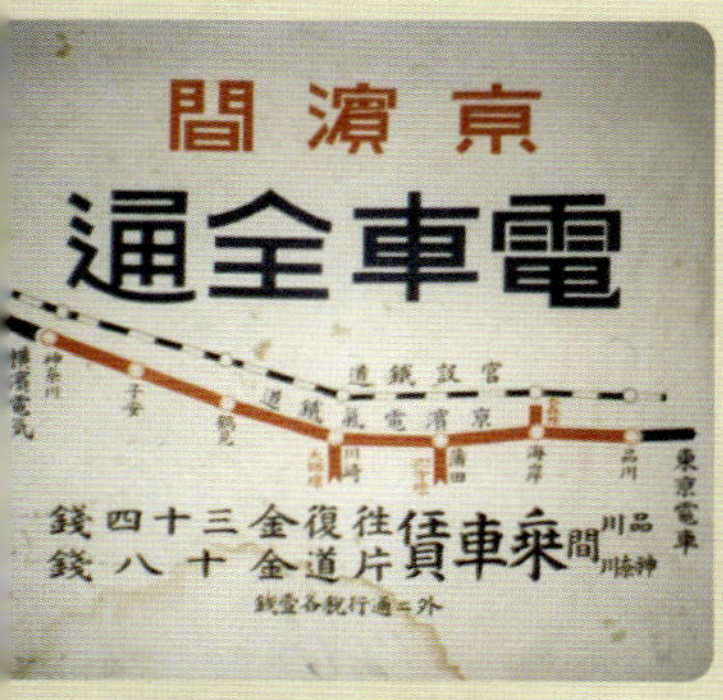

京浜間の電車全通告知。

トリビアなど　公園・施設など　神社　寺

陸軍陸地測量部発行 1/10000地形図「品川」

大正10年(1921年)

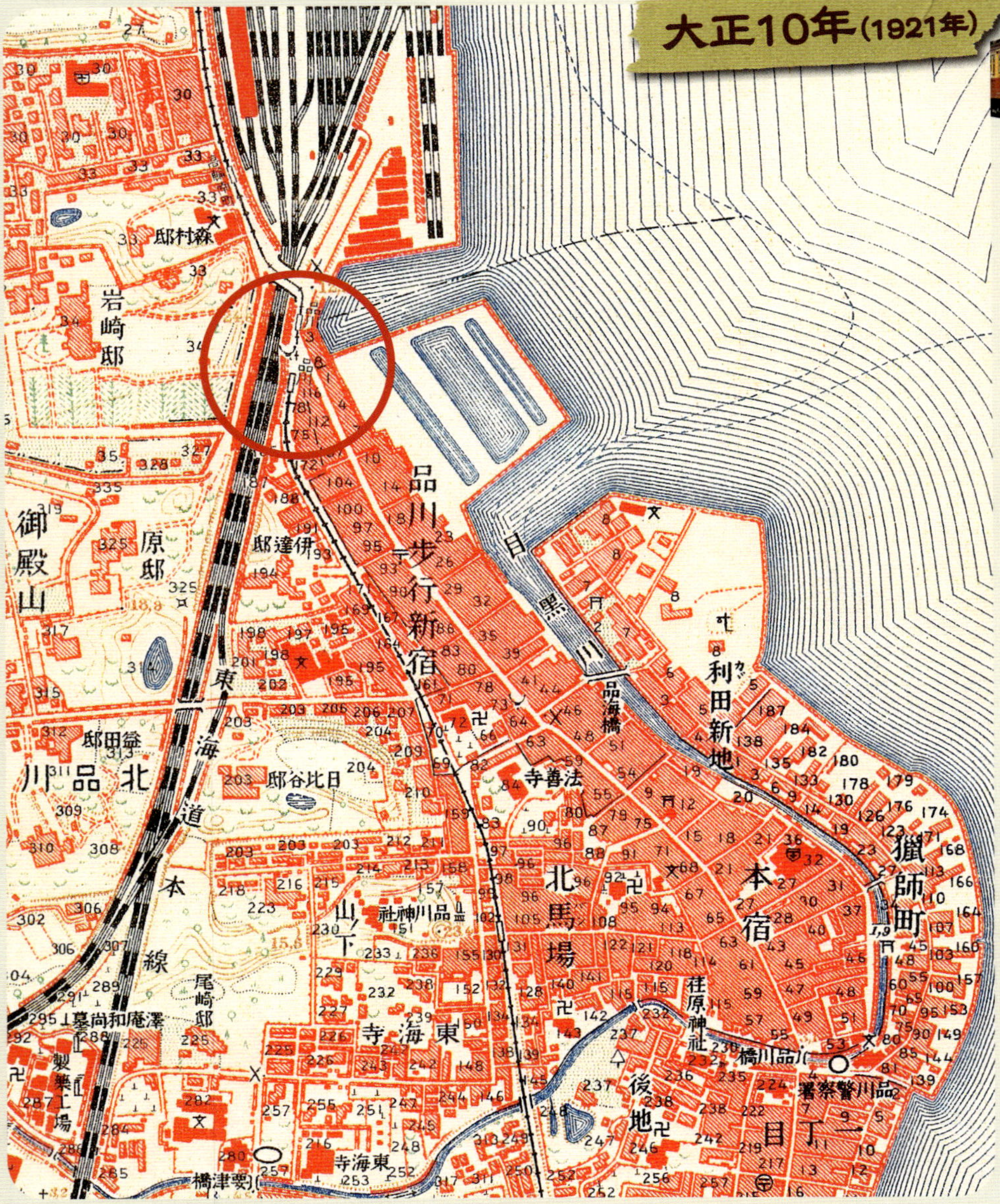

京急本線

北品川

京急初代品川駅が見てきた品川宿商店街

開業年	明治37(1904)年5月8日
所在地	東京都品川区北品川1-1-4
キロ程	0.7㎞（品川起点）
駅構造	2面2線(地上)
乗降客	9,457人

品川宿は北と南に歩行新宿の三宿からなっていること、本文で触れているが、埋立が始まる前は海岸沿いの宿場町であったことが、この地図からよく分かる。また、歩行新宿の位置関係がこの地図でわかる。北品川駅は歩行新宿の入口に当たる位置であり、このころは「品川駅」となっている。品川神社と東海寺との関係もよく分かる。東海寺は現在目黒川寄りに位置しているが、このころはまだまだ広大な寺地だった。

品川宿場まつり

北品川駅は明治37（1904）年5月8日に初代の品川駅として開業。「八ッ山停留場」と通称され、大正末期まで京浜電気鉄道の終点だった。

旧東海道の道筋が残っている東海道品川宿は八ツ山橋を過ぎた今の北品川駅あたりから歩行新宿（かちしんじゅく）〜北品川宿〜南品川宿の三宿からなっていた。北と南の境が目黒川で、品川寺（ほんせんじ）あたりが品川宿の南端だった。

品川宿場まつりの仮想パレード

南北の二宿だった品川宿が三宿となったのは、八代吉宗治世の享保7（1722）年。品川宿と高輪の間に形成された茶屋町が宿場として認められた。宿場が負担する伝馬機能のうち、歩行人足（かちにんそく）だけを負担した新しい宿場ということで歩行新宿の名がついた。

北品川駅は歩行新宿に位置するが、界隈では毎年9月の最終土曜・日曜日

駕籠賃は どのくらいだった？

品川宿問屋場前から札の辻までの駕籠賃は248文、芝口新橋まで400文、日本橋まで548文。川崎宿まで500文――。弘化2（1845）年の「駕籠稼之者共其外取締向規定帳」による駕籠賃である。現代の通貨換算で1文がどのくらいにあたるのか。幕末になると1両の価値も低下して1万円～1万5千円ともいわれる。4000文で1両であるから、1両1万円とすると1文は2円50銭。品川から日本橋まで1,300円ほどになる。インフレ経済も幕末の一断面である。駕籠には形状に種類があり、身分格差もあった。一般の旅行者が利用できるのは日用駕籠と称するもので、旅籠屋や茶屋に依頼する宿駕籠と、流しのタクシーである辻駕籠だった。

品川宿商店街の一コマ

建設省地理調査所発行 1/10000地形図「品川」

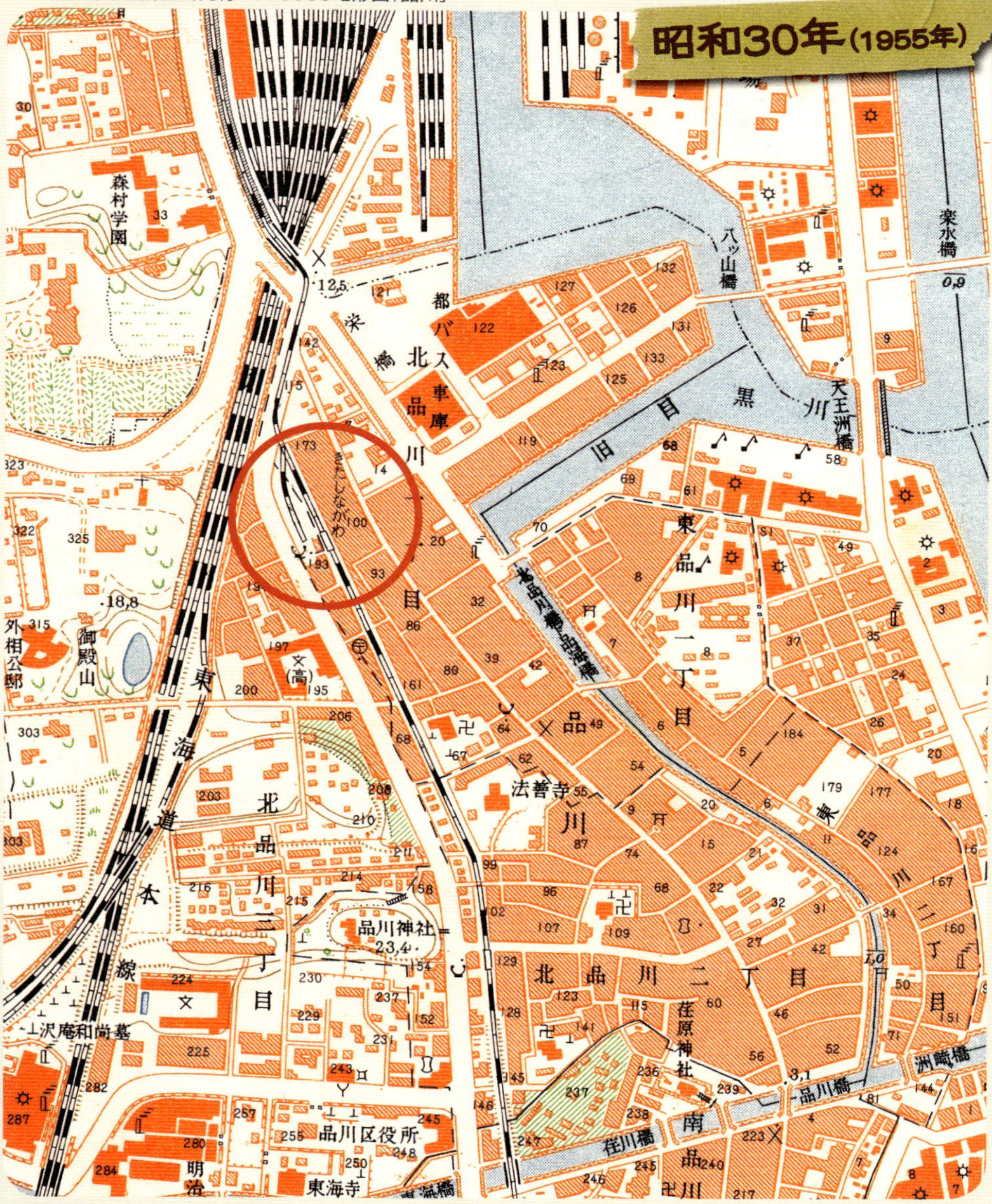

地図左下隅に「沢庵和尚墓」が見える。徳川家の庇護を受け、江戸時代は隆盛を誇った東海寺も明治維新期の廃仏毀釈、そして戦前戦後の混乱期を経る中で広大な寺地も削り取られていった。沢庵和尚の墓があるのは現在の東海寺の大山墓地である。大正時代の目黒川は東京湾に注ぐまで蛇行していたが昭和30年の地図では流路も直線的にされるなど、すっかり様変わりしている。

こじんまりとしたお寺さんです

北品川のお不動さん一心寺

豊盛山延命院一心寺は、安政2（1855）年創建された真言宗智山派のお寺。成田山新勝寺の分身である不動明王を本尊としていることから、「北品川のお不動さん」として古くから延命と商売繁盛の寺として信仰を集めている。毎月28日が縁日で、素焼きの焙烙を裏返しにして頭に載せて灸をすえる「ほうろく灸」の日となっている。江戸三十三観音第30番のお寺でもある。

品川区北品川2-4-18

に旧東海道北品川の八ツ山から南品川の青物横丁まで約2キロに渡って品川宿場まつりが開催されている。平成2（1990）年から地域振興を図るために始まったものだ。

パレードには江戸風俗行列もあり、飴売りや瓦版や、町娘等江戸町人の衣装をまとい歩いて行く。昔のおもちゃ作り、野菜のつかみ取り、品川寺の火渡りの荒行、辻落語、和太鼓の演奏や、様々な露店商や全国の物産市など、日頃は静かな品川宿ストリートもこの日ばかりは往時の賑やかさとなる。

北品川駅はオリンピック後に高架化されるで、品川宿商店街は新たな転機を迎えることになる。

陸軍陸地測量部発行 1/10000地形図「品川」

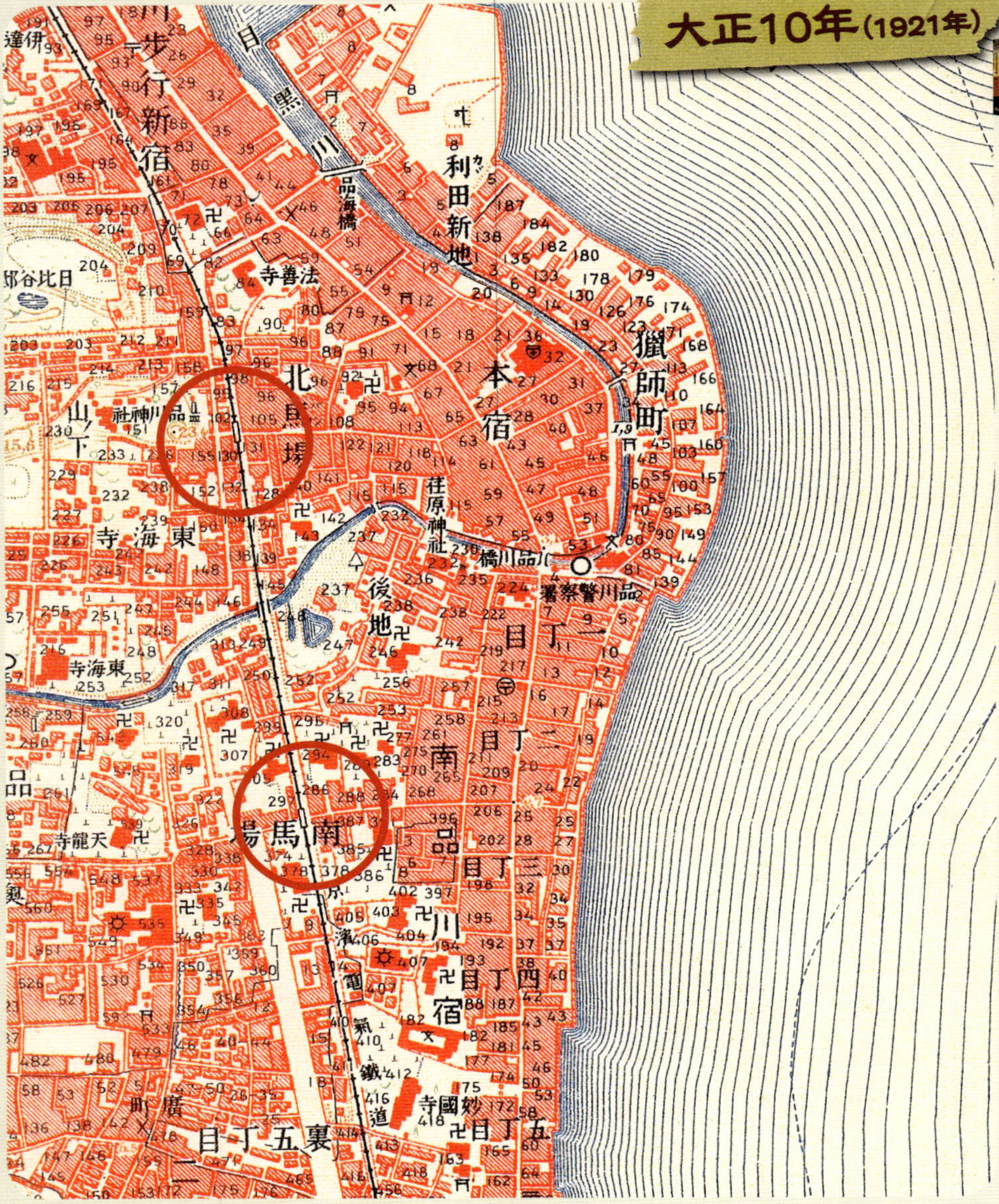

京急本線

新馬場

今も残る「北馬場参道通り」

海岸部に見える猟師町は、江戸時代は洲崎と呼ばれ、現在の東品川1丁目の一部。目黒川河口の砂洲にできた町。その地先は江戸時代中頃から埋立が行われた。そうして出来たのが、猟師町の北側の利田(かがた)新地である。現在、同地には利田神社があるが、江戸時代は須崎弁天と呼ばれ、明治に入ってから利田神社と改称された。江戸時代には猟師町の沿岸で鯨が捕れた云々の記録がある。

開業年	明治37(1904)年5月8日
所在地	東京都品川区北品川2-18-1
キロ程	1.4km(品川起点)
駅構造	2面2線(高架)
乗降客	16,318人

品川宿の北と南をまたぐ橋上駅

京浜電気鉄道大森海岸~品川駅間の開通時(明治37年5月)に北馬場駅と南馬場駅が開業した。この2つの駅が昭和51(1976)年10月、北品川~青物横丁駅間の高架化工事に伴い統合され、両駅の中間点に開業したのが新馬場駅だ。品川神社最寄りであることから今も残る「北馬場参道通り商店街」(写真)が往時を思い起こさせてくれる。

北馬場参道通り商店街

旧東海道の道筋は八ツ山橋をこえたところから鈴ヶ森刑場跡まで続いているが、北品川宿と南品川宿の境で目黒川をまたいでいる橋上駅の新馬場駅は、北品川宿と南品川宿に両足をかけたような風情の駅でもある。

目黒川の橋の手前右側が高札場のあったところだ。高札場には、親子兄弟夫婦などが睦まじくして家業に励むことを書いた札や切支丹禁制、徒党・強訴・逃散禁止の札、駄賃馬及び人足の荷物

建設省地理調査所発行 1/10000地形図「品川」

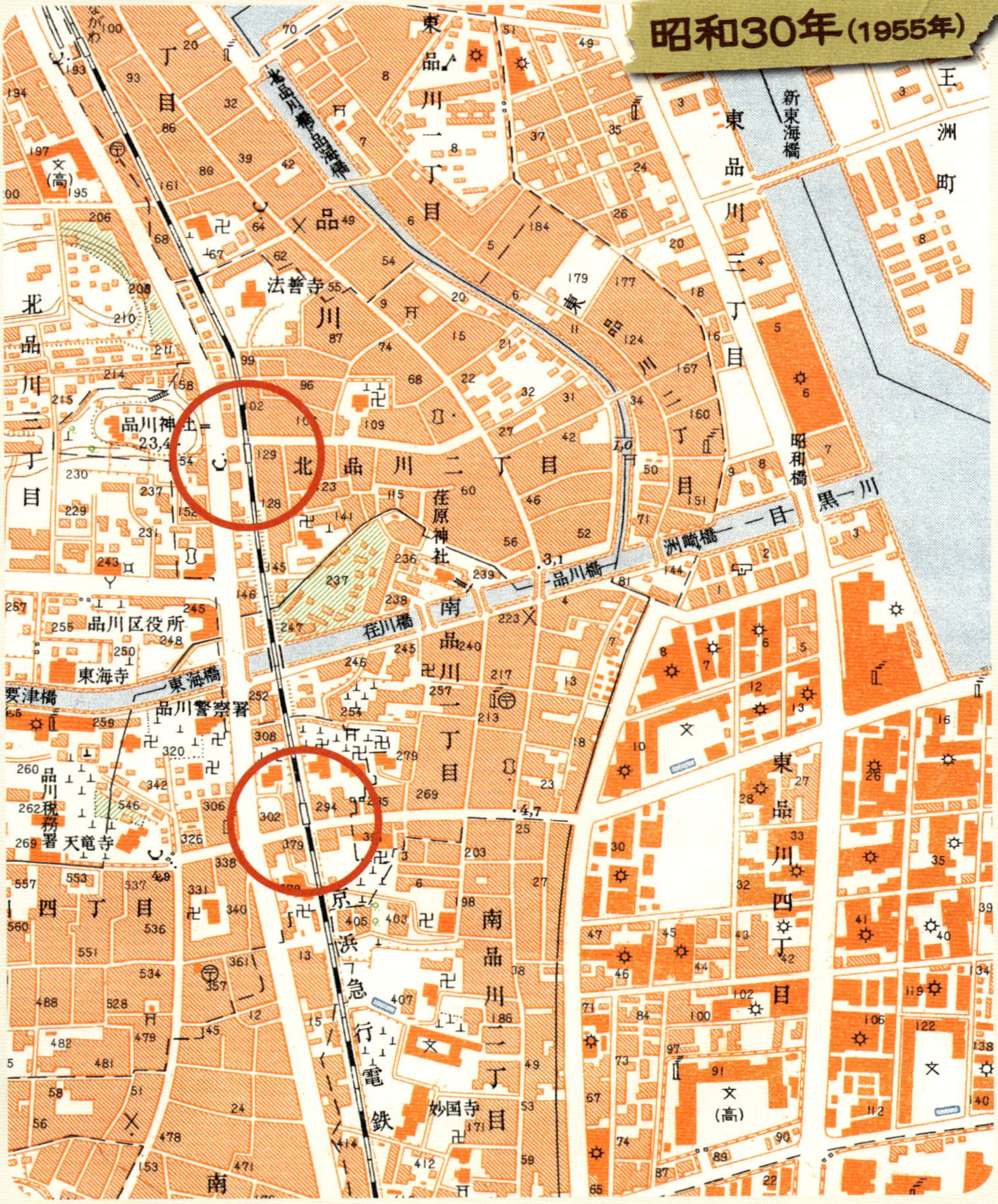

地図右側上部の運河が現在の天王洲運河である。その左側に走る道路が旧海岸道路。目黒川河口もこのころには天王洲運河になってしまっている。新馬場駅は本文で触れたように目黒川をまたぐ橋上駅であるが、品川神社の右側にあるのが「北馬場駅」で、目黒川の南側にあるのが往時の「南馬場駅」である。京急の西側に走るのが第一京浜だが、大正10年地図と見比べると、町中に強引に通したことがよくわかる。

品川宿商売往来

幕末近くの天保14年(1843)年の調査によれば、品川宿には食売旅籠屋92軒、平旅籠屋19軒、水茶屋64軒、煮売渡世44軒、餅菓子屋16軒、蕎麦屋9軒。

飲食関係では他に居酒屋が9軒、餅屋2軒で、寿司屋、鰻屋、蒲鉾屋、飯屋などが各1軒となっている。

食売旅籠とは遊女を置いた旅籠のことで、界隈きっての規模を誇ったのが、徒士新宿にあった「土蔵相模」。今はもう跡形もないが、外壁が土蔵のような海鼠壁だったことから「土蔵相模」の通称が生まれている。幕末、ここで高杉晋作や伊藤博文が密議を凝らしたと伝わる。

品川宿の人口は調査年で男3,272人、女3,618人。品川宿が遊女も置いた傾城宿場であったことが、宿場人口の男女比からも示されている。

高杉晋作

品川神社社殿

品川神社

品川神社（品川区北品川3丁目）は文治3（1187）年、打倒平氏の兵を挙げた源頼朝が武蔵国に入国。安房国（千葉県）州崎明神を勧請したのが創建由来だが、江戸時代は東海寺の鬼門除けの鎮守となっている。『江戸名所図会』には「牛頭天王社」として描かれ、品川神社となったのは明治以降。境内には富士塚もある。大鳥居の龍の彫刻も見もの。

の貫目規定や品川～江戸、品川～川崎までの駄賃・人足賃の規定札など、普通の宿場に共通したもののほかに、品川は海辺であることから唐物の密輸入禁制札もかけてあったのが品川宿の特徴となっている。

目黒川を渡れば品川寺まで10分ほどの距離。道中守護に街道口に建てられた江戸六地蔵第一番品川寺は、現在の南品川3丁目。京急の青物横丁駅最寄りにあるから、品川宿の南端はそのあたりとなる。

京急本線

青物横丁・鮫洲

駅間の短さは京急で随一

陸軍陸地測量部発行 1/10000地形図「品川」「大森」

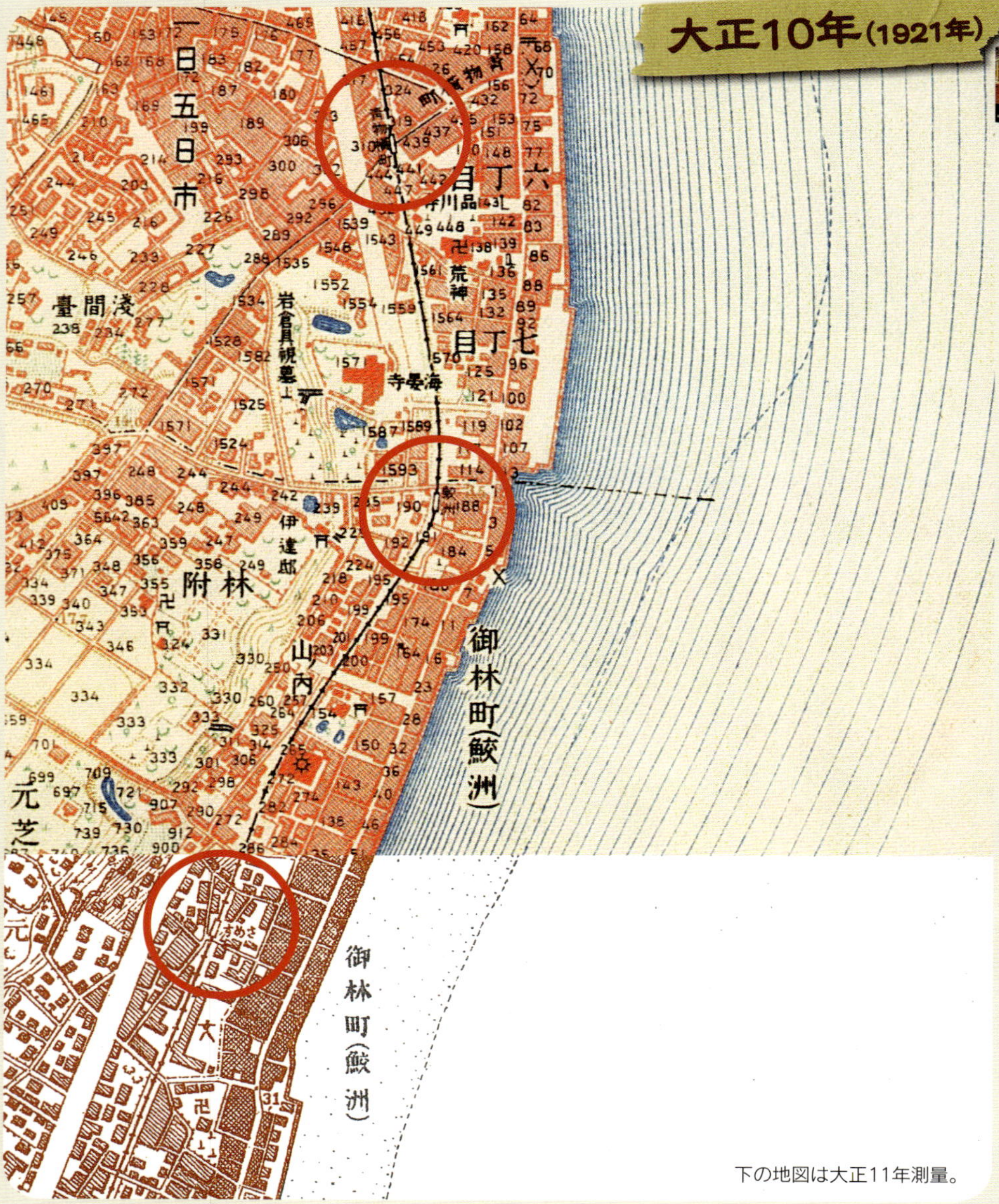

下の地図は大正11年測量。

青物横丁駅前は商店街となっているが、地図を見ると往時の青物横丁のロケーションが見て取れる。1万分の1の地図は地図上の1センチが100mだが、概ね200mほどの横丁が、今で言うなら産地直売の市場だったようである。岩倉具視の墓がある海晏寺は曹洞宗の古刹。建長3（1251）年、鎌倉幕府5代執権北条時頼の開基と伝わる。本尊の観音像は、品川沖でかかった鮫の腹から出た物と伝えられ、一帯の「鮫洲」という地名の由来ともなったとも。

青物横丁駅

開業年	明治37(1904)年5月8日
所在地	東京都品川区南品川3-1-20
キロ程	2.2㎞（品川起点）
駅構造	2面2線(高架)
乗降客	41,167人

鮫洲駅

開業年	明治37(1904)年5月8日
所在地	東京都品川区東大井1-2-20
キロ程	2.7㎞（品川起点）
駅構造	1面2線・通過2線(高架)
乗降客	10,509人

品川寺と品川宿

青物横丁と鮫洲の駅間距離は500メートルほどしかない。両駅とも品川～川崎間が全通した明治37（1904）年5月の開業だ。

駅間の短さは、JRが品川～大井町の1駅であるのに対し、京急は鮫洲がほぼ大井町と等距離だ。加えて川崎～品川間の時間距離は京浜電気鉄道当時で約30分。

沿線住民にとって、最寄り駅が官営鉄道より近いことと、蒸気機関車に勝る速さで、「品川」の項で触れたように官営鉄道から利用客を吸収したのも「なるほど」とうなずける。

青物横丁駅前通り

青物横丁という駅名の由来は、地名をとったもので、江戸時代の終わり頃この地に農民が収穫した野菜等を持ち寄って市を開いたことが来由という。

青物横丁は品川寺の最寄り駅で、品川宿の南端にあたる。道中が始まる旅人は、品川寺の地蔵菩薩に道中安全を

客引きご法度

「茶屋へは旅人一人につき銭24文ずつ手引き銭をやり、宿内や高輪町の大勢が渡世をしている」から客引きを認めて欲しいと、寛政8（1796）年に品川宿では支配代官に願い出ている。前年、道中奉行が宿場の客引き禁止を打ち出したことへの反応だが、品川宿に限らず競争の激しい宿場での客引き行為は目に余るものがあったようだ。

旅籠屋の下男下女たちが往還へ出て、御用往来の人も、急用で通行する人の差別なく、無体に引き留め、袖を破ったり怪我をさせたり、口論に及んだり、とある。

品川宿では、今後は往還に出ないで軒下で行うと一札を入れているが、客引きがなくならなかったのは今と同じである。

品川宿にあった本陣は明治5（1872）年、明治天皇行幸の際の行在所となったことから跡地は「聖蹟公園」の名で残されている。写真はその標柱。

品川宿本陣跡

建設省地理調査所発行 1/10000地形図「品川」「大森」

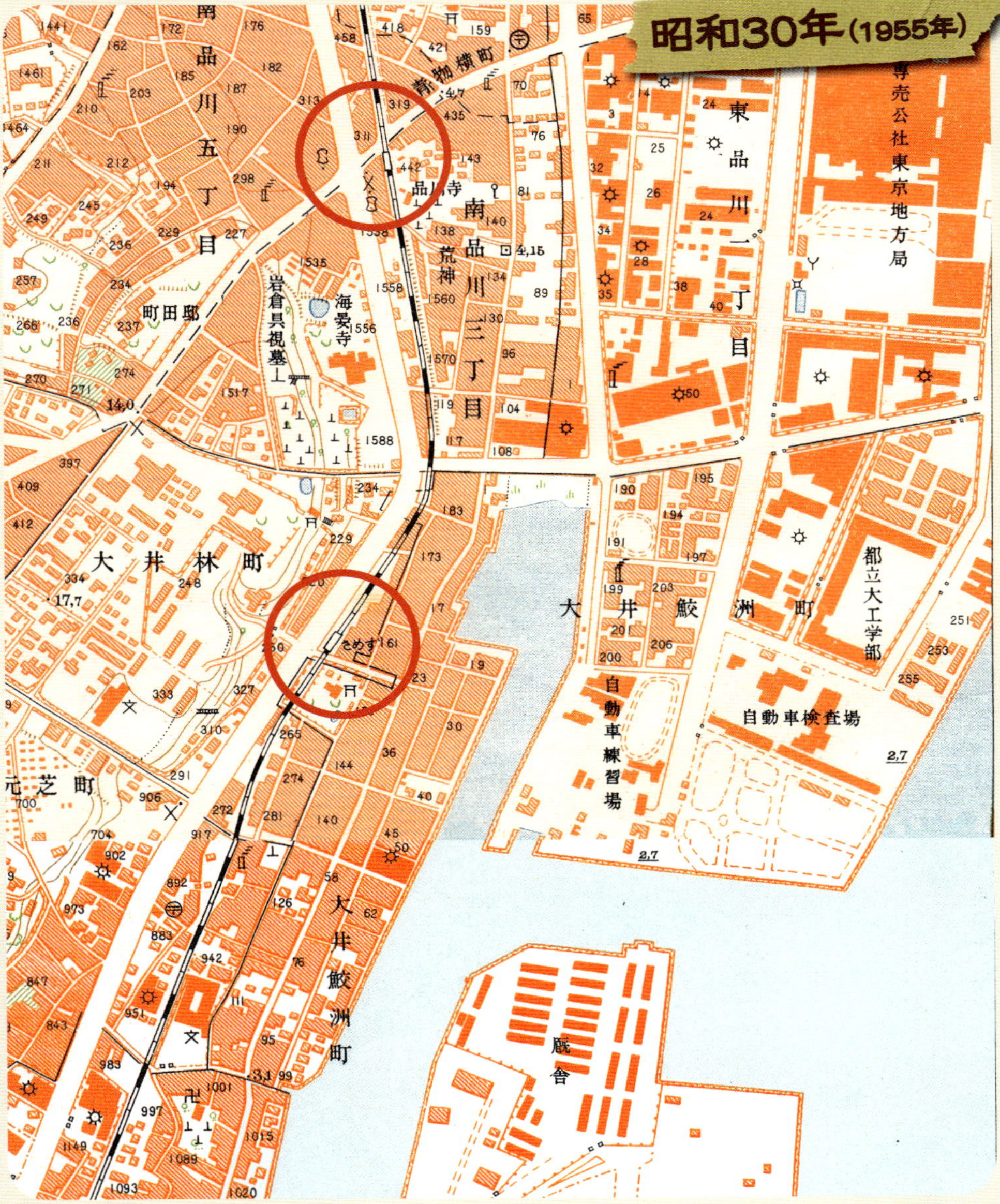

大正時代までは海岸近くを走っていた京浜急行も戦後10年経つとその面影はわずかだ。かつての海岸線は現在すっかり様変わりし、ベイエリアなどと呼ばれているが、昭和30年頃にはそれが形成され始めていることがわかる。地図中央部右側に「都立大工学部」が見える。今や都立大そのものが首都大学東京と名称が変わり、所在地も目黒区から八王子の南大沢に引っ込んでしまった。往時の都立大生には感慨深い地図である。

数多の旅人が手を合わせていった品川寺の地蔵菩薩。

弘法大師の開山と伝わる品川寺

江戸六地蔵第一番品川寺（品川区南品川3-5-17）は弘法大師が大同年間（806～810）に開山と伝わる古刹にして名刹。梵鐘には明暦3年（1657）の銘があり、徳川四代将軍家綱の寄進とされる。真言宗醍醐派の別格本山でもある。

江戸三十三観音第31番

祈願して品川宿を後にし、また東海道を上がってきたものは道中の無事を地蔵菩薩に感謝して、品川宿に足を踏み入れるのが当時の情景だ。

鮫洲は運転免許試験場があることで知られた駅名だが、昔時はこの付近一帯は鮫浜、鮫頭崎などと呼ばれていた。「鮫洲」のいわれには諸説あるが、大きく海に洲が出ていたので鮫洲崎ともいわれていたのが、現在の鮫洲になったとも伝えられている。

陸軍陸地測量部発行 1/10000地形図「大森」

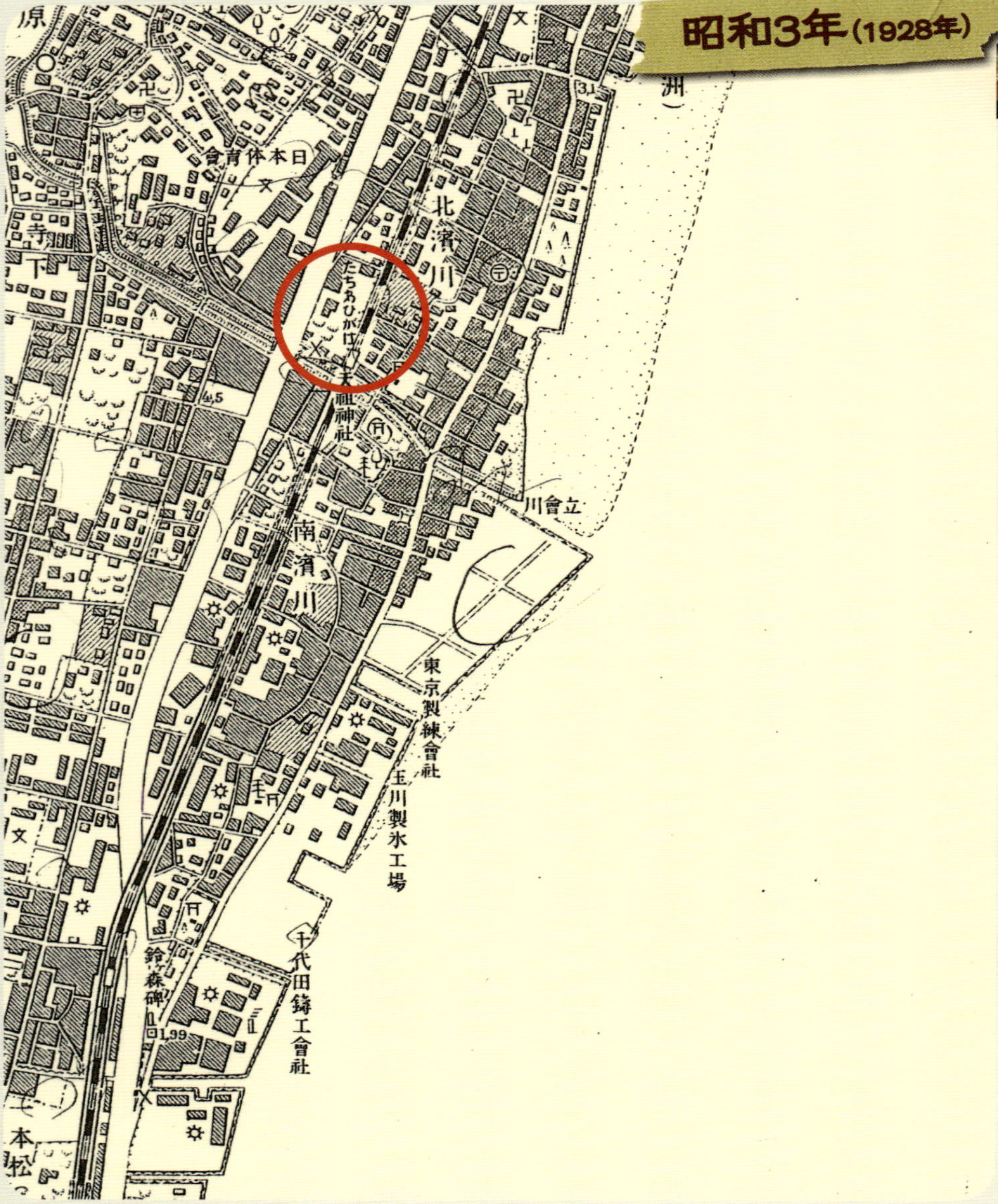

昭和3年(1928年)

京急本線

立会川

坂本龍馬像が建つ駅前商店街

地図上部、第一京浜沿いに「日本体育会」が見える。日体大こと日本体育大学のことである。日本体育会は明治24(1891)年、東京市牛込区の成城学校(後の成城中学校・高等学校)内に創設された「体育会」が起こりだが、当地に移転してきたのは明治37年。現在地である世田谷区深沢に移るのは昭和12年である。日体大が「学校法人日本体育会」から「学校法人日本体育大学」となったのは平成24年。つい最近のことである。

開業年	明治37(1904)年5月8日
所在地	東京都品川区東大井2-23-1
キロ程	3.5㎞（品川起点）
駅構造	2面2線(高架)
乗降客	18,257人

立会川の水質改善は？

駅の目の前は左右に伸びる商店街となっている。商店街といっても車は入れない狭い路地に飲食店等が連なっているから、一昔前の横丁的感覚だ。右に行けば僅かな距離で第一京浜に出る。「立会川商店街」とアーケードがかかった横丁は旧東海道に出る左手がメインだ。

左にちょっと行くとポケットパーク空間に坂本龍馬像がある。立会川にはかつて土佐藩の下屋敷があり、幕末に土佐藩がこの地に砲台を建造。坂本龍馬もそれに携わった云々と伝わることから、坂本龍馬を商店街のキャラクターに仕立てらしい。坂本竜馬像の斜向いには「砲台そば」の旗を立てているお蕎麦屋さんもある。

商店街に建つ坂本竜馬像

地区を流れる立会川は目黒区碑文谷にある弁天池と清水池を水源として、品川区の小山～中延～大井を経て勝島運河に注ぐ河川だが、高度成長期に生活排水等で昭和40年代には汚れた川となってしまった。

平成10年度の水質調査で都内中小河川の中で最も水質の悪い河川の一つで

建設省地理調査所発行 1/10000地形図「大森」

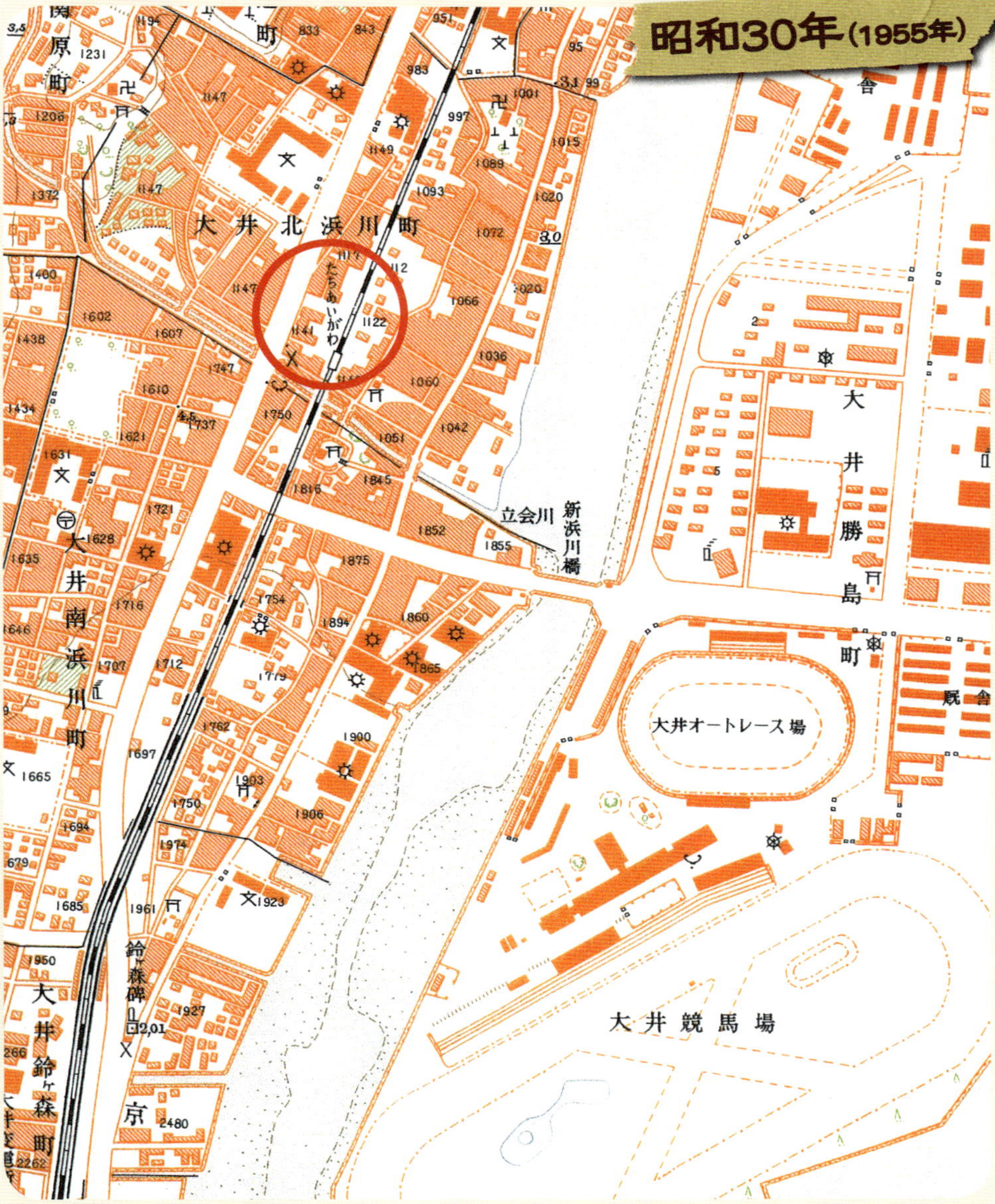

日本体育会があったところに「文」の記号が見えるが、現在の浜川中学校であり、江戸時代は土佐藩の下屋敷があったところである。坂本龍馬が千葉周作門下で北辰一刀流を研鑽したころ、土佐藩の下屋敷は品川湊と目と鼻の先であったことがわかるが、竜馬が昭和30年にタイムスリップしたら「海がなくなった！」と界隈の激変ぶりに目を白黒させたろう。大井オートレース場は昭和29年に開設したばかりだったが、昭和48年に閉場している。

泪橋

立会川商店街から旧東海道に出て、右に歩みを取ると立会川に架かる濱川橋、通称泪橋に出る。

橋には下の写真のような浜川橋が泪橋と呼ばれるようになった由来板が立っている。曰く――鈴ヶ森で処刑される罪人は、裸馬に乗せられて伝馬町牢屋敷から護送されてくる。この時、親族らが密かに見送りに来て、品川宿の外れに当たるこの橋で今生の別れの涙を流したことから、その通称が付いた。

その頃の立会川は流量豊かな清流だったが、今はもう流れはほとんど見られない。

立会川の名の由来は、戦国時代に川を挟んで合戦が行われたことから太刀合川と呼ばれた説などがある。

浜川橋に立つ「泪橋由来」。

立会川河口の風景

立会川河口

京浜急行線立会川駅から立会川に沿って下流に向かうと10分ほどで立会川河口の勝島運河に出る。運河沿いには釣り船や屋台船が停泊している。堤防部分は「しながわ花街道」なる散策路が整備されていて、のんびり歩いていて気持ちの良い空間になっている。

あった。平成14年にJR東日本が、馬喰町駅～東京駅間の総武線トンネル内に湧出する地下水対策と立会川の水量増加と水質改善を兼ねて、敷設した延長12キロの導水管で立会川への送水を開始。水質が大幅に改善し、海で孵化したボラの稚魚が大群で現れて話題となった

　東京都や品川区も微生物による浄化実験、高濃度酸素水の導入など様々な試みを実施し、水質は改善された――というのがこれまで耳にしたことだが、訪れた時の立会川を見た限りでは、水質改善はなかなか進んでいないようなどんよりとした薄青色であった。立会川は感潮河川であることも影響しているのだろうか。

陸軍陸地測量部発行 1/10000地形図「大森」

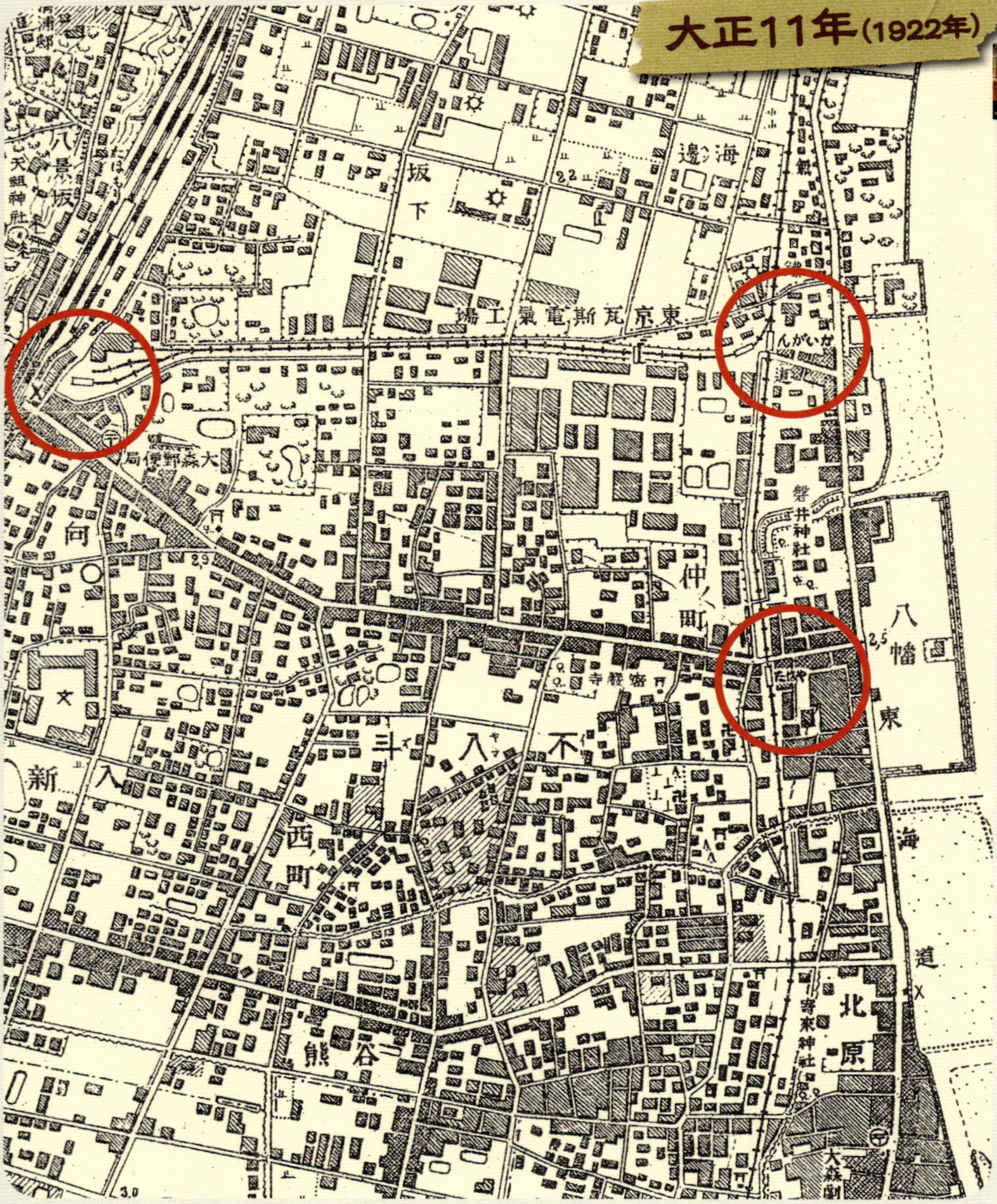

京急本線

大森海岸

東京近郊リゾート地として繁華を極める

地図右側中央に見える「磐井神社」は創建年は不詳も、式内社の格式を持つ古社である。平安時代に編纂された『延喜式』の神名帳に記載された神社を式内社と呼ぶが、磐井神社は武蔵国の八幡社の総社だったと伝わる。大正10年の地図に見るように、東海道は海っぺりの街道だった。西へ向かう往時の旅人が左手に広がる海原を見ながら、道中の無事を祈して磐井神社に参詣していく姿が目に浮かぶ。

開業年	明治34(1901)年2月1日
所在地	東京都品川区南大井3-32-1
キロ程	4.8㎞（品川起点）
駅構造	2面2線(高架)
乗降客	14,448人

「大東京」の行楽地

日露戦争（明治37～38年）後の東京は「帝都」として市域外の郡部といわれた郊外地へと膨張し、「大東京」を形成していく。

東京近郊の農村地域は帝都に流入してくる多種多様な人々の住宅地となり、昭和7（1932）年には大東京の傘下に入った。大森もその例に漏れなかった。

官設鉄道大森駅の開業は明治9（1876）年6月12日。品川～川崎の中間点で、近くの海浜漁場や、江戸末期から近郊行楽地として多くの文人墨客が訪れた蒲田梅林、池上本門寺、矢口の新田神社の参詣客などを理由の大森駅設置だった。

郵便報知新聞は開業した大森駅の様子を次のように報じている。

「このたび新築なりました大森ステーションは汽車の往返ごとに5～6人の下車はあれど、乗車するものは開業以来稀だと門外の茶屋で話しておりました」云々

同年12月25日から31日までの汽車運輸週間表では一列車あたりわずかに3～4人。しかし、明治11年の統計では年間4万9609人で、1日平均は245人と徐々に増え始めている。明治35（1902）年には年間120万人近くを数えるようになったと大田区史は伝える。

京浜電気鉄道大森停車場

京浜電気鉄道が大森駅前に大森停車場を開業したのは大森駅が年々繁華に

陸軍陸地測量部発行 1/10000地形図「大森」

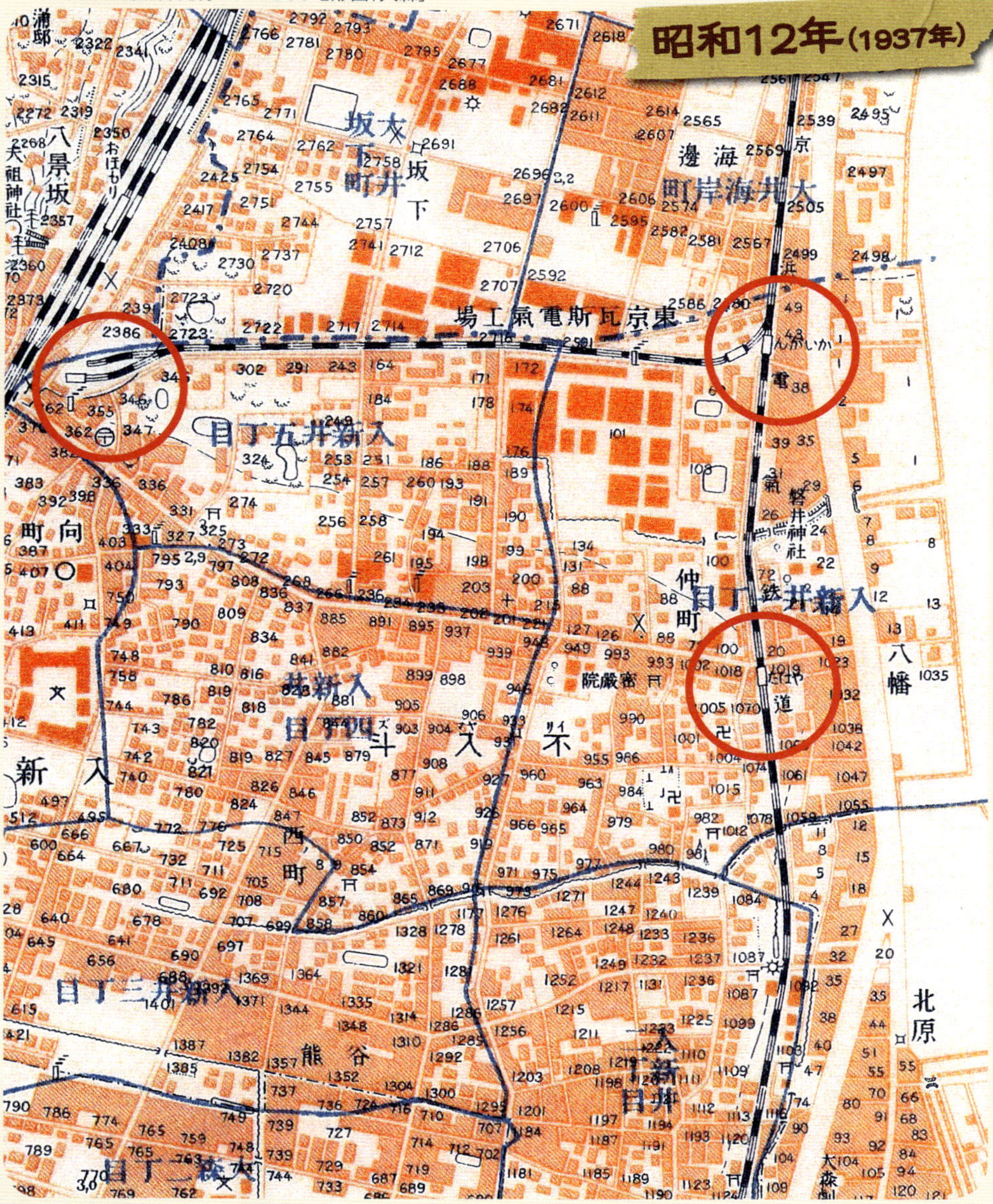

京急線と国鉄大森駅を結ぶ海岸駅～大森停車場の大森支線は昭和12年に撤廃される。上記昭和12年の地図は、その大森支線が記載される最後の地図でもある。東京近郊のリゾート地して人気を呼んだ大森地区も昭和に入ると京浜工業地帯の一環として工場が増え始める。昭和12年は支那事変――日中戦争が起きた年であり、前年には2.26事件も起きた。日本が踏み入れた足が抜けなくなる泥沼に入り込んだ年でもある。

大森駅開設まで

京急の品川～横浜間の鉄路は明治5年（1872）2月に敷設が終了。5月7日に単線で仮営業、続いて9月12日に新橋～横浜間が開通した。

線路の保守点検は、外国人に指導されながら日本人があたっていた。この外国人保線工や日本人作業員の詰め所が、明治8年に新橋から6マイルほどの地点に設置された。しかし、この詰め所はすぐに不要となったため、駅舎に転用されて大森駅となっている。

駅用地面積は84坪で、品川駅の51坪に次いで小さな駅であった。

しかし、駅が開業して蒸気機関車が走り出すと、沿線でたびたび火事が起きた。東海道沿いはさておき鉄道沿線は藁葺き屋根の農家が点在。冬の乾燥期など、機関車から出る火の粉で火事が発生したのである。

開業時のホームは単線用で、間もなく複線化に対する準備のため、明治11年に新ホームが建設される。ホームの長さは120mで、四輪客車十数両に対応できる長さだった。

1965年当時の大森海岸駅。撮影：荻原二郎

なっていった明治34年だった。

　京浜間連絡鉄道を目指した京浜電気鉄道はその第一期延長線として、現在の大森海岸駅に「海岸駅」を開業し、そこから左折して大森駅に向かい、大森停車場を設けた。

　ちなみに海岸駅から北上し、品川宿の北端、八ツ山橋手前まで開通させるのは明治37年である。

官設大森停車場西側にあった大森八景園。小高い丘にあり、東京湾から房総を望め、梅の名所であった。

　京浜電気鉄道は大森駅前から出るようになったことで、官設線を通じて東京と連結したのである。

　明治35年には蒲田からの穴守線も開業。大師行と穴守行が大森駅前から出ることとなって、京浜電気鉄道は車庫もここに設けた。

　かくて大森は一大ターミナル駅となったのである。

大森三業地

　明治時代後半から昭和戦前まで、大森は繁華を極めた街だった。官設鉄道

建設省地理調査所発行 1/10000地形図「大森」

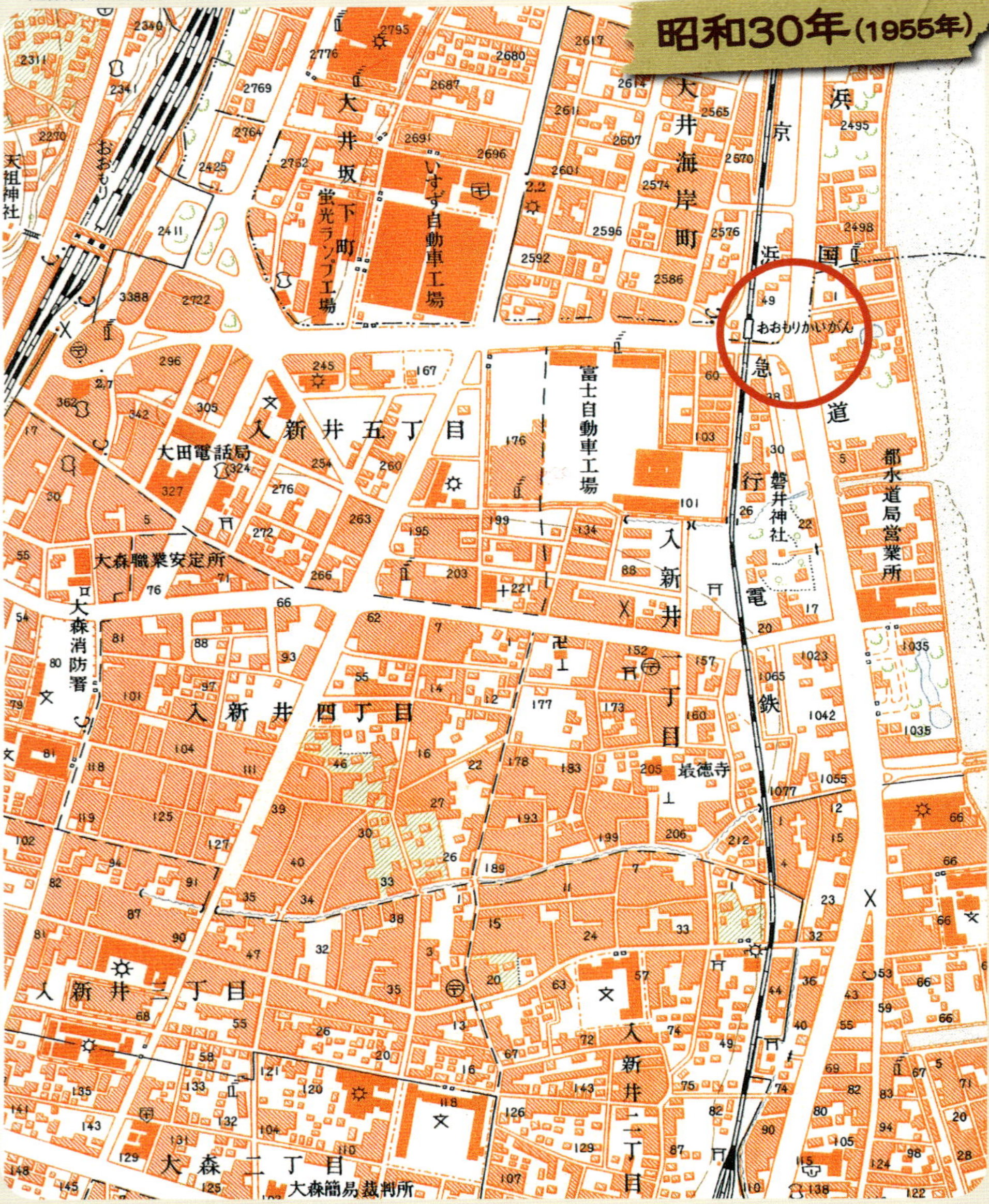

東海道を改修し、第一京浜国道が開通したのは昭和7年。右ページの昭和12年地図と上記の昭和30年地図を見比べると、ひと目でわかるのが道路網である。戦時中の空襲で太田区域は蒲田・大森地区は壊滅的な被害を被り、僅かな地域を除いて焼け野原となった。その戦禍が道路網の拡幅・整備等につながったことにもなる。地図にいすゞ自動車工場、富士自動車工場等が見えるのが車社会の到来を告げている。

大森駅、空前絶後の大混雑

江戸時代からの流れで、信心がレジャーを兼ねていた明治時代、池上本門寺参拝客が利用していたのが大森駅。明治18年10月12日、池上本門寺御会式のため大森駅が平常の70倍を超す大混雑をきたした。当時の記録によれば、大森駅の1日平均の乗降客数は350人。列車の本数は上下線合わせて24本。しかし、御会式となると例年乗降客数は急増。そのため新橋～大森間は通常の列車の他に10本の臨時列車を運行、加えて急行列車も大森停車で対応していた。しかし、18年の御会式は例年になく多く、臨時列車を例年より増やして対応した。しかし、臨時最終列車(夜11時)に乗り切れなかった乗客600～700名に及んだために12時40分、新たに臨時列車を運行。結局、18年10月12日に大森駅における列車発着度数は56回に及び、乗降人員は2万5千人を数えた。さらにホームにあふれる酔客混じりの乗客の整理に駅員は疲労困憊云々。

本門寺の五重塔は健在

大森駅西側は馬込文士村が象徴するように帝都東京の人士に別荘地として人気を呼び、京浜電気鉄道側は東京近郊のリゾート地だった。

今は平和島競艇場となっている大森本町1丁目の海岸は八幡海岸と呼ばれ、古くから潮干狩りの名所として知られ、明治24(1891)年ごろ、八幡海水浴場が開設され、「海の家」も開業。大森海岸の名を世に知らしめることになった。

明治18(1885)年、大磯に海水浴場が開設されて以降、ポツポツと海水浴場が出来始めたが、大森海岸は東京に至近で交通の便もいいとあって、明治期は殷賑を極めた。

省線大森駅前ではループ線及び方向転換(国会図書館蔵)。

さらに、大森海岸の京浜国道沿いは

大森貝塚の発見

アメリカの動物学者モースは明治10年6月、腕足類（貝の一種）採集のために来日。横浜から鉄道で東京に入った。列車は上等、中等、下等に分けられていたが、中等が「十分清潔で勝つ楽であることを発見」したモースは中等客車から車窓にに広がる風景を楽しんでいた。

鉄路の両側に稲田が広がり「恐ろしく大きな草葺の屋根を持った」百姓家など、すべての景色が物珍しく「17マイルの汽車の旅は一瞬に終わってしまった」。モースはこうした東京への車中から、大森ステーション近傍で「貝殻の堆積」を見つけた——この貝殻の堆積が発掘を通して「大森貝塚」として知られることとなり、日本考古学の夜明けをもたらすものとなった。

大森貝塚は現在、品川歴史館から徒歩5分、国指定史跡として大森貝塚遺跡庭園（品川区大井6-21-6）として整備されている。貝塚からは動物の骨・土器・石器など様々なものが見つかっている。

大森貝塚の碑

国土地理院発行 1/10000地形図「大森」

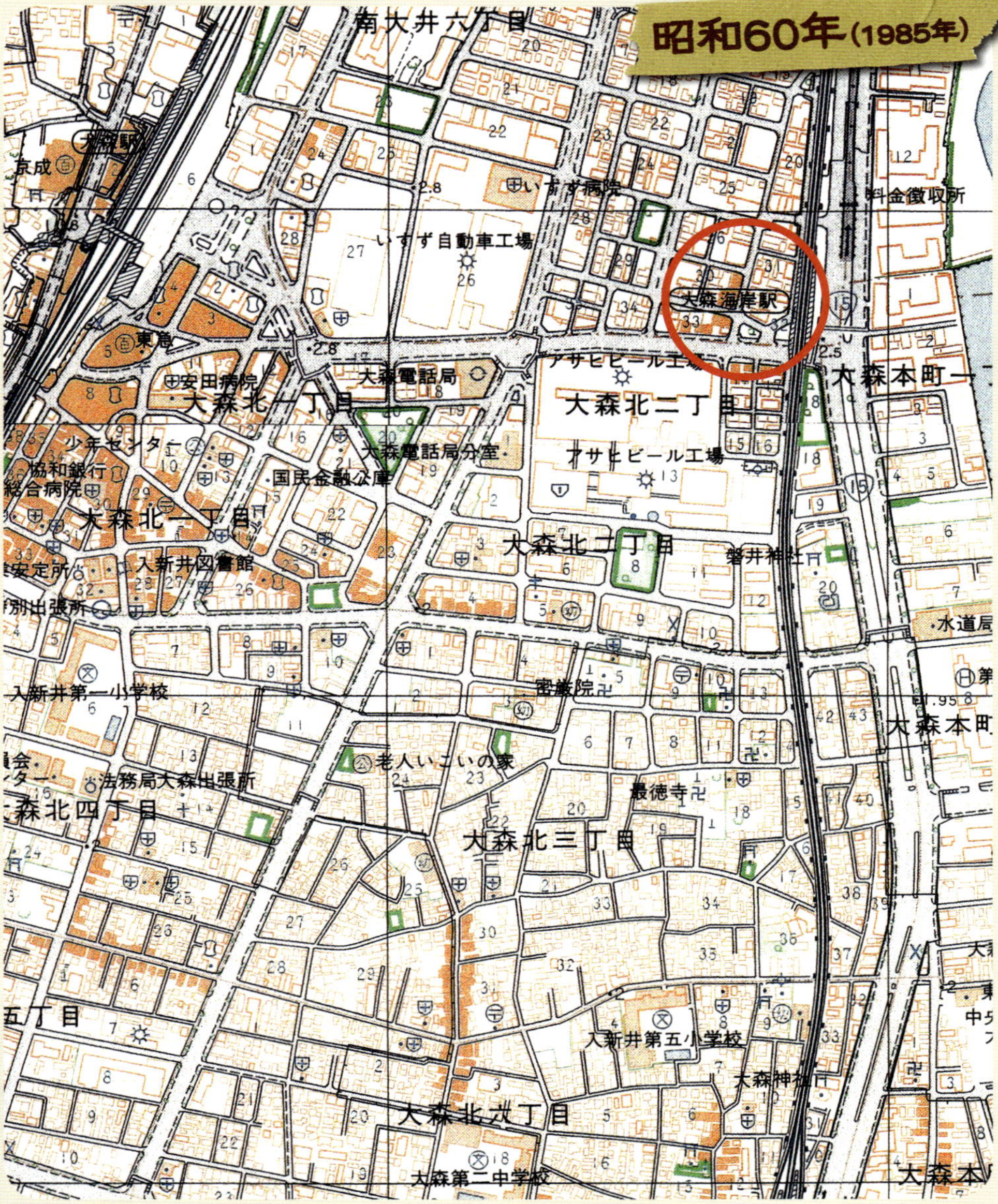

いまから30年ほど前のJR大森駅と京急大森海岸だ。30年前には富士自動車があったところにアサヒビールが進出している。富士自動車は昭和22年に日造木工株式会社として設立。翌年に東京瓦斯電気工業と合併し、富士自動車と社名変更。昭和30年には今は懐かしい三輪自動車を発売している。東京瓦斯電気工業は戦前は自動車制作も手がけていた。昭和48年、小松製作所のグループに入り、富士自動車の名は消えた。

鈴ヶ森刑場跡

〈八百屋お七を始め、火炙りの処刑者は皆、この石上で生きたまま焼き殺された。真ん中の穴に鉄柱を立て、足許に薪を積み、縛り付けて処刑されたのである〉云々と「鈴ヶ森史跡保存会」による説明板が立つのは都史蹟鈴ヶ森刑場遺跡の一画に残されている「火炙台」だ。鈴ヶ森で最初に処刑されたのは、慶安4年の由井正雪の乱に加わった丸橋忠弥と伝わる。

品川区南大井2-7-3
大森海岸駅から徒歩7〜8分

大森海岸三業地だった。日清戦争後の明治20年代末期、日清戦争の戦勝景気で料亭が店開きをすると追随する業者も続出。まもなく芸妓屋も開業するなど、三業地として大森本町1丁目は繁昌を重ねていく。昭和のはじめには北原白秋作詞の「大森海岸小唄」も出来たほどだから、その賑わいぶりは想像できよう。ピーク時の芸妓数は実に240人を数えている。

京浜電気鉄道八幡駅〜大森停車場は、品川延伸後は昭和12（1937）年まで大森支線として残されている。

陸軍陸地測量部発行 1/10000地形図「大森」

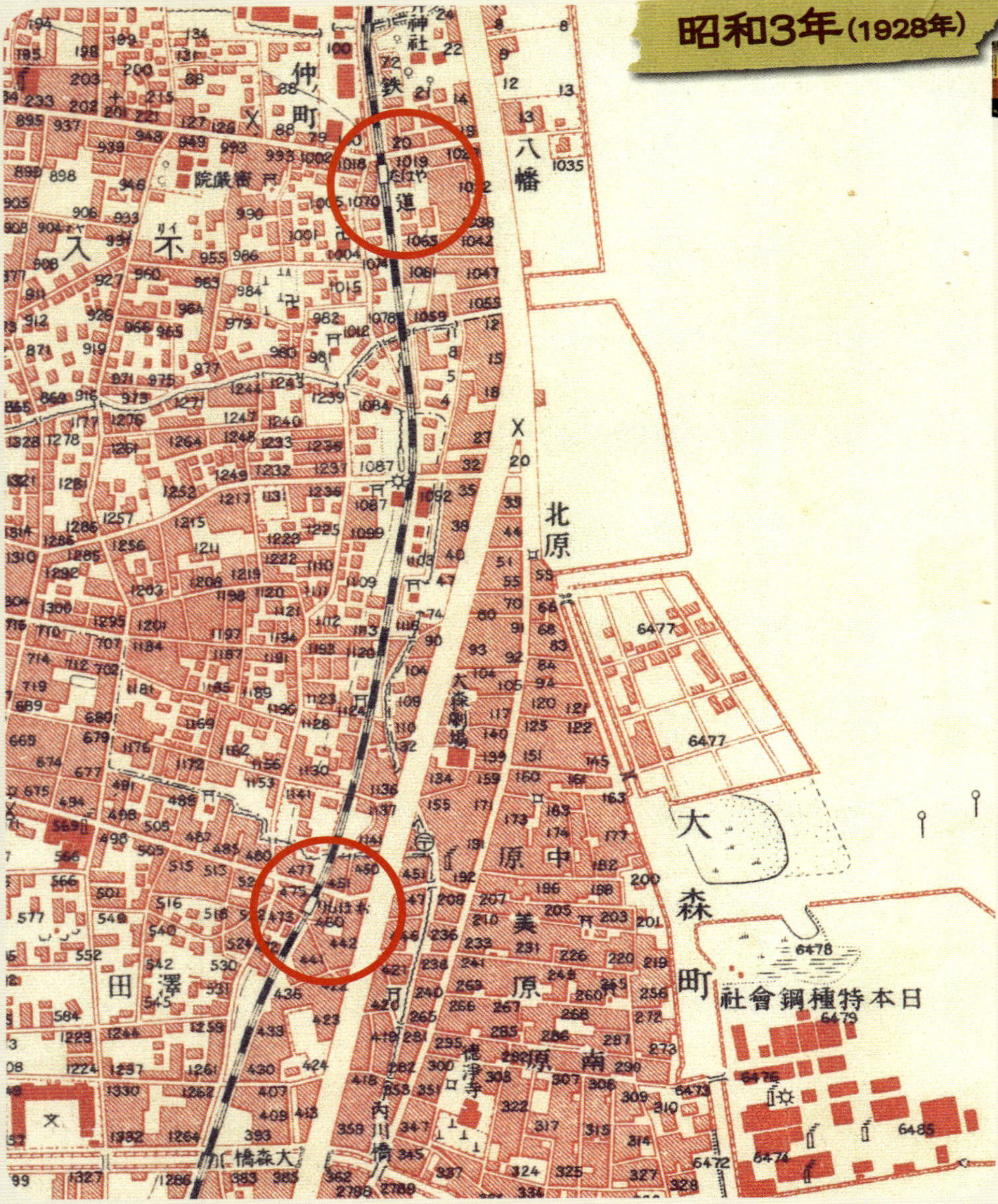

「大森海苔」は天下に冠たる海苔のブランドだった。中でも大森町の海苔漁場は東京最大を誇り、その中心地だったのが京急平和島〜大森町間の湾岸一帯だった。「大森海苔のふるさと館」が平和の森公園に開設された所以だ。地図右下、旧東海道の道筋に「美原」の町名が見える。昭和初期まで、海苔取りの冬場は街道筋は夜店で賑わった地区である。なお、「美原」はその後「三原」となり、地元商店街では現在「ミハラ」とカタカナを使用している。

昭和3年(1928年)

京急本線

平和島

大森新地の記憶

開業年	明治34(1901)年2月1日
所在地	東京都大田区大森北6-13-11
キロ程	5.7㎞（品川起点）
駅構造	2面4線(高架)
乗降客	46,560人

震災禍の花柳界が移転

平和島といえば競艇を連想するが、かつては三味の音色や新内流しの喉が聞こえてくる大森新地があったところだ。

平和島駅の東側は大森本町2丁目。大森新地は南は都堀を埋め立てた環七通り、東は平和の森公園、西は旧東海道のミハラ通り商店街、北はかつてあった大森魚市場に囲まれた一画にあった。

平和島駅の賑わい

この地は大正11年、「都土地」なるデベロッパーが1万坪の埋め立て工事に着手。大正13年には分譲を始め、15年3月に全体が完成。「都新地」と命名した。この新地に目をつけたのが、東京市内の花柳界だった。大正12年の関東大震災に遭った芸妓屋が、東京郊外の分譲地に新築、営業したほうが安上がりとしたのだ。

東京での商売再開に見切りをつけていち早く大森の新開地に移転してきたのは芝浦の花柳界。大正13年の暮れに

平和島の戦前戦後

舟券を握りしめた観客の怒号と罵声、大歓声が鳴り響く競艇場——平和島競艇の歴史は、大森競走場として昭和29年6月、東京都主催で開催されたことから始まっているが、戦時中は敵国の捕虜を収容する施設があった。

現在の競艇場の東側は昭和16年頃から埋立が始まり、陸側とは100mほどの木橋で結ばれ、埋立島と呼ばれた。米英等の捕虜を収容するバラック仕立ての「東京捕虜収容本所」となった。戦後は巣鴨プリズンが完成するまで東條英機などA級戦犯とBC級戦犯がここに収容された。

その後、埋立が進み「埋立島」は陸続きとなったが、地元が願いを込めて「平和島」と呼ぶようになったのが同地の歴史であり、競艇場入口に「平和観音」を建立されたのは昭和35年のことだ。

平和島観音

建設省地理調査所発行 1/10000地形図「大森」

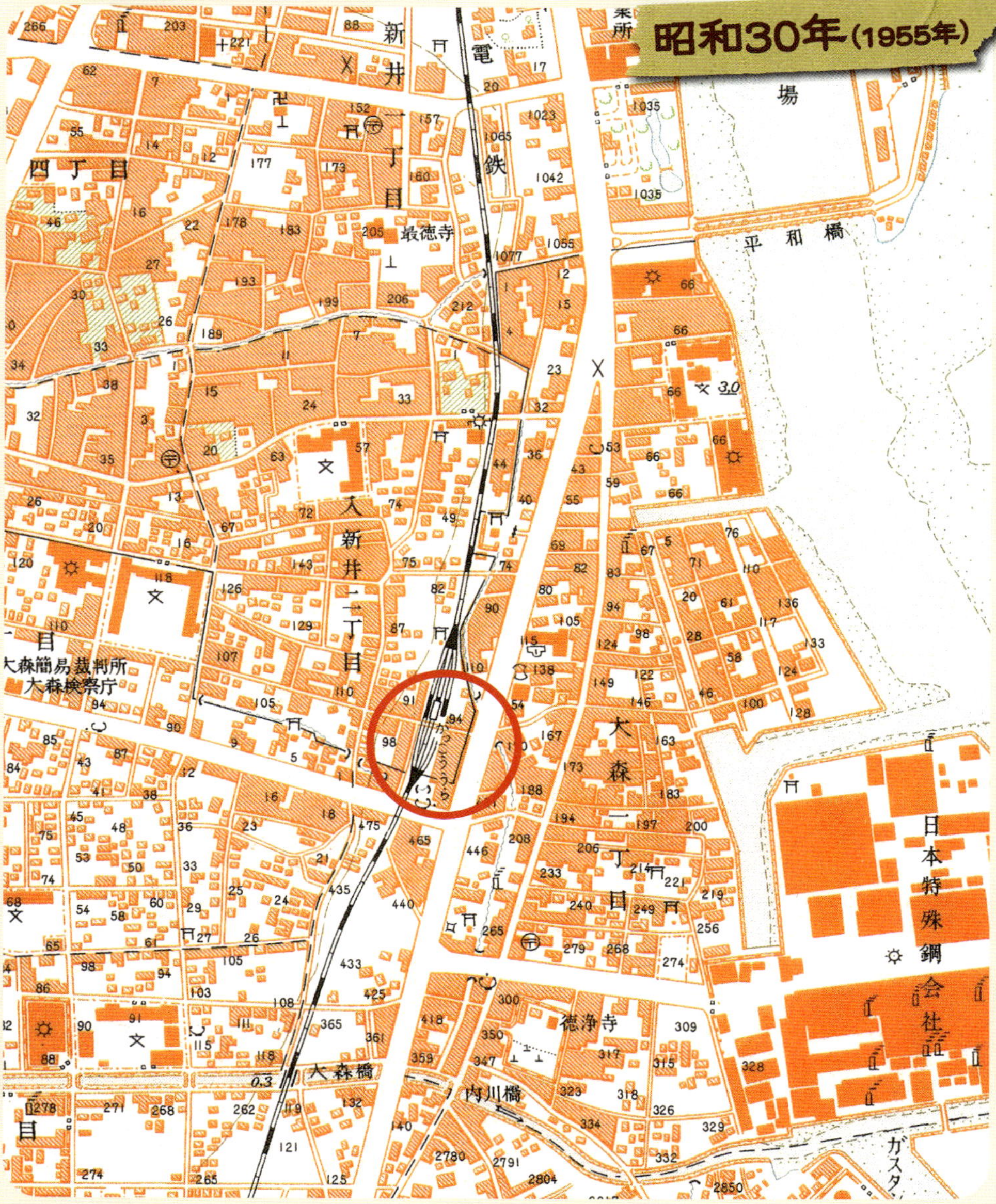

昭和3年の地図（右ページ）で埋立事業が見て取れる海岸線は戦後10年も経つとかつての海岸は陸地となり、競艇場も見える。以降、高度成長期も迎えたことから平和島一帯の埋立が加速していくことになる。平和島の埋立事業は昭和14年に始まり、埋立地が大田区に編入され、当地の町名が「平和島」となるのは昭和42年。かつての海苔漁場は流通業務地となった。地図上の学校裏駅が現在の平和島駅である（昭和36年改称）。

平和の森でトレビア

大森海苔のふるさと館

今はもう姿を消してしまったが、団塊の世代が子供の頃はお弁当のおにぎりや海苔巻きでお馴染みだった大森の海苔の来し方がわかる海苔の博物館。入館料は無料。第3月曜日休館。平和の森公園内にある。

大田区平和の森公園2-2

4軒が「都新地」で再起した。商売は上々となった先行組を見て、昭和5年には芸妓屋31軒、芸妓82名、半玉3名、料理屋2軒、待合3軒を数えるまでになった。

大森新地は、東は海に面し、残りの三方は内堀等に隔てられ、橋を渡らないと三業地に入れなかった。文字通り別天地だったのである。しかし、大森新地も戦時中には休業。戦後は再開したものの戦前の繁華は取り戻せず、昭和40年代に新地の紅灯は消えた。

陸軍陸地測量部発行 1/10000地形図「大森」

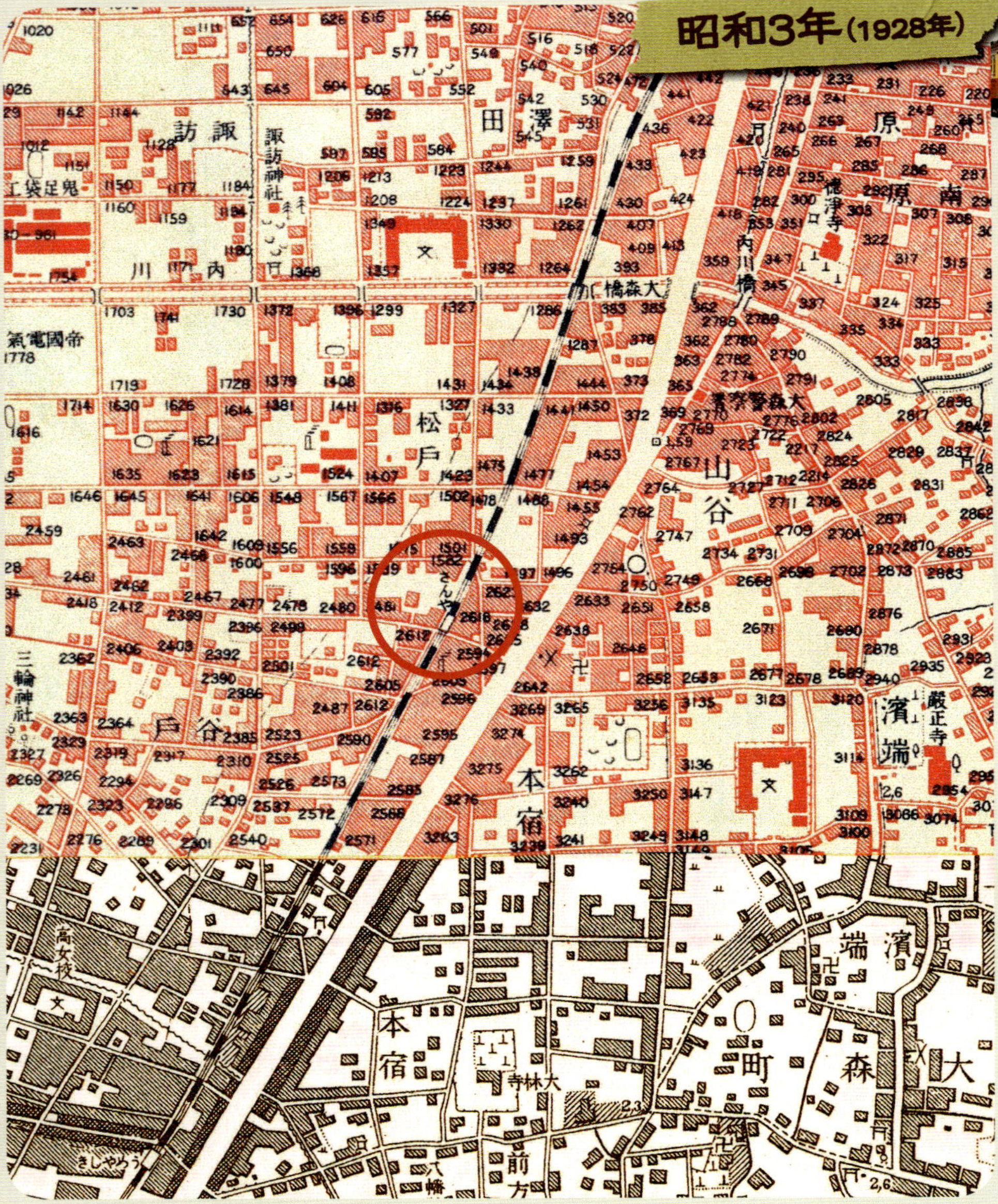

京急本線

大森町

田んぼの中に誕生した森ヶ崎三業地

開業年	明治34(1901)年2月1日
所在地	東京都大田区大森西3-24-7
キロ程	6.5㎞（品川起点）
駅構造	2面2線(高架)
乗降客	20,829人

京急の大森町駅が「山谷駅」、大森が「荏原郡大森町」だった時代である。駅の界隈がそのころは「山谷町」（現在の大森東1～2丁目）だったことから付けられた駅名であることがわかる。帝都東京の人口集中が激しく、周辺郡部を東京市に編入し、いわゆる「大東京」となるのは4年後の昭和7年。大森町も周辺町村と合体して大森区となり、大森町は大森区の中心地として賑わいを呈すことになる。

保養地として声価を高める

大森は明治時代後半から昭和戦前にかけて「大人の隠れ家」的な遊び場が多かった。森ヶ崎鉱泉もその一つだった。京浜電気鉄道を大森山谷（現在は大森町駅）あるいはお隣の梅屋敷で降り、客待ちの人力車に「どこかいいところへ連れて行ってくれ」といえば、行き先は森ヶ崎だった。

大森の東端、現在の大森南5丁目に森ヶ崎の三業地があった。

森ヶ崎はそれまで水田地帯だった。日清戦争の年の明治27年、旱魃で井戸が掘られた時、鉱泉が湧き出たことから水田地帯に街が出来ていくことになった。

産業道路を越えたところにあった海苔問屋街も今では僅かな数に･･･。

掘り当てた鉱泉は諸病に効くと、権威のお墨付きを得たことから、利を見るに敏なるものが鉱泉旅館や料理店を開業。やがて1軒また1軒と増えていくにつれて鉱泉病院も開設。東京近郊

尾崎士郎が「人生劇場」を執筆

森ヶ崎三業地には大正4年、時の大出版社博文館専属の車屋が旅館「大金」を開業。その縁で、広津和郎、徳田秋声、宇野浩二、武田麟太郎、菊池寛、丹羽文雄、永井荷風、芥川龍之介等々、錚々たる作家が「大金」で執筆に取り組んでいる。

『人生劇場』で知られる尾崎士郎も、森ヶ崎で執筆。『人生劇場／青春編』を「大金」で完成させている。

尾崎士郎は戦後の昭和32年に発表した『京濱國道』で、森ヶ崎の思い出を綴っている。

──ああ、森ヶ崎、数々の伸びやかなバカバカしく楽しい思い出を残しているこの一廓は今や、跡形もなく私たちの視野の外に没し去った。

空襲の被害だけはかろうじて免れたものの、戦争中、軍需工場の工員宿舎にあてられていた鉱泉宿はどの家も、戸は破れ障子は壊れて見る影もなく、昔の養魚場は、半ば近く塵埃によって埋められ、葦の繁みに鳴く、葦切りの密やかな風情なぞは想像すべくもない。（要約）

1965年当時の大森町駅。撮影：荻原二郎

建設省地理調査所発行 1/10000地形図「大森」

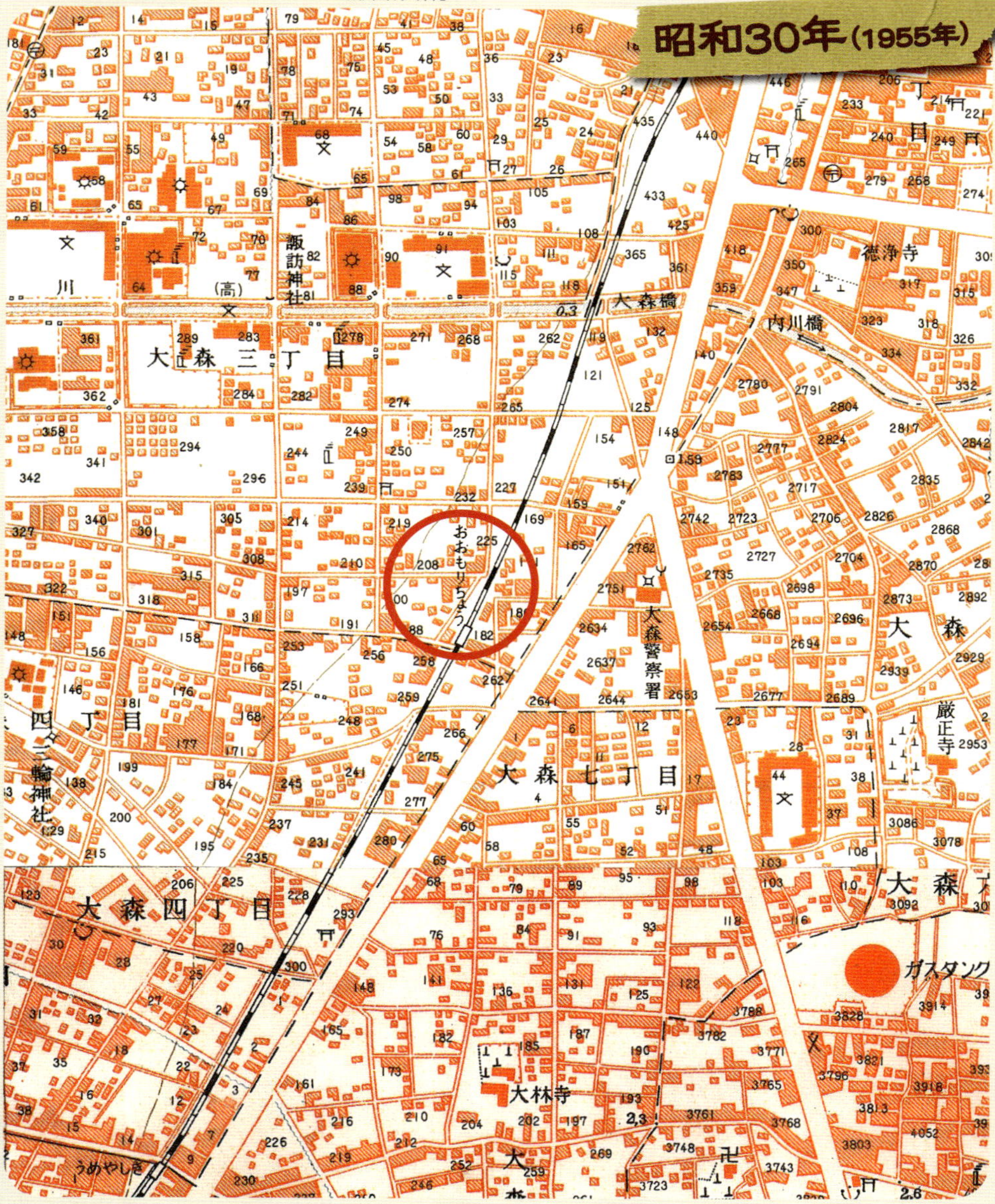

♪大森よいとこ来てみやしゃんせ　海苔で黄金の花が咲く♪──海苔漁業者たちが歌ったという「大森甚句」の一節だ。京浜国道（地図中央）から分岐している産業道路（昭和14年開通）脇の「大森警察署」の文字の下から東に延びている通りが海苔問屋ストリートだった。しかし、戦後しばらく続いた大森海苔の伝統も昭和30年代から晩年を迎え、東京湾の埋立改修等で30年代末期には300年にわたる海苔養殖業に幕をおろす。

開放感100%

空港が間近の森ヶ崎公園

かつて森ヶ崎鉱泉街があったところは現在、森ヶ崎公園（大田区大森南5-2-111）になっている。水再生センター上に設置されている。緑濃い公園には、木製アスレチック遊具や砂場があり、芝生の広場やバスケットゴールなどがあるが、勝島運河を挟んだ対面は羽田国際空港。間近に機影を満喫できる。展望台も設置されている。

大森町駅から2キロ弱

の保養地として名を高めていくことになった。海を控えた地であったことから海水浴場として夏には多くの客を呼ぶようになった。また、森ヶ崎は海に沿って防波堤があり、その前に広大な養魚場もあったことから新鮮な海鮮料理も評判を呼んだ。

明治期から関東大震災まで、森ヶ崎鉱泉街は芸者は置いていなかった。しかし、震災後、芸者を置くようになってから森ヶ崎は保養地と三業地が共生するような街となって太平洋戦争を迎えた。

空襲禍からは逃れたものの、戦後は蘇ることなく、記憶の彼方に消えていったのが、大森の森ヶ崎三業地であった。

京急本線
梅屋敷
2つの「梅屋敷商店街」が競う駅周辺

陸軍陸地測量部発行 1/10000地形図「蒲田」

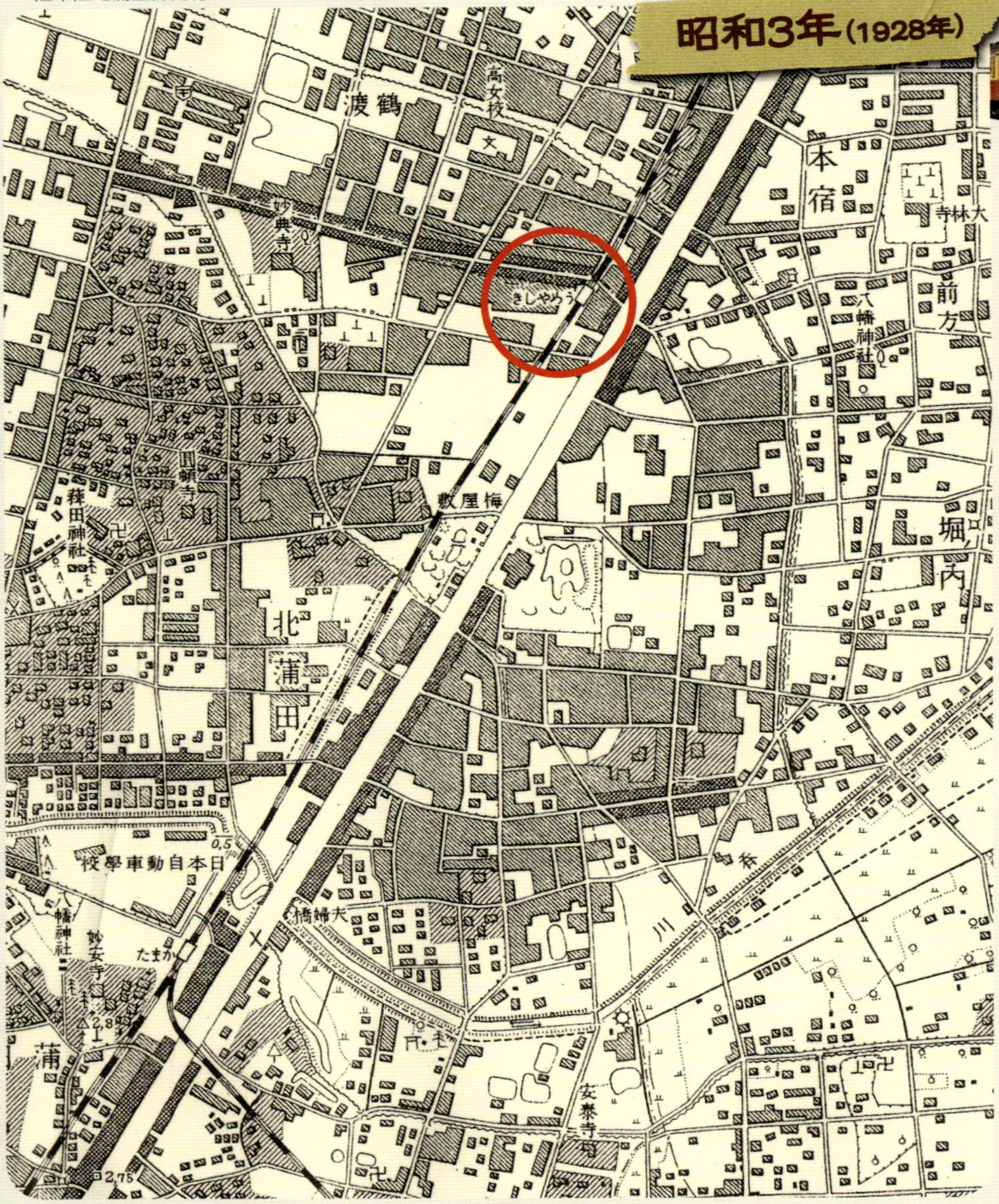

開業年	明治34(1901)年2月1日
所在地	東京都大田区蒲田2-28-1
キロ程	7.2㎞(品川起点)
駅構造	2面2線(高架)
乗降客	15,355人

蒲田は日本の自動車産業史に欠かせないところだが、その黎明期の一人、川真田和汪が昭和8年にハネダモータースを設立したのが梅屋敷だった。手元の資料には「蒲田の梅屋敷」、地図にも記載なく場所を特定できないが、川真田はハーレーの専属ドライバーとしてオートレーズで活躍した天才的ドライバー。四輪自動車の製作にも取り組み、川真田が昭和6年に製作した「ローランド号」は国産初の前輪駆動車として史に残る。

立場茶屋の梅園

昔日、京浜間で鳴り響いた梅屋敷跡を整備した梅屋敷公園は駅から5分ほど、第一京浜沿いにある。それと知らなければ、どこにでもありそうな小さな公園と違うところは、門前に「明治天皇行在所蒲田梅屋敷」の石碑が立っていることだ(写真参照)。

梅屋敷公園入口

梅屋敷はかつて東海道品川宿と川崎宿の間に設けられた立場茶屋を兼ねていた。

茶屋は旅籠屋に対する言葉で、旅籠屋が宿泊の場所であるのに対して、茶屋は休憩の認められている場所であって、立場茶屋は宿駅の間に設けられ、旅人や馬子人足の休憩場所として利用された。

江戸時代の後半になると宿泊させるところも出てきた。茶立て女と呼ぶ遊女まがいの女を置いて、旅籠屋まがいをするようになり、しばしば、禁止令が出されている。

梅屋敷があった立て場は「谷戸の宿」

建設省地理調査所発行 1/10000地形図「蒲田」

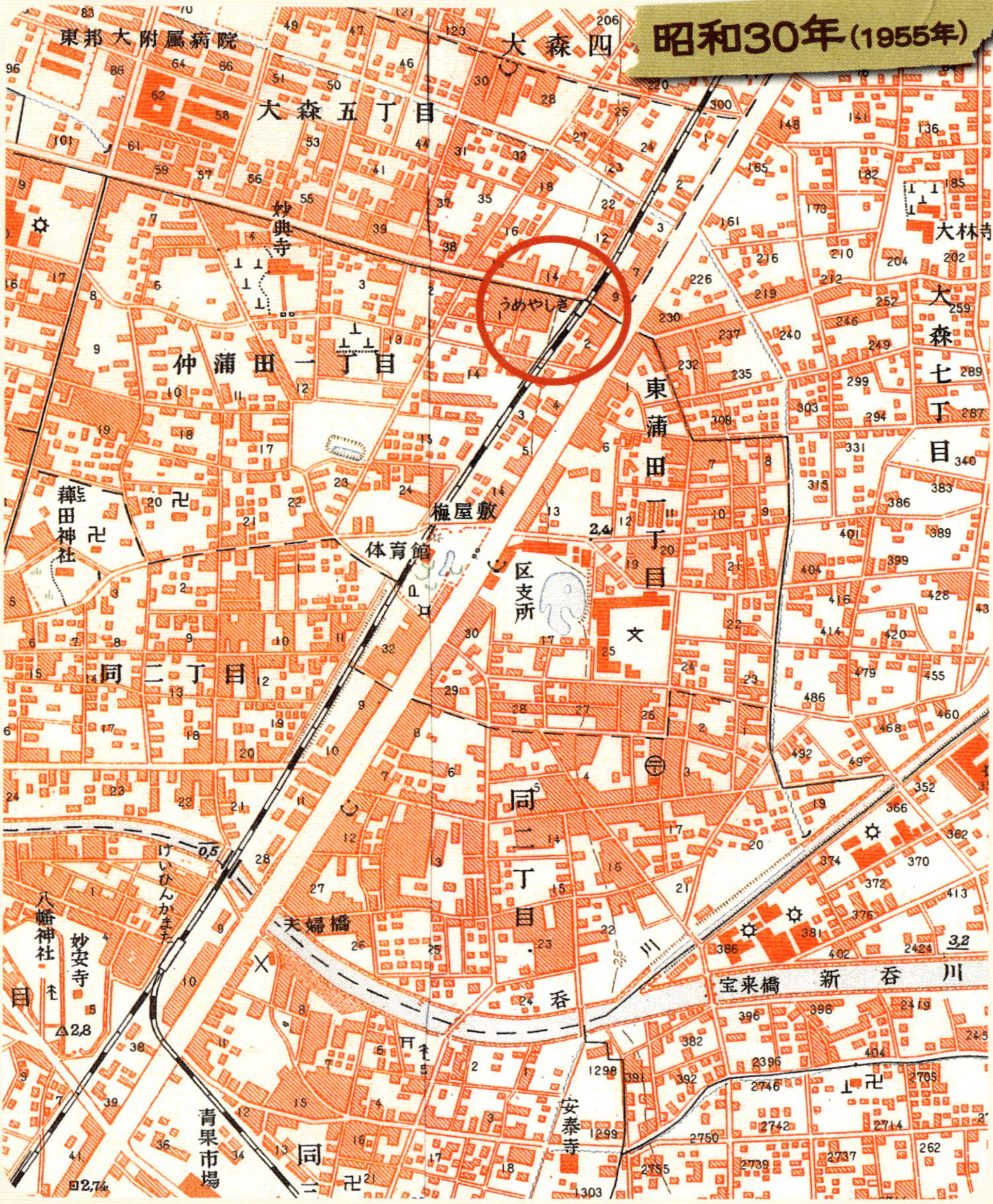

地図下に呑川が流れているが、右ページ地図に見るように、本来の流れは分岐点から東南方向に向かう流路である。新呑川が開削されたのは昭和10（1935）年、呑川下流域の洪水被害対策として造られた。しばらくは新旧両呑川が並存する形となっていたが、住宅や工場が増加して水質汚濁が問題化し、旧呑川が埋め立てられたのは昭和30年代。現在、旧呑川の流路は緑地になっている。

木賃宿から旅籠へ

江戸時代初期の慶長ごろは、旅人は糒（ほしい）2合5勺を1日分として、十日間の旅路を行くには2升5合を背負い、宿についたら湯を沸かして糒を喰って寝るだけだったから、薪代を払って旅路を往来した。これが「木賃宿」の呼称の来由となっている。

往来が繁華な東海道は、慶長16（1611）年、家康が上洛するにあたって幕府の重臣が東海道の諸宿にあてた伝馬の駄賃定書に「木銭では宿を貸さず、旅籠なら貸すなどとわがままを言ってはならない」云々とのくだりも見られる。

旅の宿が木賃宿から、食事も提供する旅籠屋が主流になっていった過程には諸説ある。街道事情や食料がいつでも入手できる流通機構もかかわってくるからだ。

江戸の町にそれまでの屋台ではなく飲食店ができはじめた寛文年間（1661～72年）には旅籠も一般的になったと思われる。

1967年当時の梅屋敷駅。
撮影：荻原二郎

梅屋敷東通り商店街

活気を競う商店街

「ぷらもーる梅屋敷」は、駅前の一番街から始まり東邦医大通り手前の五番街に至る全長500メートルを越す商店街。一方、第一京浜を渡ったところから始まる梅屋敷東通り商店街（写真）も産業道路まで続く、こちらもプラモ～ルに勝るとも劣らない活気ある昔ながらの商店街。第一京浜という幅員のある国道を挟んで二つの商店街が競う珍しい駅前となっている。梅屋敷東通り商店街入口の焼鳥屋さんが美味しそうだった。

と呼ばれ、「和中散」という道中の常備薬を売る店が3軒あった。そのうちの1軒、山本久三郎は東海道に沿って梅園をつくり、旅人を休息させる茶店を開いた。和中散の他、「木の葉餅」「梅のしお」なども商い、「大森細工」と呼ばれる麦わら細工を売っていた。この山本久三郎の梅園が、後に梅屋敷と呼ばれるようになった。

今は界隈に往時の風雅は求めようもないが、駅前の「ぷらもーる梅屋敷商店街」と、駅前から第一京浜を渡ったところから始まる梅屋敷東通り商店街、2つの商店街はなかなか元気である。

陸軍陸地測量部発行 1/10000地形図「蒲田」

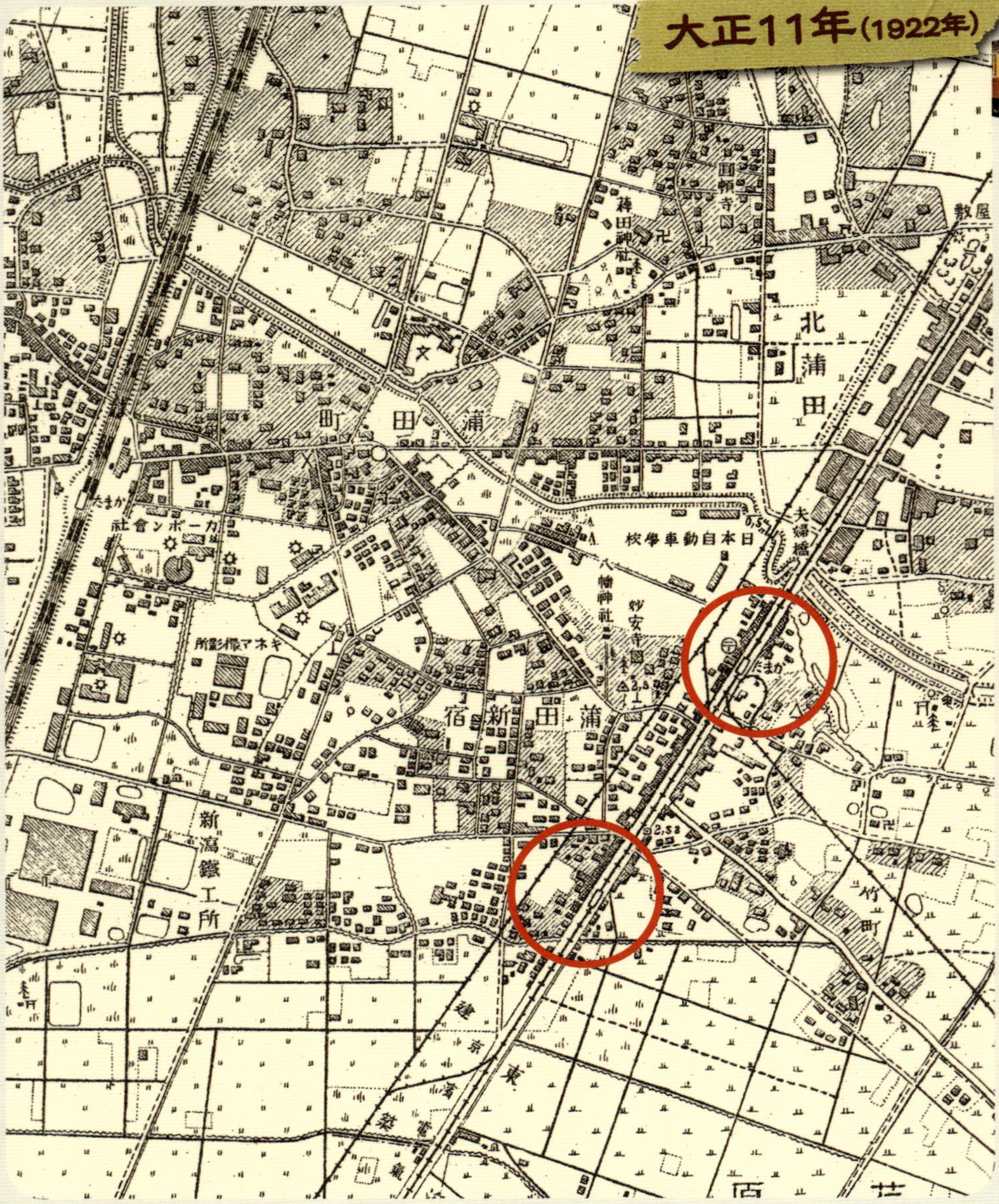

現京急蒲田駅が開業したのはちょうど20世紀に入った1901年。現JR蒲田駅の開業はそれから3年後。上記大正11年地図は鉄道が走り始めてから20年ほど経った蒲田を表している。賑わいを表す集積地が目立つのはJR側の大井町寄りだ。これは大井町が帝都東京の工場地帯としてすでに活気づいていたからで、蒲田が昭和に入ると工場都市として発展していく様子を捉えている。地図中央左側に「キネマ撮影所」が見える。

京急本線

京急蒲田

京急蒲田駅周辺から都市化が始まった

開業年	明治34(1901)年2月1日
所在地	東京都大田区蒲田4-50-10
キロ程	8.0㎞（品川起点）
駅構造	2面6線(高架)
乗降客	58,396人

菖蒲園観光に院線蒲田駅開業

京急蒲田とJR蒲田の間を東西に流れているのが、呑川だ。そのほぼ中間、呑川沿いの大田区立蒲田小学校そばに、あやめ橋がある。

このあやめ橋が、かつてその地に蒲田名所「菖蒲園」があったことを教えてくれるものだ。（別項参照）

京急蒲田駅とJR蒲田駅を結ぶアスト商店街

いま京急蒲田駅、当時京浜蒲田駅の開業は明治34年2月。京浜電気鉄道の京浜電車はまだ東海道を走っていた時代だ。その頃の東海道は砂利道で道幅も狭く、その狭い道路の真ん中を京浜電車は走っていた。道端で手を上げると、どこでも止めてくれたともいう。

鉄道院線の蒲田駅が開業するのはその3年後の明治37年。菖蒲園を訪れる観覧客の便を目的として設置されたのである。駅の周囲は水田や花卉農家の畑が広がるばかりで、なあ～んもなかったところに開業したのが、院線蒲田駅であった。

菖蒲園と蒲田の花卉園芸

菖蒲園があった北蒲田一帯は低地のために水田は湿田が多く、ために浸水禍も度々であった。明治期に入ると農家は稲作から収益性の高い花卉園芸に転換。湿田地体で栽培可能な花菖蒲、杜若などの水生植物の栽培を始め、東京や横浜に切り花を出荷、さらにはその根を輸出するまでになった。
かくて北蒲田一帯の地域は、毎年開花期にはいずれ菖蒲か杜若か、花が咲き競ったため、見物に訪れる人が集まってきた。日本人ばかりでなく、東京や横浜から外国人も好んで立ち寄ったという。
「菖蒲園」はそうした花卉農家の大手が企業形態を採って明治35年に開業。入場料を取って花を鑑賞させるようにしたものだ。しかし、蒲田の都市化が進展していくと、大正の初年には廃園になっている。
呑川に架かる菖蒲橋の欄干は往時を偲ぶ菖蒲のレリーフで飾られている。

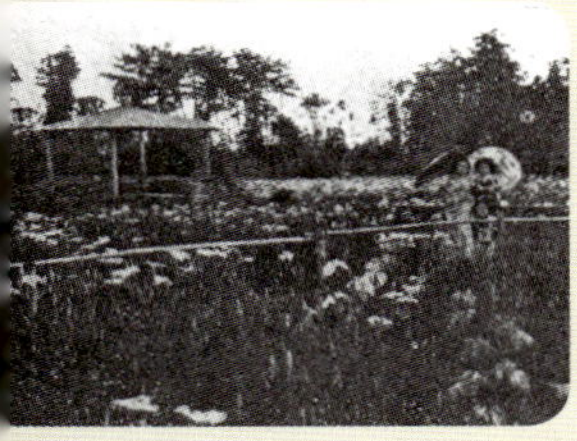

往時の菖蒲園（蒲田町史）

陸軍陸地測量部発行 1/10000地形図「蒲田」

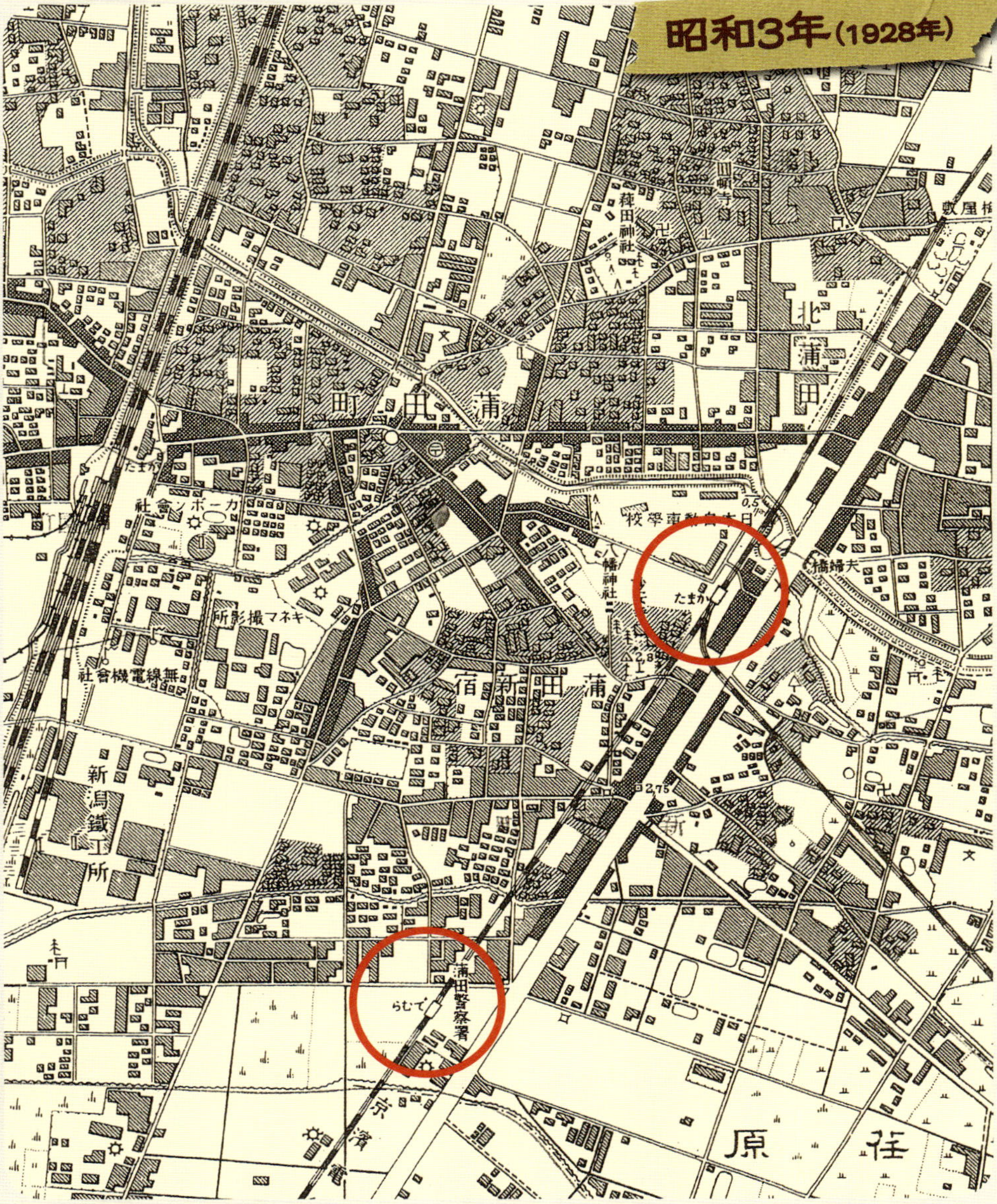

大正11年から数年で田圃が消え、工場が集積している。地図左下に見える「新潟鉄工所」は鉄道車両の気動車などで名を売った重機メーカーだが、昭和初期には自動車の開発も手がけた。昭和8年に自動車用ディーゼルエンジンを開発。翌年にはそのディーゼルエンジンを搭載したトラックを発売。戦後も生き残ったが鉄道車両等で10年ほど前に破綻。清算して解散している。地図上、下側には昭和24年廃止された出村駅も記されている。

賑わいを増す京浜蒲田周辺

一方、京浜電気鉄道京浜電車は明治34年には川崎～蒲田～大森間、翌年には蒲田～穴守間を走らせていた。穴守線の分岐点となった京浜蒲田駅付近は早くから商店が出来、周辺の人々が買い物に集まる場所となっていた。

このころは蒲田地区より羽田地区、特に穴守稲荷周辺の方が拓けており、芸妓屋、料理屋、穴守稲荷参詣客や料理屋に行く乗り換え客で京浜蒲田駅周辺は賑わっていた。

三業地も京浜蒲田駅南側に出来た。現在の蒲田4丁目、蒲田八幡神社の近くに昭和2年、芸妓屋設置を当局が許可。芸妓屋、待合が次々に開業し、昭和7年には芸妓屋24軒、待合21軒、芸妓79人という歓楽地が生まれた。

映画館も大正末期から京浜蒲田周辺にお目見えし、昭和10年ごろには蒲田富士館など数軒の映画館ができた。

蒲田の都市化は、京浜急行側から始まった。

工場の進出と松竹蒲田撮影所

蒲田の都市化に大きな影響を与えたものに工場の進出と松竹撮影所の開設も上げられる。

大正7年（1918）、京浜窯業が蒲田に工場を設けると、同9年には高砂香料と東京無線電機、同10年には新潟鉄工場など業界大手をはじめに中小の工場が相次いで建てられ、京浜工業地帯の一翼が蒲田に形成された。鉄道2本に

陸軍陸地測量部発行 1/10000地形図「蒲田」

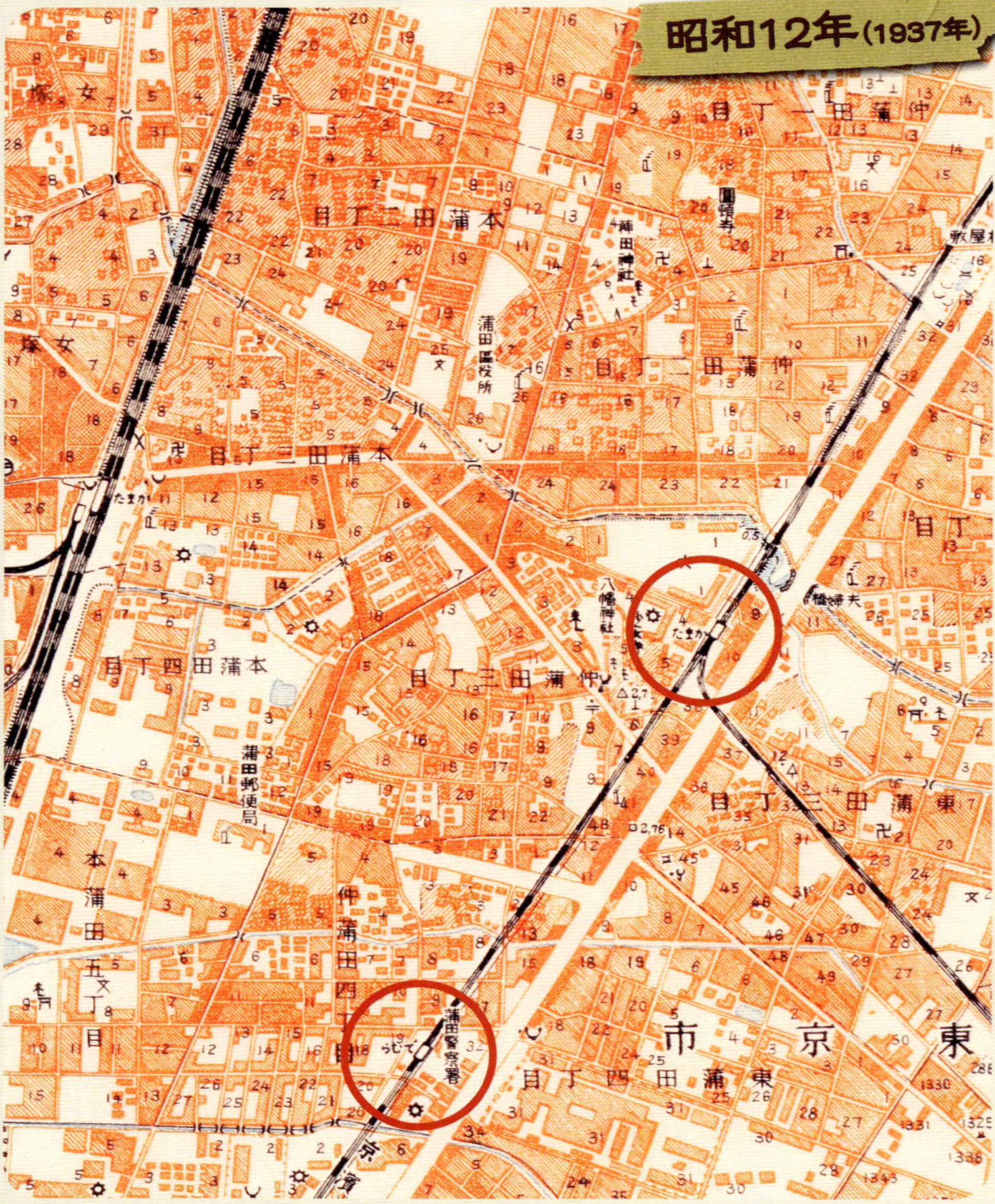

前ページ昭和3年から10年足らずで残っていた田圃も消え、工場都市として開発された有り様が地図から伝わってくる。松竹キネマ撮影所もすでに消えた。京急蒲田駅から東南方向に延びているのが穴守線(現・空港線)だが、その穴守沿線の田圃も消えた。往時の蒲田にみなぎっていたエネルギーだ。昭和12年頃には自動車も普及しているが、京浜国道一本では物流も滞りがちだったか。

二業地と三業地

二業地とは芸者の置屋と料理屋あるいは待合、三業地は置屋と待合、料理屋の三点セットの営業が許可された地区をいう。こうした区分は明治5(1872)年の太政官布告による「娼妓解放令」を受け、時の東京府知事大久保一翁が新しい営業形態として認めたことから始まった。

新開地となった蒲田には現在の南蒲田2丁目の一画に芸妓屋と待合の二業地もあった。昭和7年に許可され、芸妓屋24軒、待合21軒、芸者総数は70人余だった。

♪工場じゃ煙と機械の音よ 蒲田新地は三味の音♪

小唄「蒲田音頭」を発信した南蒲田2丁目の二業地は東京計器(左ページ地図参照)の北側にあった。蒲田音頭さながらに工場の煙と機械の音と共に繁盛。昭和10年代前半に最盛期を迎えたが、戦後の新時代と共に昔日の輝きを失っていった。

京浜国道という交通の便が、工場立地に拍車をかけた。そこで働く人たちが蒲田に居住する。

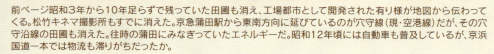

　松竹キネマ撮影所は大正9年に移転してきた。

蒲田松竹キネマ撮影所(蒲田町史)

「映画」という新しい都市産業の拠点が蒲田に誕生したことで、それにつながる人たちや業界が蒲田に移住してきた。工場の街・蒲田に華やかな空間が誕生した。憂いある美貌で満天下の男どもの胸を焦がした栗島すみ子を始め、不良少女が大好きと公言していた英百合子、エプロン姿が弊衣破帽もくらくらさせた松井千枝子、京人形のような柳咲子、新橋の売れっ子芸者から蒲田にやって来た筑波雪子、川上貞奴の秘蔵弟子川田芳子、女学生役をやらせたら天下一品だった千草みどり等々、蒲田の銀幕は数多くの「スタア」を生んだ。

　大正元年、蒲田町の人口は3396人。以降、大正6年・4212人。大正11年・9053人、昭和2年・3万6907人、

建設省地理調査所発行 1/10000地形図「蒲田」

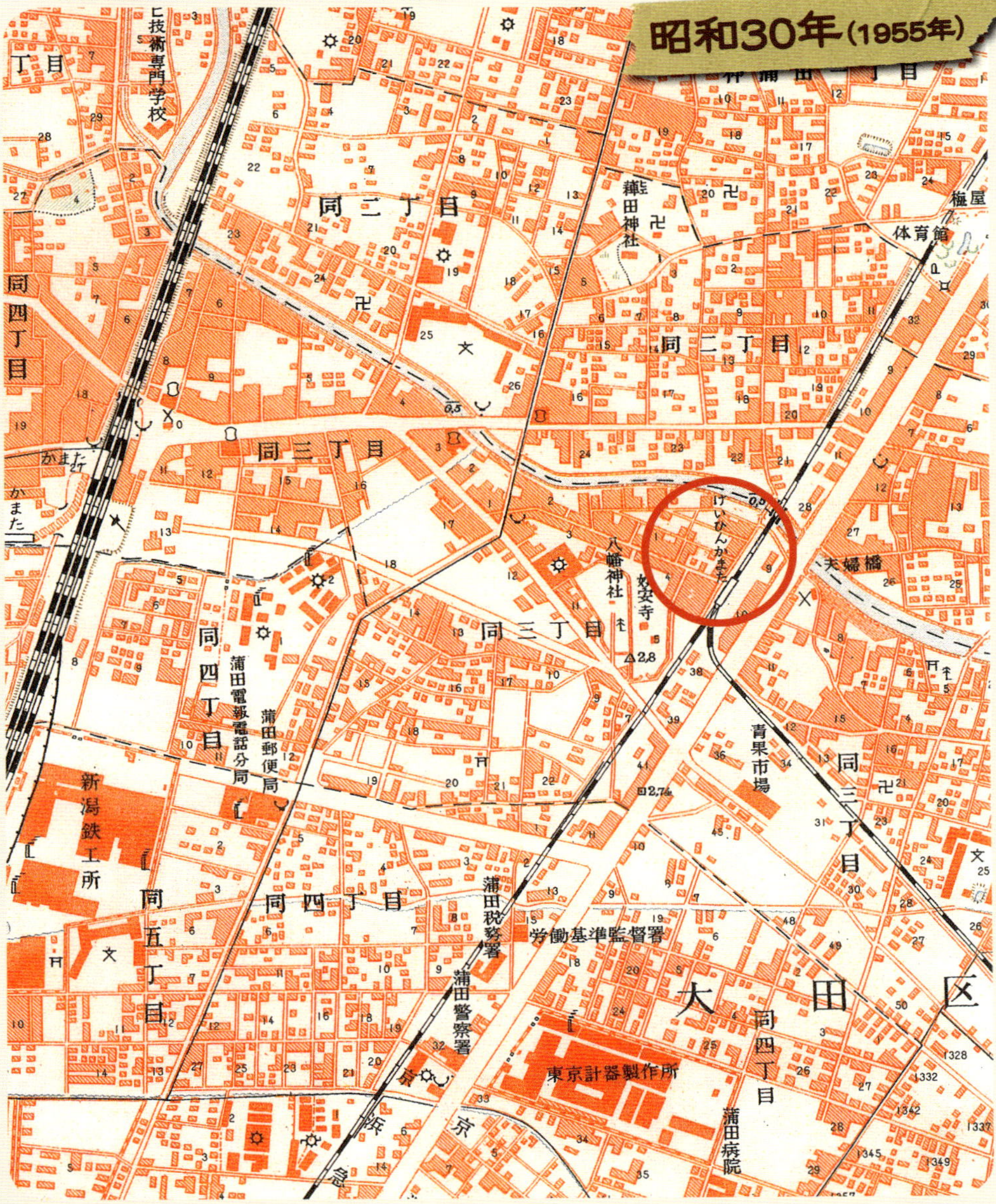

工場都市だった蒲田は昭和20年、4回に及ぶ空襲でほとんど壊滅したが、戦災を奇禍として工場都市からの脱皮していったことが、地図からも窺える。蒲田にエネルギーを充填していた主だった工場も、新潟鉄工所が地図に見える程度だ。白地が目立つのは戦後10年という時間による。地図下中央の「東京計器製作所」は現在の東京計器を前身とする産業用精密機器メーカーだ。

蒲田と自動車の時代

京浜蒲田駅前にあった「日本自動車学校」（45ページ昭和3年地図参照）は大正5年創立。昭和17年まで継続して、2万5千人の卒業生を送り出した、当時最大の自動車学校だった。
大正6年に創立された羽田の日本飛行機学校の自動車科が前身。使用した車は英国製ハンバー（15馬力3人乗り）、米国製EMS（30馬力、7人乗り）、英国製ダイムラー（45馬力15人乗り）の3台。
――今や、高速力にして積載力に富める自動車はあらゆる方面の実用に供せられ、日常生活の必需品となるに至った。之に経済的観察を試みよ！　昔時徒歩透過の工程たりし百里の道を行くに自動車を駆れば近々半日にして達する。然してこの費用幾許なるかと言うに、一哩の総工費わずかに20銭内外、もし十人の乗客ありとせば･･･云々と、同校の学則は高らかに「自動車の時代」を謳い上げている。

1965年当時の京浜蒲田駅。撮影：荻原二郎

赤い横看板が目印です

銭湯料金で蒲田温泉

大田区は区内有数の温泉シティだが、コーヒー色の黒湯で知られているのが、京急蒲田駅からブラブラ歩いて15分ほどの蒲田温泉。昭和12年創業。赤い看板が目印。高温と低温の2種類の天然黒湯温泉を始め、ジェットバスや電気風呂、水風呂、サウナ（無料）など、設備は充実。2階には飲食やカラオケなどが楽しめる大広間もある。銭湯料金で温泉気分を満喫。

大田区蒲田本町2-23-2

昭和7年・5万1307人（蒲田町役場調査による人口増加率）である。大正初期の5年間は鈍い伸び率であるのに対し、大正大震災を間に挟んだ5年間は急激に増加している。

かくて院線蒲田駅開業当時はあたり一面広がっていた田畑は次々に宅地化され、京浜工業地帯の工場都市として発展していった。その代償は蒲田に華やかな空気を送り込んでいた松竹撮影所の「さよなら蒲田」であった。昭和11年、撮影所周辺にも密集し始めた工場の出す騒音と煤煙にたまらず、松竹撮影所は大船に移転していったのである。

空港線

糀谷

穴守稲荷に鉄道開通のご利益

陸軍陸地測量部発行 1/10000地形図「蒲田」

昭和3年（1928年）

上記の地図からも下段本文「東京名物食べある記」を彷彿とさせる穴守線沿線風景だ。同記事に「所々乾されてある海苔の青さ」云々は、糀谷村も江戸時代から海苔の産地だったことによる。沿線の田圃も区画整理が始まっている兆候が見て取れるが、地図左下部に別項で取り上げた「糀谷七辻」が見える。区画整理には農地所有者同士の利害が絡む。きっと七辻のところだけ、話し合いがご破算になったのだろう。

糀谷駅

開業年	明治35(1902)年6月28日
所在地	東京都大田区西糀谷4-13-17
キロ程	0.9㎞（京急蒲田起点）
駅構造	2面2線(高架)
乗降客	25,429人

「信心一分浮気九分」

――蒲田で乗替た穴守行電車は田圃の中を走っていく。所々に乾されてある海苔の青さに暖かい冬の陽射しが一杯に当たっている。時折磯の香りが鼻をかすめる。穴守近く電車は小さな川を渡る。船宿に「つり舟出ます」の看板が見える。川一筋に見える羽田の海は、潮が一杯に膨らんで、小波が舷に光る釣船の影も長閑だ。電車はやがて穴守に着いた。――

時事新報の家庭部が昭和5（1930）年にまとめた「東京名物食べある記」からの一節である。

穴守稲荷は往時、羽田浦の干拓地である鈴木新田にあった。土地の人が神殿の繁栄を祈願して勧請したものだ。新田を取り囲む堤防には江戸時代に植樹された松が並木に育ち、堤防に上がれば遠く房総半島も眺望、干潟地では潮干狩りも出来たことから穴守稲荷は信心を兼ねたレジャー地として京浜間では知られていた。

日清戦争の年の明治27（1894）年に穴守稲荷のある新田から鉱泉が発見された。鉱泉発見で早速、日本橋の料亭が進出。料理屋を兼ねた旅館を開業した。羽田は漁師町であり、海の幸には事欠かない。穴守稲荷に続々と料理屋、旅館が出来はじめる。

明治35年6月、京浜電気鉄道が穴守線（現在の空港線）を開業するころには、穴守稲荷は東京近郊の繁昌地だった。門前には参詣客相手の土産物屋や食堂が軒を連ね、境内周辺には料理屋、釣り船屋等々、10件余の店が軒を連ねていた。

建設省地理調査所発行 1/10000地形図「蒲田」

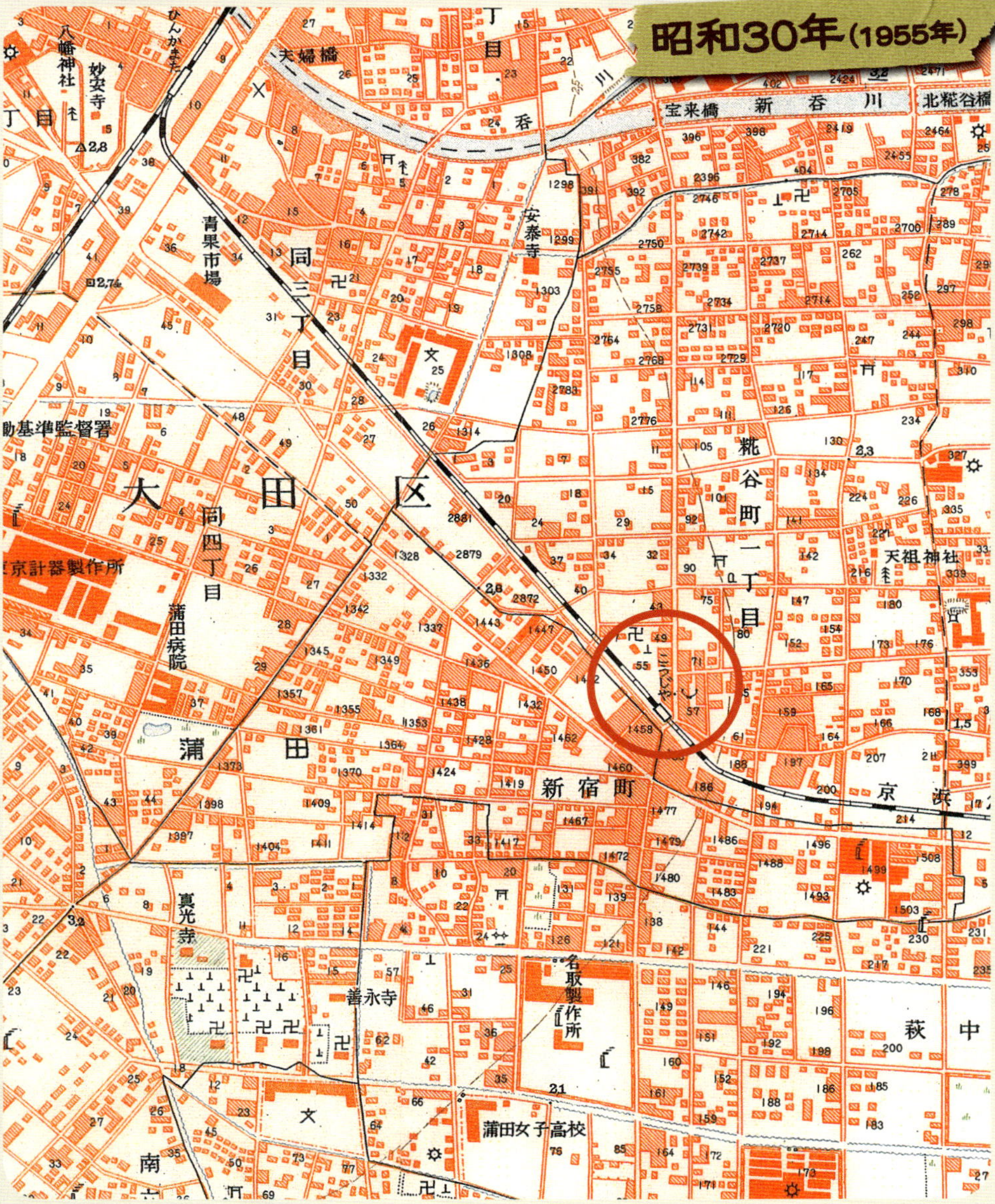

穴守線蒲田～糀谷沿線の戦後10年の地図である。戦前、戦中の期間を挟んでいるとはいえ、当たり一面田圃だった沿線風景は見事なまでに変貌し、都市化した。別項で触れているように蒲田新宿町は戦後新たに区画整理されたのだが、七辻はそのままに経過。すでに人家が密集している。戦後の人口流入激しく、道路整備する間もなく住宅が建ち始めてしまったことを地図が教えている。

糀谷の七辻

蒲田地区の耕地整理は大正6～7年ごろから始まった。水田など低地の埋め立てには同時期に始まった多摩川下流改修工事の残土を、線路を敷いてトロッコで運んだ。耕地、農道の整理を行って農業の合理化を図るというより、農地を宅地化するための区画整理が目的だった。

震災後、移住者が東京市から堰を切ったように流入してきたために、道路を碁盤目のようにする間もなく、曲折した旧農道のままになった蒲田新宿は、戦後、新たに区画整理されている。

糀谷は耕地整理は比較的上手く進んだが、四方八方から農道が交差したまま取り残されたところも出てきた。それが今や名所になっている「糀谷の七辻」だ（地図左側下部）。七辻の交差点には写真のように由来板が立っているが、信号がないことが互いに譲り合うようになるのか、由来板は「この地に事故はない」と胸を張っている。

糀谷七辻看板

萩中の寺町

糀谷七辻の東側に、その町名から取った「萩中の寺町」（大田区萩中1丁目）がある。浄土真宗本願寺派の寺院が7寺集まる寺町がある。大正12（1923）年の関東大震災後に築地本願寺中から昭和初期に掛けここ萩中に移転してきたことから寺町が形成された。そのうちの延徳寺や福祢寺は築地本願寺風にインド様式の本堂が特徴になっている。

明治期のオールラウンドライター伊藤銀月が『最新東京繁盛記』（明治36年刊）でいみじくも「信仰一分浮気九分」と評したような行楽地となっていた。鉄道が走り出したことから賑わいは加速し、明治末期には穴守稲荷は帝都でも有名な三業地となって殷賑を極めるようになったのである。

明治40年代の穴守稲荷。鳥居は花柳界や芸人からの寄進が多かった（最新東京名所写真帖）

陸軍陸地測量部発行 1/10000地形図「蒲田」

昭和3年（1928年）

空港線

大鳥居・穴守稲荷

帝都近郊の一大行楽地に占領軍の「天の声」

大鳥居駅

開業年	明治35(1902)年6月28日
所在地	東京都大田区西糀谷3-37-18
キロ程	1.9km(京急蒲田起点)
駅構造	2面2線(地下)
乗降客	29,815人

穴守稲荷駅

開業年	昭和21(1946)年8月15日
所在地	東京都大田区羽田4-6-11
キロ程	2.6km(京急蒲田起点)
駅構造	2面2線(地上)
乗降客	18,002人

穴守線沿線は周囲一面田園風景が広がっているが、地図下右側の多摩川沿岸の羽田町のみ爆発的な集積地となっている。羽田町は羽田村だった江戸時代から多摩川や江戸湾を生計にしている漁師町であったが、明治になって穴守稲荷の賑わいが波及。昭和に入っても周囲は田園地帯だったのに対し、人口が集積していたことが窺える。羽田の地名には、多摩川河口で海に接する地を「ハネ」と呼んだ等々、諸説ある。

京浜電気鉄道の羽田開発

穴守線が「空港線」と改称されたのは昭和38（1963）年11月1日。路線名が改称された如く、穴守稲荷神社そのものも戦前と戦後は似て非なるものとなった。戦前は羽田浦の一代遊興地として京浜に間鳴り響いた穴守稲荷も、戦後は住宅地の一神社となった。

往時の穴守稲荷神社は海老取川の東、いまは羽田国際空港の一部となった鈴木新田にあった。穴守線開業時の終点は海老取川を超える手前に設けられ、駅名は「稲荷橋」。穴守稲荷神社は稲荷橋より1キロ近く遠い。

昭和初期の羽田浦（「大東京名所百景写真帖」）

門前近くまで鉄道を伸ばさなかったのはすでに住宅地であったことにもよるが、参詣客相手の人力車が鉄道に客を奪われると猛反対したことが大きい。

結局、穴守稲荷門前まで延伸したのは大正2（1913）年の大晦日だった。

京浜電気鉄道は明治42（1909）年、

穴守稲荷と軍靴の響き

穴守稲荷は昭和に入ると、東洋一と謳われた浄化海水プールも開業した。長さ70メートル、幅30メートル、深さ75センチ～2メートル。これだけ大規模なプールも、夏ともなれば芋の子を洗う如きの大混雑を呈した。

しかし、穴守稲荷にも軍靴の響きが聞こえて来る。昭和6年満州事変が起きると、穴守周辺は京浜工業地帯に位置していただけに工場が進出。軍需工業地区に変貌していく。

昭和12年には穴守稲荷社の南、多摩川沿いに明電舎が、14年には日本特殊鋼が羽田お台場に工場を建設。下請けの工場も付いてきた。

羽田運動場も昭和13年に国に買収された。隣接していた羽田の東京飛行場（昭和6年開港）を拡張するためだった。買収をお断りできるような時局ではない。この拡張工事の過程で、東洋一の海水プールも埋め立てられた。そのころには料理屋は工場従業員相手の食堂になり、鉱泉宿は宿舎へと姿を変えていた。

東京飛行場

建設省地理調査所発行 1/10000地形図「蒲田」

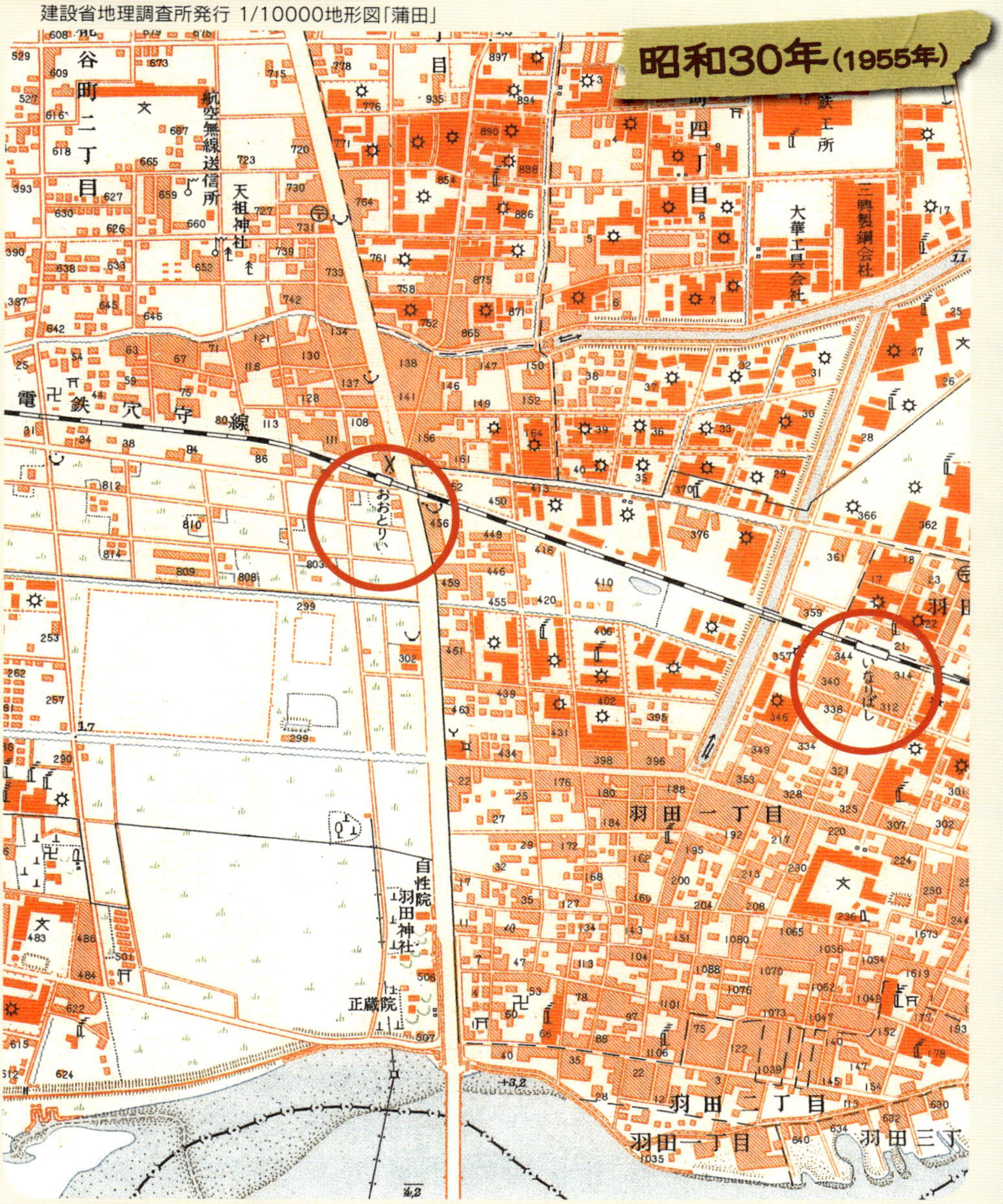

穴守線の駅は創業時から移転移設したもの少なくないが「大鳥居駅」は戦前戦後も同じ位置にある。上記の地図では大鳥居駅東側に幹線道路が走っているが、これは戦前に整備された産業道路で、昭和28年に国道131号に指定された。大鳥居で交差する環状8号線が整備されるのはこの後のことである。大鳥居駅南の空白地は現在は公園と小中高校が集積する文教地区になっている。昭和31年に稲荷橋駅は穴守稲荷駅に改称した。

平日はひっそり…

穴守稲荷神社

現在地（大田区羽田5-2）に鎮座したのは昭和20年9月。地元氏子有志により境内地700坪が寄進され、仮社殿を復興再建したもの。穴守稲荷駅より徒歩5分。静かな住宅地にある。


穴守稲荷神社北側の干潟を埋め立て、羽田運動場を開設した。野球、相撲、陸上の当時の3大スポーツ施設を備えた総合競技場のようなものだ。明治43年に穴守線を複線化すると、翌年、海の家を備えた羽田海水浴場を開いた。大正2年には干潮時でも海水浴を楽しめるように羽田運動場に遊水池をつくった。

　京浜電気鉄道の羽田開発に誘われるように、羽田運動場に隣接して遊園地やテニスコート、自転車競技場などもオープン。神社前に穴守駅を開業した大正初期は、穴守稲荷周辺は一大行楽地に発展していたのである。

空港線

天空橋・羽田空港国際線ターミナル 羽田空港国内線ターミナル

穴守稲荷一帯3町は羽田空港に

陸軍陸地測量部発行 1/10000地形図「穴守」

昭和3年(1928年)

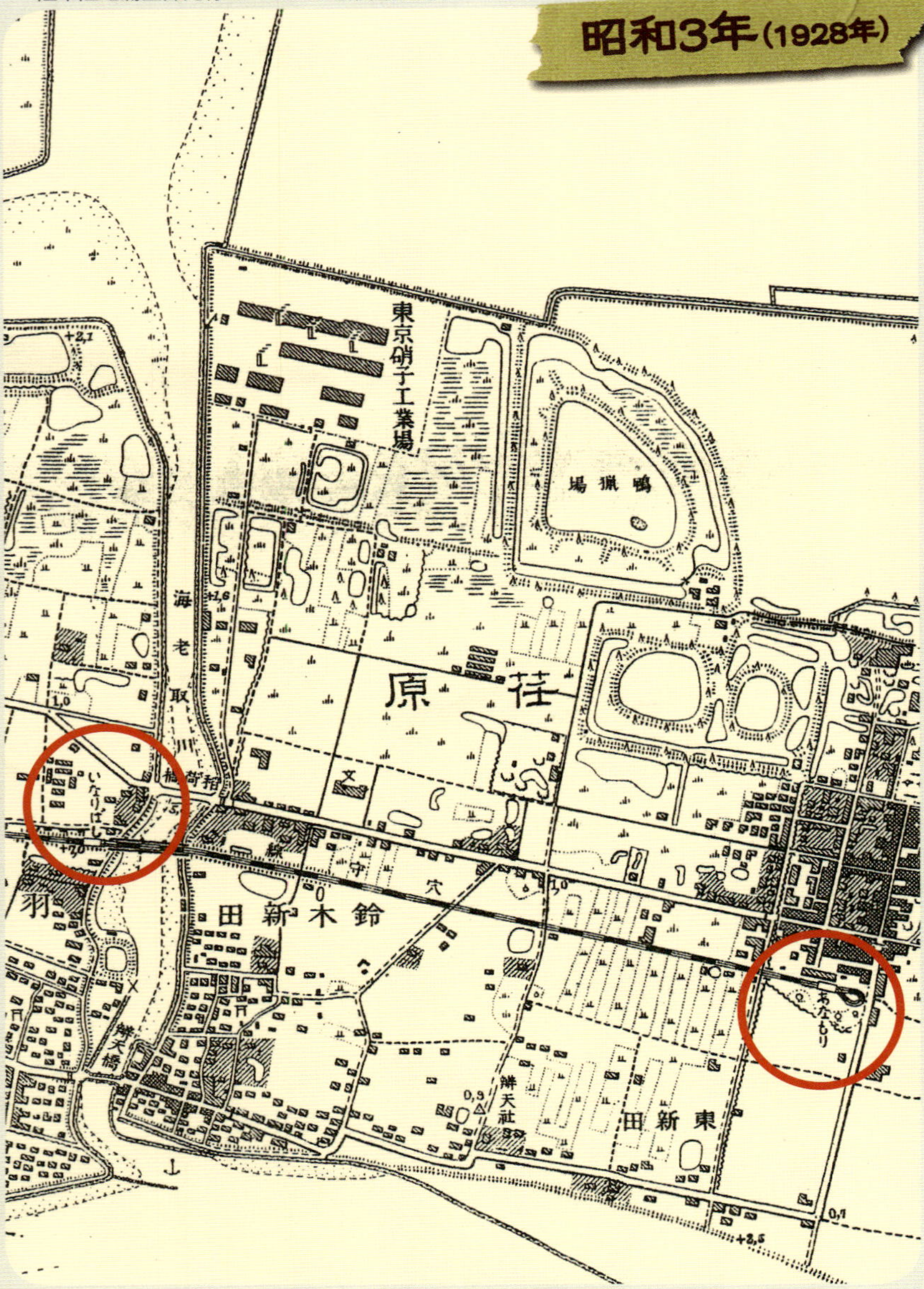

あいにく全体は入っていないが、地図右側中央の集積地が戦前まで殷賑を極めた穴守稲荷である。穴守稲荷の北側に「鴨猟場」が見えるが、江戸時代からのものである。界隈一帯を往時は羽田浦と呼んだが、羽田浦の開拓は幕府の政策でもあり、鈴木新田は幕府の後押しもあった羽田浦開拓第一号でもあった。穴守稲荷は昭和10年代まで賑わったが、やがて戦争が穴守稲荷を激変させる。

天空橋駅

開業年	平成5(1993)年4月1日
所在地	東京都大田区羽田空港1-1-2
キロ程	3.3km(京急蒲田起点)
駅構造	2面2線(地上)
乗降客	18,748人

唯一残った赤い大鳥居

天空橋駅を降りて多摩川方向に向かうと、大きな赤い鳥居が見えてくる。多摩川に流れ込む海老取川弁天橋付近に移設された、かつて穴守稲荷神社門前にあった大鳥居だ。

「平和」の額が入っている大鳥居

終戦直後の昭和20（1945）年9月、GHQ（連合軍総司令部）は海老取川以東の羽田穴守町、羽田鈴木町、羽田江戸見町の3町住民3千人に対して48時間以内の退去命令を発する。滑走路一本しかなかった東京飛行場を拡張し、ハネダ・エアベースとするため3町一帯の土地を接収したのである。敗戦国日本に

羽田空港国際線ターミナル駅

開業年	平成22(2010)年10月21日
所在地	東京都大田区羽田空港2-6-5
キロ程	4.5km(京急蒲田起点)
駅構造	2面2線(地下)
乗降客	23,737人

羽田空港国内線ターミナル駅

開業年	平成10(1998)年11月18日
所在地	東京都大田区羽田空港3-3-4
キロ程	6.5km(京急蒲田起点)
駅構造	1面2線(地下)
乗降客	87,102人

大鳥居から大師橋～川崎大師

大鳥居のところから多摩川沿いを上流方向に、赤レンガ堤防の残る道をいくと、間もなく高速横羽線の橋をくぐる。そこから少し行ったところ、産業道路に架かる大師橋手前、住所でいえば羽田2丁目30番付近の堤防上に羽田の渡し跡の碑がある。往時は穴守稲荷と川崎大師の両方を参詣していたもので、渡し船で多摩川を往来していた。大師橋を渡れば京急大師線産業道路駅がすぐである。羽田の渡しは、昭和14年に大師橋が開通するまで利用されていた。

日本のスチュワーデス第1号

日本で始めてスチュワーデスを採用したのは東京飛行場が開設された昭和6年、東京～清水（静岡県）を水上飛行機で定期運航を開始した東京航空輸送会社。当時の新聞は「私こそ空のサービスガールよ」と採用試験には女子大卒も混じって100人余が押し掛け、横浜フェリス女学校、錦秋女学校、東京府立第一高女の卒業予定女学生3名が「モダン天女に三人が合格」（大阪毎日新聞昭和6年3月6日）と報じている。「ガール達はバスケットを開いてビスケット、サンドウイッチなどをお客に勧めて紅茶を入れる。すっかりピクニック気分」も4月30日には「給料袋の軽さにエア・ガール総辞職」。日く「29日、最初の月給袋を受け取り、喜んで中を開いてみると16～17円しかないことに採用当時の華やかな夢も一時に醒め、夕刻、三人で相談の結果、辞めましょうよ、という事に一決。来月からエア・ガールの姿が消えることになつた」とある。昭和6年当時、教員の初任給が50円前後。その3分の1というのはベラボーに安かった。

建設省地理調査所発行 1/10000地形図「東京国際空港」

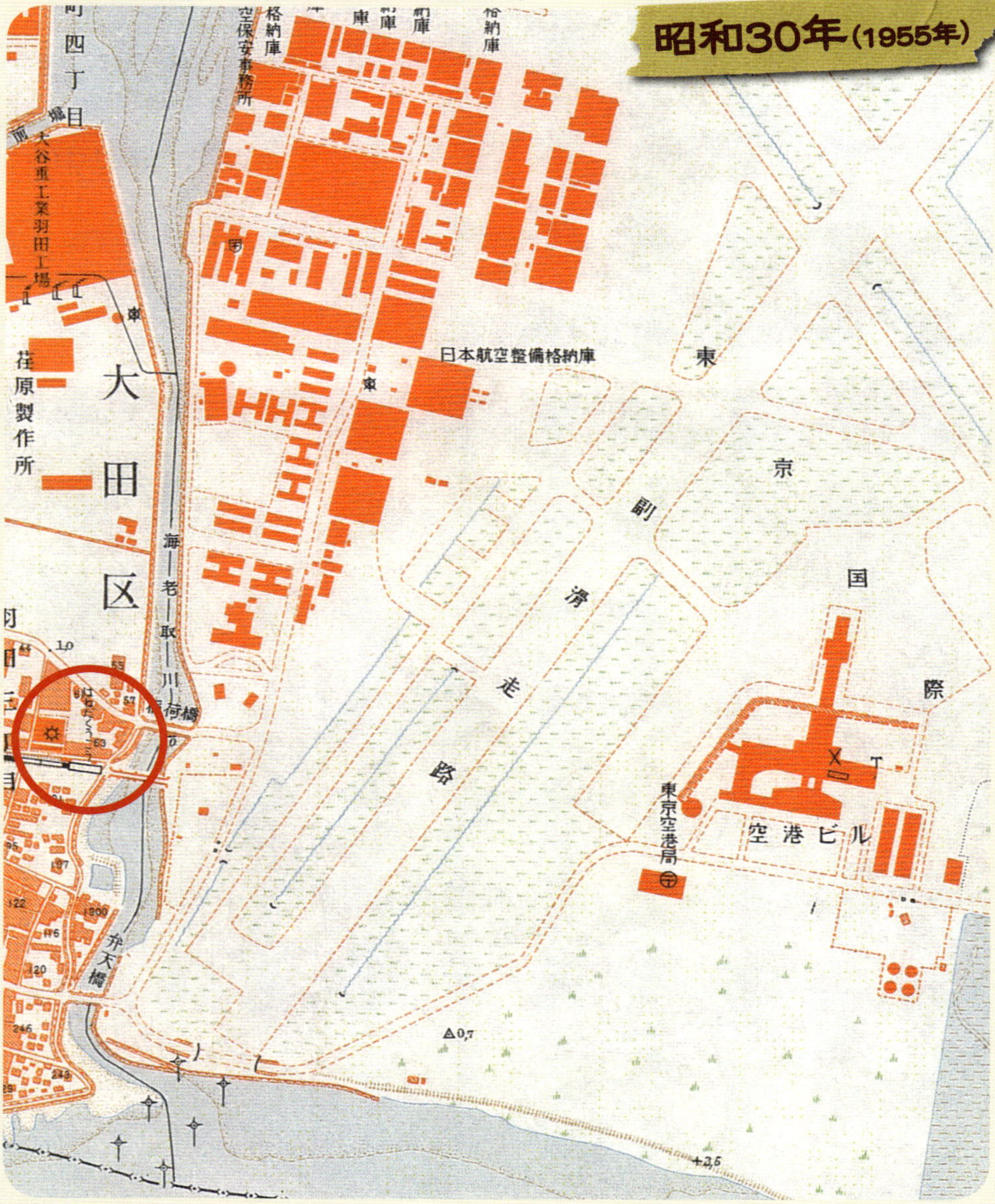

戦後、都心部では芝増上寺周辺が激変している。増上寺が寺有地の一部をプリンスホテルに譲渡したからであるが、羽田浦の変わりようは増上寺周辺を遥かに上回る。何しろ、賑わった町そのものが消え、羽田空港になってしまった。その経緯は本文で触れているが、海老取川以東の江戸時代から積み重ねてきた町の歴史は終戦とともに終わりを告げたといってよいだろう。

とってGHQの命令は天の声。かくて穴守稲荷社を始め住宅、建物すべてブルドーザーとパワーシャベルで3町一帯は更地にされた。

穴守線も上り線を強制収用された。GHQは空港拡張工事用の資材運搬路線とし、省線蒲田駅と連結するため軌間も変更した。

この強制収用騒動時、唯一残されたのが穴守稲荷社の大鳥居だった。GHQは大鳥居を倒壊させて撤去しようとしたが大鳥居は超頑丈だった。ためにハネダ・エアベース改め羽田空港となってからも大鳥居は羽田空港内に立ち、現在地に移設されたのは平成11年2月である。

羽田空港は昭和27（1952）年7月にほとんどの施設が返還され、昭和33年6月に全面返還されている。この間、天空橋駅の前身となる羽田空港駅の開業は昭和31年4月。京急が昭和38年に穴守線を空港線と改称したのは、いずれは羽田国際空港改め東京国際空港に乗り入れるという決意表明でもあったろう。

羽田国内線ターミナル駅（当初は羽田空港駅）開業は平成10年、国際線ターミナル駅は平成22年。かつての穴守線を改称した空港線は大きく変貌を遂げた。

1973（昭和48）年の羽田空港付近

提供：朝日新聞社

陸軍陸地測量部発行 1/10000地形図「蒲田」

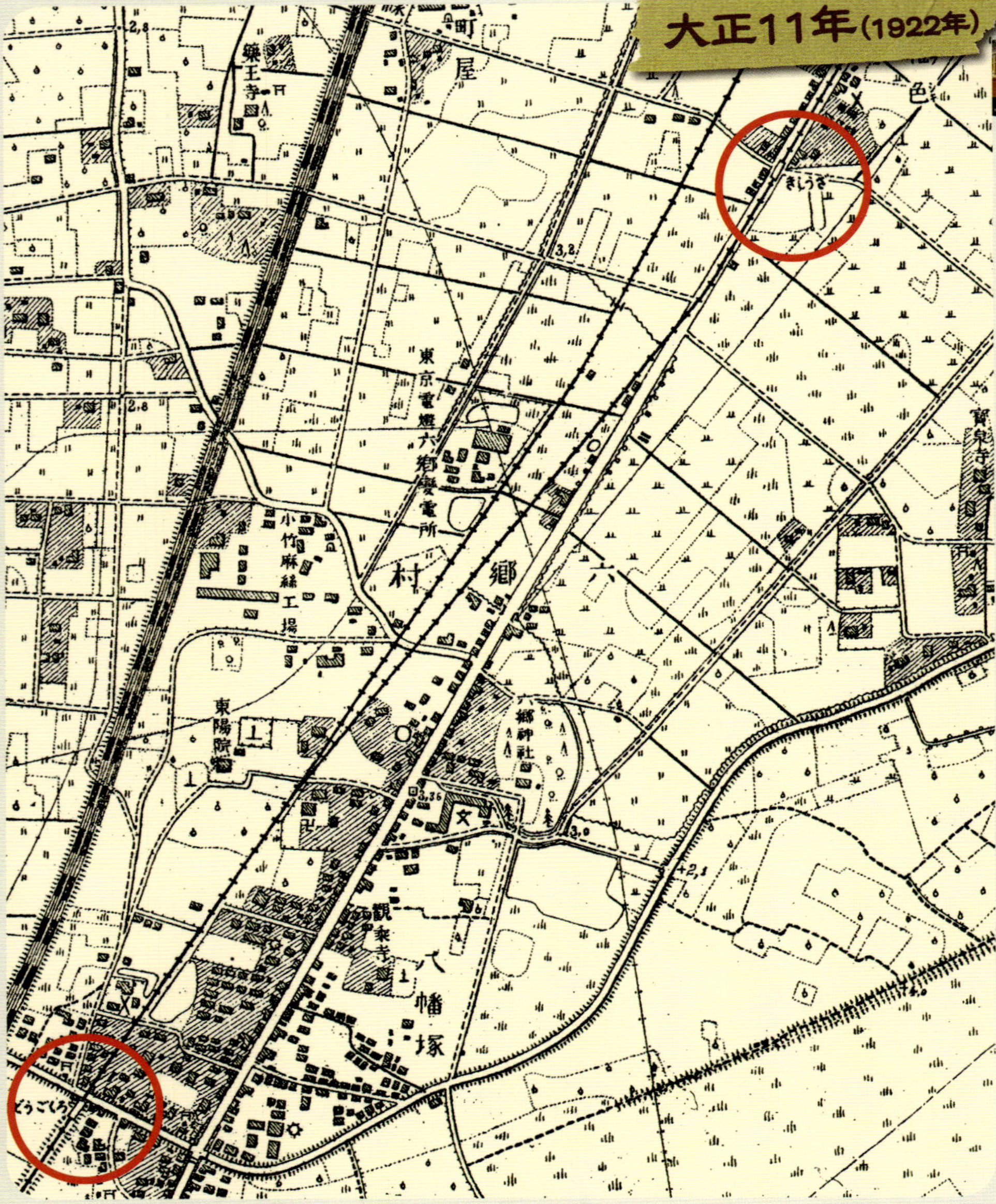

地図で見るように当時の京急は雑色駅手前で東海道に入り、以降、品川まで東海道を走っていた。京急が現在の軌道になるのは別項で触れているように大正12年からだから、この大正11年地図はその直前の軌道図ということになる。六郷土手周辺に集積地が見られるのは、六郷川が大正年間まで多摩川の筏流しの集積地だったことによる。六郷土手駅で鉄路と交差し、東方向に延びていくのは現在の旧堤防通りである。

京急本線

雑色・六郷土手

梨や桃の果樹栽培で知られた街の転変

雑色駅

開業年	明治34(1901)年2月1日
所在地	東京都大田区仲六郷2-42-1
キロ程	9.4㎞（品川起点）
駅構造	2面2線(高架)
乗降客	30,678人

六郷土手駅

開業年	明治39(1906)年10月1日
所在地	東京都大田区仲六郷4-27-11
キロ程	10.6㎞（品川起点）
駅構造	2面2線(高架)
乗降客	15,456人

震災後に街の表情は急変

京急も蒲田エリアを抜けると、多摩川とともに歩んできた六郷地区に入る。雑色の知名度が一般にはどの程度なのか判断はつかないのだが、駅には上下2本のエスカレーターが設置され、バリアフリーも進んでいる。駅前の「雑色商店街」は大田区で最大の店舗数を誇る大規模商店街だ。しかも全天候型のアーケード付きだ(写真参照)。

商店街の名も横文字で・・・

雑色商店街の賑わいは戦後からではなく、戦前も六郷地区を代表する繁華街だった歴史を持つ。

大正12（1923）年の関東大震災後、東京の下町地区の工場群は新しい敷地を求めて城南地区に移りはじめた。震災の影響をほとんど受けなかった六郷にも三省堂の印刷工場や製菓メーカーが進出してきた。昭和3（1928）年に工業地域の指定を受けると京浜工業地帯に組み込まれ、満洲事変後は軍需工場を始め、いよいよ多くの工場が建設される。それに伴い、移住者の住宅需要も増大した。

雑色駅の東側、京浜国道に沿って都

京急と東海道

京浜急行は六郷土手から品川まで、第一京浜国道と付かず離れず並行して走っているが、こうした軌道になったのは大正12年からで、それまでは東海道を走る路面電車であった。六郷土手駅を降りると、目の前を東西にバス通りが走っている。このバス通りが多摩川改修前の旧堤防通りで、京浜電気鉄道は明治39年まで、この旧堤防通りの少し多摩川寄りから梅屋敷まで、東海道の真ん中を走っていた。
明治39年、六郷村を通る東海道の拡幅工事が始まり、それまで幅員4～5間だった東海道が7間（約13メートル）に改められ、京浜電気鉄道は翌年から複線運転となった。
しかし、人家密集地帯もあったため雑色駅の南から京急電車の専用軌道は東海道の西側を走るようになった。
大正7年から再び東海道の拡幅工事が始まり、幅員22メートルとなった。完成を見たのは昭和2年だが、京急電車はこの東海道拡幅工事を契機に大正12年から現在の軌道となっている。

陸軍陸地測量部発行 1/10000地形図「蒲田」

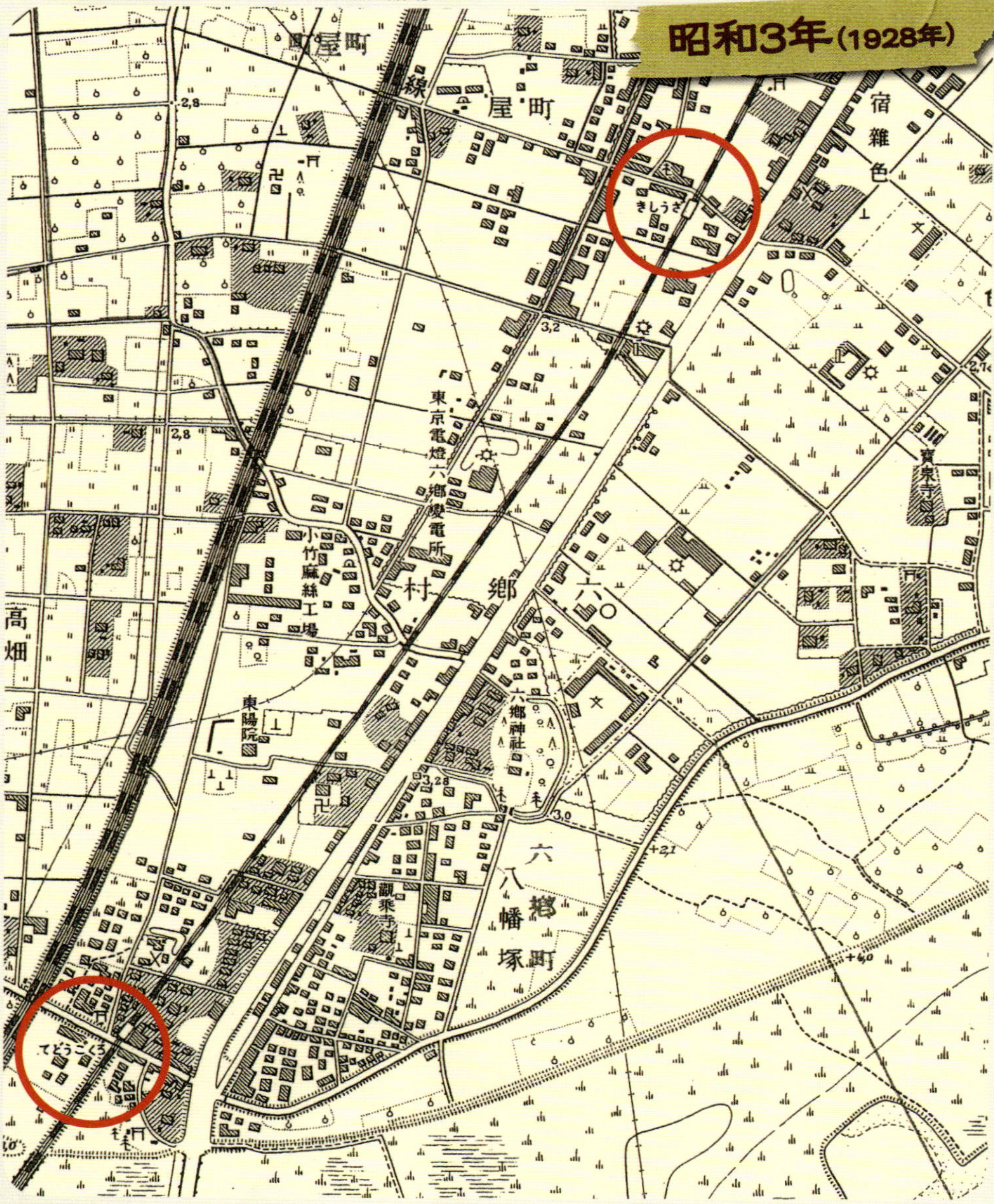

関東大震災が起きるのは大正12（1923）年9月1日。それから5年後の雑色・六郷土手周辺を表しているのが上記の昭和3年地図である。東海道はこの地図の前年、昭和2年に拡幅・整備され京浜国道となった。京急の軌道も東海道から離れ、現在の軌道となった。雑色駅周辺も、大正11年頃はわずかだった集積地も目立つようになり、本文で触れているように東京からの流入が始まっていることが見て取れる。

1967年当時の雑色駅。
撮影：荻原二郎

止め天神門前

止め天神

正しくは北野神社だが、江戸時代に八代将軍吉宗の乗馬が暴走した時、落馬を止めた神社として有名になり、「止め天神」と通称されるようになった。「落ちない」ことにあやかり、奉納絵馬には受験生らしきものが散見。また「止める」ことから 病気、痛み止めなども祈願されている。境内には六郷の渡し跡の解説板もある。

大田区仲六郷4-29
六郷土手駅から徒歩5分

立六郷工科高校がある。この地に全盛期の宮田自転車が本所から移転してきたのは昭和7年だが、その時は出入りの酒屋が2軒も一緒に移転してきたという。

工場がやってくればその従業員のための住まいや下宿屋も増えていく。かくて雑色駅周辺は中小の工場敷地や新興住宅地として発展、六郷地区を代表する繁華な街となっていったのである。

陸軍陸地測量部発行 1/10000地形図「蒲田」

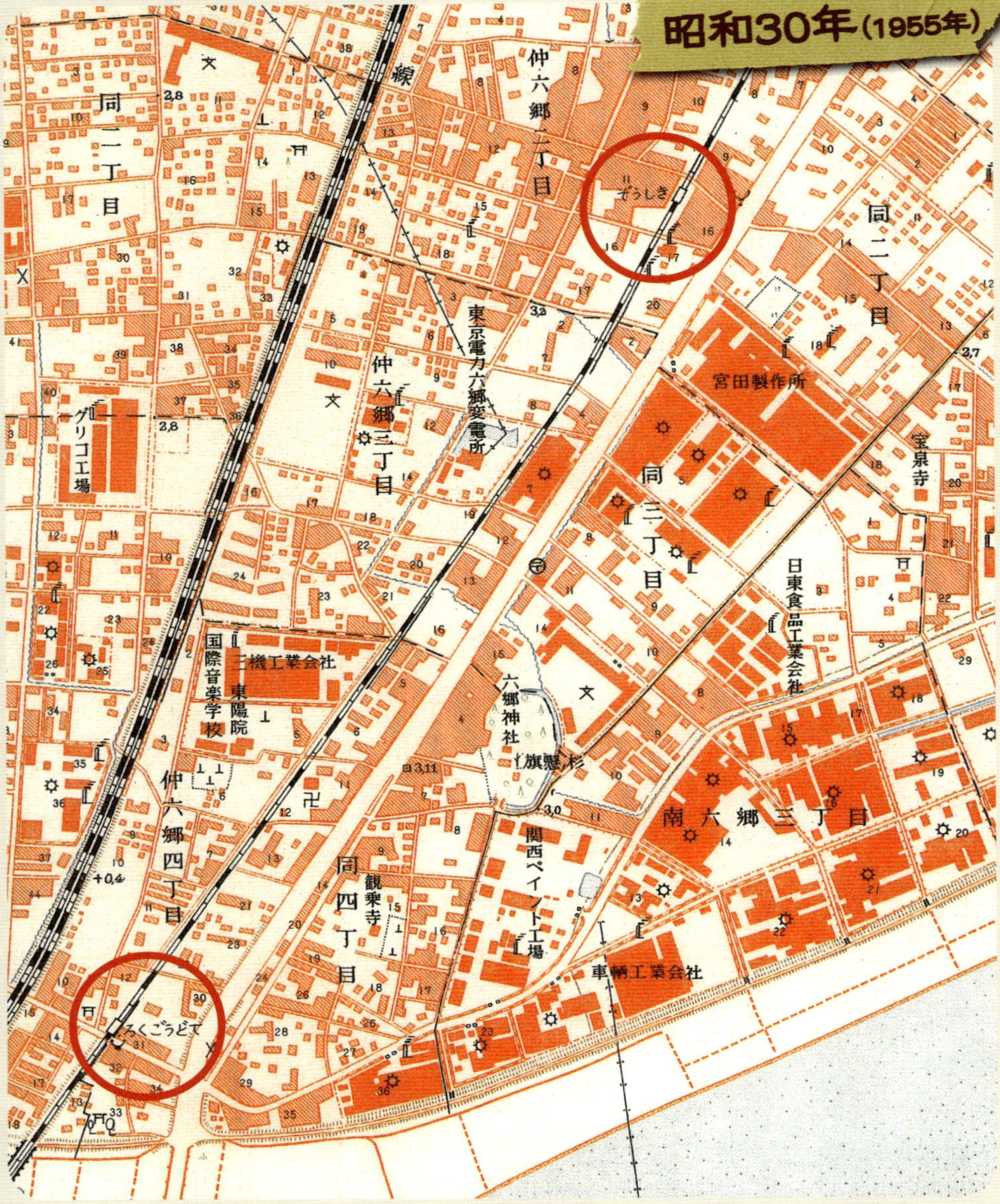

自転車の一大ブランドだった宮田自転車。明治期の創業以来個人経営組織だった自転車製作を合資会社に改め「宮田製作所」としたのは昭和元年。東六郷に本社・工場を新築・移転したのが昭和5年。雑色駅東側、京浜国道沿いに見える「宮田製作所」がそれだ。その他「グリコ工場」「日東食品工業会社」「関西ペイント工場」等々が」見える。雑色～六郷土手が戦後は工場地地帯だったことを昭和30年地図が示している。

六郷夕照と筏流し

明治期の紀行文の達人でもあった文士田山花袋は『東京の近郊／一日二日の旅』で六郷の土手からは富士山のみならず、西北に秩父連山、多摩の山々が望め、とりわけ兜を伏せたような武甲山を遠望できると、六郷土手からの眺望を称賛している。

安藤広重は『東海道五十三次』で「六郷の渡しと富士山」を描いた。また、六郷から夕照の中に浮かぶ富士山は「六郷夕照」として城南八景の一つに数えられたのも明治期から大正にかけてのことだ。

いまは高架駅となったホームが往時の六郷土手の如く、晴れた日には丹沢や秩父の山なみ、時には富士山も望める。

田山花袋が『東京の近郊～』を著したのは大正9年だが、そのころには六郷の風物詩でもあった「筏流し」も消滅していた。江戸時代に始まった青梅の木材の多摩川流しは、現地で筏に組むと、筏乗りが六郷まで運んでくる。六郷河原は材木積みの中継点であったことから、六郷河原には数多くの筏宿があった。鉄道と自動車という物流革命に青梅材の筏流しは廃れる運命にあったのだろう。

多摩川改修工事で

六郷は明治時代は多摩川の沖積地を利用した果実栽培で名を知られたところだった。対岸の川崎の大師河原は、長十郎梨を生んだところだ。その影響を受けて、六郷も梨や桃の産地で有名になっていたのである。

しかし、明治40年代から大正初頭にかけて多摩川がたびたび氾濫。果樹園は大きな被害を受け、生産量が10分の1にまで落ち込んだ。農業に見切りをつける農家も相次ぐようになった。

そのような状況に拍車をかけたのが、大正6～7年ごろから始まった多摩川下流の治水工事だ。それまでの堤防の倍の高さの新堤防が築かれ、河原を2メートルほど掘り下げた排土で、田んぼや耕作放棄地を埋め立てた。大正8年から開始された耕地整理と相まって、六郷土手一帯は新たな土地基盤が生まれた。

多摩川河原に広がるレクリエーションゾーン

建設省地理調査所発行 1/10000地形図「蒲田」

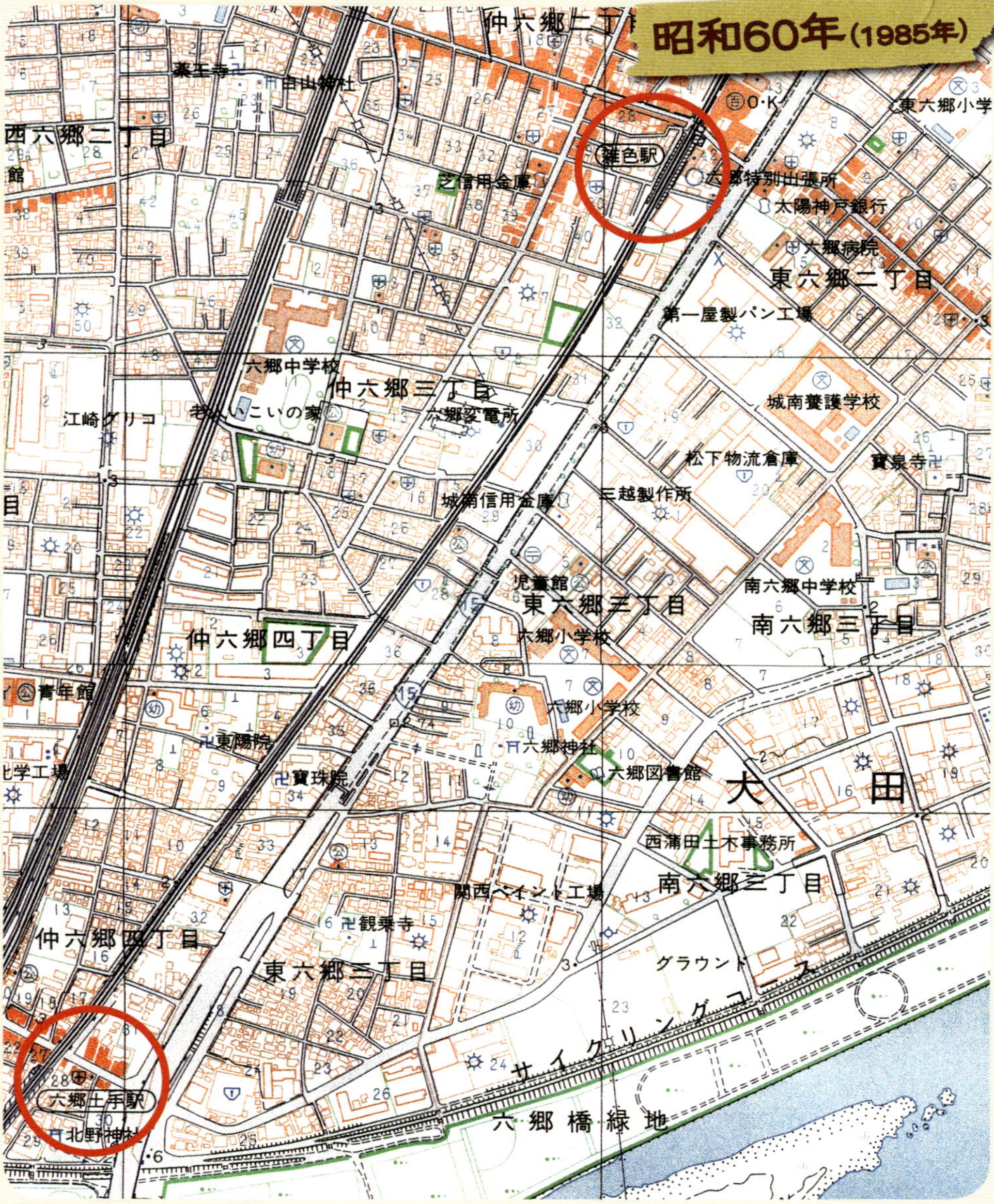

地図右下の関西ペイント工場は現在、同社の東京事業所となっているが、地図上の第一屋製パン工場は平成に入ってから南蒲田に移転。地図左の江崎グリコは長く当地にあったが、平成26年に工場敷地を売却。跡地は現在、大規模マンションとなっている。工場の街・六郷の面影は残っているが、旧堤防通りが「サイクリングコース」になっているなど、六郷が変わり始めるころである。

多摩川の砂利はブランド品

皇居に敷かれている砂利は多摩川産である。明治神宮参道の玉砂利もまた、多摩川産だ。

明治から昭和の初期に至るまで、官需を含め、主たる工事用砂利の仕様書には「玉川産若しくはこれと同等以上のもの」と指定されていた。関東の数多い河川の中で、多摩川の砂利は一等級のブランドでもあった。

維新後、日本は新たな国家建設期に入った。砂利の需要は無限に近く、かくて砂利のブランド品である多摩川の砂利は、無制限に採掘される。

手掘りの時代から機械掘りになると、川相が変わるほど深掘りされ、昭和初期には砂利公害が問題となった。

二子橋は大正14年架橋の際、川底から6メートル掘り下げた橋脚が5メートル近くも剥き出しにされ、橋脚が水面に浮き上がって危険な状態に陥ったほどだ。

かくて内務省は昭和9年、砂利採掘の場所と量を制限し、機械船による使用も禁止する。しかし、多摩川全域に渡って砂利採掘全面禁止となったのは昭和40年だった。

河川改修工事では河原に広がっていた梨畑や桃の畑を潰すことになり、内務省は梨の木や桃の木を1本5円で買収した。そのころ宅地の買上げが坪3円、畑が1円50銭だったから、破格の買値だった。かくて六郷地区の果樹栽培は消え、新たに誕生した土地は工場用地や宅地になっていった。

工場跡地にマンション群

六郷エリアは、京浜国道沿いを始めに中層、高層取り混ぜたような集合住宅の街というのが今のイメージだ。

土手からの川崎を望む

六郷地区も太平洋戦争では昭和20年4月の東京大空襲でほとんど焼き尽くされた。終戦後、徐々に息を吹き返し、高度成長期には六郷に限らずどこの工場もフル稼働となる。しかし、高度成長の歪で昭和40年代以降、公害問題が噴出してくると、六郷でも工場の騒音が住民の苦情を浴びるようになった。また、工場を拡張しようにも用地の不足や地価の高騰なども加わり大工場の転出が進んだ。そしてその跡地に続々と中高層住宅が建っていったのである。

大正・昭和時代の時刻表

大正十四年三月十六日改正

高輪・神奈川間（非連帯線）
（京濱電氣鐵道線）

驛名　本線—高輪、海岸、蒲田、川崎、鶴見、神奈川　支線—海岸、大森　蒲田、大島居、穴守　川崎、大師

運轉時刻		
高輪—神奈川	（全區間 13.5 哩 運賃 35 錢）	全區間 50 分ヲ要シ 4.15 ヨリ 1.00 マテ兩終點ヨリ約 3 分毎ニ運轉
高輪—大森	（全區間 3.4 哩 運賃 9 錢）	全區間 17 分ヲ要シ 6.00 ヨリ 10.00 マデ兩終點ヨリ約 3 分毎ニ運轉
高輪—蒲田	（全區間 5.0 哩 運賃 14 錢）	全區間 22 分ヲ要シ 5.50 ヨリ 8.30 マデ兩終點ヨリ約 3 分毎ニ運轉
海岸—大森	（全區間 0.4 哩 運賃 4 錢）	全區間 3 分ヲ要シ 4.50 ヨリ 12.30 マデ兩終點ヨリ約 4 分毎ニ運轉
蒲田—穴守	（全區間 2.4 哩 運賃 12 錢）	全區間 8 分ヲ要シ 5.00 ヨリ 12.00 マデ兩終點ヨリ約 9 分毎ニ運轉
川崎—大師	（全區間 1.3 哩 運賃 8 錢）	全區間 10 分ヲ要シ 4.50 ヨリ 12.30 マデ兩終點ヨリ約 8 分毎ニ運轉

大正14（1925）年3月当時の時刻表

十五年十月一日訂補

品川・横濱・浦賀間 ㊣　連絡驛ノミヲ示ス
（品川・日ノ出町間ハ京濱電氣鐵道線、日ノ出町・浦賀間ハ湘南電氣鐵道線）　○印ハ急行停車驛

本線驛名　品川(省)、北品川、北馬場、南馬場、○青物横丁、鮫洲、濱川、○立會川、鈴ケ森、○大森海岸、大森八幡、○學校裏、大森山谷、梅屋敷、○京濱蒲田、○出村、雜色、六郷土手、○京濱川崎、○八丁畷、鶴見市場、○京濱鶴見、總持寺、花月園前、生麥、キリンビール前、○新子安、○子安、神奈川新町、仲木戸、京濱神奈川、○横濱(省)、平沼、戸部、○日ノ出町、○黃金町、南太田、井土ケ谷、弘明寺、上大岡、金澤文庫、金澤八景、追濱、湘南田浦、安針塚、逸見、横須賀汐留、横須賀中央、横須賀公郷、湘南大津、浦賀（急行ハ品川、黃金町間トス）

浦賀行

線名	粁程	運賃	驛名	直通初發	直通終發
京濱電鐵線	0.0	錢	品川(省)發	5 00	10 44
	4.8	10	大森海岸〃	5 12	10 56
	8.0	15	京濱蒲田〃	5 19	11 03
	11.8	20	京濱川崎〃	5 26	11 10
	15.3	25	京濱鶴見〃	5 31	11 15
	22.3	35	横濱(省)〃	5 46	11 30
	24.9	40	日ノ出町〃	5 51	11 35
湘南電鐵線	25.7	42	黃金町〃	5 53	11 37
	39.6	68	金澤文庫〃	6 14	11 58
	41.0	70	金澤八景〃	6 16	12 00
	42.9	74	追濱〃	6 19	0 03
	50.0	87	横須賀中央〃	6 30	0 14
	55.6	97	浦賀著	6 40	0 24

此間　品川發 浦賀行・黃金町行・上大岡行・弘明寺行 交互各12分毎ニ運轉
但シ浦賀行電車ハ品川發6 00ヨリ7 00マデハ品川、黃金町間急行トナリ上記○印驛ニ停車ス　途中急行不停車驛ニ乘降ノ場合ハ黃金町行又ハ上大岡行ノ電車ニヨルコト尙八丁畷ハ日曜、祝祭日ヲ除ク朝夕ノ通勤時間中ノミ停車ス

品川行

線名	粁程	運賃	驛名	直通初發	直通終發
湘南電鐵線	0.0	錢	浦賀發	4 59	10 54
	5.6	11	横須賀中央〃	5 09	11 04
	12.7	24	追濱〃	5 20	11 15
	14.6	27	金澤八景〃	5 23	11 18
	16.0	30	金澤文庫〃	5 25	11 20
	29.9	56	黃金町〃	5 46	11 41
	30.7	57	日ノ出町〃	5 48	11 43
京濱電鐵線	33.3	60	横濱(省)〃	5 52	11 48
	40.3	72	京濱鶴見〃	6 03	0 03
	43.8	77	京濱川崎〃	6 08	0 08
	47.6	82	京濱蒲田〃	6 13	0 15
	50.8	87	大森海岸〃	6 18	0 22
	55.6	97	品川(省)著	6 27	0 34

此間　浦賀發品川行・上大岡發品川行・弘明寺發品川行・黃金町發品川行 交互各12分毎ニ運轉
但シ品川行電車ハ浦賀發4 59ヨリ6 11マデハ黃金町・品川間急行トナリ上記○印驛ニ停車ス　途中急行不停車驛ニ乘降ノ場合ハ上大岡—品川間又ハ黃金町—品川間ノ電車ニヨルコト尙八丁畷ニ日曜、祝祭日ヲ除ク朝夕通勤時間中ノミ停車

支線

線名	驛名	粁程	運賃	運轉時間
京濱電鐵穴守線	京濱蒲田、大鳥居、穴守…… （品川・穴守間）……………	3.9粁 11.9粁	10錢 25錢	京濱蒲田—穴守 7分ヲ要シ　京濱蒲田發 5 00 ヨリ 11 40 マデ／穴守發 5 10 ヨリ 11 50 マデ　6分乃至10分毎ニ運轉但シ朝ノ混雜時ハ5分毎ニ運轉
京濱電鐵大師線	京濱川崎、川崎大師………… （品川・川崎大師間）…………	2.5粁 14.3粁	10錢 30錢	京濱川崎—川崎大師 5分ヲ要シ　京濱川崎發 5 00 ヨリ 11 33 マデ／川崎大師發 5 10 ヨリ 11 45 マデ　6分乃至10分毎ニ運轉
湘南電鐵逗子線	金澤八景、湘南逗子………… （品川・湘南逗子間）…………	6.1粁 47.1粁	11錢 73錢	金澤八景—湘南逗子 8分ヲ要シ　金澤八景發 5 20 ヨリ 0 02 マデ／湘南逗子發 5 32 ヨリ 0 12 マデ　12分毎ニ運轉

昭和15（1940）年10月当時の時刻表

31.12.16 改正

品川—浦賀—逗子海岸—久里浜 ㊣　（京浜急行電鉄）

初電			終電			粁	賃	駅名	初電			終電		
…	…	500	2232	2300	2400	0.0	円	発品川(国)着	556	606	646	014	…	…
…	…	514	2246	2314	014	5.7	10	〃学校裏発	532	552	632	2400	…	…
…	…	520	2251	2319	019	8.0	20	〃京浜蒲田〃	527	547	623	2354		…
451	…	526	2258	2326	025	11.8	30	〃京浜川崎〃	521	541	616	2348	018	…
453	…	528	2300	2328		13.1	30	〃八丁畷(国)〃	519	539	614	2346	016	…
457	…	532	2304	2332	…	15.3	30	〃京浜鶴見〃	515	535	611	2342	012	…
459	…	534	2306	2334	…	16.1	40	〃花月園前〃	513	533	609	2340	010	…
501	…	536	2308	2336	…	16.9	40	〃生麦〃	511	531	607	2338	008	
512	500	547	2319	2347	…	22.3	50	〃横浜(国)〃	500	520	554	2327	2357	011
518	506	553	2325	2353	…	25.7	60	〃黄金町〃	…	512	547	2320	2350	005
528	516	603	2335	003	…	32.5	70	〃上大岡〃	…	503	538	2311	2341	2356
541	529	615	2348	016	…	42.7	90	〃金沢文庫〃	…	450	525	2258	2328	2343
543	531	618	2350		…	44.3	100	〃金沢八景〃	…	…	521	2255	2325	2340
554	542	630	002	…	…	53.1	120	〃逸見〃	…	…	510	2243	2313	2329
557	545	633	005	…	…	54.7	120	〃横須賀中央〃	…	…	506	2240	2310	2325
603	556	638	011	…	…	57.4	120	〃横須賀堀の内〃	…	…	502	2235	2305	2321
	602		016	…	…	61.3	130	着浦賀発	…	…	456	2230	2300	2315

運転間隔
普通　10分毎
急行　品川—浦賀
品川発 600—2220
浦賀発 600—2213
10—20分毎　所要77分
特急　品川—久里浜
所要60分
（平日）浦賀行 740
800.820.840
久里浜行 900
（土曜）浦賀行
1240.1340
（休日）浦賀行 840

初電	終電	粁	賃	駅名	初電	終電	間隔
5 20	23 22	0.0	円	発京浜蒲田着	5 37	23 37	5—10分
5 27	23 29	3.1	10	着羽田空港発	5 30	23 30	
5 00	23 10	0.0	円	発金沢八景着	5 23	23 33	10分
5 06	23 16	4.1	10	〃神武寺発	5 17	23 26	
5 10	23 20	5.7	10	〃湘南逗子〃	5 13	23 23	
5 11	23 21	6.1	20	着逗子海岸発	5 12	23 22	

初電	終電	粁	賃	駅名	初電	終電	間隔
5 18	23 29	0.0	円	発堀の内着	5 43	23 44	20分
5 20	23 36	5.1	10	着湘南久里浜発	5 36	23 37	
5 00	23 30	0.0	円	発京浜川崎着	5 25	23 51	4—10分
5 08	23 38	3.8	10	着産業道路発	5 17	23 43	
5 40	22 00	0.0	円	発京浜川崎着	6 05	22 28	12—20分
5 52	22 12	5.7	10	着塩浜発	5 53	22 16	

昭和31（1956）年12月当時の時刻表

2章
京急本線（川崎市・横浜市）大師線、逗子線

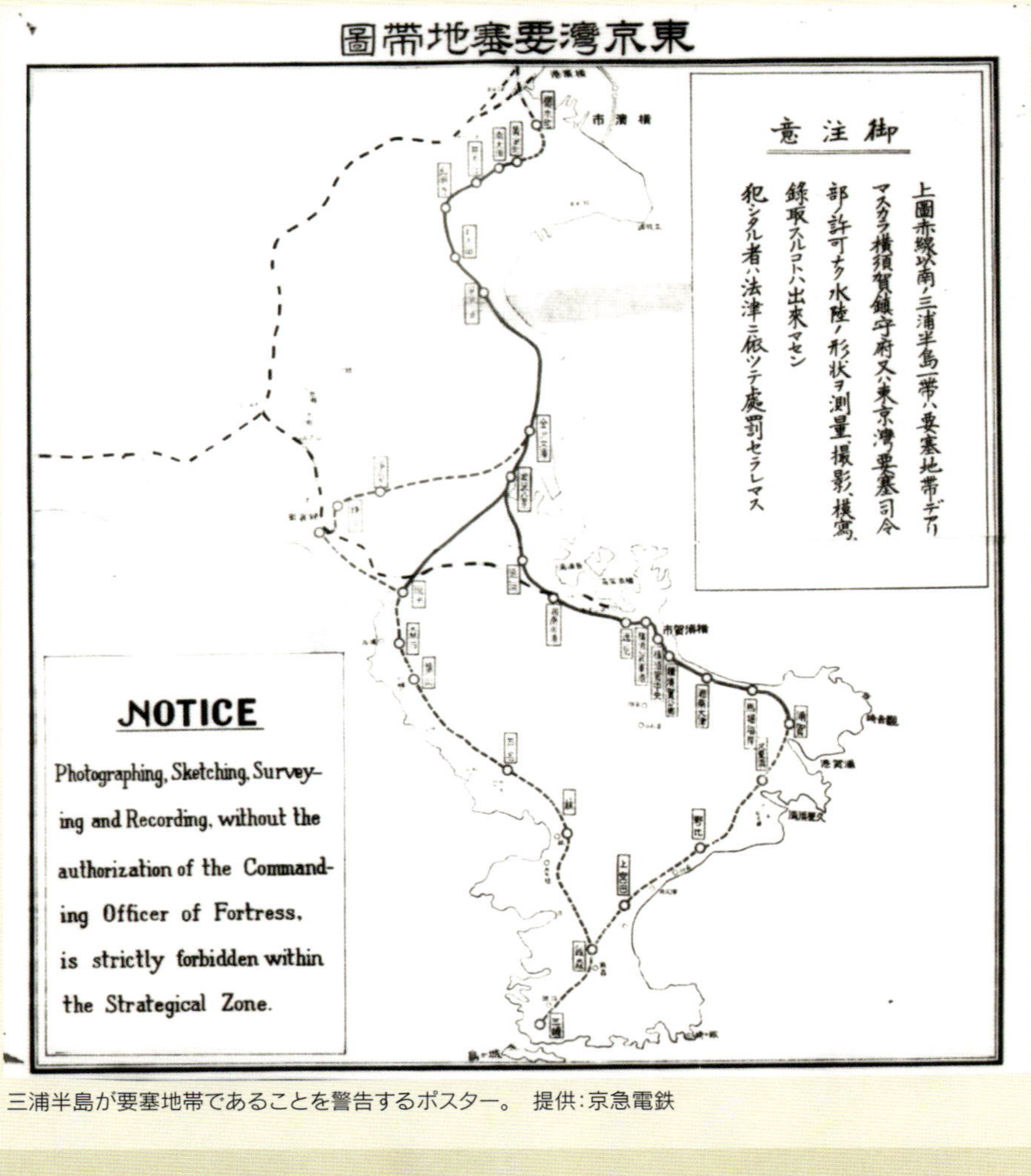

三浦半島が要塞地帯であることを警告するポスター。　提供：京急電鉄

陸軍陸地測量部発行 1/10000地形図「鶴見」「川崎」

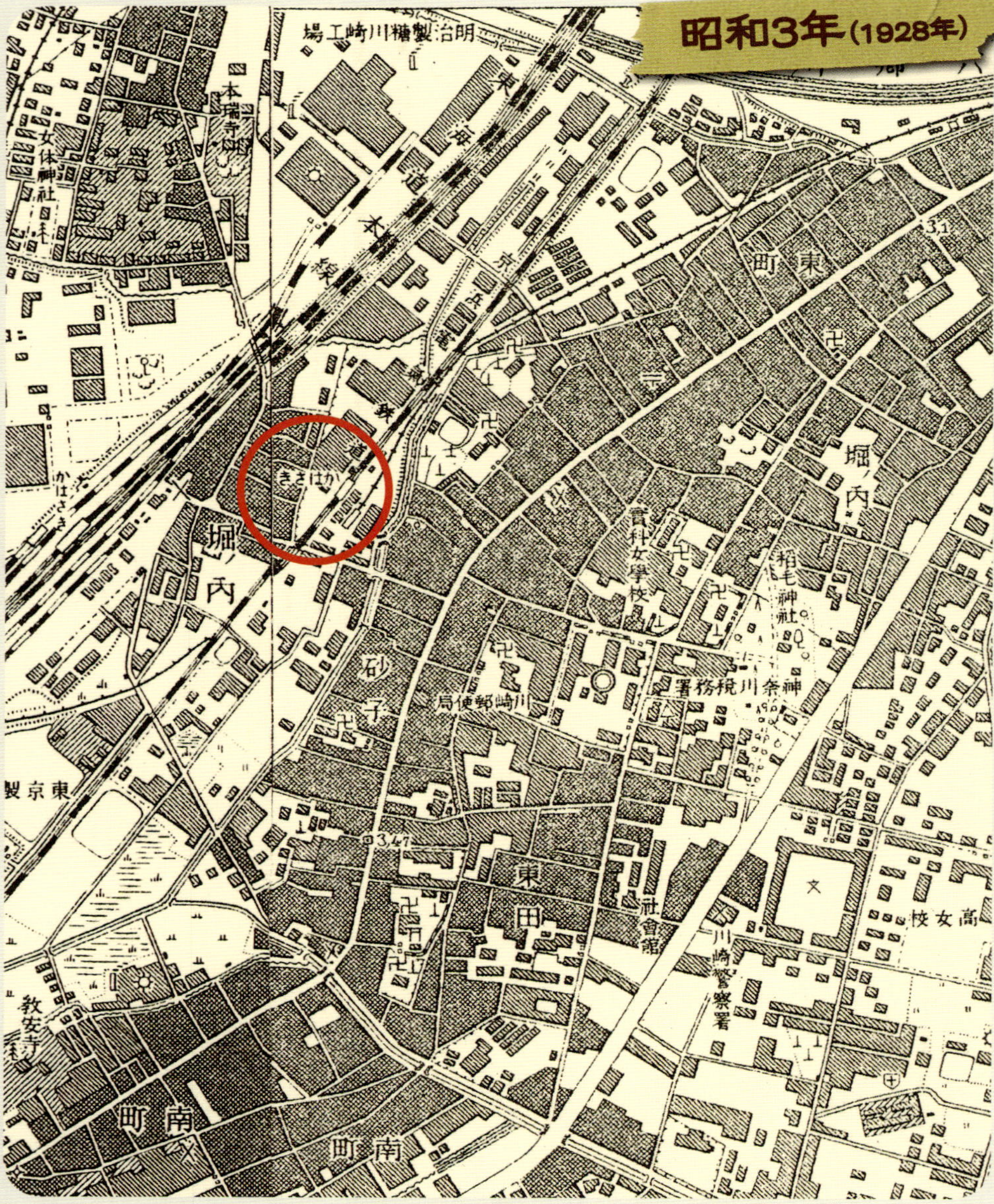

京急川崎駅そばから市電のような鉄道表記で東南方向に延びているのが大師線だ。地図中央部に「砂子」の町名が見える。「いさご」と読むが、その砂子町の東側で地図右側上部から地図下左に縦断しているのが旧東海道であり、沿道の賑わいを表す集積地は川崎宿の名残である。川崎宿は砂子・久根崎・新宿・小土呂の4町から成っていた南北に長い宿場町だったが、川崎の発展はこの旧宿場町の繁盛と川崎大師が担っていた。

京急本線
大師線

京急川崎

京急電鉄の歴史はここから始まった

開業年	明治35(1902)年9月1日
所在地	神奈川県川崎市川崎区砂子1-3-1
キロ程	11.8㎞（品川起点）
駅構造	本線・2面4線(高架) 大師線・2面2線(地上)
乗降客	126,304人

5分間隔で運行

120年前の明治32（1899）年1月21日、大師電気鉄道六郷橋～川崎大師間、全長2キロが開業した。

運賃は六郷橋～大師間が並等5銭、上等10銭。途中駅の池端と六郷橋、大師間はそれぞれ並等3銭、上等5銭。官設川崎停車場に臨時切符売り場を設け、川崎停車場から六郷橋停車場までの人力車との連絡切符を発売。東京や横浜からの乗客に対応した。

電車が大師河原を走り始めた！（『川崎誌／市制記念』）

帝都東京でもまだ電車は走っていない時代である。「電気」という概念も一般にはほとんどなかった。煙の出る蒸気機関車ではなく、電車なるものを見ようと沿線には黒山の人だかりが出来た。

開業日は大師の縁日だったことから乗客は引きも切らず、電車は5分間隔で運行。250回余りの運転回数で押し寄せる乗客をさばき、開業初日の収入は300円余りに上った。社員一同は歓喜し、終業後に祝杯を上げたと『京浜

往復割引切符

大師電気鉄道に川崎停車場が設けられなかったのは、「電気は危ない」というイメージから事故を恐れた行政が市内での開業を認可しなかったことによる。しかし、明治35年9月には六郷橋から官設川崎駅に達する路線が開業の運びとなった。
この年6月には穴守線も開業しており、明治35年時点で京浜電気鉄道の運転系統は大森〜大師、大森〜穴守、川崎〜大師となり、終点ではいずれもループ線で方向転換を行っている。
乗客の流れは大森発大師行き、大森発大師行きが増加。この区間では早くも往復割引切符が発売されている。大森や川崎の発着で「途中昇降随意」の巡回割引券（当日限り有効）も発売された。また、羽田の渡しを利用して川崎大師と穴守稲荷の「はしご参詣」も人気を呼んだ。

建設省地理調査所発行 1/10000地形図「鶴見」「川崎」

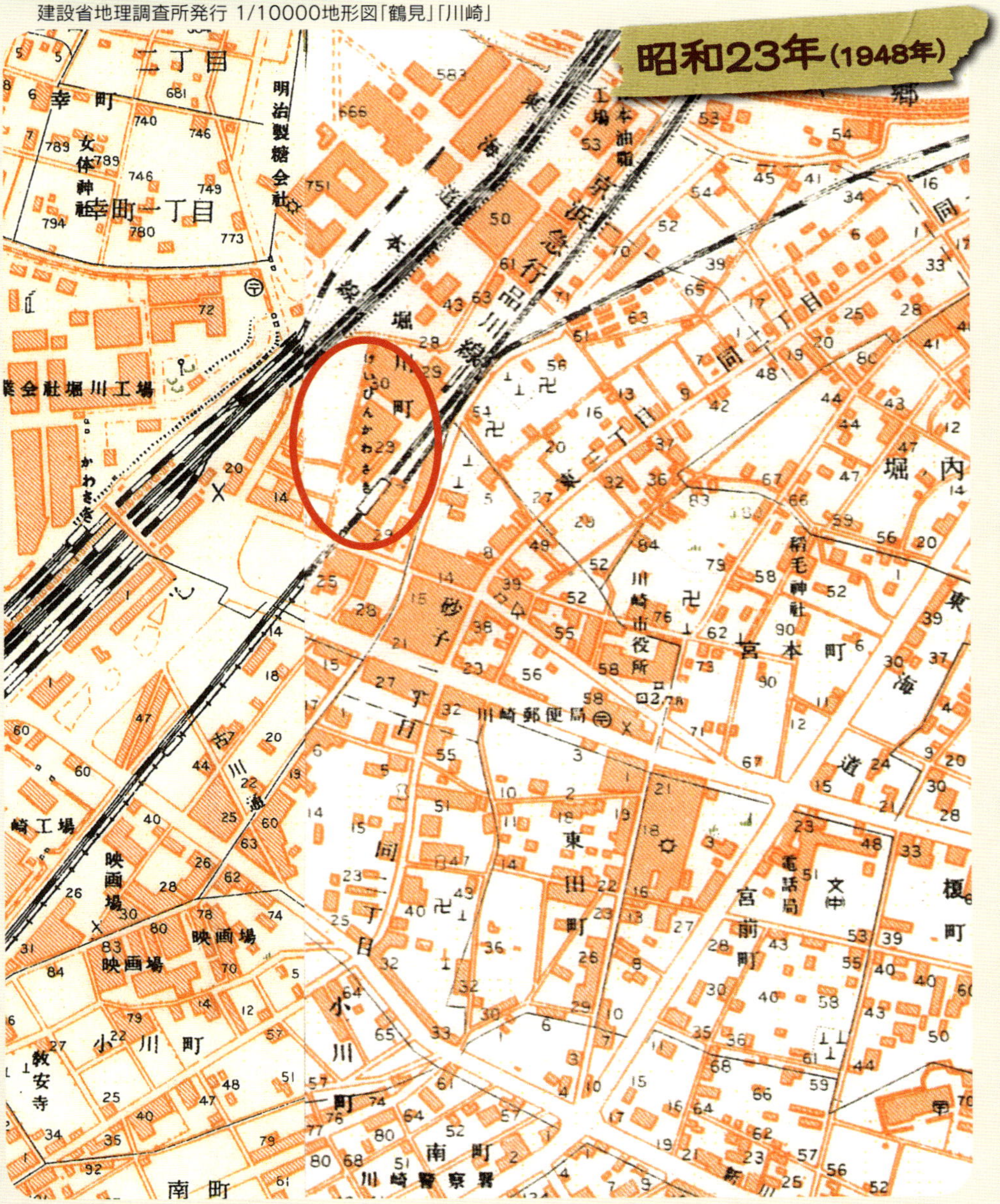

終戦から3年後の川崎中心部だ。昭和20年4月、二度に渡る川崎大空襲で焼け野原となった川崎市街だが、復興の槌音が聞こえてくる地図である。地図左下に「映画場」が見えるが、当地は戦前からの映画街で、敗戦後いち早く復興。敗戦で打ちひしがれた庶民に「映画」という娯楽を与え、元気付けていた。「映画場」北側の通りは現在の新川通りで、中央を通っているのは「チネチッタ通り」。川崎有数の大商店街となっている。

1960年当時の京浜川崎駅。撮影：荻原二郎

銀柳街

ステンドグラスの銀柳街

川崎駅前で鎬を削る商店街の一つ、ステンドグラスが目につく銀柳街（写真）。昭和初期まで流れていた古川を埋立て、戦前には商店街を形成していた。戦後復興で、古川にあった数本の柳と、深い光をたたえる銀色にちなんで「銀柳街」と名称したという。京急川崎から徒歩1分。

鉄道沿革史』は伝えている。ちなみに明治32年当時、手紙は3銭、葉書は1銭5厘。下級官吏の給料が14円弱、今で言うキャリアが30円弱であった。

大師電気鉄道は午前9時から午後6時、日曜と大師大祭日及び縁日は午前8時から夜8時まで5分間隔で運行。電車の運転技術も未熟時代とあって、しばしば脱線することもあったが事故による負傷者もなかった。

営業開始から5月まで4ヶ月間で1日平均1200人余、16万人の乗客を運んだ。開業年の4月には川崎〜品川間の電気鉄道を申請していた京浜間電気鉄道と合併して京浜電気鉄道と改称。11月には複線運転も開始と、後に京浜急行電鉄となる大師電気鉄道は順調なスタートを切ったのであった。

陸軍陸地測量部発行 1/10000地形図「鶴見」「川崎」

京急大師線はこの頃はまだ川崎大師が終点で、地図に見る「池端駅」は川崎～川崎大師間の唯一の途中駅だった。その駅前にある味の素が多摩川沿岸に大規模な工場を稼動させているが、駅の位置関係から池端駅は昭和4年に「味の素前駅」となり、同19年に「鈴木町駅」となり、現在に至る。味の素の西側にあるのが別項で触れている川崎河口水門。完成したばかりの時期の地図である。

大師線

港町・鈴木町

大師河原工場地帯と久根崎火力発電所

港町駅

開業年	昭和7(1932)年3月21日
所在地	神奈川県川崎市川崎区港町1-1
キロ程	1.2km（京急川崎起点）
駅構造	2面2線（地上）
乗降客	7,138人

鈴木町駅

開業年	昭和4(1929)年
所在地	神奈川県川崎市川崎区鈴木町2-2
キロ程	2.0km（京急川崎起点）
駅構造	2面2線（地上）
乗降客	9,722人

電鉄会社の電気供給事業

京浜電気鉄道は、大師河原の久根崎に火力発電所を設けた。電車に電気を供給するためだ。電気鉄道勃興期の鉄道会社にとって、電力は自給自足が最大公約数であり、また余剰電力を売電した。電灯需要もあれば工場の電力需要もある。余剰電力の供給事業は経営安定のためのもう一方の柱であったのが、明治20年に東京電燈開業で幕を開けた「電気の時代」草創期であった。

駅を降りると、そこは味の素だった。

京浜電気鉄道然り。ピーク時には川崎の多摩川沿岸部から鶴見、さらに現在の大田区エリアのほとんどに電灯電力を供給していた。大正中期には軌道業営業益金の3分の1を占めるまでになっている。明治期後半になって各地に電気事業者が勃興、大正時代に入ると電気事業者同士の競争が激しくなると、京浜電気鉄道は大正12年、電灯電力事業の一切合財を群馬電力に譲渡し、鉄道事業に専念するようになっている。

電気事業者の開業状況

下記は、日本で最初の電気事業者となる東京電燈（東京電力の前身）が開業した明治20年から大師電気鉄道開業の明治32年まで、日本各地で開業した電気事業者の一覧。

明治20年：東京電燈●明治21年：神戸電燈●明治22年：大阪電燈、京都電燈、名古屋電燈●明治23年：品川電燈、横浜共立電燈●明治24年：深川電燈、帝国電燈、熊本電燈所、札幌電燈舎、京都市営●明治25年：箱根電燈所●明治26年：長崎電燈、日光電力●明治27年：豊橋電燈、桐生電燈、岡山電燈、岐阜電燈、仙台電燈、堺電燈、奈良電燈、広島電燈、高崎水力電気、宮崎紡績電燈●明治28年：京都電気鉄道、小樽電燈、徳島電燈、松江電燈、高松電燈、福島電燈●明治29年：八王子電燈、函館電燈所、神奈川電燈、馬関電燈（山口）●明治30年：浜松電燈、熱海電燈、和歌山電燈、岡崎電燈、四日市電燈、博多電燈、尾道電燈、青森電燈、静岡電燈、津市電燈、宮川電燈（三重）●明治31年：名古屋電気鉄道、新潟電燈、山口電燈所、長野電燈、姫路電燈、若松電燈、鹿児島電気、八幡水力電気（岐阜）、土佐電気●明治32年：大師電気鉄道、広島水力電気、富山電気、松本電燈、郡山絹糸紡績、米沢水力電気

建設省地理調査所発行 1/10000地形図「鶴見」「川崎」

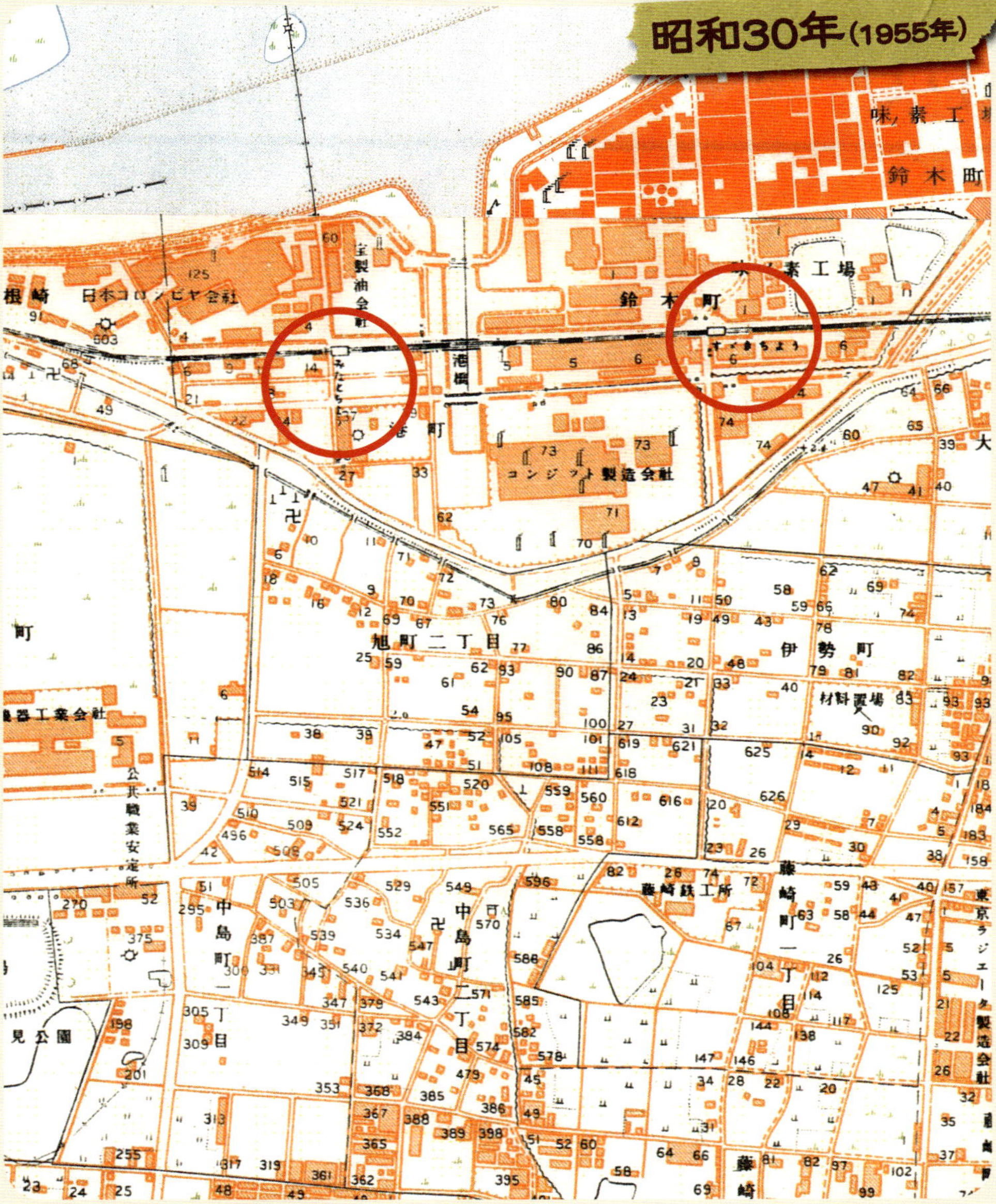

前ページ地図に見える「日本蓄音器商会」は日本コロムビアの前身であり、その前に出来ている「港町駅」は昭和7年に「コロムビア前駅」として開業したもの。日本コロムビアは今でこそ音楽関係に特化しているが、戦後に興った家電産業黄金時代は総合家電メーカーだった。テレビも冷蔵庫もつくっていたのであり、昭和30年頃はテレビ時代を迎えて工場もフル稼働していた時期だった。

大師線の北側、多摩川沿岸の大師河原が一大工場地帯を形成するようになったのは、京浜電気鉄道が久根崎に発電所を建設。各工場は京浜電気鉄道から動力電源となる「電気」を受電出来た側面も見逃せない。

港町駅前は高層マンションが林立しているが、かつては日本コロムビアなど大手企業の工場があった跡地に建ったものだ。今は川崎競馬場の最寄り駅として有名である。

鈴木町駅は昔も今も「味の素」の門前駅だが、港町は「コロムビア前」、鈴木町は「味の素前」という駅名だったこともある。ちなみに「鈴木町」は味の素の創業者・鈴木三郎助に来由している。

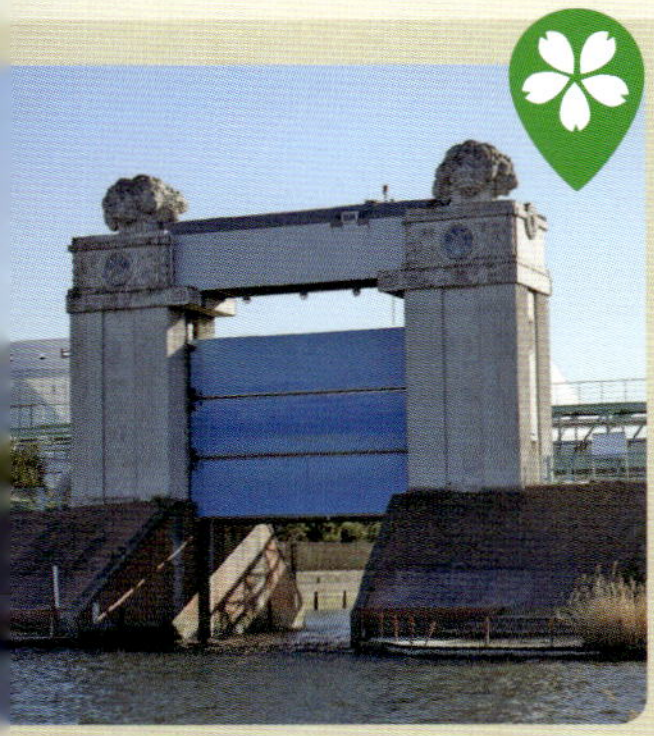

川崎河口水門

川崎河口水門

港町駅と鈴木町駅のほぼ中間あたりで、大師線の車窓からも見える川崎河口水門（川崎市川崎区港町66番地先）は大正時代中葉、川崎市内縦断運河計画があったことを教えてくれる近代歴史遺産。昭和3年、川崎運河計画の一環として完成するも、社会情勢の変化により運河建設計画は中止。部分完成していた運河はほとんどが埋め立てられたが水門は残された。現在も利用されている水門の上部には川崎市の市章と、往時の川崎の名産物であった梨・ブドウ・桃などをモチーフとした装飾がある（写真参照）。国の登録有形文化財となっている。

大師線

川崎大師・東門前

大師線開業で寺院経営も盤石

陸軍陸地測量部発行 1/10000地形図「川崎」「蒲田」

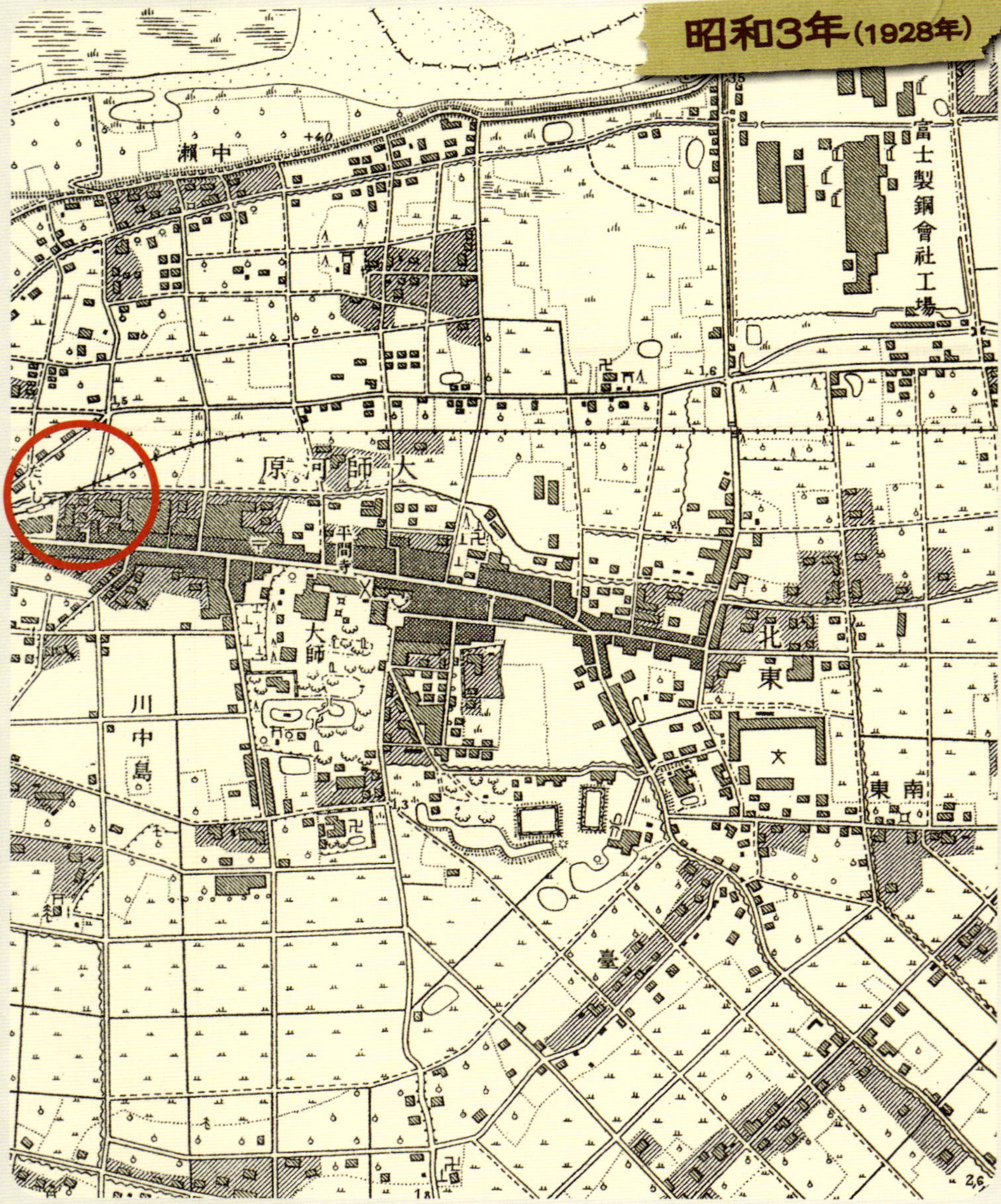

川崎大師（地図では大師駅）から東に路線が延びているが、このころは京急線ではなく、路面電車の海岸電気軌道の路線だった。海岸電気軌道は川崎臨海地区（地図では東に当たる）の工業地帯の通勤輸送を目的に大正14（1925）年に開業した。地図右上に「富士製鋼会社工場」が見える。大正7年に起業した会社だが，大正末期に経営が悪化。昭和初期には八幡製鉄が再建に当たつていた。後の富士製鉄の前身である。

川崎大師駅

開業年	明治32(1899)年 1月21日
所在地	神奈川県川崎市川崎区 大師駅前1-18-1
キロ程	2.5㎞（京急川崎起点）
駅構造	2面2線(地上)
乗降客	17,207人

東門前駅

開業年	昭和19(1944)年 6月1日
所在地	神奈川県川崎市川崎区 中瀬3-23-10
キロ程	3.2㎞（京急川崎起点）
駅構造	2面2線(地上)
乗降客	12,611人

厄除け大師を襲った廃仏毀釈の嵐

大師線開業で、川崎大師参詣に便利になったが、鉄道開通を一番喜んだのは川崎大師だったかもしれない。川崎大師は鉄道に御利益あること、身をもって経験しているからだ。

厄除け大師として江戸時代から信仰と行楽の地であった川崎大師は、明治の世になって窮地に陥る。廃仏毀釈の嵐と社寺領の上知令（明治4年）だ。

大正年間の川崎大師本堂（「川崎誌／市制記念」）

江戸時代、幕府の寺請制度で神職は僧侶の風下にあった。切支丹禁制の徹底を図るため、民衆にいずれかの寺院に帰属させることを義務づけ、所属の寺から寺手形（寺証文）を発行させることで、それを身分証明書とした。これを寺請制度という。幕府や諸大名が寺院を手厚く保護したのは、寺院を領民支配・管理の末端機構としていたこともあった。

時代が変わり、祭政一致、神仏分離の実施となると、坊主憎けりや袈裟まで

参勤交代大名御一行の無法狼藉

川崎市中心部は江戸時代より、川崎宿中心の宿場町と川崎大師を賑わいの核として発展してきた。東海道を上る場合も江戸に出てくる場合も川崎宿泊まりが多かったことから、川崎宿は近辺の神奈川、保土ヶ谷宿を凌ぐ発展をしていた。

京急川崎駅から市役所通りを行くと、往時の川崎宿の道筋が残されているが（写真参照）、川崎宿の名主をつとめ、八代吉宗治世の享保年間に幕府に登用された田中丘隅の『民間省要』には参勤交代大名の無法狼藉が記述されている。曰く〈大名によっては、本陣の諸道具がおびただしく紛失する。椀・家具・重箱・皿・鉢・銚子・盃・行灯・燭台・屏風・煙草盆の類など限りがない。煙管など50本出せば、10本返すのは希である。雨の降るときは茣蓙の紛失することがおびただしい〉云々。お供の家臣連は旅籠代さえ規定通り払わなかったとも。

川崎宿場のいさご通り

建設省地理調査所発行 1/10000地形図「川崎」「蒲田」

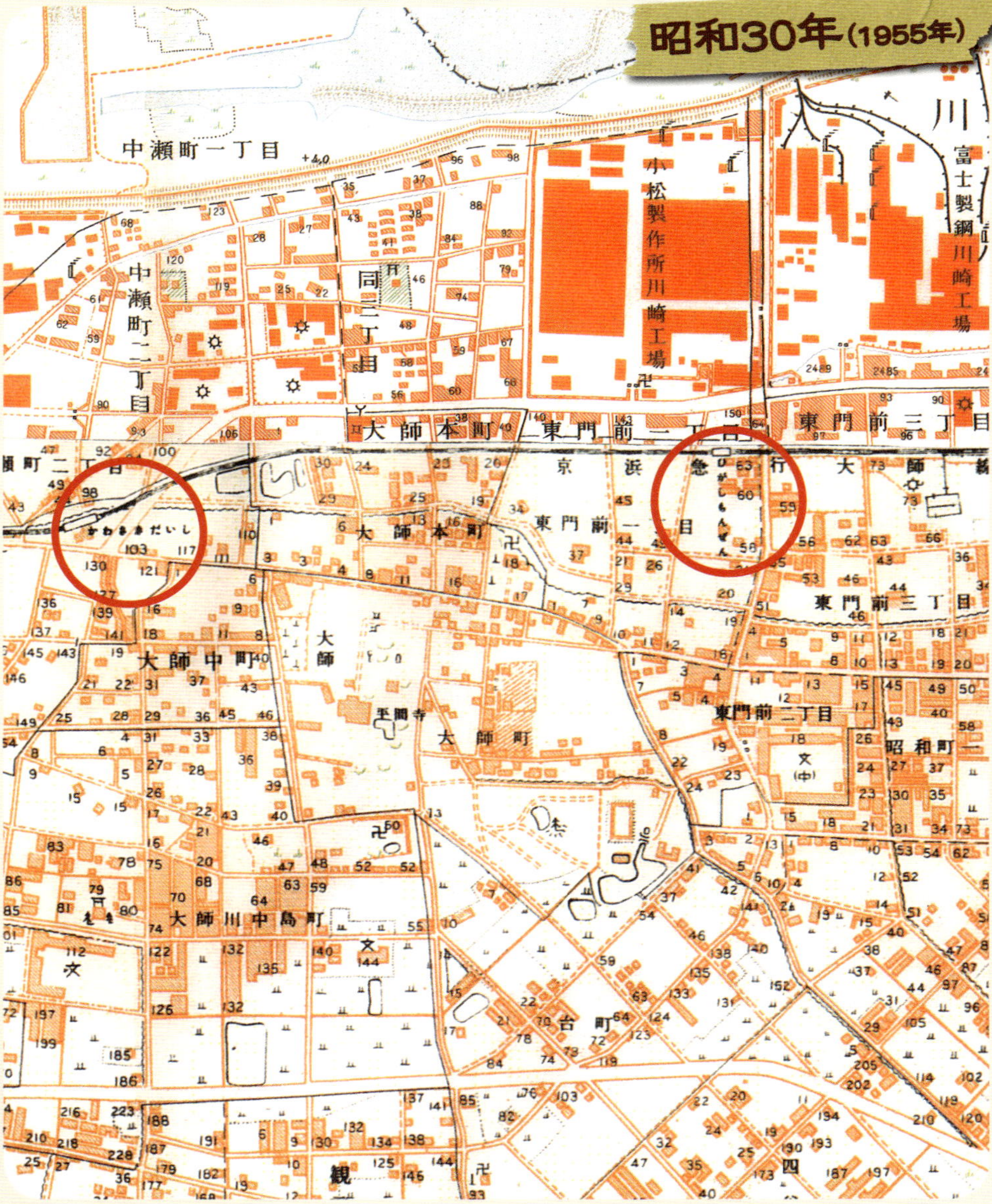

昭和初期には大師線の南北は田畑が広がっていた一帯も、戦後の復興とともに川崎臨海部の後背地として宅地化が進行しているのが、地図から見て取れる。海岸電気軌道は経営不振で昭和12年に廃止の後、昭和19年に軍の要請で大師線は臨海工業地帯入口にあたる小島新田まで延伸している。川崎大師東側の門前にあたることから駅名がつけられた「東門前駅」は大師線延伸時に開業している。

河崎大使本堂の提灯

川崎大師

厄除けと久寿餅、咳止め飴が三点セットの川崎大師。改めて記すこともないが、隣駅の東門前は「ひがしもんぜん」と読む。大師の東門にあたることからの駅名である。写真は本堂の大提灯。

憎いで、積年の鬱積を晴らすべく、少なからぬ神職が暴力的に仏像・仏寺の破壊に乗り出し、それに一般民衆まで加わり破壊と暴力の限りを尽くしたのが廃仏毀釈だ。

加えて、上知令で寺領も削減された。川崎大師も寺院経営に真っ赤な信号が点滅し始めた時、明治5（1872）年9月12日に新橋～横浜間の鉄道が開業した。『川崎市史』によれば、開業1週間後の9月19日には「川崎大師縁日発車増ノ届」が出されている。鉄道開通効果で参詣客が増え、列車の運行は朝8時から夕方5時まで1時間に1本、1日10往復だったのが、この届けによって毎月21日の大師縁日には朝7時から夕方6時まで12往復になった。以降、川崎大師は往年の賑わいを取り戻し、大師線開業で寺院経営は盤石になった。

陸軍陸地測量部発行 1/10000地形図「川崎」「蒲田」

地図左上から湾曲しながら下に延びているのが、海岸電気軌道の路線だ。いかにも路面電車で道路上を走っているが、その道路が昭和14年には産業道路となっている。現在、産業道路以東は臨海工業地帯となって数多の光が輝くその川崎臨海部の夜景は、東京湾夜景クルーズの名所にもなっているが、戦前は京浜工業地帯の田園地帯に工場が点在している程度だったのである。

大師線

産業道路・小島新田

戦時中に開設された臨海部の通勤駅

産業道路駅

開業年	昭和19(1944)年6月1日
所在地	神奈川県川崎市川崎区大師河原2-4-25
キロ程	3.8㎞(京急川崎起点)
駅構造	2面2線(地上)
乗降客	10,100人

小島新田駅

開業年	昭和19(1944)年10月1日
所在地	神奈川県川崎市川崎区田町2-13-5
キロ程	4.5㎞(京急川崎起点)
駅構造	1面2線(地上)
乗降客	21,295人

大師線の延長

始発駅の京急川崎駅は別にして、大師線各駅で1日平均乗降人員が一番多い駅はどこであろうか?

「そりゃあ川崎大師駅だろう」と答える人が多いかもしれない。しかし、一番多いのは終点の小島新田駅の2万1295人。川崎大師駅は1万7207人である(平成28年度)。

1日2万人以上が利用する小島新田駅ホーム

大師線は今や川崎の臨海部に工場を持つ企業に勤める人たちの通勤路線となっている。ちなみに産業道路駅は1万100人で、この駅には朝夕の通勤時には各社からの送迎バスが発着する。

川崎の臨海部は多摩川と鶴見川から流出した土砂の堆積で、江戸時代から遠浅の砂浜だった。干潮時には1~2キロ沖まで海底が現れるようなところ

大師線の転変と太平洋戦争

軍の命令で大師線が延長された昭和19年は日本の敗戦が決定的となった時期だ。太平洋戦争の昭和19年はまず米軍が日本の防衛線マーシャル群島を総攻撃。トラック島を失った。次いでソロモン群島で戦いが始まり、日本軍は8,000機の航空機と艦船70隻、船舶115隻を喪失した。

南洋からの資源運搬船は現地を出港すればボコボコ沈められている。川崎臨海部は重工業地帯だったが、産業資源枯渇気味の上に戦死者の増大は生産能力を落とす一方だ。そのことを窺わせるのが、大師線のさらなる延長だ。昭和20年1月、大師線は大師河原外縁部を辿りながら桜本まで延伸。軍は生産拠点の拡大を図っている。

大師線小島新田～桜本間は戦後、昭和27年に途中駅の塩浜駅～桜本間を川崎市交通局に譲渡、昭和39年に小島新田駅～塩浜駅が休止され、小島新田駅は現在地に移転。昭和45年に現在の路線となった。

建設省地理調査所発行 1/10000地形図「川崎」「蒲田」

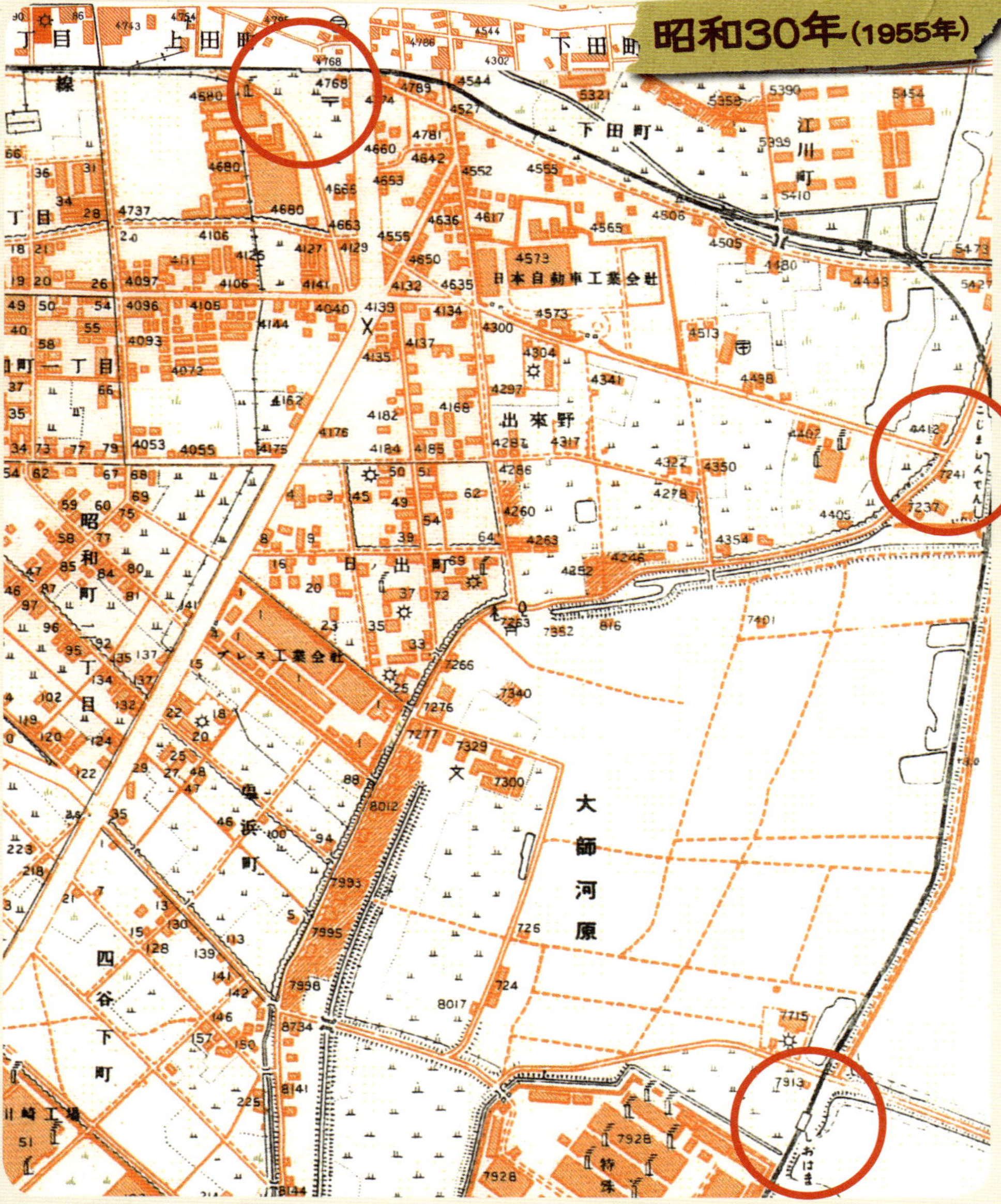

海岸電気軌道～大師線の有為転変は別項を参照していただくとして、大師線が小島新田以遠にも延びていた頃の軌道である。往時の大師線は大師河原を巡るように走り、地図下右の「塩浜駅」以遠は西方向に転換し、桜本を終着駅としていた。昭和30年代から日本は高度成長期に入り、川崎臨海部も発展していく。上記の地図はその直前の臨海部の一画を切り取っている。小島新田駅は昭和39年に現在地へ移転した。

1971年当時の小島新田駅。撮影：荻原二郎

だった。海浜の漁村では製塩や海苔、魚介類の養殖も行われ、砂州の一部では開発された新田が広がっていた。

明治時代になると、東京と横浜の中間地域だった川崎は京浜工業地帯に組み込まれ、臨海部は相次いで埋め立てられていく。そこに工場が進出してくるのは日露戦争後のことだ。川崎臨海部の工場地帯はこうして形成されていった。

跨線橋より臨海部工業地帯への貨物線

開業以来川崎大師が終点だった大師線が参詣鉄道から臨海部の通勤路線と、その性格が変わるのは戦時中の昭和19（1944）年6月、軍の方針で産業道路まで延長、更に10月には小島新田まで延伸したことだ。臨海部からの軍需物資輸送のためだ。産業道路駅も小島新田駅も、この路線延伸時に開業して現在に至っている。

京急本線

京急川崎・八丁畷

都市間高速電車は時代の要請だった

開業年	明治35(1902)年9月1日
所在地	神奈川県川崎市川崎区砂子1-3-1
キロ程	11.8㎞（品川起点）
駅構造	本線・2面4線(高架) 大師線・2面2線(地上)
乗降客	126,304人

八丁畷駅

開業年	大正4(1915)年
所在地	神奈川県川崎市川崎区池田1-6-1
キロ程	13.1㎞（品川起点）
駅構造	2面2線(地上)
乗降客	15,153人

陸軍陸地測量部発行 1/10000地形図「鶴見」「川崎」

大正11年(1922年)

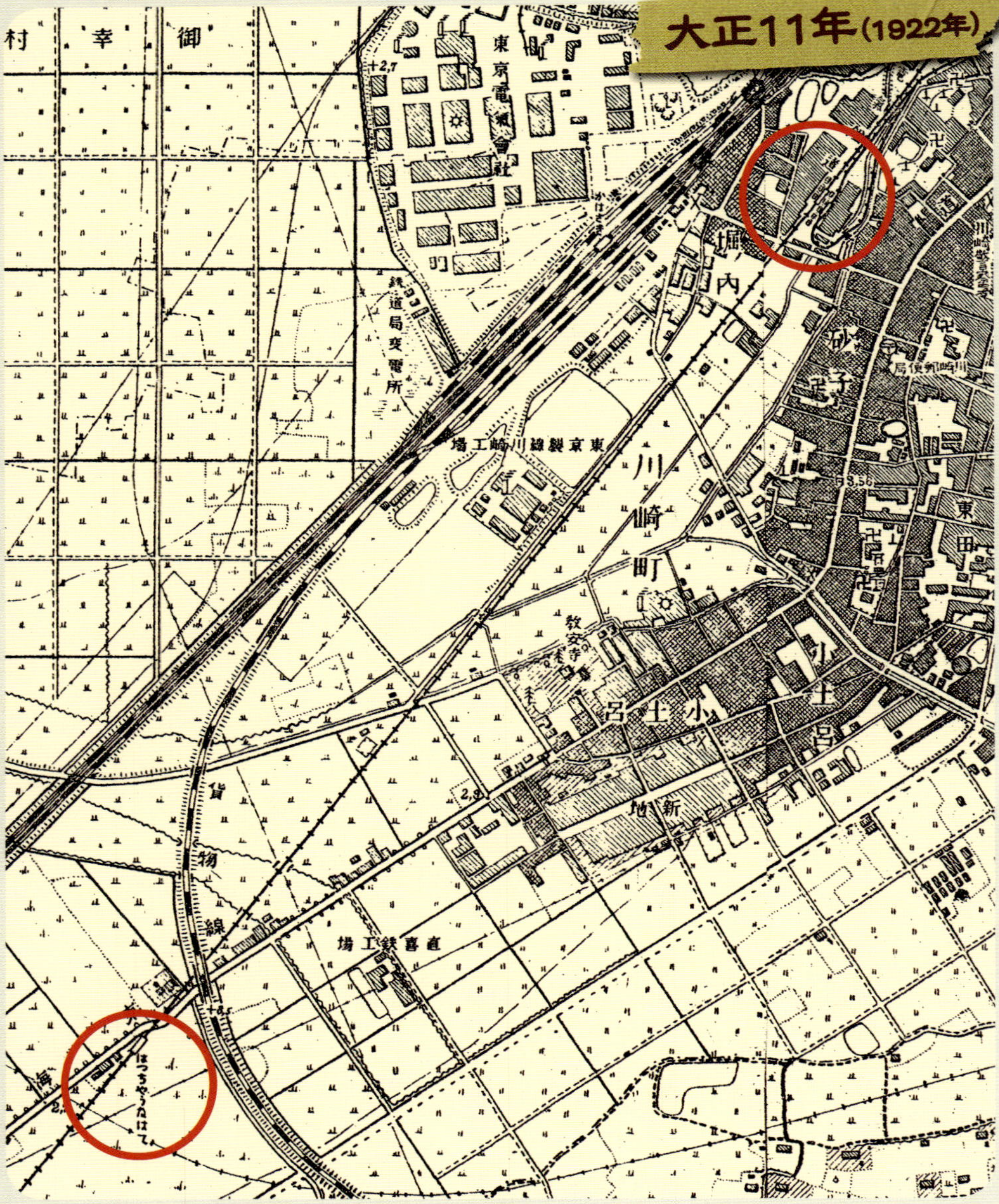

地図中央右側に「小土呂」の地名が見える。江戸時代、4宿から成っていた川崎宿の南端にあたる。京急川崎〜神奈川間が開通したのは明治38(1905)年。官設東海道線が走り始めたのは明治5年の昔だ。それでも川崎中心部を外れると沿線は田園風景が広がっている。鉄道が走り始めても沿線開発が一朝一夕に進むものではないことを上記大正11年地図は示している。なお、東京電気は東芝の母体となった会社の一つである。

電気鉄道の優位性

京浜電気鉄道が、大師電気鉄道創業当初からの目標の一つである川崎停留場を開業したのは明治35（1902）年9月。すでに部分開業を重ねていた品川線は明治37年に品川〜川崎間を開業。明治38年には川崎〜神奈川間の開通により品川〜神奈川間が全通した。大師参詣客の電気鉄道は、ここにおいて当初の目的である京浜間の都市間連絡交通機関となった。この間、車両も増強し従来の四輪単車は30両、定員76人のボギー車15両を導入。輸送力も増強させた。

大正14年(1925)に架けられた六郷橋(「川崎誌」より)

運転時間も品川（八ツ山橋）〜神奈川間は29分。官設鉄道の新橋〜横浜間普通列車55分より遥かに早く、快速列車35分に匹敵した。このため、官設鉄道は新橋〜横浜間27分の急行列車で京浜電気鉄道に対抗。しかし、京浜電気鉄道品川〜神奈川間開業で、それまでの乗客の3分の2を持っていかれたほど激減

陸軍陸地測量部発行 1/10000地形図「鶴見」「川崎」

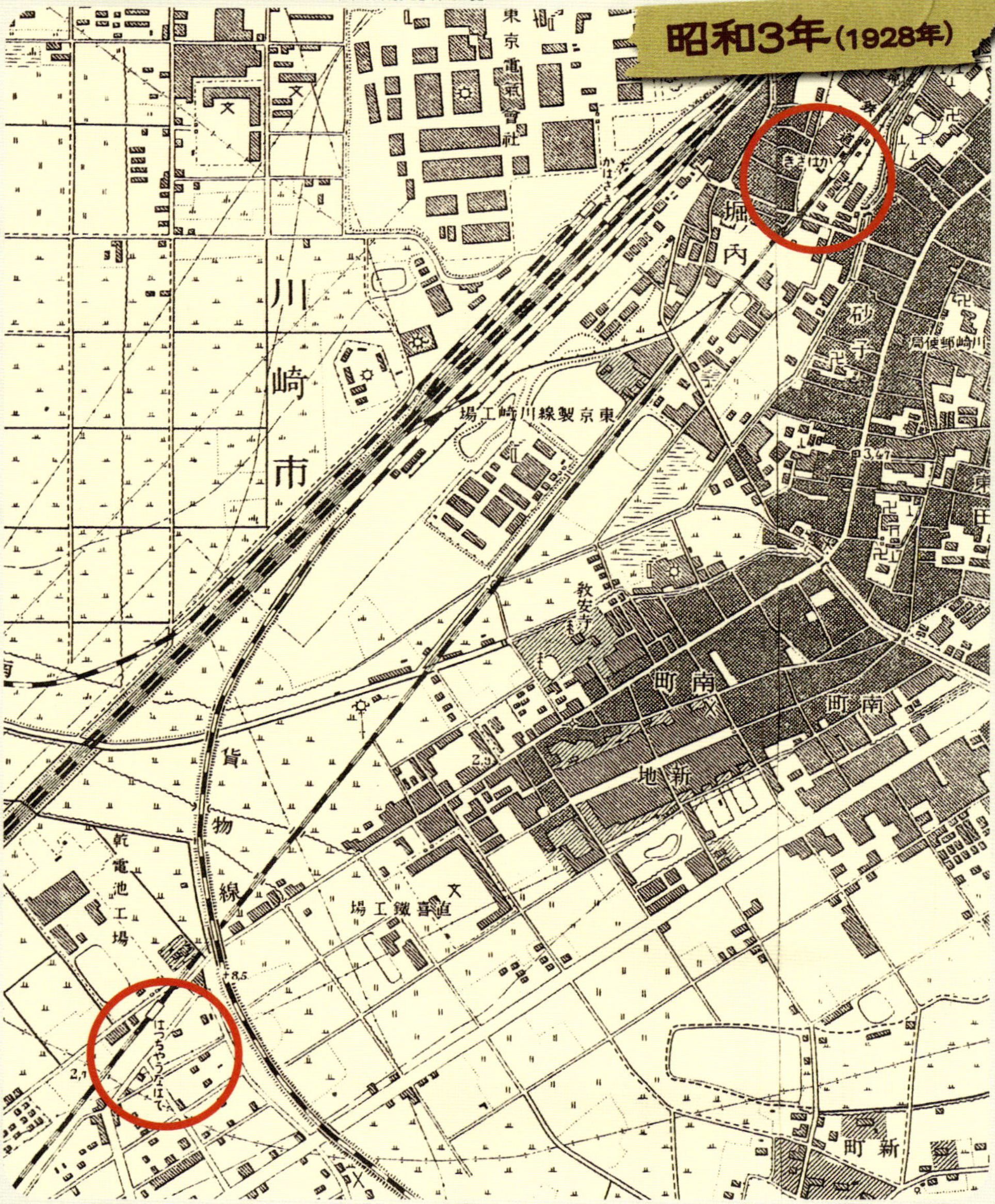

昭和3年は関東大震災（大正12年）から5年後。関東大震災は東京、横浜に激甚な被害をもたらした。川崎でも建物が密集する市街や大工場などで被害は激しかったが、旧宿場町を外れれば田園地帯だ。震災の影響を受けなかったことから、昭和に入るころには区画整理が進んでいた農地に工場や住宅がポチポチ出来始めた。上記地図上部に見えるように学校も出来始めている。

京浜電気鉄道と雨宮敬次郎

創業後の事業拡大期に京浜電気鉄道の社長に雨宮敬次郎が就いている。雨宮は大師電気鉄道の発起人でもあったが、明治37年10月から40年10月まで雨宮は京浜電気鉄道で陣頭指揮にあたっている。

雨宮敬次郎は明治人物史に名を連ねる甲州財閥の一方の雄。「天下の雨敬」「投機界の魔王」と呼ばれた人物で、出身は現在の甲州市塩山。明治初期欧米を外遊し、鉄道、製鉄、水道等の社会基盤の分野に着目。明治12（1879）年、東京・深川で興した製粉工場が成功の手始めとなる。この製粉工場は現在の日本製粉の前身だ。

雨宮敬次郎はその後、軽井沢の開発に着手。明治21（1888）年に中央本線の前身となる甲武鉄道への投資で大きな利益を出し、同社の社長にも就任。明治24年には川越鉄道（現在の西武国分寺線）の取締役となるなど鉄道分野で活躍。

明治36年には東京市街鉄道の会長に就任。明治37年には山梨県に桂川電力を興すなど鉄道、電力事業など様々な分野で名を残している。明治44年没。

雨宮敬次郎

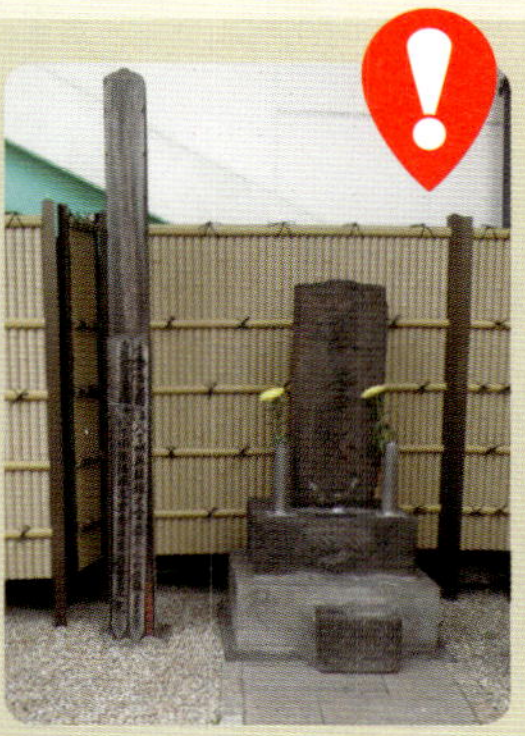
無縁塚の碑

八丁畷の供養塔

八丁畷駅西口を出てすぐの左手に供養塔（写真参照）が建っている。八丁畷駅西口は旧東海道に面していて、界隈では戦後の道路工事等で多数の人骨が発見された。江戸時代頃の特徴を備えた人骨であることから、当時の震災、大火、洪水、飢饉や疫病などの災害で亡くなった身元不明の人々を宿場のはずれの八丁畷の並木の下に埋葬したのではないかといわれている。このような無縁仏のために昭和9年（1934）地元と川崎市によって供養塔が建てられた。


したこと、「大森海岸」の項で触れた。

日清戦争前後から各地に電気事業者が勃興し、電気の時代を迎えた。このことは「動力革命」をも意味している。電気鉄道が好例だ。日清戦争前の明治20年代は日本資本主義がテイクオフした時期にあたっているが、明治30年代は動力に「電気」の導入が本格化し、飛躍の時代となっている。関東で言えば京浜工業地帯が形成されてゆく。

このことは人口の都市集中を意味していた。都市間交通機関も蒸気機関車の官設鉄道より速度にまさる京浜電気鉄道に利用客が傾斜していく。さらに、運行頻度も然り。10分、5分という間隔で頻繁運転が可能な上に、駅間距離も短い電気鉄道は、時代の要請で蒸気機関車よりはっきりと優位に立つことに

建設省地理調査所発行 1/10000地形図「鶴見」「川崎」

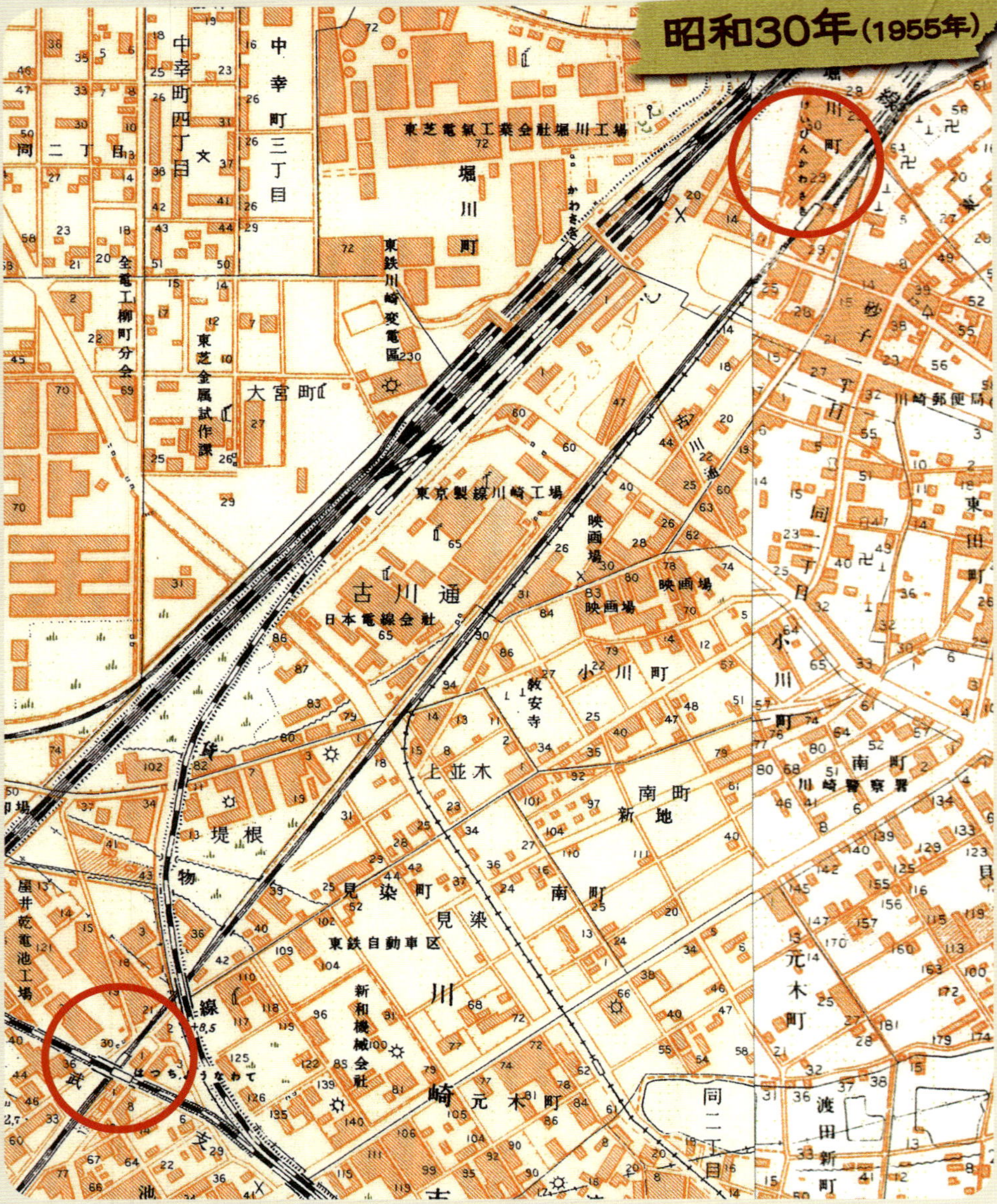

京急川崎～八丁畷間は昭和初期以降、急速に人口の集積が進んだことを示しているのが、上記昭和14年地図である。昭和初期までの沿線風景だった田畑は殆ど消え、旧宿場町以外にも各種工場や住宅の集積が地図を賑やかにしている。地図中央下部に見える「京浜女子商業校」は昭和11年に開校。戦後、京浜女子商業高等学校となり、現在は白鵬女子高等学校である。

鉄道の国有化

近代産業が急速に発展していく日露戦争後の明治39年、鉄道国有法が公布された。日本の鉄道は創業以来、官設官営を基本方針とした。これは、草創期の日本の鉄道行政を頂点に立って牽引した井上勝が、熱心な鉄道国有論者であったことが大きい。

しかし、財政上の理由から日本鉄道など民営鉄道に幹線鉄道建設の一部を委ねた。鉄道民営論を唱えたのは渋沢栄一や三井や三菱などの財界で、資本主義の発展にともなって産業支配と鉄道支配との間に密接な関連性があることを認識したからだ。

日清戦争後の三国干渉によって対ロシア戦を意識しだした政府は、鉄道国有問題を第一義とするようになっていった。大陸経略の軍事的理由以外にも、日露戦争後は主要産業を独占化しつつあった財閥が、物流の大動脈である鉄道の意義を高く評価するようになり、主要幹線が多数の私設鉄道によって分割保有されていることは諸外国との競争上、非常な不利であると認識したからだ。渋沢栄一、井上馨、加藤高明、高橋是清らが反対論を唱えるなど、紆余曲折を経ながら鉄道国有法は成立。日本鉄道をはじめ17私鉄の幹線鉄道が国有化された。


なったのが、明治30年代半ばから日露戦争前後の時期になっている。

また、速度の向上と安全の確保は、都市間高速電車が路面電車からやがては専用軌道を持つ鉄道へ移行していくことも示唆していた。

川崎の工業都市化

京浜電気鉄道が品川～神奈川間を走り出した日露戦争後は、川崎に一大工業地帯が形成され始めたころでもある。

川崎大師と神奈川宿の賑わいを軸に発展してきた川崎の、新たな発展の土台となったのが、多摩川河口から鶴見川河口の間の遠浅海岸だった。日露戦争後、この臨海部を埋め立て、工業地帯に造成する動きが活発化。川崎町は企業誘致に積極的に動く。

原材料や製品の搬入、搬出に水運が利用できる上、鉄道輸送も引き込み線を敷設すれば官設鉄道に連絡できる。京浜電気鉄道は品川～神奈川間を走っている。従業員の通勤用にはもってこいの鉄道だ。さらに川崎は東京、横浜という大消費地の中間に位置している。企業側にとっても川崎は工場立地に最適の地だった。

最初に進出したのは横浜精糖。大正年間に明治精糖と合併することになる横浜精糖は多摩川沿岸の南河原に工場を建設、操業に入る。明治40（1907）年のことだ。次いで進出したのは、東芝の前身の一つとなる東京電気だった。大師線沿線の大師河原には明治42年、日本コロムビアのルーツとなる日本蓄音機製造会社が工場を建設等々、大規模

八丁畷と京急バス事業

京浜電気鉄道川崎～神奈川間の開通は明治38（1905）年12月だが、八丁畷駅の開業はそれから11年後の大正5（1916）年12月。川崎以南の開業当時は駅を設ける必要もないほどあたり一面田んぼだったのだが、八丁畷駅は京急の歴史に欠かせない駅でもある。

『京浜急行八十年史』によれば、京浜電気鉄道は大正11年以降、京浜間のバス事業進出を企図し、監督官庁に出願を繰り返したが、競合路線となる等の理由で申請は却下され続けてきた。

駅をターミナルとするバス事業は、軌道線の補完な役割を果たす一方、沿線開発にも欠かせない。会社として焦燥を覚えていた中、昭和2年に出願した川崎住宅地（京浜電鉄による分譲地）と八丁畷駅を結ぶ路線が、競願もなかったことからひょいと認可された。バス開業はその年の8月。6人乗りの車両を2台というまことにこじんまりしたバス事業のスタートだったが、京浜電気鉄道のバス事業は以降、トントン拍子に進んでいった。

1965年当時の八丁畷駅。
撮影：荻原二郎

国土地理院発行 1/10000地形図「鶴見」「川崎」

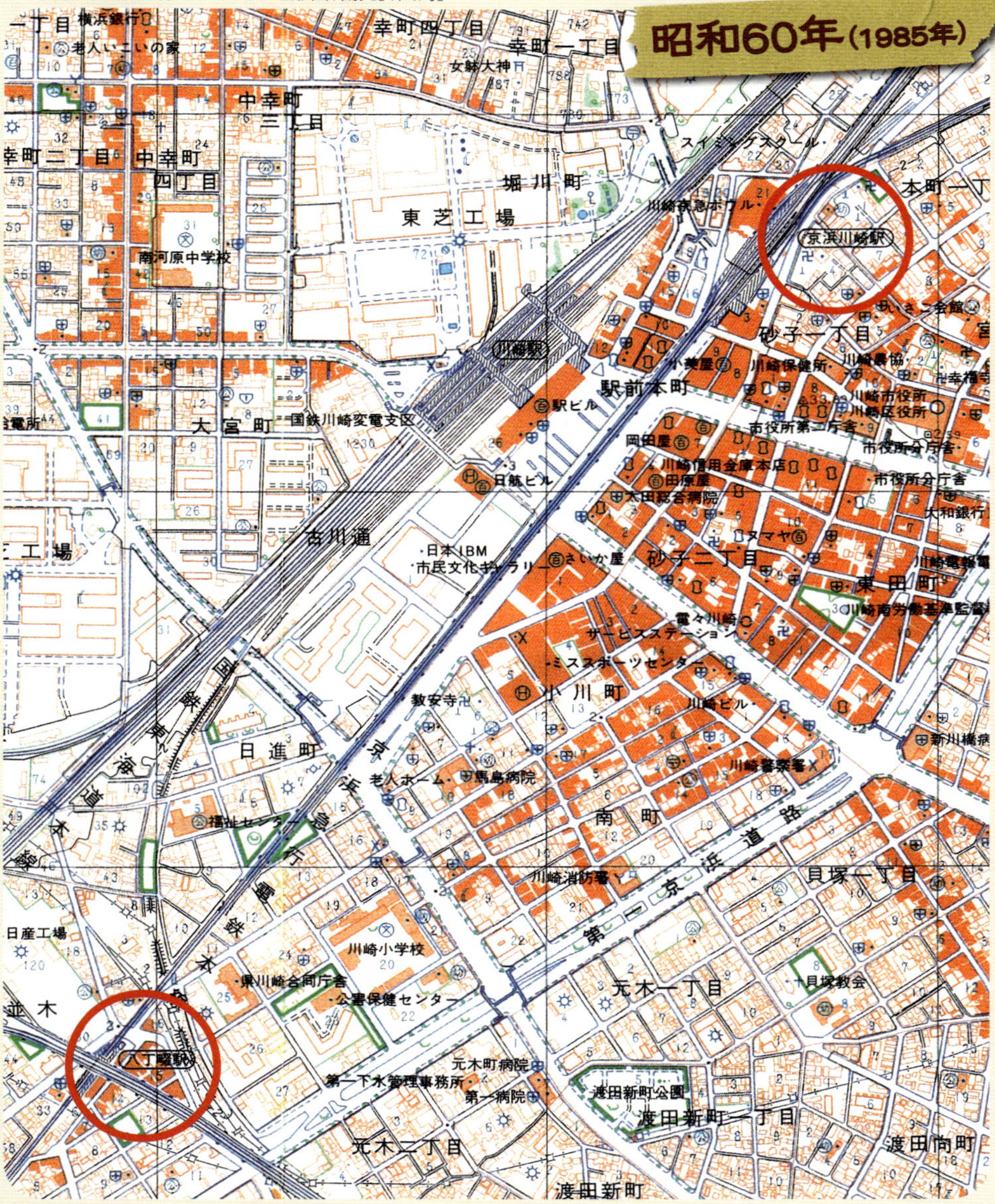

戦前まであった旧宿場町の集積が見る影もない。川崎は昭和20年4月、二度に渡る大空襲をうけているが、B29等による焼夷弾爆撃で灰燼に帰した。戦後10年、復興途中の地図だ。工業都市だった川崎が煤煙や塵煙等々の深刻な公害に悩むのは日本の高度成長期だが、このころには臨海部や多摩川沿岸部のみならず八丁畷周辺にも工場が進出してきてる。今は消えてしまった川崎～八丁畷間の貨物線が往時の物流事情を物語る。

川崎宿の投込寺だった古刹

宗三寺の遊女供養塔

曹洞宗宗三寺（川崎区砂子1-4-3）は戦国期あるいは室町時代に開創したと考えられている川崎市最古のお寺。境内の一画には遊女供養塔がある。川崎宿に限らないが、宿場の賑わいを支えた飯盛女（遊女）も死ねば着の身着のまま寺に投げ込まれた。大正初期に川崎貸座敷組合によって建てられた。

京急川崎駅から徒歩5分。

工場の立地が相次ぐ。大正時代に入ると、日本鋼管が川崎臨海部に工場を建設して操業に入る。

大正3（1914）年、欧州大戦（第一次世界大戦）が勃発する。実に6年余の長期に渡った欧州大戦は軍需品を始めとして日本に輸出増大をもたらし、国内産業を著しく発展させることになった。特に科学、機械工業、金属など重化学工業が飛躍的に発展。京浜工業地帯としての川崎も軌を一にして発展していく。

高架工事中（1965年）の川崎駅付近

提供：朝日新聞社

京急本線

京急鶴見

工業都市鶴見と浅野総一郎

陸軍陸地測量部発行 1/10000地形図「鶴見」

昭和3年(1928年)

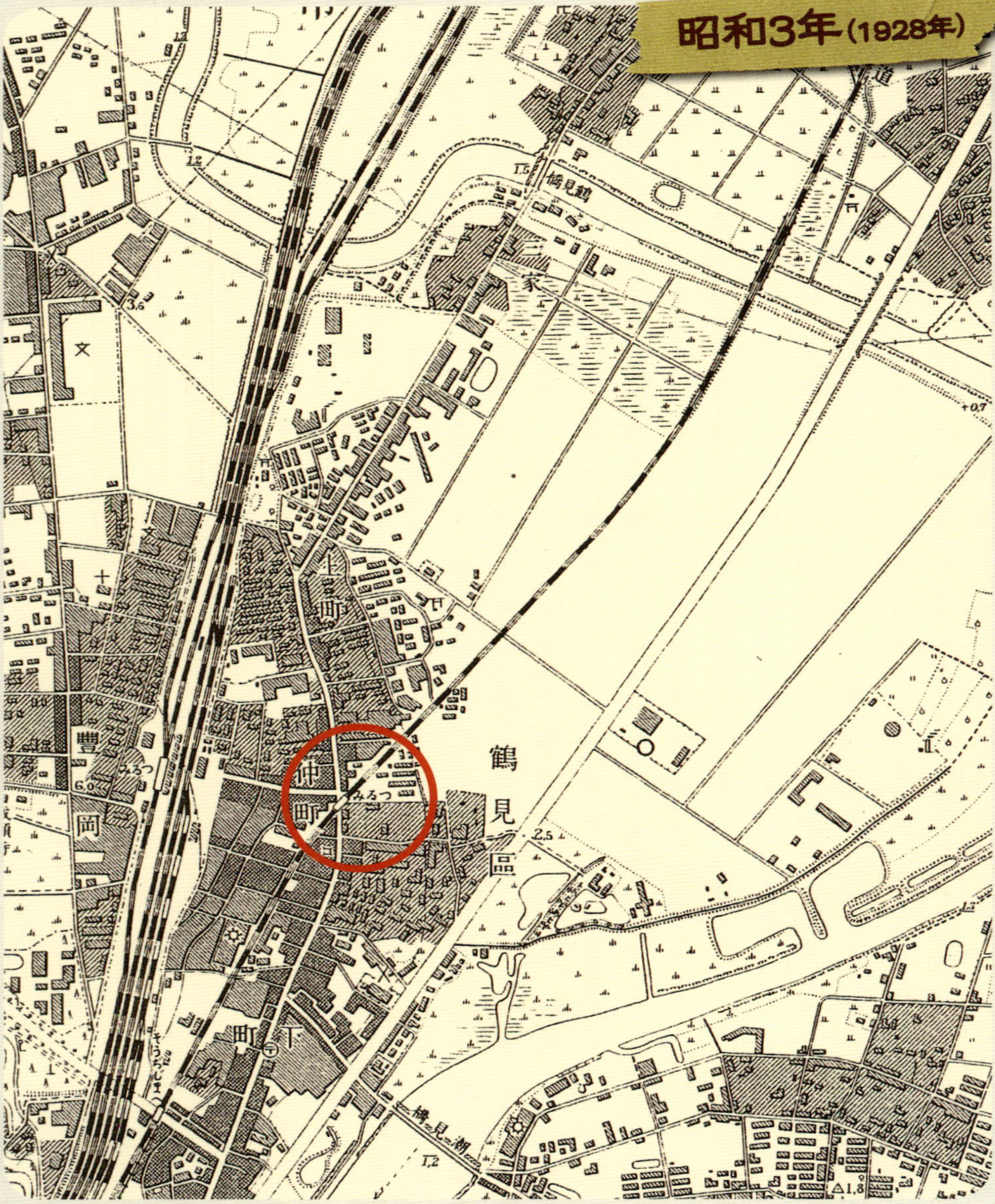

鶴見の中心部で鶴見川は大きく蛇行しているため、鶴見川の流路が途中で飛んでしまっているが、東京都町田市上小山田町の泉を源流とする鶴見川は「暴れ川」と呼ばれ、大雨のたびに氾濫を繰り返していた影響を強く受けていたところの一つが地図右側の空白部分である。鶴見は臨海部と鶴見川の治水及び沿岸の埋め立てて京浜工業地帯の一画として発展していったことが、この地図から見て取れる。

開業年	明治38(1905)年12月24日
所在地	神奈川県横浜市鶴見区鶴見中央1-30-22
キロ程	15.3km(品川起点)
駅構造	2面3線(高架)
乗降客	31,500人

150万坪の埋立計画

海辺では潮干狩りや海水浴を楽しめた静かな農漁村であった鶴見が京浜工業地帯の一画として発展していったのは、一代で浅野財閥を築いた浅野総一郎の存在が大きい。

京急鶴見駅前

明治17(1884)年、官営深川セメント製造所(現・アサノコンクリート深川工場)の払い下げを受けて創立した浅野セメントを中核に事業を拡大。明治29年に東洋汽船を設立すると、将来は造船業への進出も視野に入れた。

浅野総一郎が鶴見川河口から川崎の田島村まで延長4500メートル、幅1400メートル、面積150万坪の工業地帯を建設し、1万トン級大型船舶の泊地及び東京と横浜へ連絡する運河を浚渫する計画案を神奈川県に提出したのは、明治41年。神奈川県はその必要性を認めてもあまりに雄大な計画に浅野の資力を懸念。浅野は安田財閥安田善次郎、第一銀行頭取渋沢栄一らに協力を

短命だった総持寺前駅

京浜電気鉄道にはかつて「総持寺前駅」があった（昭和3年地図参照）。

京急鶴見駅と花月園前駅との間に明治44年11月1日、曹洞宗大本山である曹洞宗大本山総持寺参拝のために開業した駅で、後に海岸電気軌道への乗換駅となった。昭和18年6月30日に戦時休止となり、翌年11月20日に廃駅となっている。

総持寺は明治31年、在地の石川県輪島で大火によって焼失、明治44年に鶴見に移転してきた永平寺と並ぶ曹洞宗の大本山。曹洞宗は禅宗の一つで、出家在家にかかわらず、求道者各自が悟りを開くことを旨とすることから、川崎大師のように「厄除け」といった現実的ご利益を謳うわけではない。川崎大師のように迷える衆生がわっと押し寄せるようなこともなかったのも、短命駅になった理由の一つだろう。

海岸電気軌道は総持寺駅前から川崎大師駅までを結んでいた路面電車。臨海部工場地帯の通勤輸送を目的に大正14（1925）年に開業。昭和恐慌など深刻な不況等で利用客数が伸び悩み、昭和5（1930）年にJR鶴見線の前身にあたる鶴見臨港鉄道（当初は貨物線）に譲渡された。鶴見臨港鉄道が旅客営業を始め、産業道路建設を機に昭和12（1937）線に全線が廃止された。

建設省地理調査所発行 1/10000地形図「鶴見」

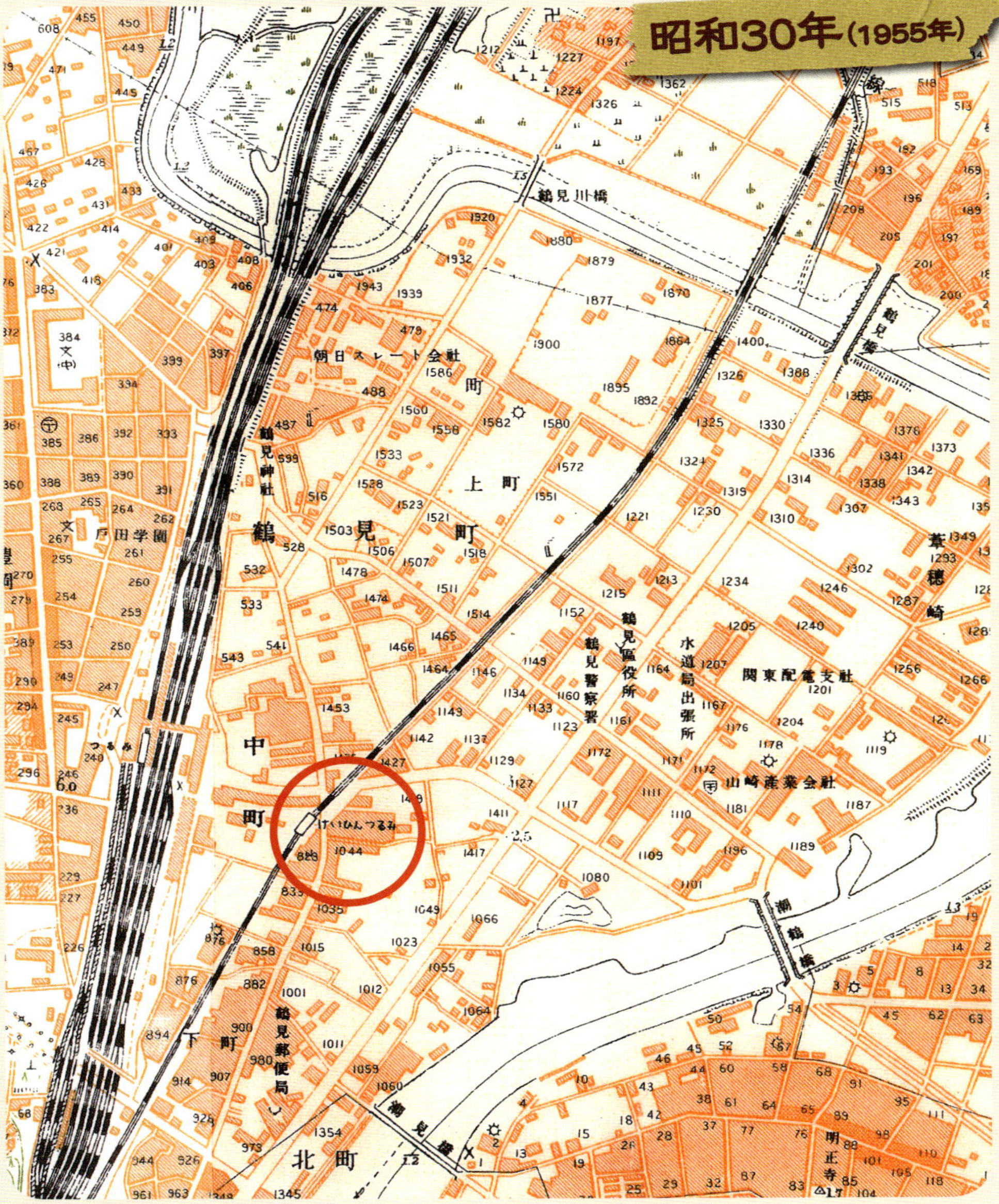

鶴見は昭和20年5月29日、B29爆撃機500機以上に及ぶ横浜大空襲で壊滅的被害を受けたが、戦後も昭和30年ごろになると復興も進み始めている姿を上記の地図は語っている。戦前、京急鶴見とJR鶴見駅周辺は南北に長い集積地を形成していたが、戦災で焼滅。一から出直しの槌音が聞こえてくる地図となっている。地図右下、潮鶴橋を渡った集積地は現在の潮田町や下野谷町にあたり、鶴見臨海部につながっている。

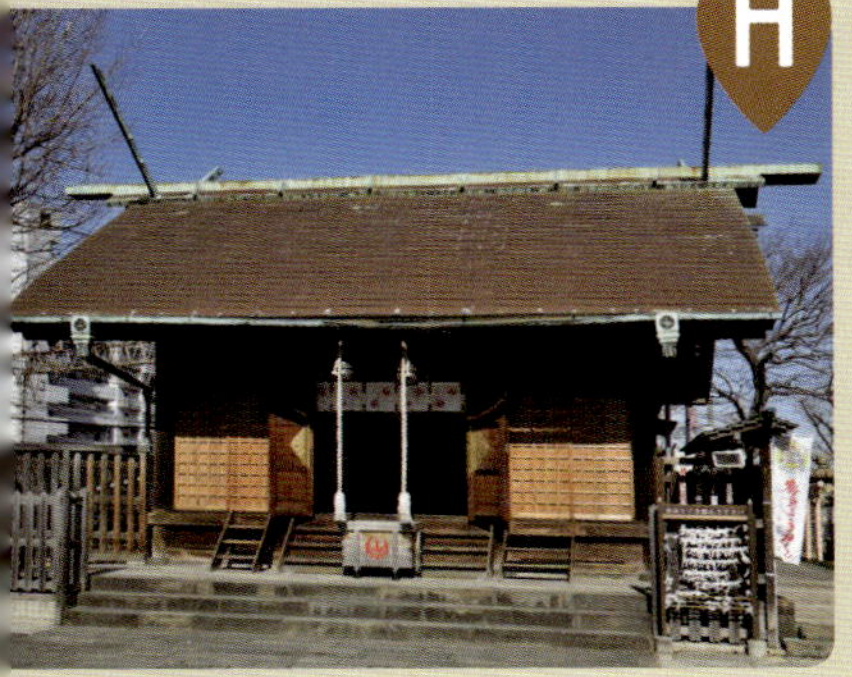

鶴見の氏神様

鶴見神社

推古天皇の時代（592〜628年）の創建と伝えら、横浜〜川崎間で最も古い神社。杉山大明神と称されていたが、大正9（1920）年に鶴見神社と改称されている。昭和30年代後半、社地から弥生時代後期の土器や古墳時代の土師器、鎌倉時代に至る祭祀遺跡が発見され、創建伝承以前から祭祀の場となっていたことが確認されている。

横浜市鶴見区鶴見中央1-14-1
京急鶴見駅から徒歩10分ほど

求めると明治45年3月、鶴見埋立組合をつくり、組合名義で改めて再申請。大正2（1913）年、事業認可が下りると8月から埋立工事に着手。大正4年にまず10万坪の埋立地を造成。以降、埋め立ての進捗とともに欧州大戦中の好況も相まって鶴見の埋立地には大工場の進出が相次ぎ、京浜工業地帯の一角を占めるに至った。同時に鶴見の街も発展、成長していったというのが、鶴見と浅野総一郎との関係だ。

浅野総一郎は鶴見沖の埋立には、東洋汽船との一体化を視野に造船所の建設も計画に入れており、大正6年4月に鶴見沖埋立地に浅野造船所を開業。事業を成功させている。

陸軍陸地測量部発行 1/10000地形図「生麦」

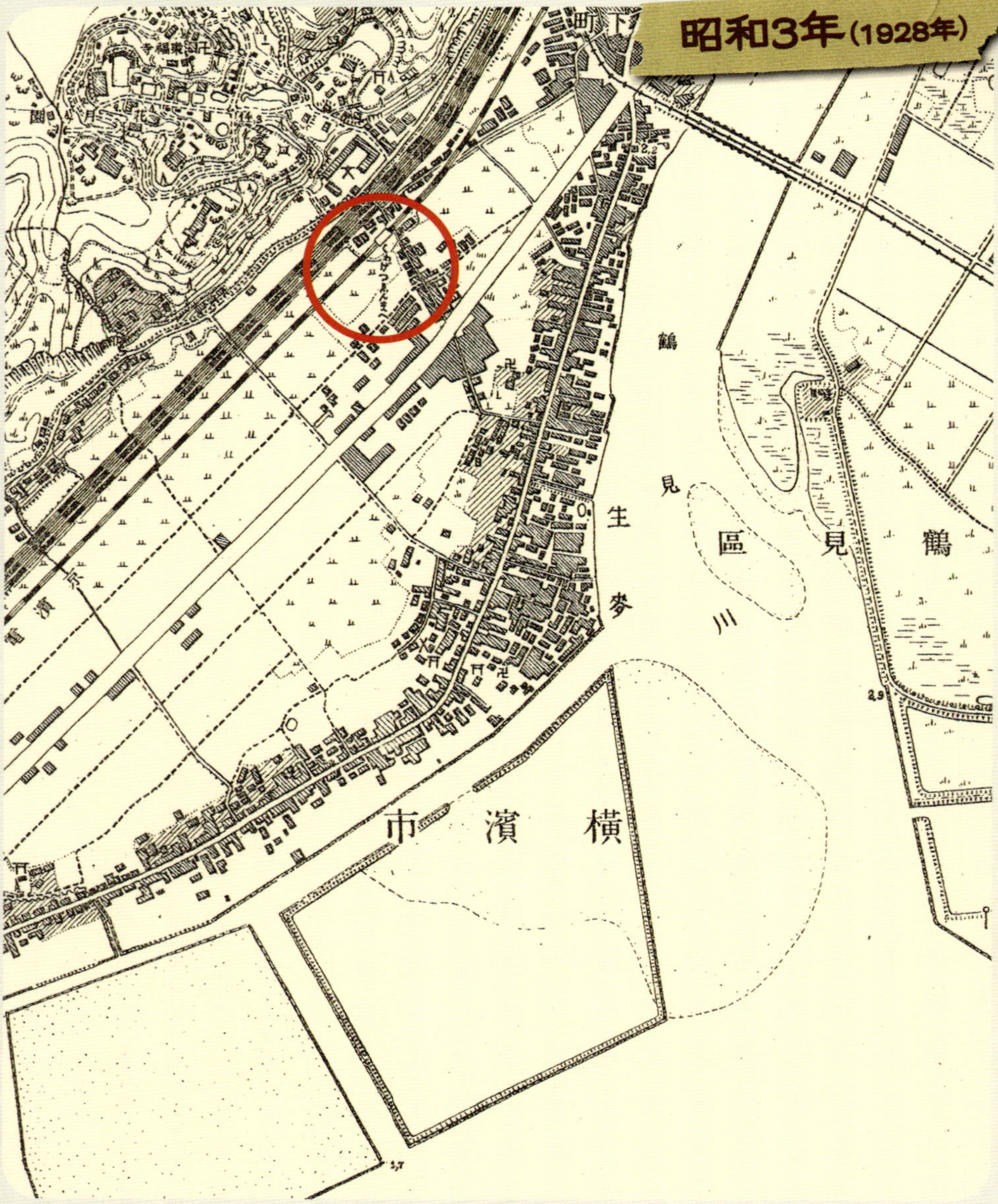

鶴見川河口が目立ちすぎて花月園は影薄いが、地図左上、等高線が刻まれた丘陵地に花月園はあった。大正14年刊行の「鶴見町誌」は花月園自慢も記している。日く「花月園は今や全国に其の名を知られ、鶴見といえば何人も総持寺と花月園を思う。今や都人の来たり遊ぶ者毎日数千人、一ケ年の合計百数十万人以上のおよぶ」云々。この頃の花月園入園料は大人60銭、子供40銭。飛行館や豆自動車、少女歌劇等々が人気を呼んだ。

京急本線

花月園前

競輪場消えてニュータウンを建設中

開業年	大正4(1915)年4月12日
所在地	神奈川県横浜市鶴見区生麦5-1-3
キロ程	16.1km（品川起点）
駅構造	2面2線(地上)
乗降客	6,564人

駅名はどうなる?

競輪場口改札を出ると、競輪場に直結する跨線橋が架かっている。時には風の具合で花月園のスタンドで上がる歓声なども聞こえてきた。すると、ぞろぞろと競輪場に向かうファンは足早になったものだ——などという記憶はもうずいぶん前のことだ。いま、跨線橋から見えてくるのは写真のような造成工事風景である。

競輪場は台地の左側にあった

平成22年3月に花月園競輪が廃止となってから8年。跡地は中層集合住宅11棟、計700戸。緑地公園のスペースをたっぷり取った、さしずめ花月園ニュータウンに生まれ変わることになった。

花月園競輪廃止後、神奈川県や横浜市は跡地利用について検討会を設置。結果、競輪場跡地に隣接する民間企業社宅跡地を含めて一体的に再開発し、UR都市再生機構が事業主体となる防災公園街区整備事業とすることになった。防災公園街区整備事業とは都市計画公

女学生の遠足

花月園遊園地は新橋の料亭「花月」の平岡広高が開園した。

〈表門を入って叢門の間を百歩余りゆくと薔薇門がある。牡丹や薔薇や菊や楓、梅、桜などの花咲く小径を左へ登ると名代の見晴山で、鶴見川の沿岸から東京湾の水色、房総半島の山色は一望千金の値がある。喫茶店や納涼台などが整っている。瀧見茶屋のおでんは評判がいい〉など、お隣の川崎市が大正14年に市制記念で刊行した『川崎誌』で取り上げるほど、花月園遊園地は京浜間では膾炙していた。

東京女子高等師範学校附属高等女学校校友会が大正8年にまとめた『遠足の栞』にも花月園遊園地は取り上げられている。同誌が「日本婦人の体格、体力向上」に「経費1円50銭以下、徒歩行程3里以下」を選定基準とした遠足コースから京急沿線をピックアップすると、川崎～川崎大師～穴守稲荷～六郷河口、鶴見～総持寺～花月園、横浜～本牧、屏風浦～杉田、逗子等々となっている。

1967年当時の花月園前駅。撮影：荻原二郎

建設省地理調査所発行 1/10000地形図「生麦」

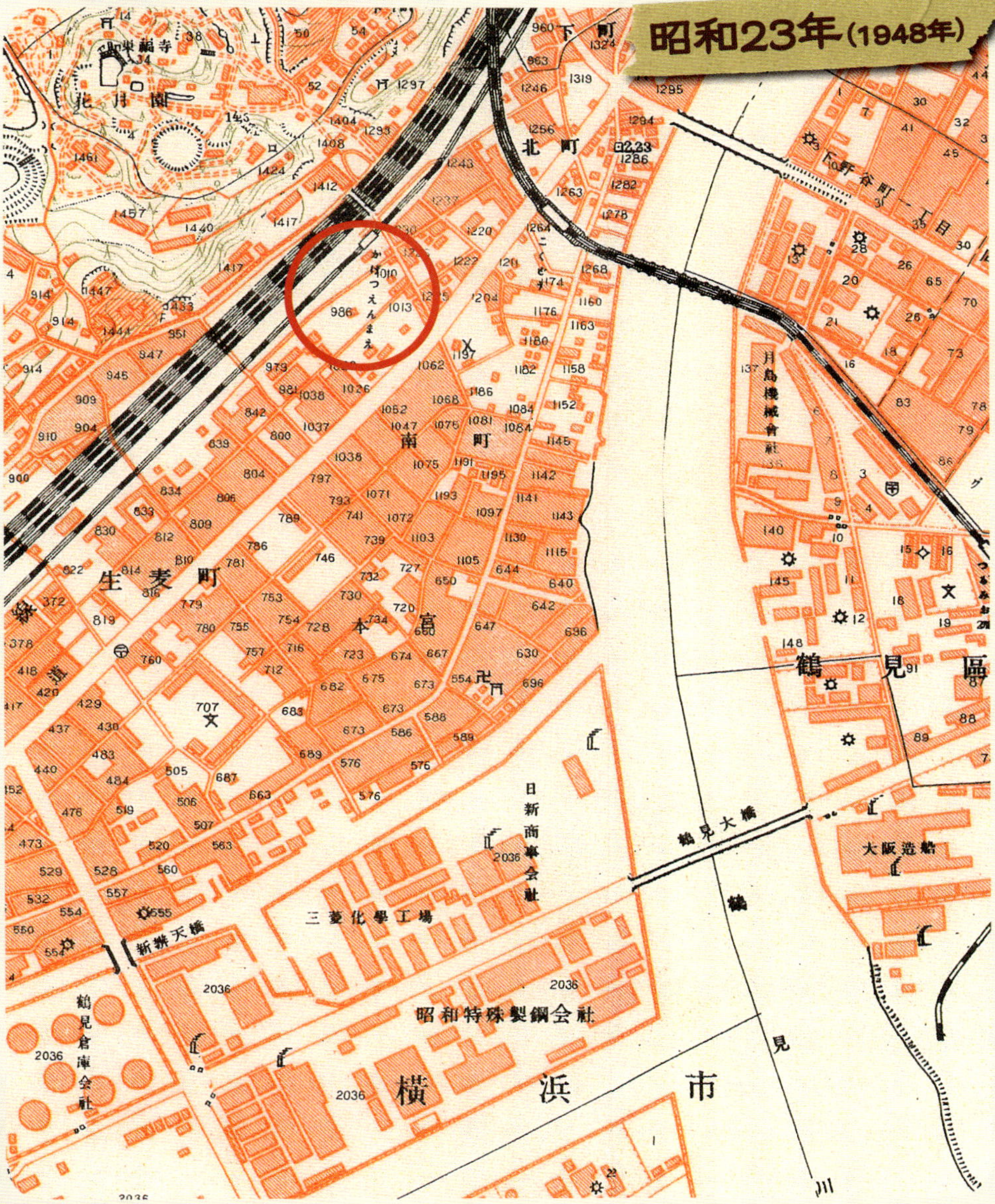

鶴見臨海部の埋立は鶴見川河口から始まったが、鶴見川沿岸の開発が近代明治期になったのは、丘陵地と台地の間を蛇行しながら緩やかな勾配で流れる鶴見川は河床が浅く、川沿いは低くて平らな沖積地が連なっている地形的な特徴から、大雨のたびに水害を受けやすかったことによる。江戸時代に盛んだった新田開発も鶴見川流域では小規模なものに終わっていたが、近代に入ると遅れを取り戻すべく急速に埋立開発が始まった。

園と市街地を一体的に整備する事業手法だ。事業完成予定年度は2020年となっているから、跨線橋から見た造成工事は終盤段階に来ているのだろう。

花月園前駅は、花月園遊園地が開園した大正3（1914）年に開業した駅だが、花月園遊園地の経営は昭和8（1933）年に京浜電気鉄道・大日本麦酒を大株主とする経営に移行した時代もあるなど、京急と花月園の関係は深い。

花月園遊園地は昭和21年に、そして昭和25年に開場した花月園競輪も消滅し、跡地にはまもなくニュータウンが誕生する。それでも「花月園前駅」の名称はそのまま残してほしいものだ。

曹洞宗大本山総持寺

元亨元（1321）年創建と伝わる曹洞宗の古刹。敷地面積50万平米と広大な境内には仏殿、大祖堂をはじめ多くの堂宇があり、大本山の風格を見せる。鶴見大学などの学校施設もある。8万坪の寺域には、仏殿（大雄宝殿）をはじめ多くの国登録文化財を有し、開放された境内は、地元の人々の憩いの場となっている。

鶴見区鶴見2-1-1
花月園ま駅及び
京急鶴見駅からも徒歩10分弱

二重屋根が大本山の風格を漂わす総持寺本堂

陸軍陸地測量部発行 1/10000地形図「生麦」

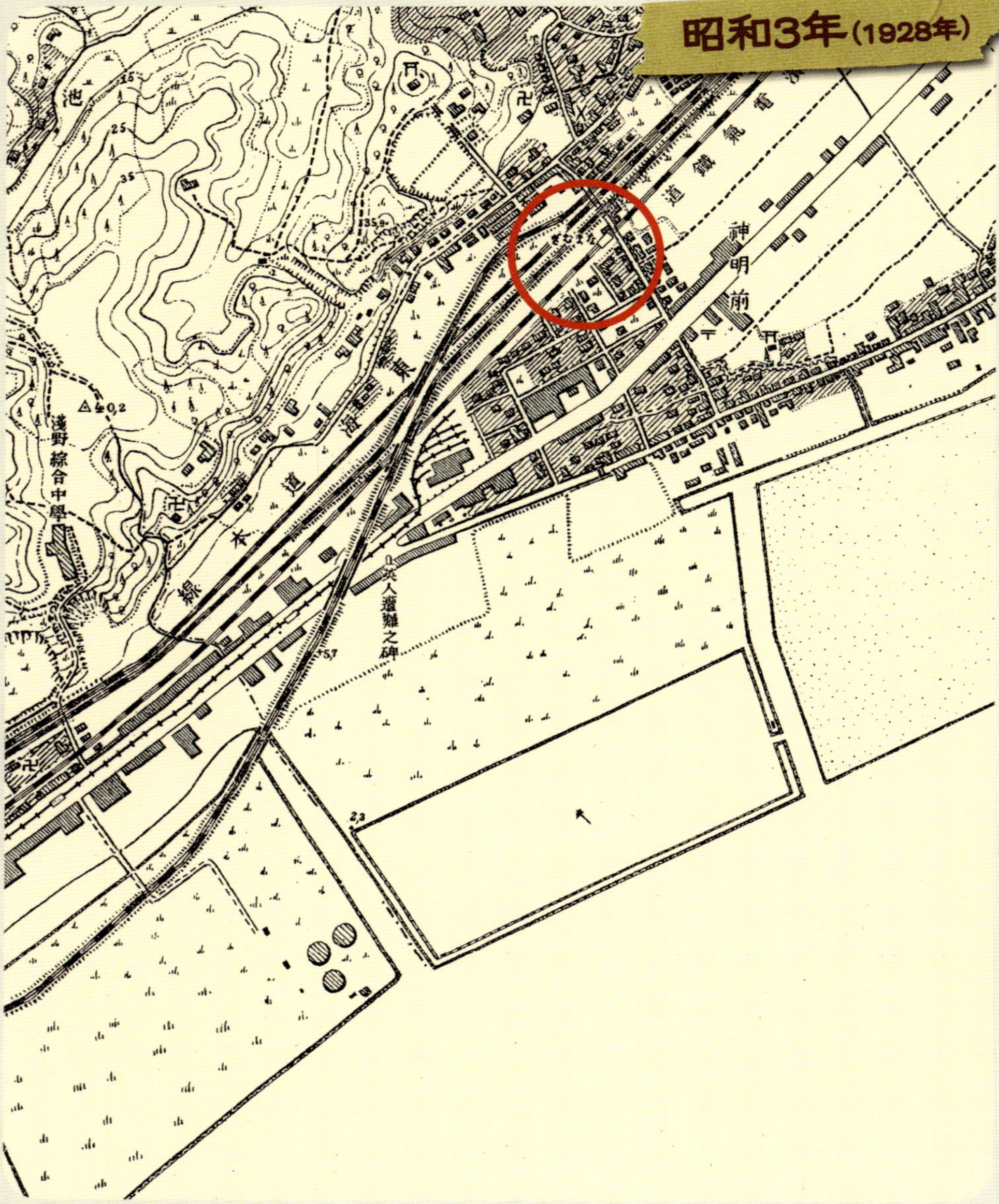

生麦駅南側の集積地が、本文で触れている京浜電気鉄道の生麦分譲地だ。売り出した頃は生麦沿岸部の埋立も進んでおらず、風光明媚な分譲地だったことが、地図から見て取れる。しかし、大正末期に地図でご覧のように京浜国道が分譲地を分断するように住宅地の中を走るようになった。生麦海岸の埋立も進みと、昭和初期には海岸線は遥か遠くになった。生麦分譲地の景観はかくて消えていったのだった。

京急本線

生麦

生麦海岸が埋め立てられて…

開業年	明治38(1905)年12月24日
所在地	神奈川県横浜市鶴見区生麦3-1-35
キロ程	16.9km（品川起点）
駅構造	2面3線(地上)
乗降客	28,872人

景観秀逸も工業都市化で

「商友会」と名付けられた生麦駅前通りを出て、第一京浜国道を西に向かうとまもなく国道左手にキリンビール横浜工場がある。生麦事件の碑は横浜工場に接した国道沿いの小祠に立っている。

生麦事件の碑

生麦事件は文久3（1863）年、江戸を引き上げる島津久光の行列を横切ろうとした英国人商人を藩士が斬り殺したという日本史で習った事件だ。英国は幕府に謝罪文と賠償金を要求、薩摩藩に対しては犯人の死刑と遺族への慰謝料を要求した。薩摩は英国の要求に対して、大名行列を乱した英国側に非があるとして、鹿児島湾に停泊した英国艦隊に使者を送って要求を突っぱねる。かくて英国艦隊は薩摩にアームストロング砲で艦砲射撃。薩摩は砲台を並べた要塞も船舶も街も破壊されたのが薩英戦争だ。

生麦事件が起きた当時の東海道は海浜際だった。しかし、大正時代から昭和にかけて生麦～子安の海岸は埋め立てられ、東海道も第一京浜国道に改修されると道筋も大きく変わった。生麦事件

薩摩の外国人接待

生麦事件が起きた文久3年は、長州も米仏蘭と下関戦争を起こしているが、長州と薩摩が欧米の軍事力に叩きのめされた3年後の1867年、ノース・チャイナ・ヘラルド紙1月19日は、こんな回顧記事を載せている。

〈不思議なことに、外国と戦った大名は、その後すぐにその国と密接な友好関係を築こうとする。外国の戦争技術は目覚ましい進歩を遂げているので、敵対するのは無益だと悟ったためなのか判断しがたいが、薩摩も長州も、それぞれ鹿児島と下関の戦い直後に、外国との親善と通商に力を入れ始めたことだけはハッキリしている。

親善に務めようとする彼らの積極的な態度は、外国人にも心から歓迎された。サー・ハリー・パークス（註：英国公使）が薩摩に招かれた時、薩摩侯とその家来たちは外国の客人をご馳走や娯楽の数々でもてなしたことを、ジャパン・タイムズの記者が興奮醒めやらぬ調子で書いていた〉。

いまで言えばマスコミまで招待して接待に務めるという俗事の知恵を、江戸っ子に言わせれば「九州の田舎大名」が持っていたとは、いささか驚かされる。日本史の正史には出てこないエピソードだ。

国土地理院発行 1/10000地形図「生麦」

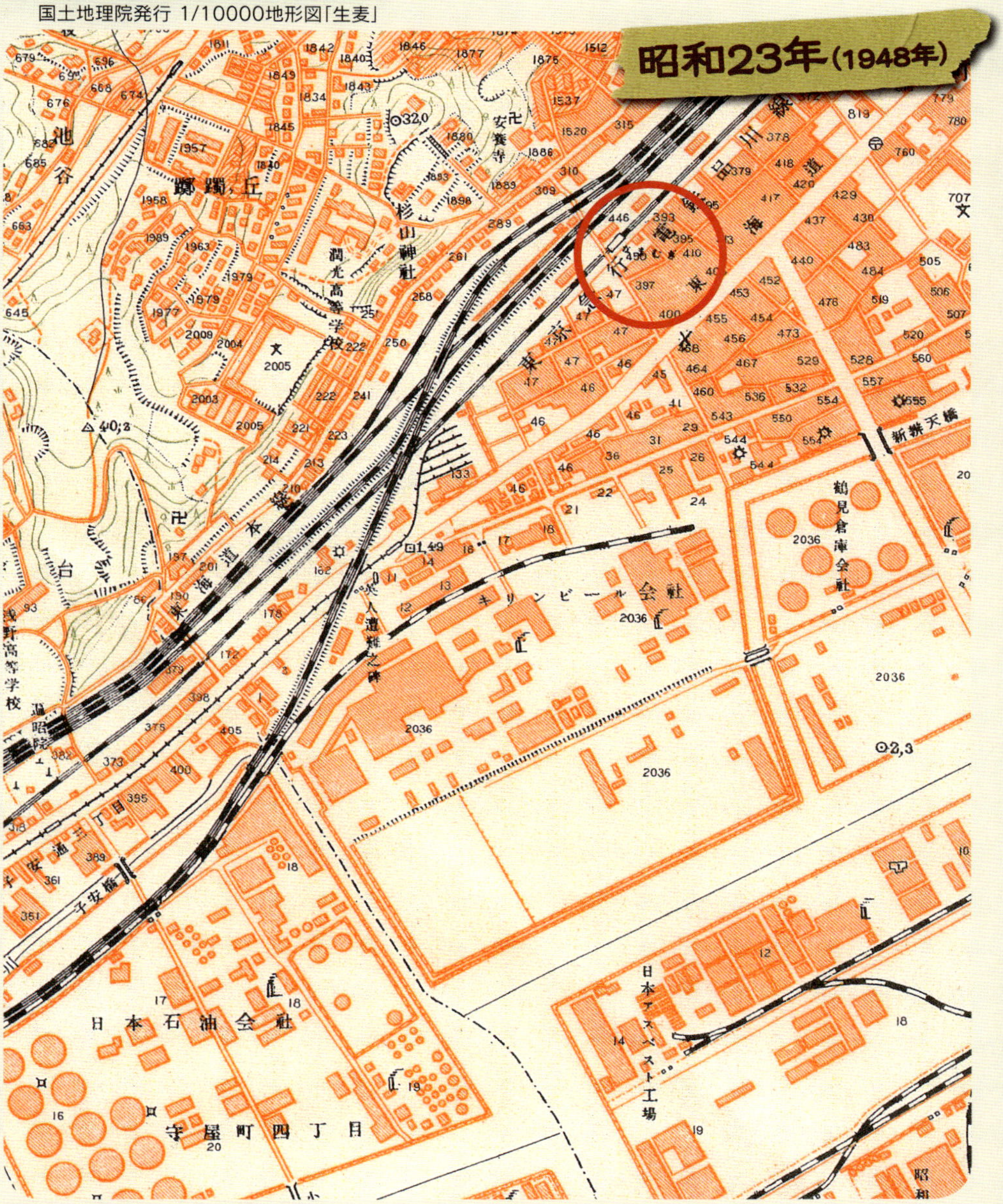

地図に出ている大手企業で今も残っているのはキリンビールだけだ。日本のビール史を紡いできたキリンビールが当地に工場を構えたのは大正末期。関東大震災で横浜市山手町にあった本店と工場が倒壊したことから生麦に横浜工場を建設。以降、現在に至っている。一般を対象にした横浜工場見学はビールづくりのイロハに加えて試飲もできるとあって、左党には大人気のようである。

その昔から地元によりそって…。

蛇も蚊も神明社

駅から歩いて10分ほどの生麦神明社（横浜市鶴見区生麦3-13-37）は、江戸時代の創建と伝わる。ここの「蛇（じゃ）も蚊も祭り」は横浜市指定民俗文化財となっている。悪疫が流行したとき、萱で作った蛇体に悪霊を封じ込めて海に流したことに始まると伝承され、近年は6月の第1日曜日に行われている。萱で作った長大な蛇体を若者・子供がかついで「蛇も蚊も出たけ、日和の雨け、出たけ、出たけ」と大声に唱えながら町内をかついで回る。

の碑も事件現場ではない。周辺の土地の所有者が歴史の記憶を後世に残そうと明治16（1883）年に立てたものだ。

生麦～子安の海岸線が大きく変わるのは大正時代から昭和にかけてだ。京浜電気鉄道は同社初めての分譲宅地を大正3年、生麦で売り出している。月払い方式だった。生麦海岸1万5千坪を埋立・造成しての宅地開発だった。

そのころ生麦海岸は京浜間でも風光明媚で知られたところだったが、大正末期に第一京浜が分譲住宅地を横断するように走り、街の表情が変わった。さらに昭和初期には大規模な海面埋立が始まり、風光明媚な景観は工場地帯となっていった。

陸軍陸地測量部発行 1/10000地形図「生麦」「神奈川」

昭和6年(1931年)

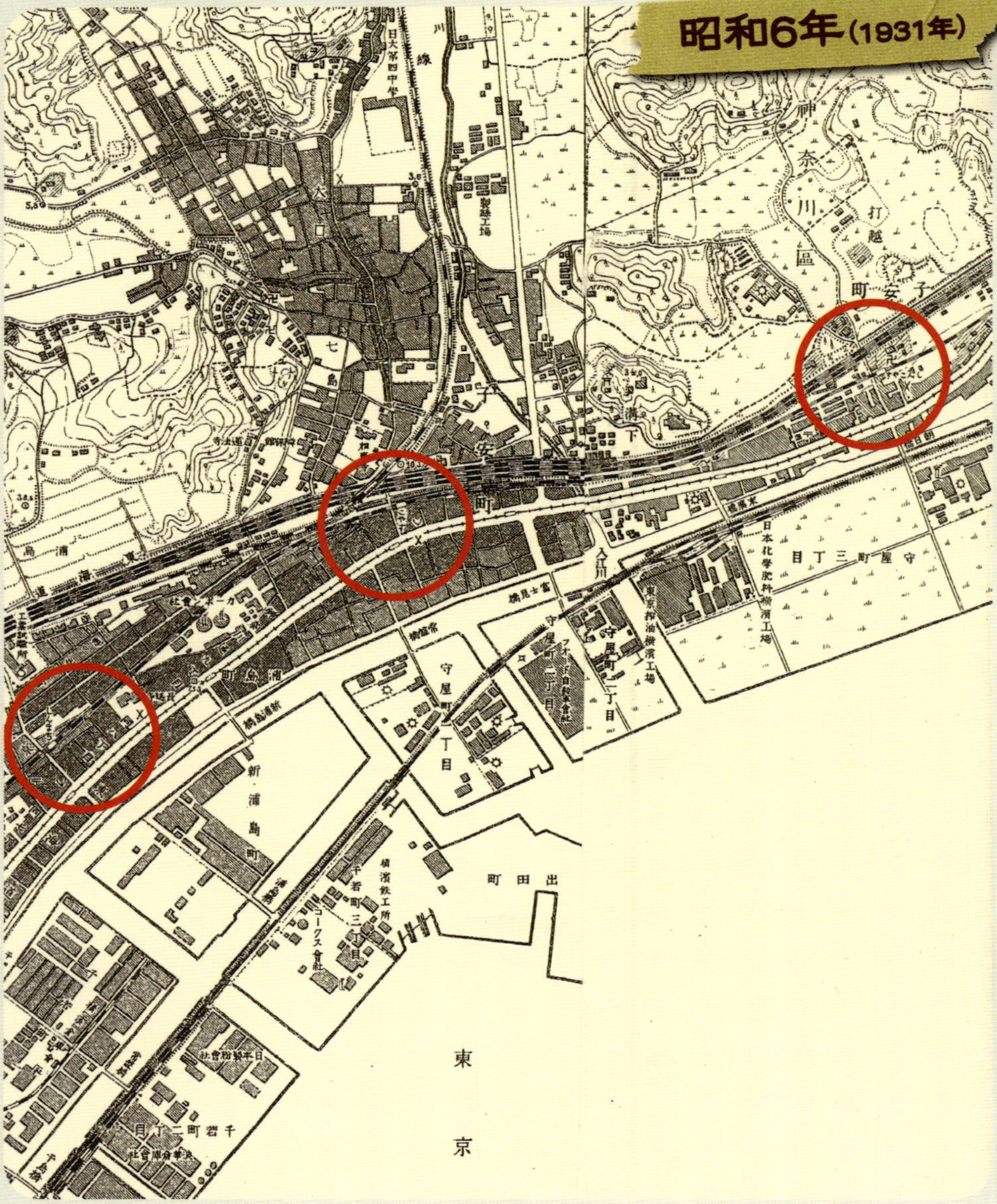

埋立地の造成も終わり、各種工場が埋立地に進出、臨海部工業地帯が拡大していく頃の地図だが、昭和6年は昭和恐慌の時期にあたっている。2年前にアメリカを発生源とする世界恐慌の影響が日本に波及。昭和5年から翌6年にかけて日本経済を危機的な状況に陥っつが昭和恐慌だった。子安駅近くから北に延びていく鉄道は明治41(1908)年に開業した横浜鉄道。現在の横浜線である。

京急本線

京急新子安・子安・神奈川新町

埋立で海岸線激変と浦島太郎伝説

京急新子安駅

開業年	明治43(1910)年3月27日
所在地	神奈川県横浜市神奈川区子安通3-289
キロ程	18.3km(品川起点)
駅構造	2面2線(地上)
乗降客	8,384人

子安駅

開業年	明治38(1905)年12月24日
所在地	神奈川県横浜市神奈川区子安通1-46
キロ程	19.3km(品川起点)
駅構造	2面4線(地上)
乗降客	7,723人

神奈川新町駅

開業年	大正4(1915)年8月21日
所在地	神奈川県横浜市神奈川区亀住町19-1
キロ程	20.0km(品川起点)
駅構造	2面4線(地上)
乗降客	19,020人

神奈川宿と幕末開国史

生麦～子安間の海面埋立は、明治44（1911）年に横浜市が横浜港の拡張計画から内務省に出願したことに始まる。しかし、浅野総一郎の造船所建設を目的とする埋立出願と競合したことから政治が絡んで大正年間は紆余曲折。結局、埋立は横浜市が行うことになり、子安～生麦地先64万坪の埋立が始まったのは昭和2（1927）年6月。秋を迎える頃には早くも埋立地の予約購入希望が寄せられた。かくて一帯の海岸線は工場地帯を形成していった。

「浦島寺」慶運寺の門前

神奈川新町の北側に「浦島丘」の地名が見えるが、界隈は浦島太郎物語が伝承されているところ。かつて新子安の海岸は海水浴場で賑わった。往時の海岸線を知る人は、埋立なった一帯を見たら浦島太郎的気分に陥っただろう。

浦島太郎の伝承は各地にあるが、横浜の浦島太郎は浦島丘にあった観福寿

建設省地理調査所発行 1/10000地形図「生麦」「神奈川」

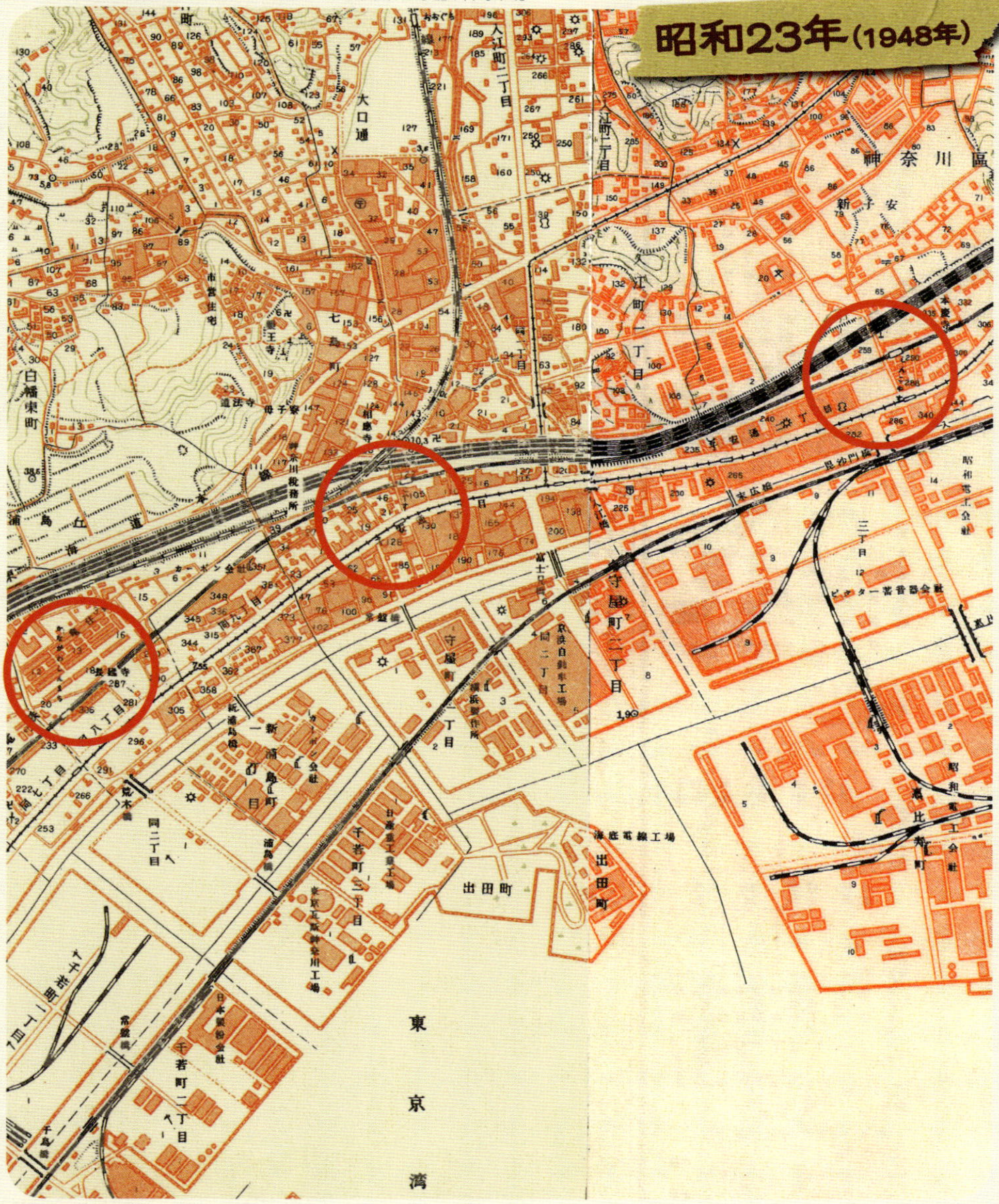

神奈川新町駅を降りて第一京浜を渡り、臨海部方面に足を向けると「入江川」に架かった荒木橋に出る（地図参照）。川というよりは運河と呼んだほうが正しいように思うが、今は入江川頭上には首都高速横羽線が走っている。その昔は東海道川崎宿と神奈川宿の間の漁村だった一帯の埋立が始まってから100年ほど。往時を忍ばせるのは今は入江川で見かける釣船くらいである。

幕末開国前夜の日本と世界史

神奈川宿が幕末開国史を彩ることになった19世紀は、世界史がダイナミックに動いていた。18世紀半ばからイギリスで産業革命が進み、世界は資本主義の産声を上げる。イギリスの植民地だったアメリカでは1775年に独立戦争が起き、翌年には独立宣言を発表。アメリカ合衆国が誕生した。1789年にフランス大革命が起こり、19世紀初頭にはナポレオン時代へと移行する。

地平線の彼方へ目を転じれば、欧州各国の東インド会社の商船が世界の海を席巻している（註：東インドとは欧州及び地中海沿岸以外の地域を指す）。アジア地域との貿易独占権を国家から与えられた各国の東インド会社は経済活動と植民地争奪の先兵となって七つの海へ、そしてアジアへと航路を取っていた。

世界の趨勢とは逆に、時計の針を戻したのが日本だ。十代将軍家治治世の1760年から86年の約30年間、家治の信任を受けた老中田沼意次は家康以来の重農主義から重商主義へと転換。蘭学を実利の学問として奨励し、蝦夷地開発まで視野に入れた先駆的経済政策を採った。経済の近代化を図ろうとした田沼意次はしかし、将軍家治の死で失脚。代わって老中の座についた松平定信は、進みかけた時計の針を祖父吉宗時代の重農主義に戻した。以降、幕府は幕末まで世界史の足音には耳を塞いでいた。

大口一番街のアーチ

大口一番街

子安駅を出て地下道をくぐり抜け、海とは反対側の住宅地へ向かうと、賑やかな商店街に出る。大口一番街は、昔ながらの古き良き商店街という雰囲気。商店街入口ある古色豊かなお寺は、浄土宗吉祥山相応寺（横浜市神奈川区七島町144）だ。門前には地蔵が並ぶ。これらは有名な子育地蔵だ。

寺に伝承されていた。しかし、明治元（1868）年に寺は火災で焼失。浦島太郎に関する縁起書等は隣駅仲木戸の慶運寺（横浜市神奈川区神奈川本町18-2）に移された。同寺が「浦島寺」と呼ばれるようになった所以だ。

慶雲寺の門前には横浜開港当時、フランス領事館として使用された旨の碑が立っているが、京急沿線もこのあたりになると往時の神奈川宿にあたり、幕末開国史を物語るところが多い。神奈川新町駅の海側には、長延寺に置かれたオランダ領事館跡が公園となっている。京急を挟んで慶雲寺の反対側には成仏寺がある。アメリカ人宣教師の宿舎となり、ヘボン式ローマ字で知られる宣教師ヘボンらが滞在していた寺だ。

陸軍陸地測量部発行 1/10000地形図「神奈川」

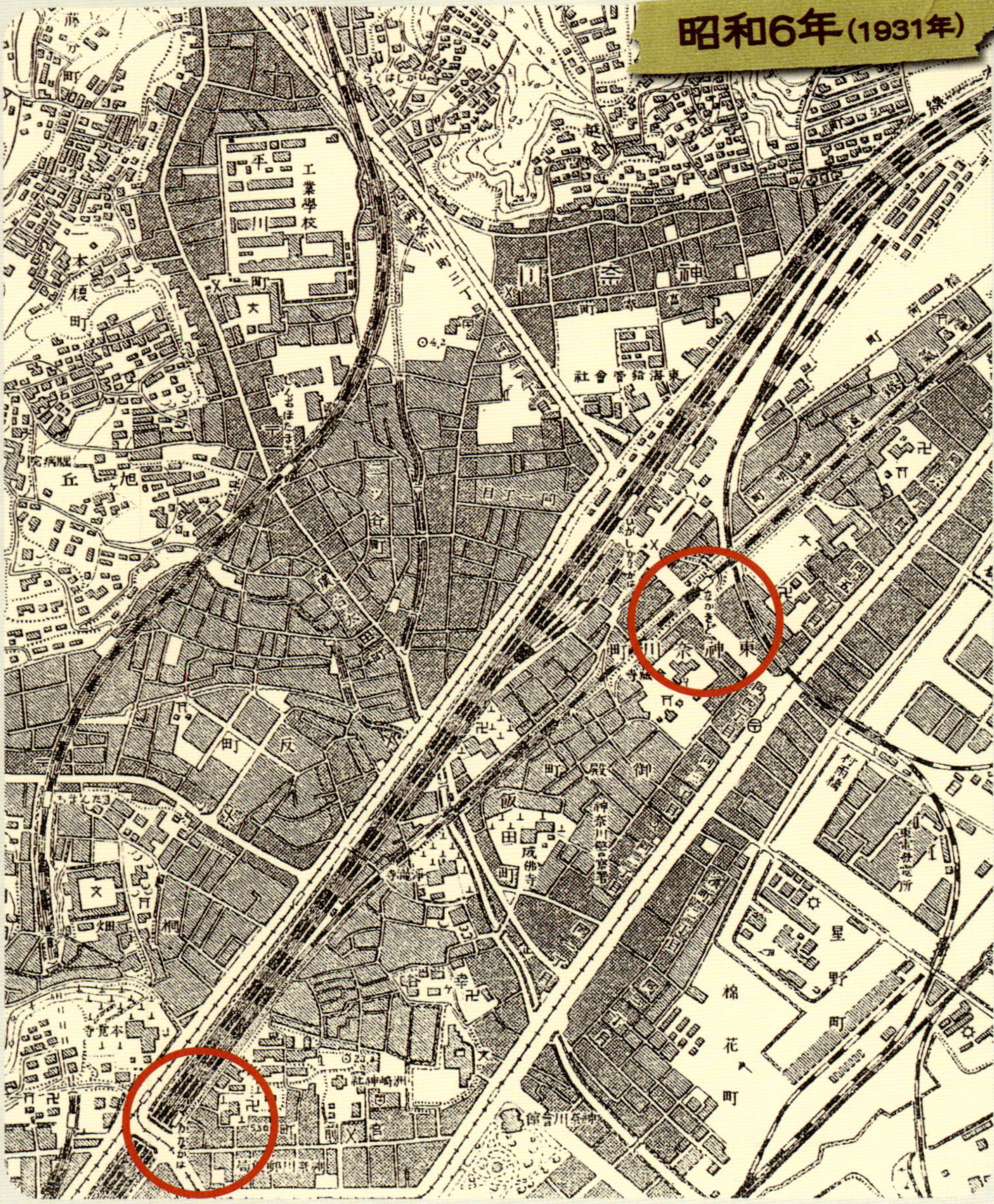

幕末期、アメリカ領事館が置かれた本覚寺は地図左下隅に見える。その北側に広がっているのが旧神奈川宿の集積地である。江戸時代、神奈川宿は神奈川湊に面した海っぺりの宿場町。鉄道の東側は海だったから、西側に賑わいが集積していた面影が、昭和戦前まで残されていたことが窺える。左下隅から本覚寺の下を通って北に伸びていっている鉄道は大正15年に渋谷～神奈川間が全通した東横線。

京急本線

仲木戸・神奈川

開港地を逃した神奈川宿の街

仲木戸駅

開業年	明治38(1905)年12月24日
所在地	神奈川県横浜市神奈川区東神奈川1-11-5
キロ程	20.5km（品川起点）
駅構造	2面2線(高架)
乗降客	22,556人

神奈川駅

開業年	昭和5(1930)年3月29日
所在地	神奈川県横浜市神奈川区青木町1-1
キロ程	21.5km（品川起点）
駅構造	2面2線(地上)
乗降客	4,560人

京急全駅で最も乗降客が少ない

駅を出て跨線橋の青木橋から本覚寺が見える。幕末開国当時、アメリカ領事館が置かれた曹洞宗の古刹だ。アメリカ領事館員が山門を白いペンキで塗ったエピソードは有名でもある。

本覚寺が建つ高台と、京急神奈川駅の東側高台にある幸ヶ谷公園一帯はかつては地続きで権現山と呼ばれていた。開国後、神奈川台場の埋立や鉄道用地の捻出に権現山を文字通り切り拓いた。そして明治5年、日本初の蒸気機関車が客車を連結して青木橋下の鉄路を走ったのだ。

青木橋から見たJR線路と京急の赤い電車

安藤広重の「東海道五十三次／神奈川宿」は現在の青木橋付近から横浜駅西口方面の海を臨んだ寸景を描いたものと聞く。そこに描かれている神奈川宿は海っぺりの宿場町だが、その海が神奈川湊だ。

開国後、米国は領事館を置いた神奈川を開港場とすることを要求したが、幕府はそれを退ける。攘夷の風潮まだまだ色濃く、街道を往来する日本人と

米国の太平洋航路と日本の開国

アメリカにとって日本開国が国策上、欠かせない課題となったのは1848年、先住民族であるインディアンを撃滅して、カリフォルニアを併合したことだ。西海岸を得たことで、独立戦争以降長く不和の関係にあるイギリスが睨みを利かす大西洋航路ではなく、太平洋航路が開けたことだ。アメリカはその頃世界有数の捕鯨大国だった。石炭の時代にあって、鯨油はランプ等の証明用燃料であるばかりでなく、石鹸、ローソク、潤滑油など用途は幅広く、捕鯨はアメリカの主要産業だった。19世紀に入って西北太平洋に鯨の大漁場が発見されてから、アメリカの太平洋捕鯨産業は最盛期を迎え、捕鯨船団の中継基地として格好の位置に日本はあった。さらに日本の向こうには西洋列強が鎬を削る中国市場がある。

西海岸からの太平洋航路が開けたアメリカにとって、日本を開国させるのはアジア進出に絶好の橋頭堡を築くことを意味していた。

1967年当時の仲木戸駅。
撮影：荻原二郎

建設省地理調査所発行 1/10000地形図「神奈川」

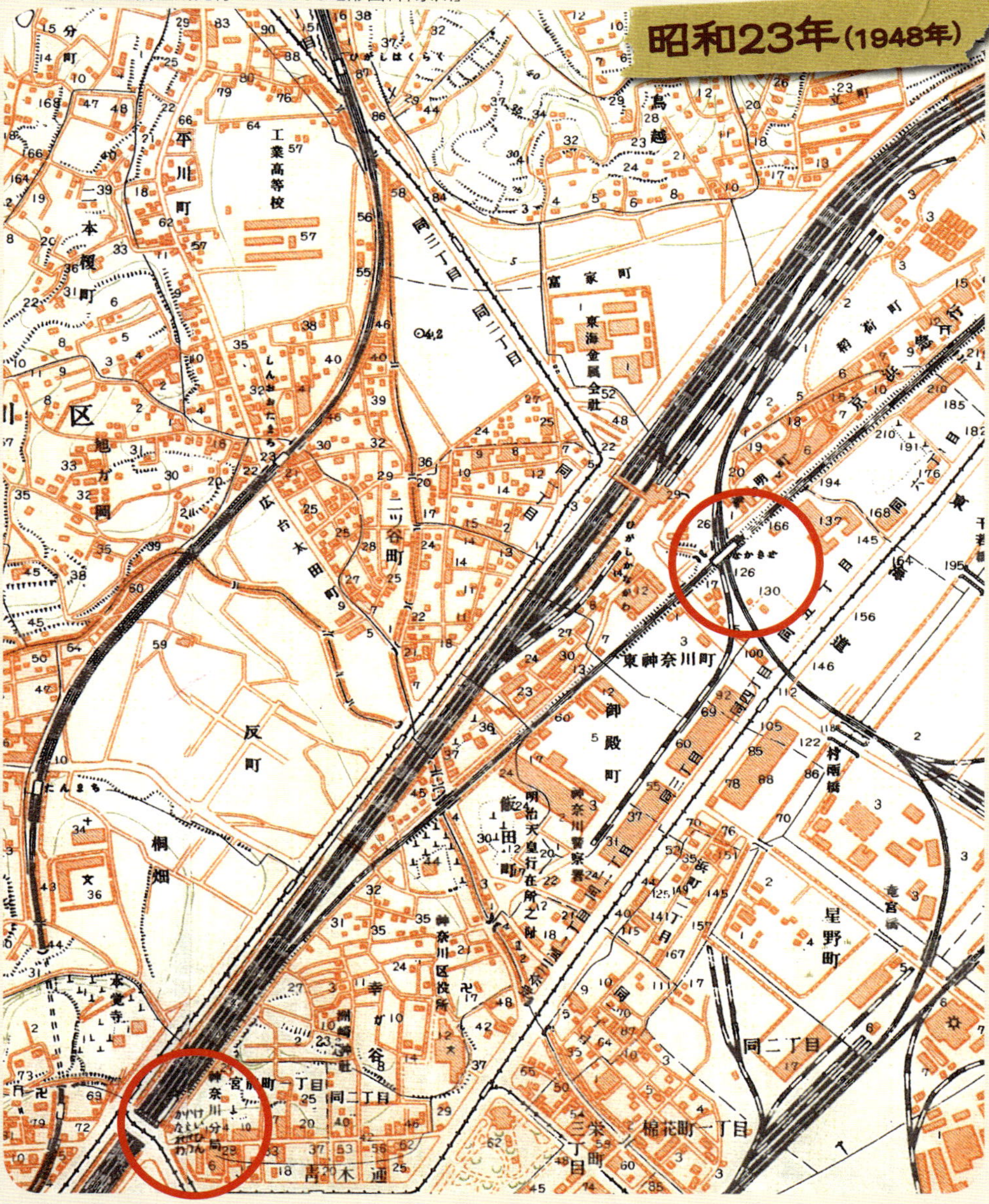

東海道線西側に広がっていた旧神奈川宿の集積地が空襲等の戦災で見事なまでに消えているが、反町一帯が昭和24年3月から6月まで開催された日本貿易博覧会の第二会場地（第一会場は野毛山）に決まったことによる。東横線に「新太田町駅」が見えるが、昭和21年に廃止されたのを、博覧会開催で「博覧会場前駅」として臨時に復活した。地図では以前の駅名にしたものらしい。

アメリカ大使館跡の碑が立つ本覚寺門前

本覚寺

開山は鎌倉時代の嘉禄2（1226）年。曹洞宗の古刹だが、開山当初は臨済宗だった。江戸時代は神奈川宿のお寺として信仰を集めた。高台に立つ本覚寺からの景色は横浜駅のビル群でが、江戸時代は眼前に神奈川湊の海が広がる景勝地だった。

横浜市神奈川区高島台1-2
京急神奈川駅から徒歩5分

入港してくる外国人との紛争を怖れた。幕府は対岸の横浜を「彼の地も神奈川宿の一部である」云々と強弁。ひなびた漁村だった横浜が開港地となった。

　京浜急行電鉄は全72駅あるが、神奈川駅の1日平均乗降客は4560人（平成28年度）で最も少ない。横浜駅が徒歩圏内にあるためだろうが「世が世なら」云々と神奈川駅の呟きが聞こえそうでもある。

　宿場町当時の歴史的遺産は関東大震災と太平洋戦争の空襲でその殆どが失われているが、神奈川新町駅から神奈川駅～青木橋～鶴屋町の約4キロにわたって「神奈川宿歴史の道」のガイドパネルが設えられている。

京急本線

横浜・戸部

東京築港計画に横浜愕然

陸軍陸地測量部発行 1/10000地形図「横浜」

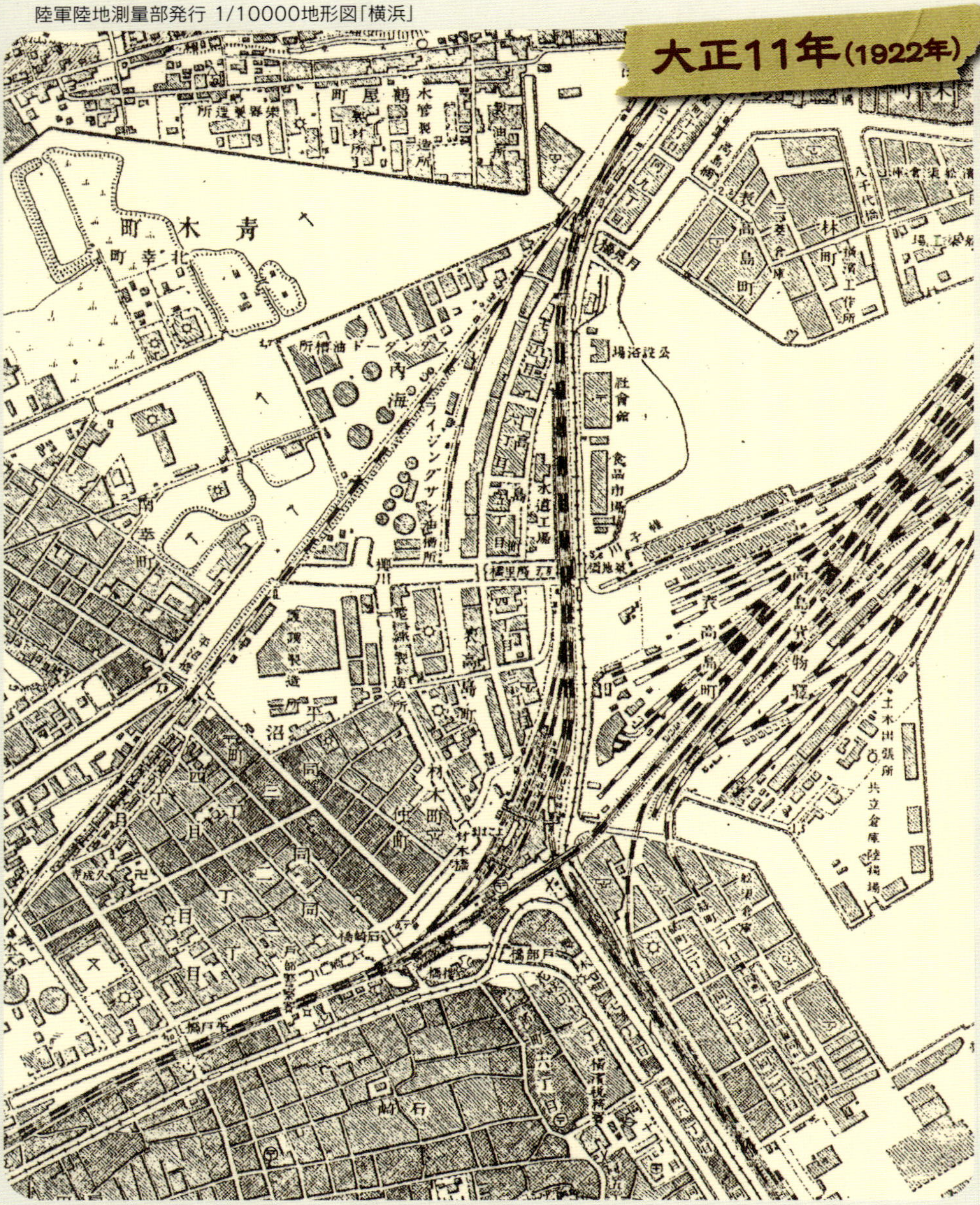

「横浜の繁栄を東京が奪い取ろうとした」東京築港問題の落着後（本文参照）、横浜港は日清戦争後に東洋最大の港となった神戸港に対抗すべく、明治期後半から大正年間にかけて埠頭や海陸連絡施設など大規模な港湾施設の建設を推進。今も残る赤レンガ倉庫や新港埠頭はこの時代に完成している。地図に見る如く、港に張り巡らされた貨物線の鉄路が横浜の繁栄を物語っている。

横浜駅	
開業年	昭和5(1930)年2月22日
所在地	神奈川県横浜市西区高島1-16-1
キロ程	22.2km（品川起点）
駅構造	2面2線(地上)
乗降客	319,310人

戸部駅	
開業年	昭和6(1931)年12月26日
所在地	神奈川県横浜市西区戸部本町48-11
キロ程	23.4km（品川起点）
駅構造	1面2線(高架)
乗降客	15,777人

京急、湘南に伸びる

京浜電気鉄道の横浜駅開業は昭和5（1930）年2月。省線横浜駅に乗り入れることになった。品川で叶わなかった省線乗り入れを横浜で実現したのだが、神奈川以遠の開業は、京浜電鉄にとって浦賀、逗子へと路線網の拡大をもたらすことになった。資本関係のあった湘南電気鉄道との合併だ。

昭和3年頃の桜木町（「横浜の港湾」より）

湘南電気鉄道はその名の通り、湘南地方での鉄道営業を意図して大正14（1925）年に会社を設立し、昭和5年に黄金町～逗子間、金沢八景～湘南逗子間で開業している。同じ頃、京浜電気鉄道も横浜以遠に延伸、昭和6年に黄金町～日の出町間で湘南電気鉄道と連絡。横浜～浦賀間の直通運転を開始。

陸軍陸地測量部発行 1/10000地形図「横浜」

昭和4年（1929年）

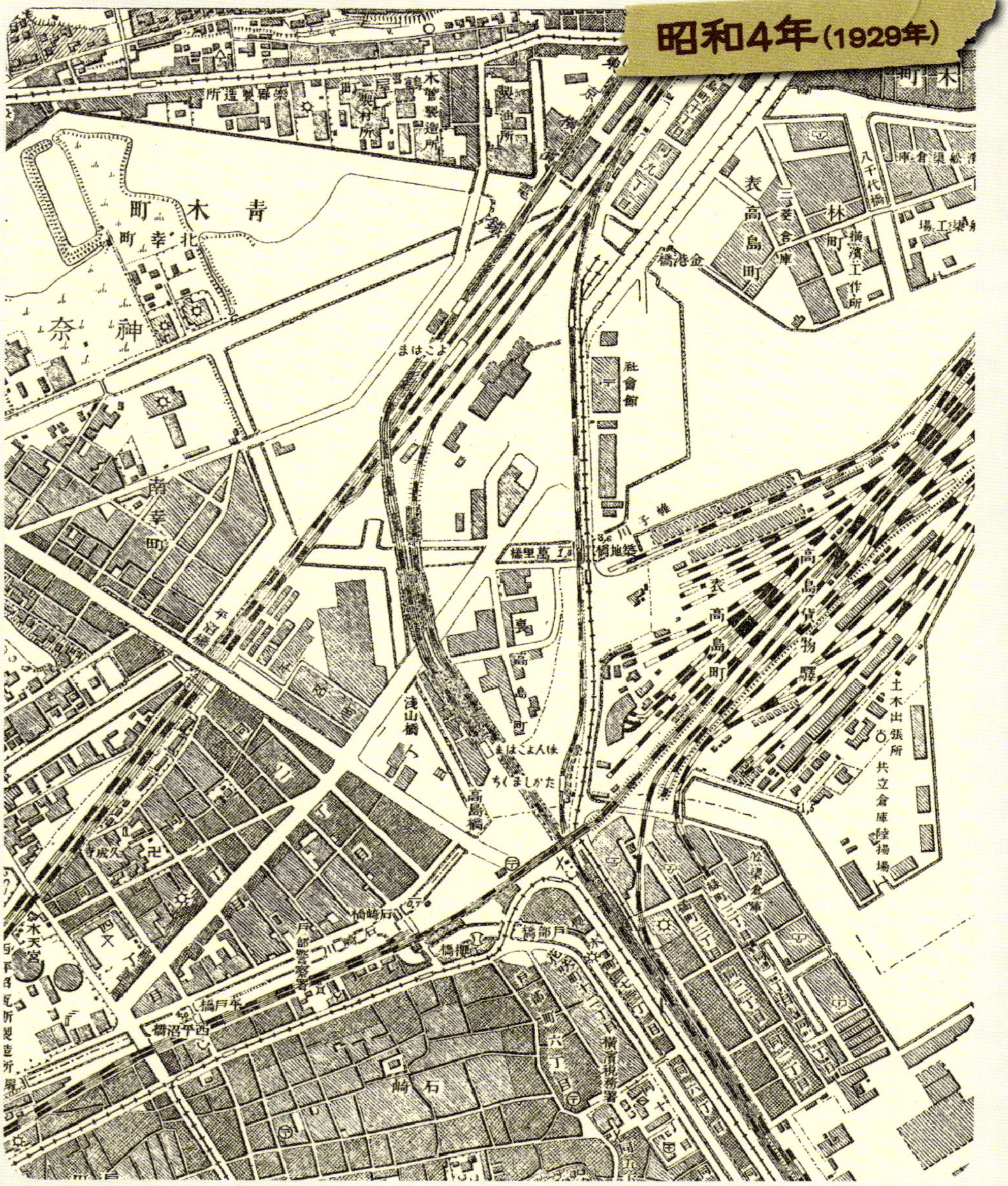

大正12年の関東大震災で横浜港は開港以来、営々と築いてきた港湾施設のほとんどが壊滅的打撃を受けた。震災1年前の右ページ地図と上記昭和4年の地図を見比べると、震災から5年ほどで横浜港が完全復活したことがわかる。震災復興は昼夜を問わず急ピッチで進められた。震災直前から手がけていた高島埠頭や山内埠頭も昭和9年には完成。横浜港は京浜工業地帯の扇の要となった。京急の横浜駅の開業はこの地図の翌年である。

崎陽軒シュウマイ弁当

横浜駅東口を出てすぐのところに崎陽軒の本店ビルがある（写真）。明治41（1908）年に創業というから2018年で110周年になる。同社のHPによると、桜木町駅構内での創業当初は牛乳・サイダー・ミルク・餅などで、弁当は扱っていなかった。横浜も壊滅的な打撃を受けた関東大震災から立ち直ると、将来のために「横浜名物弁当」をつくることの必要性を痛感。昭和2年になり、有名になっていた横浜南京街（現在の横浜中華街）で突き出しに出される「シューマイ」に注目した。汁もないので弁当の折詰に適していたのだ。かくて、冷めても美味しい「シウマイ」を完成。昭和3年、車内でも食べやすいように一口サイズにして売り出したのが、今日の成功につながった。

震災は食文化にも大きな変化をもたらしている。カレーライスも震災後、庶民の間で急速に馴染んでいく。震災直後、廃墟の中で露店のカレー屋が雲霞の如く店開きしている。カレーは作る方も簡単なら食べる方もスプーン一つ、立ちながらでも食べられるところが震災後の応急食としてピッタリ。そのまま庶民のメニューとなっていった。

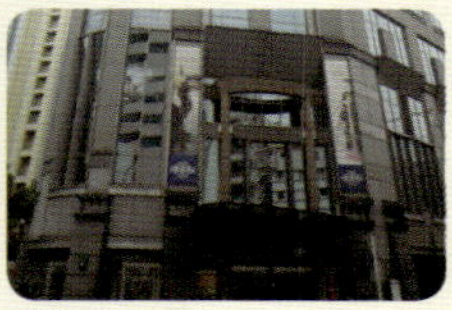

崎陽軒本店

昭和8年には品川～浦賀間で湘南電気鉄道と相互直通運転をスタートさせたのである。

しかし、開業当初から資本面が弱かった湘南電気鉄道は太平洋戦争開戦直前の昭和16年11月、京浜電気鉄道との合併を選択して湘南電気鉄道は解散。一方、合併後の京浜電気鉄道は現在の京浜急行電鉄の骨格をなすことになった。

横浜港は近代化以前

京浜電気鉄道が省線横浜駅に乗り入れた昭和5年は、横浜港も整備・拡張の時期に入っていたが、それまでに何度か危機があった。東京築港だ。

横浜港は開港後30年間、貿易港としての施設を持たず、外航船は湾内に停泊して艀で荷役をする状態のままに放置され、およそ近代的港湾の姿からは遠かったことも、東京築港計画が出てくる一因だった。

明治12（1879）年に第7代東京府知事となった松田道之は「市区改正品海築港事業」という東京の一大改造計画を打ち出す。都市紀要『市区改正と品海（注・品川湾）築港計画』によれば〈東京をして産業経済の中心とするためには、市街道路の整備と共に横浜の港に代わる一大築港計画が浮かんだ〉とある。

東京築港に品川湾が選択されたのは、品川湾がひと続きの東京の港として捉えられていたこと、横浜のように外国船こそ入港しないものの、関西方面から東京への物資輸送を主とした大型船がかなり品川沖に入って来るようになっていたことによる。

建設省地理調査所発行 1/10000地形図「横浜」

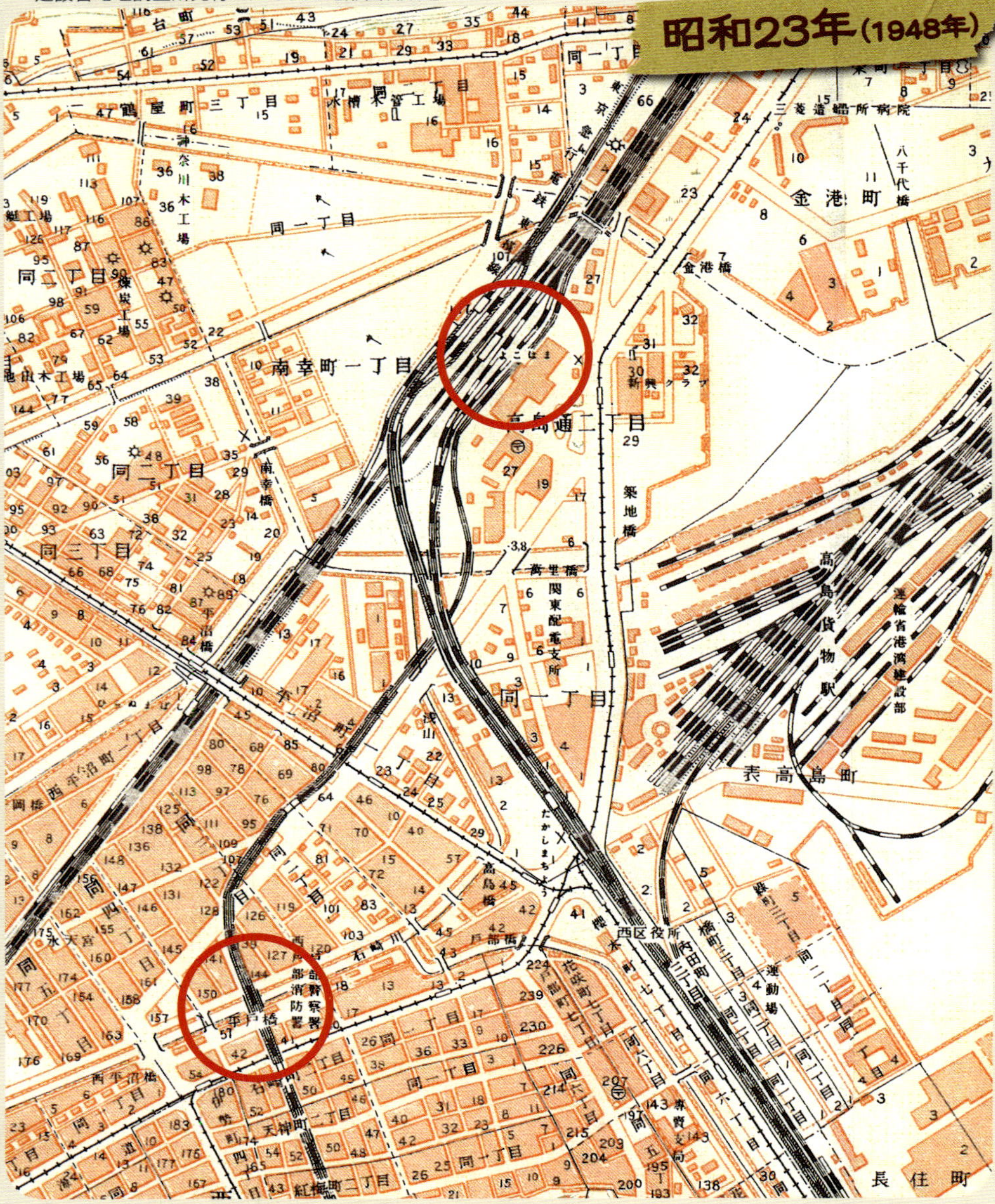

エネルギーに満ち満ちていた横浜港も昭和20年8月の終戦から暗転する。占領時代に入ったことから横浜港の港湾機能のほとんどが米軍を中心とする連合国軍によって接収されたことから、占領軍以外の港湾活動は完全にストップし、戦前まで活気に溢れていた民間貿易の灯も消えた。再開が許されるのは地図翌年の昭和24年からだ。高島埠頭、山内埠頭、大桟橋、新港と順次埠頭施設が返却されていく。

不平等条約と西洋列国の行動原則

徳川幕府が安政5（1858）年に米・露・蘭・英・仏と結んだ通商条約（安政五カ国条約）は「外国に領事裁判権を認め、外国人犯罪に日本の法律や裁判が適用されない」治外法権や、日本に関税自主権がない「外国との協定税率」及び片務的最恵国待遇条款等から不平等条約の好例とされている。

幕末期の日本は近代的な法整備も整っておらず、治外法権は条約締結時代は一概に不当とは言えないまでも、関税自主権と片務的最恵国待遇条項は、日本の無知に付けこんだものであること、明治22（1889）年の条約改正交渉当時の「ニューヨーク・タイムズ」1989年6月26日付は往時を振り返って次のように報じている。日く「海外のしきたりを知らなかったため、日本は外国人との交渉を始めた途端、図々しい略奪者の餌食になった」。また日く「30年前に騙し取った主権を条約で縛られたこの帝国に返してはならない。これが大半の西洋諸国が公言している行動原則だ」云々。

日本が関税自主権を取り戻すのは明治44（1911）年のことである。

東京築港計画

時の論客田口卯吉が「大東京港あってこそ東京の繁栄はある」という有名な『東京論』を自身が主宰する『東京経済雑誌』で発表したことも松田の後押しとなった。かくて品川築港計画は具体的に走り出し、築港が事実の如くなった矢先の明治15（1882）年7月松田は病に倒れて急死。後を継いだ芳川顕正が明治18年に品海築港計画を政府に提出する。

大正初期の横浜港（「日本名勝旧蹟産業写真集」）

神奈川県と横浜市は猛反対運動に立ち上がり、横浜港の拡張整備を訴える。品川に東京港が出来れば、輸出入物資の3分の2は横浜を素通りする（『〜と品海築港計画』）のだから、横浜にとっては死活問題だ。

東京築港案は太政大臣の裁可を待つばかりになったが、この年12月、太政官

浮いては消えた東京築港

明治18年の東京築港計画は神奈川県や横浜市の猛反対で失敗に終わったが、明治30年代に入って、今度は星亨が東京築港の牽引車となった。

星亨は明治2(1869)年、神奈川県の3等訳官をしていた当時、知事陸奥宗光の知遇を受け、同5年横浜税関長に引き上げられたのが世に出る契機となった。その後、英国留学を経て代言人から政治家に転身。利権にさとく毀誉褒貶烈しくもあった。しかし、持ち前の政治的腕力を発揮。明治34(1901)年に東京築港並びに国庫補助の建議案を衆議院で可決させる。ところが、その3ヶ月後、星亨は利権を糾弾されて東京市参事会の会議室で刺殺されてしまう。刺殺したのは教育者であり武人であった伊庭想太郎。

星亨の死後、東京築港は再び立ち消えになる。東京築港が三度浮上するのは満州事変後である。軍事上の観点から東京港の築造が着手され、現在の東京港が開港したのは昭和16年5月である。

星亨

国土地理院発行 1/10000地形図「横浜」

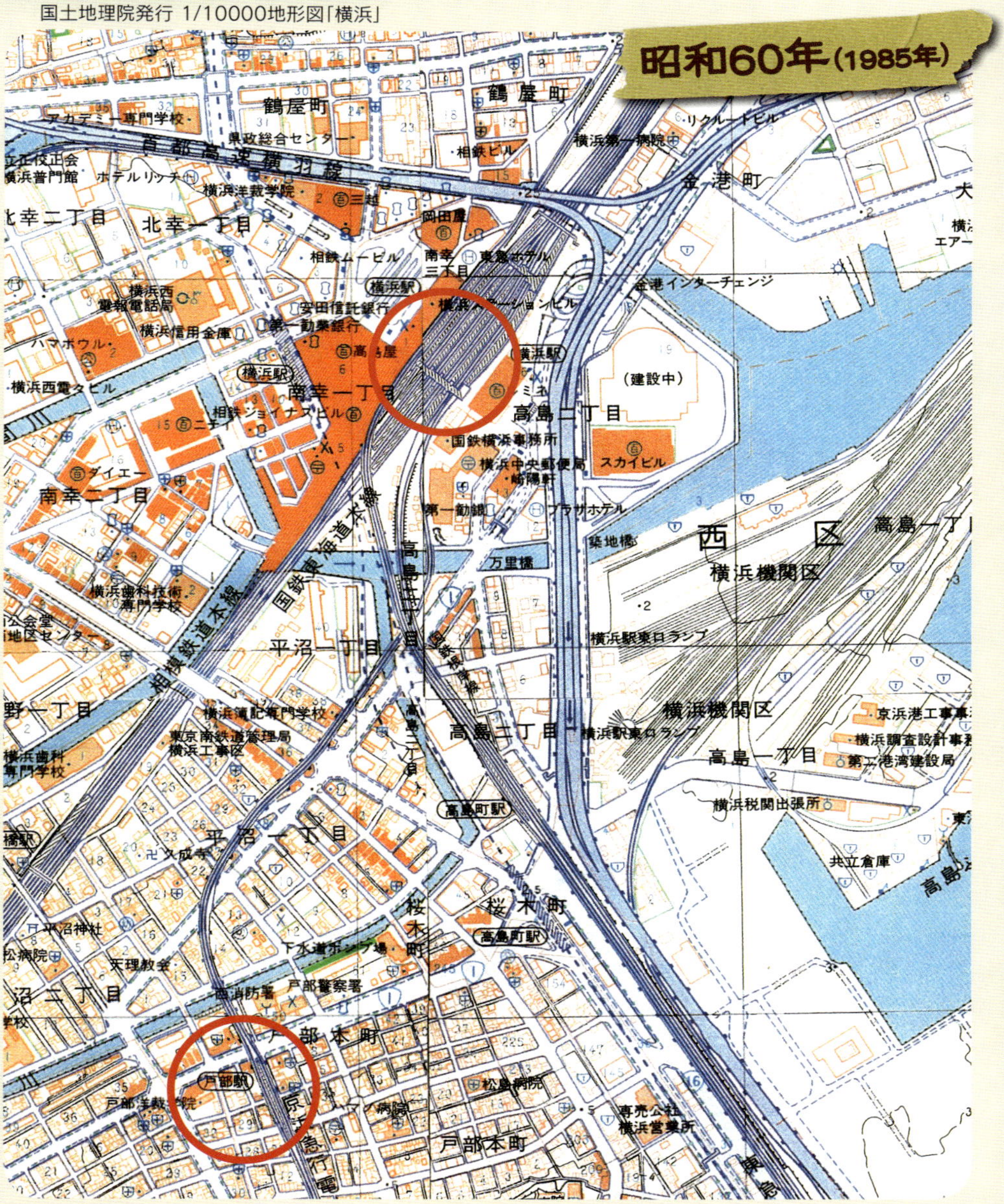

今から30年ほど前の港ヨコハマだ。「みなとみらい21計画」が動き始めた時期である。戦後復興を果たした横浜港だったが、船舶運輸環境が急速に変化していく中で、ガントリークレーンもなく、大型コンテナ船に対応できないなど1960年代には斜陽の時代を迎えた。その課題克服から生まれたのが同計画で、三菱重工業横浜造船所等の移転とともに同計画の事業化がスタート。ブルドーザーとクレーンが動き出したが昭和58年だった。

歴史と格式を備えて…。

戸部杉山神社

戸部駅から徒歩10分ほどの戸部杉山神社（横浜市西区中央1-13-1）の創建は白雉3(652)年に戸部地方を開拓した一族が、祖神として「出雲大社」の分霊を勧請し創建と伝わる。参拝客を迎えるのは回転する台座に鎮座する狛鼠である。祭神の大己貴命の神使は鼠であることから、平成14年に創建1350年を記念して建立された。横浜市内唯一の式内社。

制が廃止され、内閣制度が発足する。この混乱の中で、東京築港案は棚上げされ、立ち消えとなった。

芳川顕正は後年回顧して「神奈川県が劇しい政治的反対運動を政府の要人に行ったため、政府の決定が変更されるに至り、横浜に譲歩し、東京築港を断念した」云々と語っている（東京市史稿）。

東京築港計画の計上工費は1893万円。明治18年度の国家予算は6215万円。国の財政規模からも、東京築港は巨額すぎた。

1971（昭和46）年の横浜駅付近

提供：朝日新聞社

レストラン
コーヒー

陸軍陸地測量部発行 1/10000地形図「横浜」

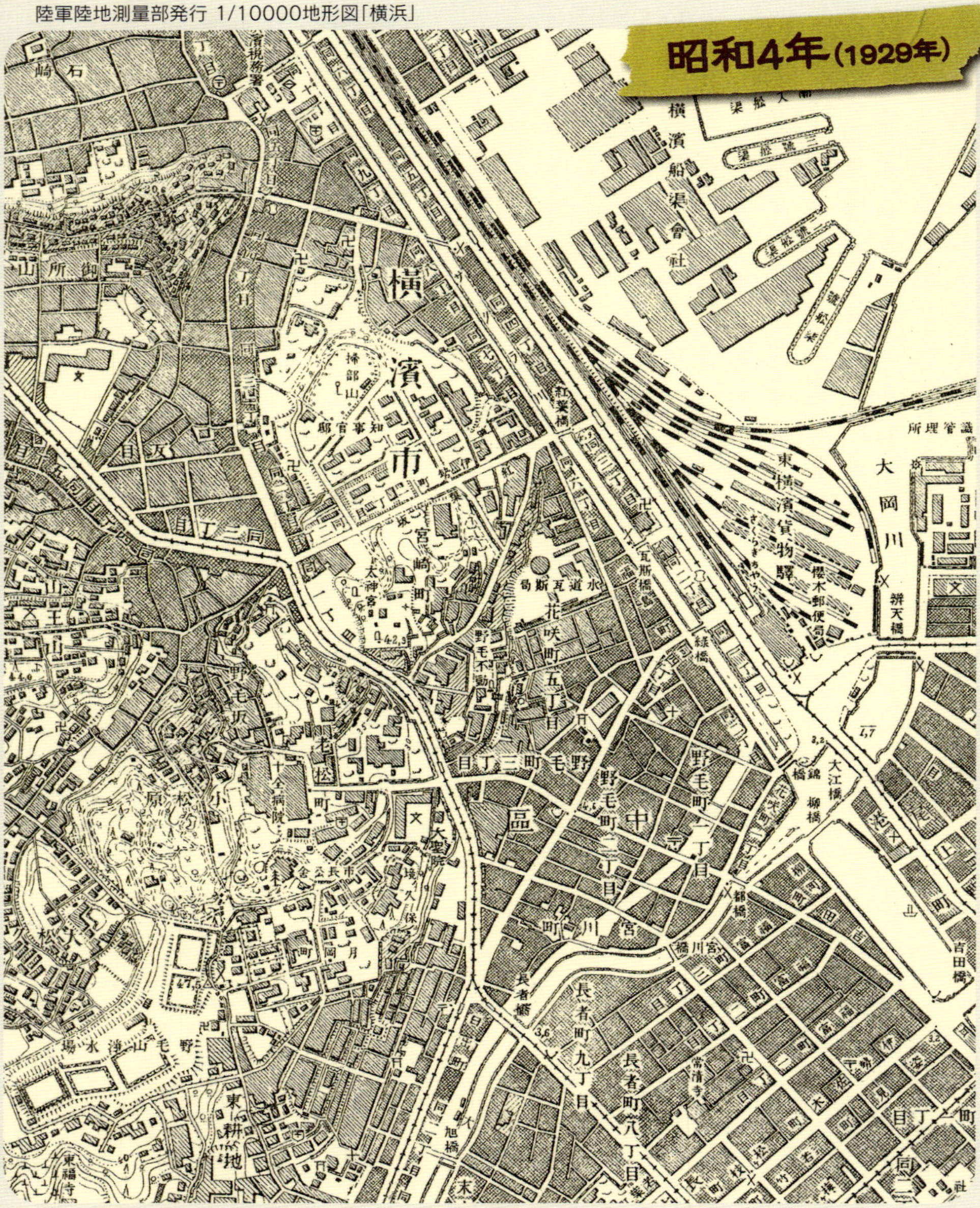

地図右上の「横浜船渠会社」は、浦賀船渠とともに日本の造船業の草分け的ともいえる船渠で創業は明治22（1889）年。渋沢栄一が主導した。有名な氷川丸を建造している。昭和10（1935）年に三菱重工業と合併、三菱重工業横浜船渠となり、同18年にには三菱重工業横浜造船所となった。昭和58年に本牧地区に移転。跡地が「みなとみらい21」として再開発されていく。

京急本線

日の出町

野毛山と「太田の陣屋」

開業年	昭和6(1931)年 12月26日
所在地	神奈川県横浜市 中区日ノ出町1-31
キロ程	24.8km（品川起点）
駅構造	2面2線(高架)
乗降客	27,991人

下岡蓮杖の「練兵寸写」

「トンネルを抜けると雪国だった」など気取るわけではないが、野毛山のトンネルを抜けると日ノ出町駅だ。

横浜開港から歴史を刻むようになり、今は都市公園となった野毛山だが、幕末期に野毛山の南側山麓に設けられたのが「太田の陣屋」だ。

幕府は横浜開港後、その防備のための屯所を設けたところが太田村と呼ばれたところから「太田の陣屋」とも称された。元治元（1864）年、第一次長州征伐が半端に終わった頃、時の陸軍奉行、小栗上野介忠順は幕軍の近代化を建白してフランス陸軍に近代戦の調練を要請する。写真は太田の陣屋における我が国最初のフランス式陸軍の練兵光景を撮ったものだ。俚謡に残る「野毛の山からノーエ、鉄砲かついでノーエ」は、この練兵光景を唄ったものという。

幕末に撮影された太田の陣屋での練兵光景

開国後、幕府に強い影響力を持ったのがイギリスとフランス。

野毛山公園小史

横浜開港後、外国人の居留地は山下町や山手町など開場地の東側に設けられた。西側に当たる野毛山は日本人豪商たちの住宅地となった――というのが、開港後の野毛山の歴史の第一ページだ。

明治20（1887）年、東京に文明開化の灯りである電燈が灯ると、横浜では野毛山に横浜水道の配水池が設置され、日本の近代水道が始まっている。

関東大震災の経験を活かし、震災後の大正15（1926）年に野毛山は避難場所も兼ねた公園となって一般公開される。開園当時は回遊式日本庭園、西洋庭園、折衷庭園の三つの様式を持っていた。

終戦後の一時期こそ米軍に接収されていたが、昭和24（1949）年、野毛山を第一会場として日本貿易博覧会が開催されたのが、野毛山の戦後史の始まりだ。

日本庭園部分に動物園が出来たのは昭和26年。このとき児童遊園もつくられ、野毛山遊園地となる。本格的な野毛山動物園となるのは昭和39年、東京オリンピックのときだ。

いま、動物園にはトラやキリンなど大型動物もいる。入園料無料では運営も大変だろうと思う向きは、入園口を入ってしばらく行った右手のライオンの募金箱に協力しよう。

建設省地理調査所発行 1/10000地形図「横浜」

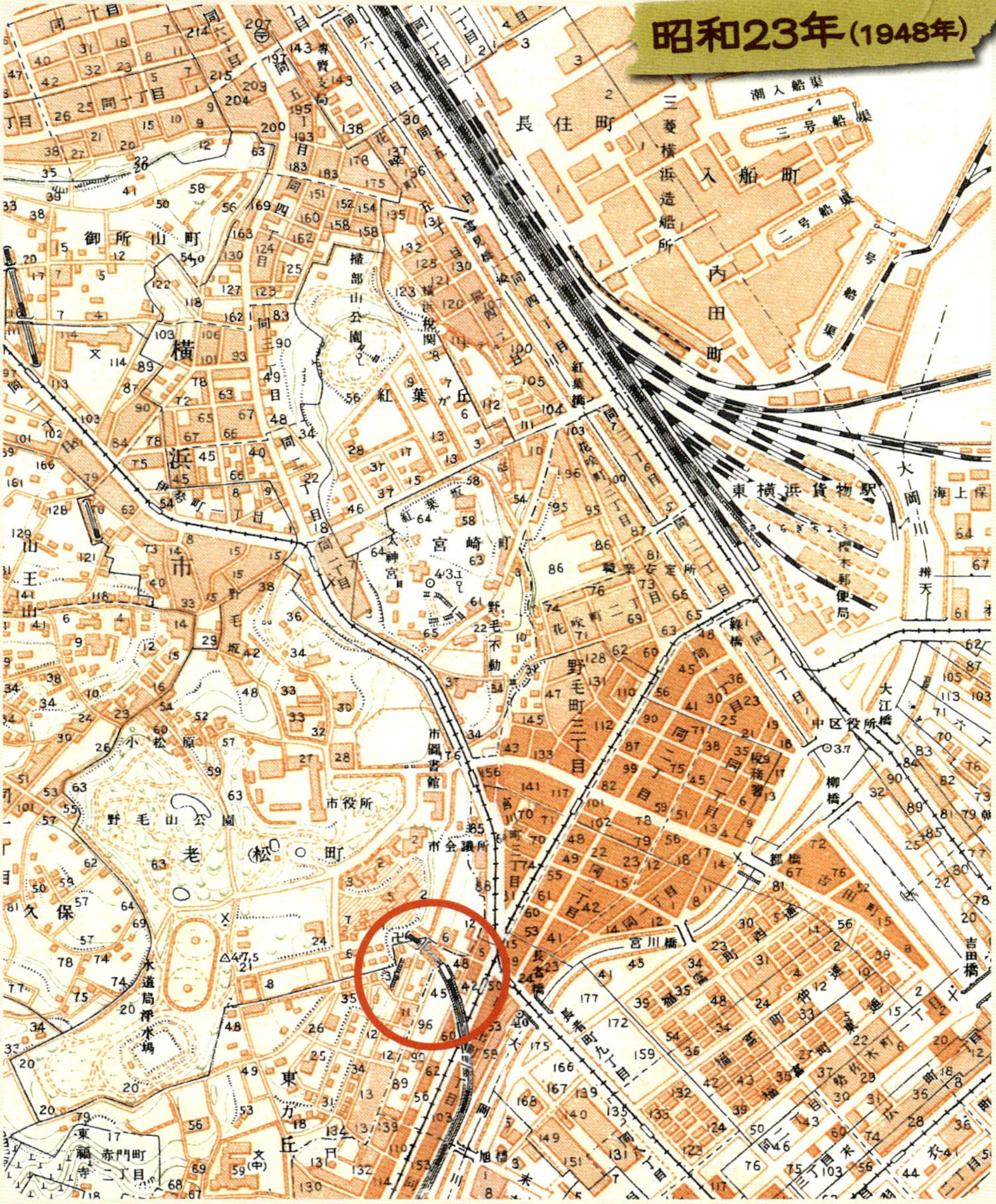

地図右下に横浜の風俗街として知られる福富町の集積地が見られる。戦前は明治以来の遊郭があったところで、その賑わいは前ページ昭和4年の地図が教えている。戦後は空襲で焼け野原となったが、進駐軍に接収され、かまぼこ兵舎の町が出現した。その状況は朝鮮戦争時の昭和27年まで継続しているから、上記地図はかまぼこ兵舎時代の福富町を表している。赤線地帯からソープランドなど風俗街となっていくのはその後のことである。

桜の名所でもあります。

「横浜の総鎮守」伊勢山皇大神宮

横浜では「関東のお伊勢さま」と親しまれている伊勢山皇大神宮当宮（横浜市西区宮崎町64）は、明治初年に維新政府が創建。野毛の山から横浜を見守ってきた横浜の総鎮守でもある。天照大神を祭神とし、桜の花が社紋である。横浜では「皇大神宮」と称されることも多い。「汽笛の聞こえるお伊勢さま」としても知られている。

日ノ出町駅から徒歩15分ほど

イギリスは日本の統治形態を天皇中心となる諸侯連合体を想定し、やがて薩摩と長州に傾斜していった。一方、幕府の軍備充実による国家統一論が主流となっていたフランスは横須賀製鉄所（造船所）、仏語伝習所等の設立に協力するとともに、軍事教官団を本国から派遣して幕府軍の近代化を図った。その一例を切り取ったのがこの写真である。なお、撮影者は我が国の「写真の開祖」といわれる下岡蓮杖と伝わる（『幕末・明治・大正回顧八十年史』）

幕府に肩入れしたフランスは維新後の主導権をイギリスに奪われて、次第に影響力が薄くなっていったというのが明治小史でもある。

京急本線

黄金町

♪伊勢佐木あたりに灯がともる～

陸軍陸地測量部発行 1/10000地形図「横浜」「根岸」

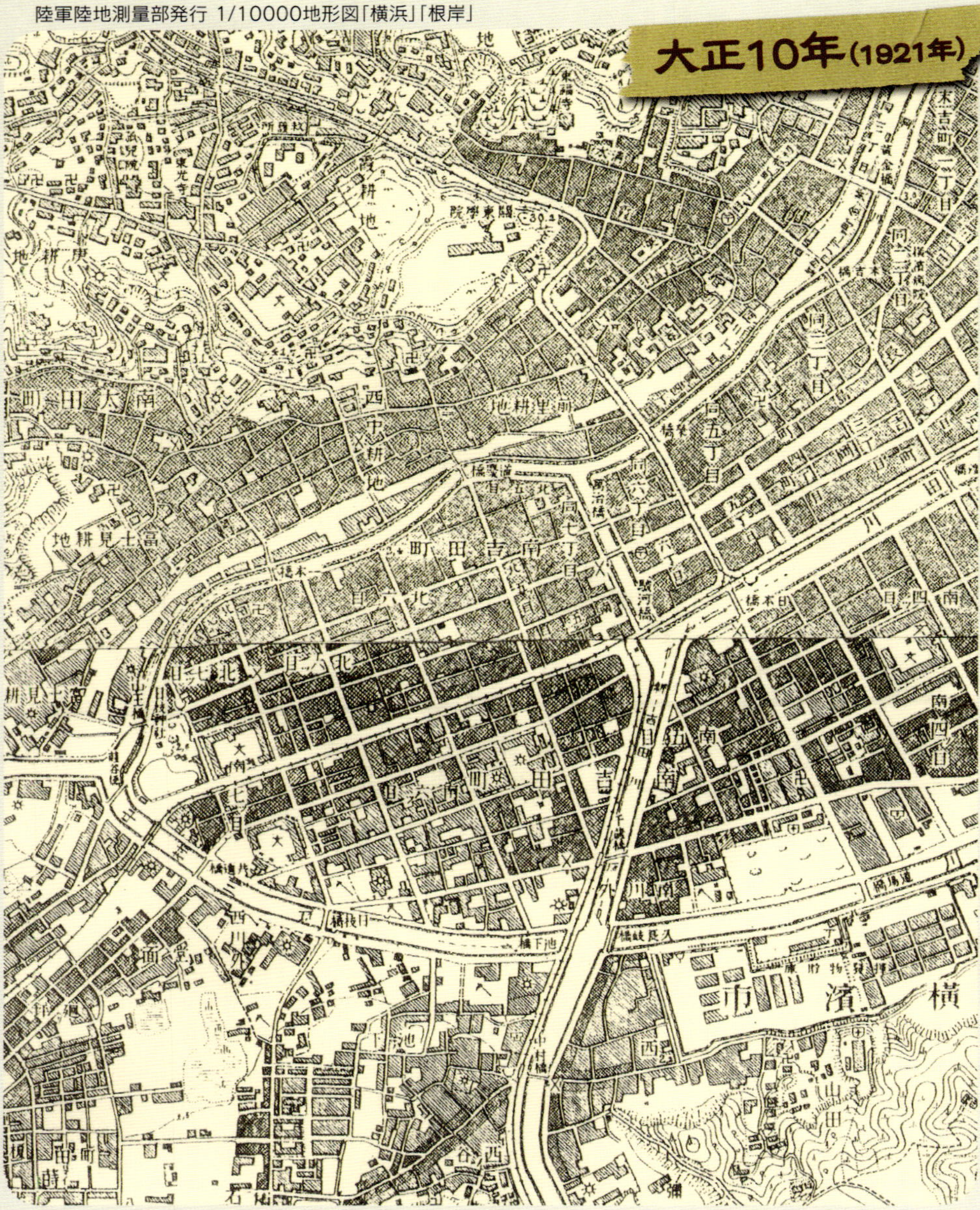

大正10年当時は京浜電気鉄道も湘南電気鉄道も黄金町を走っていないが、伊勢佐木町の集積ぶりは「日本一」とも言われた賑わいを象徴するかのようだ。市電が街の中心部を東西南北に走り、交通の便はまことに便利至極。ネオン灯る宵闇せまれば遊客酔漢気もそぞろだったろう。そんな伊勢佐木町の賑わいに艶を添えていたのが、その頃は川面もきれいだったであろう大岡川の流れだった。

開業年	昭和5(1930)年4月1日
所在地	神奈川県横浜市南区白金町1-1
キロ程	25.6km（品川起点）
駅構造	1面2線(高架)
乗降客	22,246人

横浜の繁昌と伊勢佐木町

駅を出て大岡川を渡ると、黄金町の来し方に影響を与えてきた伊勢佐木町7丁目に出る。明治初頭からの歴史を持つ横浜の大繁華街だ。

〈伊勢佐木町の賑わいは蓋し日本一で、東京の浅草、大阪の千日前、京都の京極でも遥かに及ばないのである。わずか30年の昔、吉田の土手から南は枯れ葦の生えた一面の沼地。一朝明治の初年に姿見町（注：現在の中区末広3丁目）へ遊郭が出来てから界隈はだんだんと開けて明治9（1876）年には伊勢佐木町の1丁目に蔦座が建つ。墓地の跡には観音堂を建立する、15年の春に至っては賑座、勇座の芝居小屋から大弓場、見世物場、勧工場、飲食店等が出来てにわかに繁華の街となった〉云々と明治36年発行の『横浜繁盛記』はかく記述している(要約)。

伊勢佐木町

黄金町の戦後

昭和20（1945）年5月29日火曜日。天候は朝から風一つない快晴。午前9時過ぎ、空襲警報が鳴り響いた。横浜上空に姿をあらわした米軍機はB29爆撃機517機、P51戦闘機101む機。降りそそぐ大量の焼夷弾によって、当時97万人の人口をかかえる大都市横浜の中心部は、山手地区と山下公園周辺を除いて、ほとんどが焼き尽くされた。8千人から1万人を数える犠牲者を出した。
黄金町駅周辺一帯は、京浜電鉄湘南線の上下線に停車中の電車から空襲警報が発令された。逃げ惑う乗客に焼夷弾は降り注ぎ、多数の焼死体が累々と折り重なった。横浜駅と戸部駅のあいだにあった平沼駅は前年に廃駅となっていたが、焼夷弾によって壊滅的被害を受けた。その鉄骨は1999年まで架線柱代わりに残されていた。
黄金町駅～日の出町駅間のガード下も長く戦後が残されていた。昭和20年代から30年代の新宿ゴールデン街が21世紀初頭まで残されていたようなものだったが、地元と当局のタッグで近年は安全地帯になったようである。

建設省地理調査所発行 1/10000地形図「横浜」「根岸」

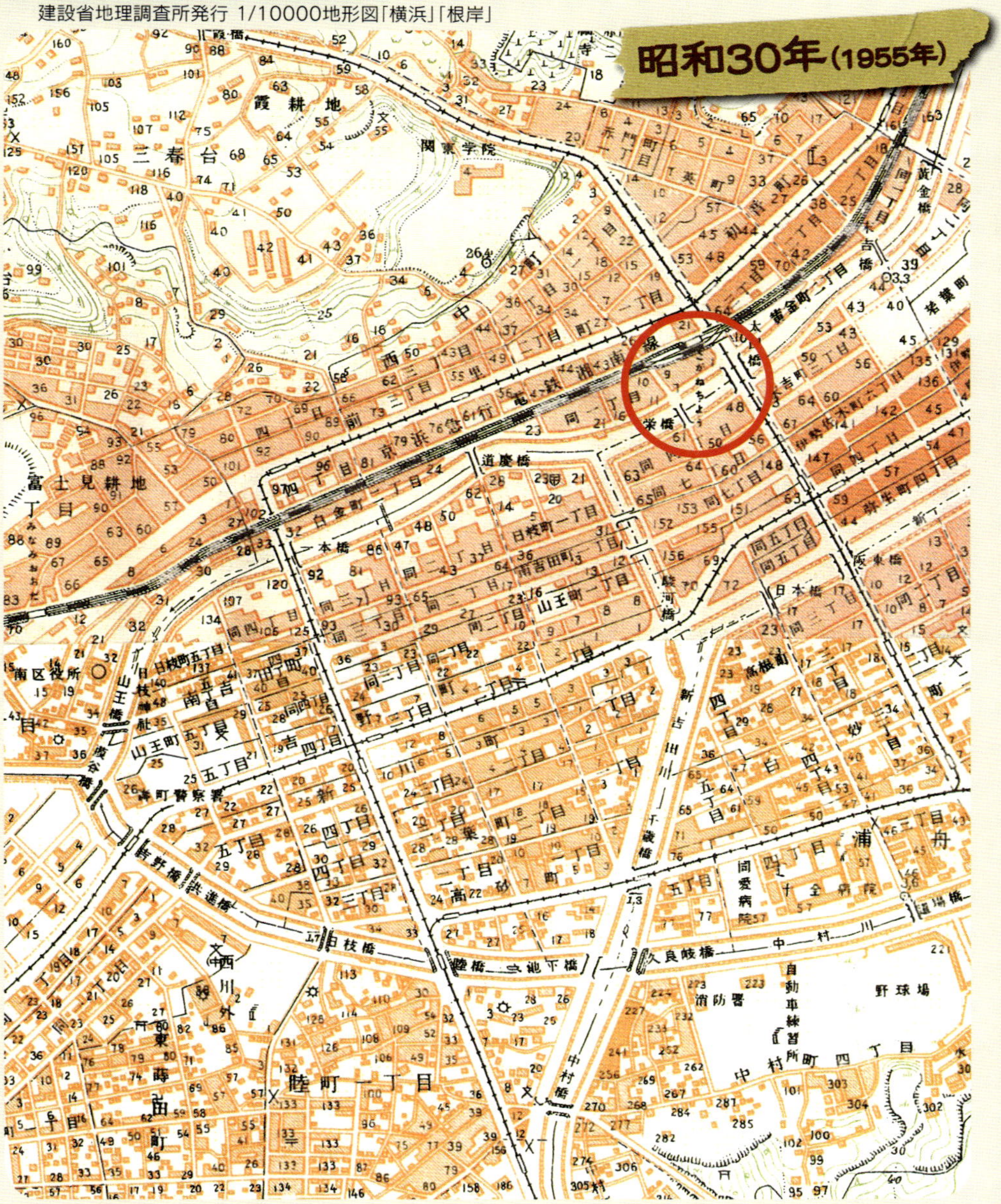

京急黄金町から東方向、日の出町方面に向かうガード下が、別項で触れている横浜風俗史の鬼っ子的エリアである。ガード下は伊勢佐木町や福富町より安直に遊べるところとして男たちの人気を呼んだ。売春防止法が施行されたのは昭和33年だが、女たちの「その後」を考えてのものではなかったから、同法施行前の赤線、青線に代わって新たに「白線地帯」などと呼ばれるエリアが生まれたのが売春防止法施行後のことである。

広々と、ゆったりと…。

大通公園から関内へ

黄金町駅から横浜市営地下鉄阪東橋駅に出れば大通り公園となる。ゆっくり歩いて2分ほど。昭和48年まで流れていた吉田川、新吉田川という運河を地下鉄建設に伴い埋め立て、昭和53年9月に開園した。

阪東橋駅から関内駅までは徒歩15分ほど

明治、大正、昭和戦前と繁華の歴史を重ね、戦後の復興も昭和30年前後から本格化。昭和43（1968）年には♪港ヨコハマ～伊勢佐木あたりに灯がともる～♪と青江三奈が「伊勢佐木町ブルース」で大ヒットを飛ばし、改めて伊勢佐木の名を列島に知らしめた。ミナト・ヨコハマの繁昌と伊勢佐木町の繁華はイコールだった。

しかし、時代が70年代に入ると雲行きが怪しくなる。横浜駅西口の大規模再開発で横浜駅周辺が台頭。近年はみなとみらい地区も多くの人出で賑わっている。1丁目から7丁目まで、横浜の繁華を引っ張ってきた大繁華街・伊勢佐木町も正念場を迎えているようである。

陸軍陸地測量部発行 1/10000地形図「根岸」

昭和6年（1931年）

地図右側中央に近い「蒔田町」の下に「英和女学校」が見えるが、東洋英和学院ではなく現在の「横浜英和学院」。明治13年（1880）、横浜の山手居留地に創立した歴史を持つ学校だが、蒔田の地に移転してきたのは大正5年（1916）。左ページの地図では「成美学園」となっているのは昭和14年に改称したことによる。軍靴の響き高くなり敵性国の校名はまずいということだった。ちなみに横浜英和学院と再度改称したのは平成8年。

京急本線

幕末事件史の舞台となった

井土ケ谷

開業年	昭和5(1930)年4月1日
所在地	神奈川県横浜市南区井土ケ谷中町161
キロ程	27.7km（品川起点）
駅構造	2面2線(地上)
乗降客	28,579人

攘夷の嵐

井土ケ谷駅前は賑やかだ。駅前を横浜環状1号線が走っている。駅に接するように20階建てぐらいか、けっこう高さのあるマンションが建ち、1号線の両サイドには種々の商業ビルや飲食店。スーパーも出店している。

かつてはあたり一面田んぼだった面影は1ミリほども残されていないが、文久3（1863）年、駅からすぐの井土ケ谷下町3丁目の路上で、外国人殺傷事件が起きている。幕末事件史の一つである井土ケ谷事件だ。不逞浪士3人によってフランス人士官一人が斬殺された事件である。

文久3年9月2日。その日、フランス人士官3人は乗馬姿で居留地から保土ケ谷方面に行く途中、難に遭った。3人のうち2人は危うく難を逃れたが、先頭にいたアンリ・カミュは斬り殺された。

徳川斉昭（「維新回天の偉業における水戸の功績」）

この事件で幕府はフランス側に謝罪と賠償金を支払い、外国奉行は捜査にあたったが、犯人逮捕は出来ないままに終わっている。

井土ケ谷事件の前年に生麦事件が起きている文久年間は、攘夷を標榜する浪士が跋扈、幕末の動乱が維新に収斂されていこうとする時期にあたってい

遣欧使節団と福沢諭吉

「彼らのノートはメモとスケッチで埋まっていた。一行の誰もが見せていた熱心で飽くことのない関心。アームストロング砲の製造に関する細かい説明にさえ彼らが示した関心はそれまでのどんな見学者にも見られない、注目すべきことだった」——英タイムズ紙1862年5月21日付は遣欧使節団が英国王立兵器工場を見学した一コマをこう報じている。

幕府は文久2年、遣欧使節を派遣している。目的の開港延期問題ではなんら成果はなかったが、ヨーロッパの諸事情を見聞し、学ぶ上でまたとない機会となった。時の外国奉行二人と目付の3名が正史となった使節団一行には通弁司として長崎の医家に生まれた福地源一郎や、翻訳方として中津藩士だった福沢諭吉が同行している。福地は維新後、東京日日新聞で論壇の雄となり、福沢諭吉は今更いうことはない。福沢諭吉は万延元年の遣米使節団にも随行しており、欧米の近代社会を自分の目で見、耳で聞いたことは得難い財産となったこと、後年の業績が示している。

福沢諭吉（「近世名士写真」）

建設省地理調査所発行 1/10000地形図「根岸」

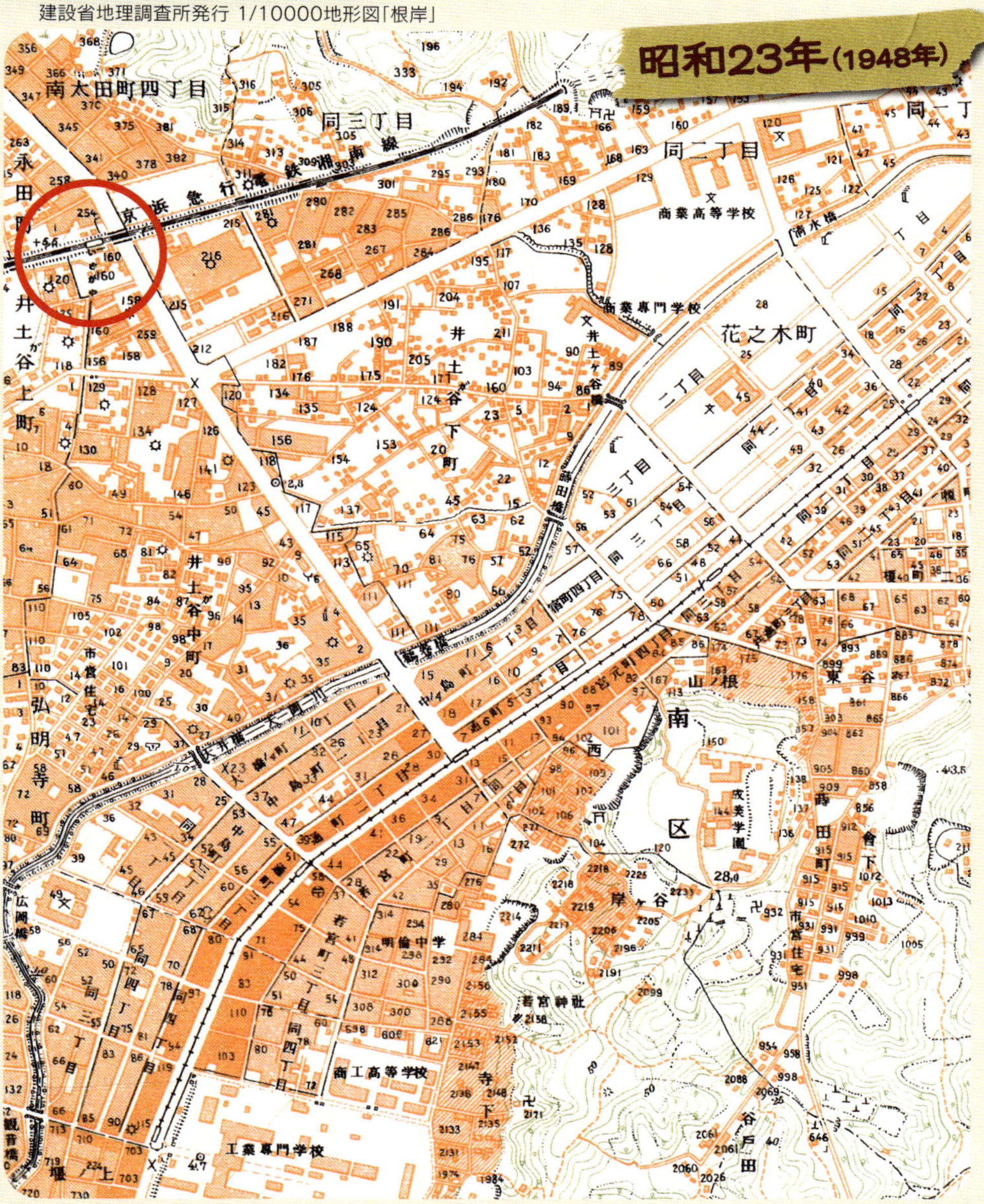

地図左上から斜めに下りているのは横浜環状1号線。本来は戦前に臨海部まで延伸しておけばよかったのだろうが、同環状1号線は現在も同地点でストップしたままである。その1号線が突き当たっているのが鎌倉街道。その沿道は現在の南区の戦前からの賑わい地だった（右ページ地図参照）。横浜市電は昭和40年代に全廃されたが、往時は市電が走っていた鎌倉街道は現在、その地下を市営地下鉄ブルーラインが走っている。

歴史を漂わせる門前。

北条政子ゆかりの乗蓮寺

高野山真言宗の西向山乗蓮寺（横浜市南区井土ヶ谷上町33-1）は、源頼家・実朝の菩提を弔うために、尼将軍と謳われた北条政子が開基となり貞応元（1222）年に創建したと伝わる。北条政子はこの地に滞在中、化粧に適した水を求めて各所に井戸を掘らせたが、井土ヶ谷の水が最も気に入ったことからこの地に創建したという。

井土ヶ谷駅より徒歩15分ほど

るが、攘夷の嵐を起こしたのは徳川御三家の一つ、水戸藩主の徳川斉昭だ。

尊皇攘夷を旨とする水戸学の総本山の主・斉昭は開国論の井伊直弼と激しく対立。将軍継嗣問題でも確執を深めた。

桜田門外の変が起きたのは、斉昭が大老井伊直弼に蟄居を命じられ、幕政における政治生命を絶たれた翌年、万延元（1860）年のことだ。

陸軍陸地測量部発行 1/10000地形図「根岸」「上大岡」

昭和6年（1931年）

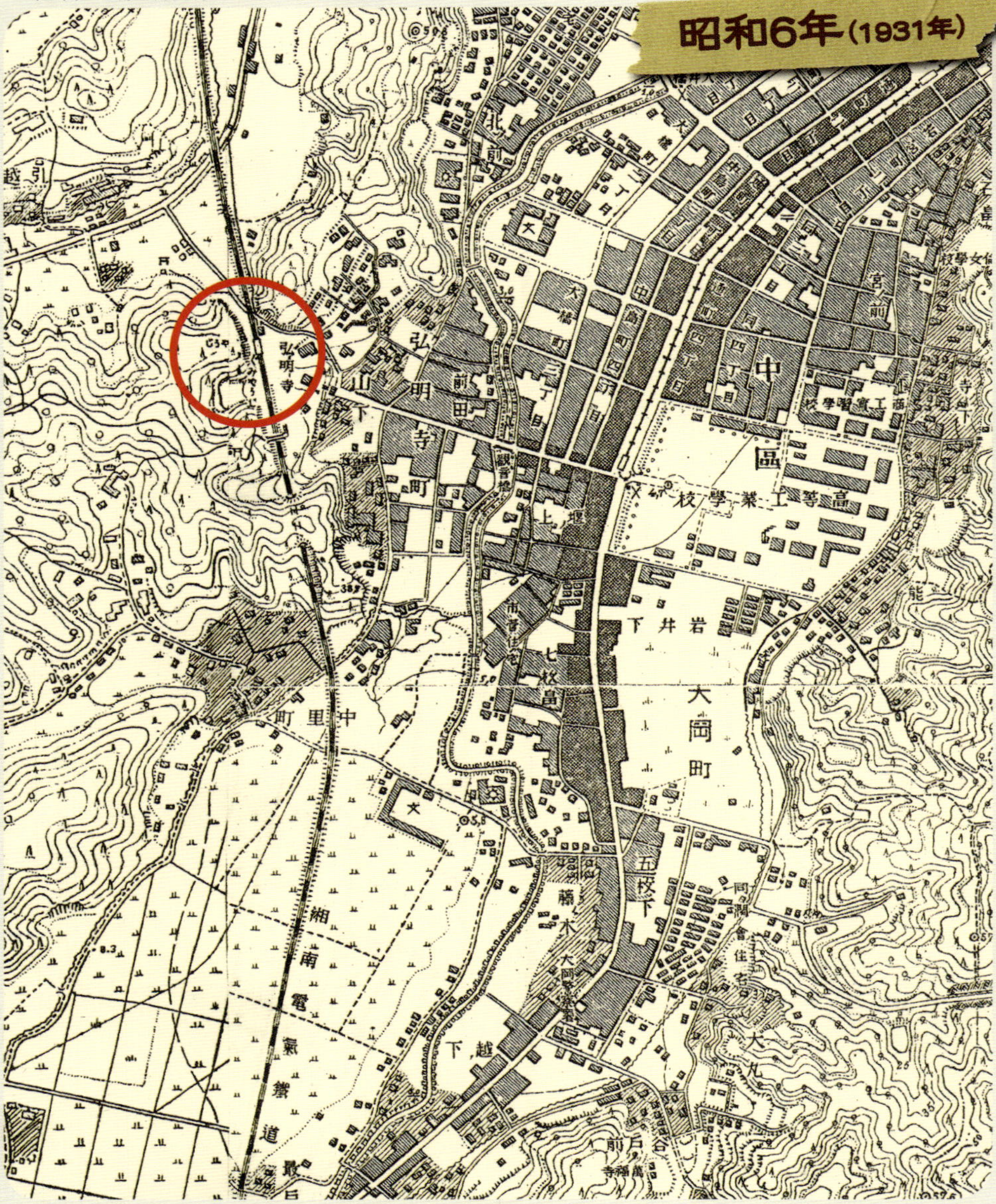

地図下の田園地帯に懐かしき「湘南電気鉄道」の文字が見える。弘明寺駅から東に延びている直線道路が別項で触れて弘明寺観音通り商店街で、突き当りが「井土ヶ谷」で取り上げた鎌倉街道だ。街道沿いの集積は井土ヶ谷から続いている賑わい地である。こうしてみてくると戦前は横浜の賑わいが弘明寺界隈まで波及していたことがわかる。弘明寺の南側になるのが、次に取り上げる「上大岡」となる。

京急本線

弘明寺

横浜随一の古刹にも艱難辛苦の時代あり

開業年	昭和5(1930)年4月1日
所在地	神奈川県横浜市南区弘明寺町山下267
キロ程	29.1㎞（品川起点）
駅構造	2面2線(地上)
乗降客	30,279人

創建は天平時代

弘明寺。山号院号は瑞應山蓮華院。横浜市で最古の歴史を持つ高野山真言宗の古刹である。創建は奈良時代の天平9（721）年。縁起にはかの三蔵法師の名も見られる。本尊の木造十一面観音立像、通称「弘明寺観音」は国の重要文化財だ。

弘明寺の大提灯

弘明寺周辺の賑わいは、往時の門前町はこんな感じだったのだろうとも思わせてくれる。駅からつながる弘明寺坂の飲食店の中には「駅前横丁／弘明寺酒場」なんていう呑み屋もある。そのお隣は店先で焼いている鰻屋だ。

弘明寺坂を下って右に曲がると弘明寺の山門だ。山門の正面先には弘明寺商店街のアーケードが見える。その商店街の露払いともいうべき山門すぐのところにパチンコ屋があるのは、いささか風情を損なう気分でもある。

遠く天平の時代からの古刹弘明寺だが、有為転変の歴史もある。明治維新期の廃仏毀釈と上知令だ（「川崎」の項、参照）。北側の広大な弘明寺公園はかつて寺領だった。寺の運営・維持に寺有地を手放すなど、現在の寺有地は過去の2

弘明寺観音通り商店街

大正時代から賑わい始めた弘明寺商店街は、関東大震災では大きな被害を受けたが、太平洋戦争では空襲を免れた。戦後、伊勢佐木町付近は米軍に接収され他の繁華街も空襲で焼け野原になったが、空襲を免れた弘明寺が歓楽街を兼ねた闇市マーケット街として、また横浜市電の終発着駅として賑やかに大きくなっていく。

昭和31（1956）年に架けられた全長270メートルのアーケードはその当時、東洋一と評判を呼んだ。現在のアーケードは平成13（2001）年に全長312メートルへと改装されたもの。

およそ130店舗を数える商店街の中ほどを大岡川が横切っている。弘明寺の門前らしく、橋の欄干に擬宝珠をあしらっている。

市営地下鉄弘明寺駅と京急弘明寺駅にはさまれ、鎌倉街道（国道16号線）に面した交通の便の良さと、大岡川の桜プロムナードや弘明寺山の自然、市内で最も古い門前町としての歴史など、横浜市内でも有数の商店街となっている。

弘明寺観音通り商店街

国土地理院発行 1/10000地形図「根岸」「上大岡」

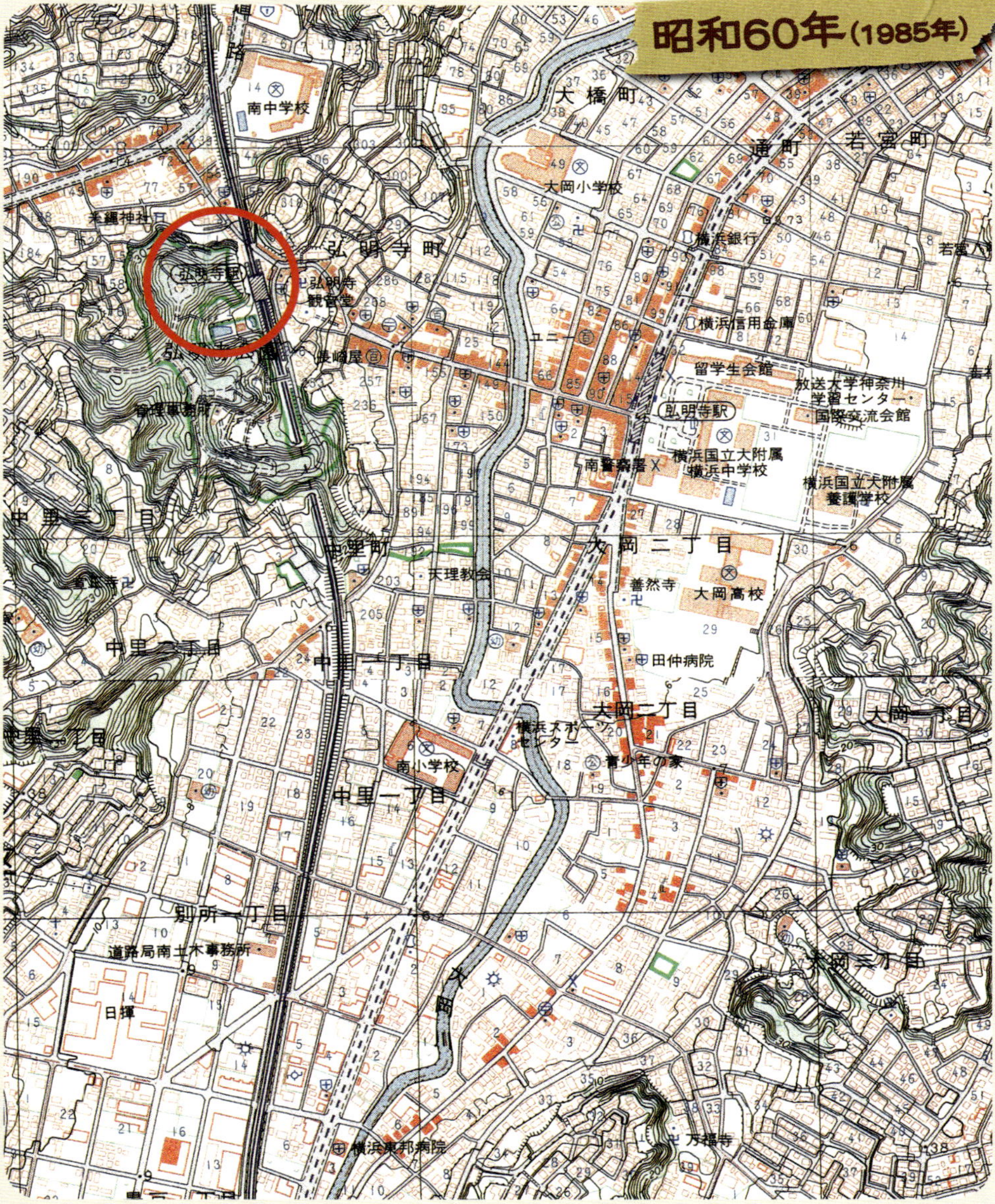

弘明寺駅から鎌倉街道に至る集積地が変貌している。戦前は北側の隣駅井土ヶ谷から鎌倉街道沿いに集積地が見られたが、商業地から住宅地に変わりつつあったのが、ほぼ30年前の弘明寺だった。鎌倉街道に点線が入っているのは、横浜市営地下鉄ブルーライン。この昭和60年頃、弘明寺に取って代わるように賑わいを見せ始めていたのが、南側の隣駅上大岡駅だった。

高台は広々と…。

弘明寺公園

駅を挟んで弘明寺の西の丘に広がる弘明寺公園（横浜市南区弘明寺町244-5）は、元は弘明寺の寺叢だった。昭和15年、防空緑地計画で公園整備が始まり、一時期は高射砲陣地となった戦前史がある。昭和24年から散策路の整備が再開され、昭和33年に完成。緑濃い園内は起伏に飛んだ散策路となっており、花見の名所ともなっている。

割ほどにすぎなくなっている。また、廃仏毀釈で徳川家からの御朱印をはじめに寺伝、寺宝の数々、住職系図までもが紛失。明治中期には無住職となる危機を迎えている。

弘明寺再建は20世紀に入ってからだ。弘明寺保勝会が設立され、弘明寺の復興と町おこしに動き出す。大岡川沿いの桜並木もこのころ植樹されたものだ。明治44（1911）年には、仁王門前から鎌倉街道に接する農道が整備され直線の4間道路が完成。これが現在の弘明寺商店街のルーツとなっている。そして昭和4（1929）年に湘南電気鉄道（現・京急電鉄）が、寺の裏山を貫通して弘明寺駅を開業させた。

京急本線

上大岡

駅前再開発事業で鮮やかに変わった

陸軍陸地測量部発行 1/10000地形図「上大岡」

昭和6年(1931年)

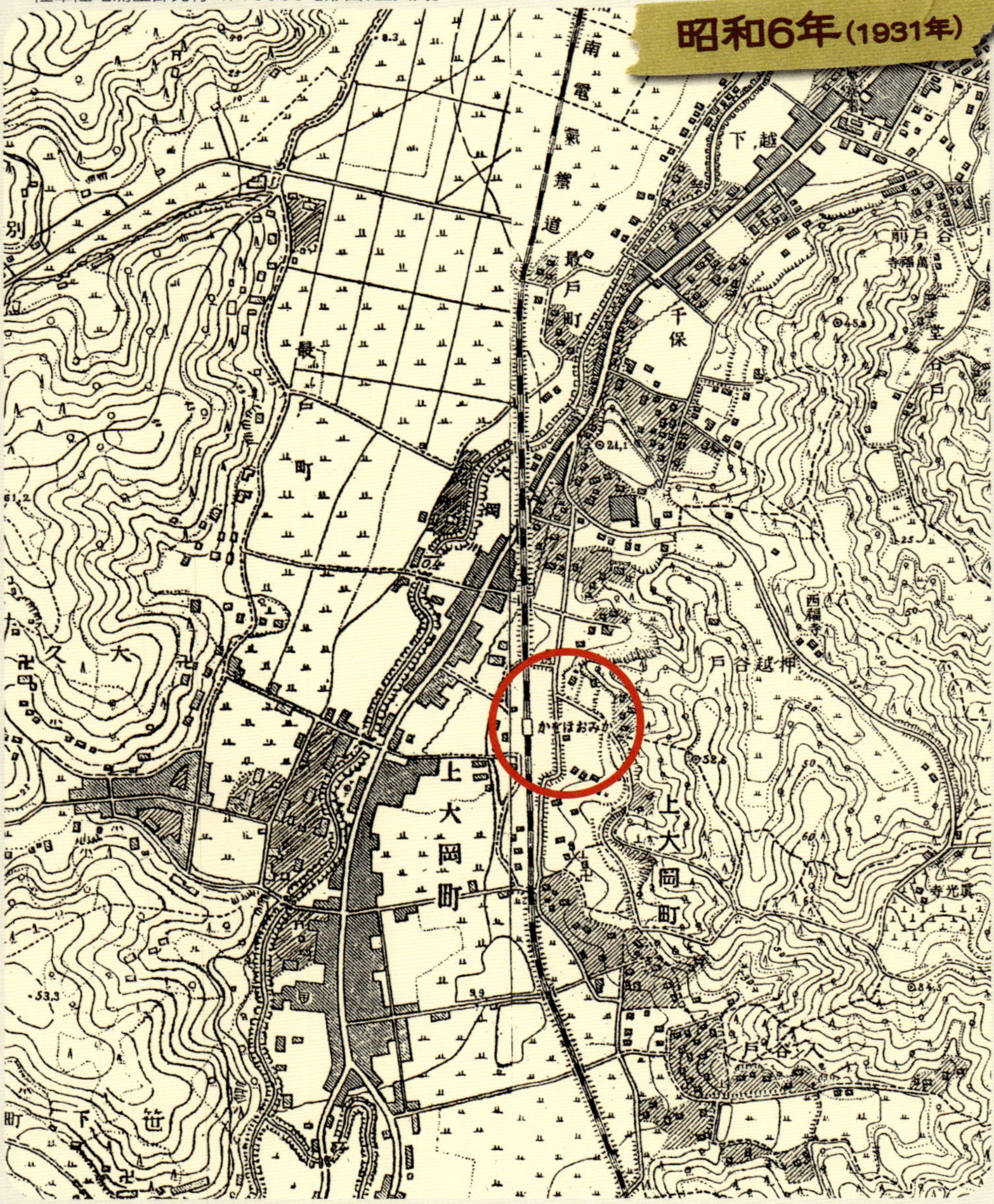

京浜電気鉄道と後に合体することになる湘南電気鉄道が南北を縦断し、鎌倉街道が右上から下りてきて地図中央で交差している。人口集積地は鎌倉街道沿いで、「上大岡駅」の周囲は田畑――これが今や横浜有数の発展都市となった上大岡の昭和初期の姿だ。鉄道開通後も沿線の賑わいは形成されないまま戦後になると、本文で触れているが、人口の流入に危うく押し流れさそうになったのが上大岡だった。

開業年	昭和5(1930)年4月1日
所在地	神奈川県横浜市港南区上大岡西1-6-1
キロ程	30.8㎞(品川起点)
駅構造	2面4線(高架)
乗降客	143,904人

古くて新しい街

横浜市港南区のエース的存在の上大岡。横浜副都心の一つであり、建ち並ぶ大型商業ビルが賑わいを競う駅前の繁華は上大岡の発展を示している。

上大岡の歴史は古い。保元の乱(1156年)で敗れた源為朝が上大岡に逃れ住んだ云々と伝承され、その祠が残されている。

現在の上大岡駅前。写真右手の高層ビルは「ゆめおおおかオフィスタワー」

現在の上大岡駅前には高層ビルは「ゆめおおおかオフィスタワー」が建つ。

「上大岡、新時代へ」と報じているのは「広報こうなん」平成元年4月号だ。

〈商店やスーパー、金融機関が集まり、バス・地下鉄・京浜急行の乗り換え客で賑わう街・上大岡。雑多な賑わいは都市の魅力の一つですが、しかし、その賑わいに目を据えてみると〝快適な街〟とは言いがたい問題点がいろいろ見えてきます。「道が細くてゴミゴミしている」

上大岡の戦前戦後

横浜開港後、のどかな農村だった上大岡にも商品経済の波が来る。その流れの中で、上大岡では花卉栽培が盛んになっている。港南の温暖な気候は、キク、ユリ、シャクヤク、スイセン、キンセンカなどの花栽培に適しており、当時、上大岡周辺はあたり一面花畑だったという。カーネーションやバラの温室栽培も行われて出荷先は東京にまで及び、昭和8年には上大岡に港南花市場も誕生しているほどだ。

鎌倉街道沿いに集落ができていた上大岡を変えていったのは、昭和5年の湘南電鉄の上大岡駅の開業だった。翌年、満州事変が起きる。やがて軍靴の響きが高まると、上大岡は軍需産業従業員の社宅建設が相次ぐようになり、農村地帯も徐々に都市化していく過程で太平洋戦争となっていった。

昭和30年代から始まった住宅開発の波は上大岡にも押し寄せ、緑豊かな里山は団地や住宅地に変貌していった。

小さなビルやアーケードの駅前商店街に、30階建や10階建等々の中高層商業ビルが誕生するのが、平成元年からの駅前再開発事業だった。

国土地理院発行 1/10000地形図「上大岡」

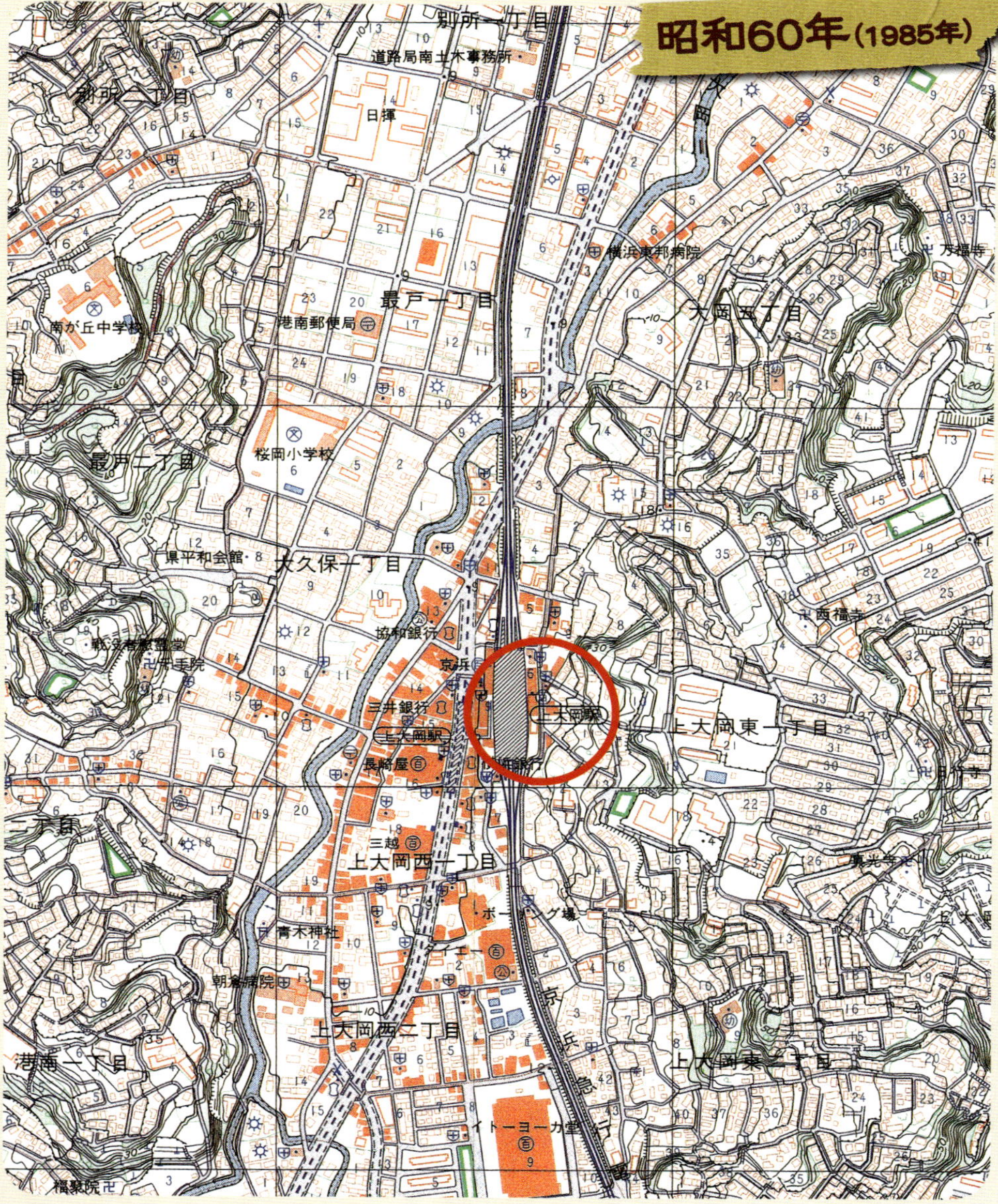

昭和60年——いまからざっと30年ほど前の上大岡である。地図右側のかつては山林だった丘陵地も開発されて宅地化されている。地図左側の田畑や丘陵地（右ページ参照）には郵便局や中学校、小学校も出来ている。駅西側は現在につながる繁華が形成されているが、その賑わいの実態は下段の本文で触れている通りだ。上大岡のある港南区の広報誌が「上大岡、新時代へ」と謳い上げたのは4年後の平成元年である。

1963年当時の上大岡駅。
提供：京急電鉄

上大岡プロムナード

上大岡川プロムナード

上大岡駅ビルを出て眼の前の鎌倉街道の信号を渡った先に商店街「パサージュ上大岡」が目に入る。戦後、バラック建てから始まった商店街だが、今では全天候型のアーケード街を抜けたところが大岡川だ。川沿いはプロムナードとなっており、今でも水鳥の遊ぶきれいな流れ。春ともなればプロムナード沿いの桜並木が満開。横浜でも有数の桜の名所となっている。

「商店街が古くて暗いイメージ」「バスターミナルに人があふれている」などの声があがっています〉云々。

　このままでは上大岡は寂れてしまうと、上大岡駅前再開発事業の範囲と概要が決まったことを区の広報誌が報じたものだ。そこに出てくるバスターミナルは昭和55年に完成したものだ。10年足らずで機能不全に陥ったことは、行政のインフラ整備が後追いになってしまうほど、上大岡の人口増は急激だったことを教えてくれる。

　駅は街の顔でもある。現在の上大岡駅前の繁華は30年前の駅前再開発事業から始まったことになる。上大岡が古くて新しい街であるとした所以である。

陸軍陸地測量部発行 1/25000地形図「本牧」

昭和20年(1945年)

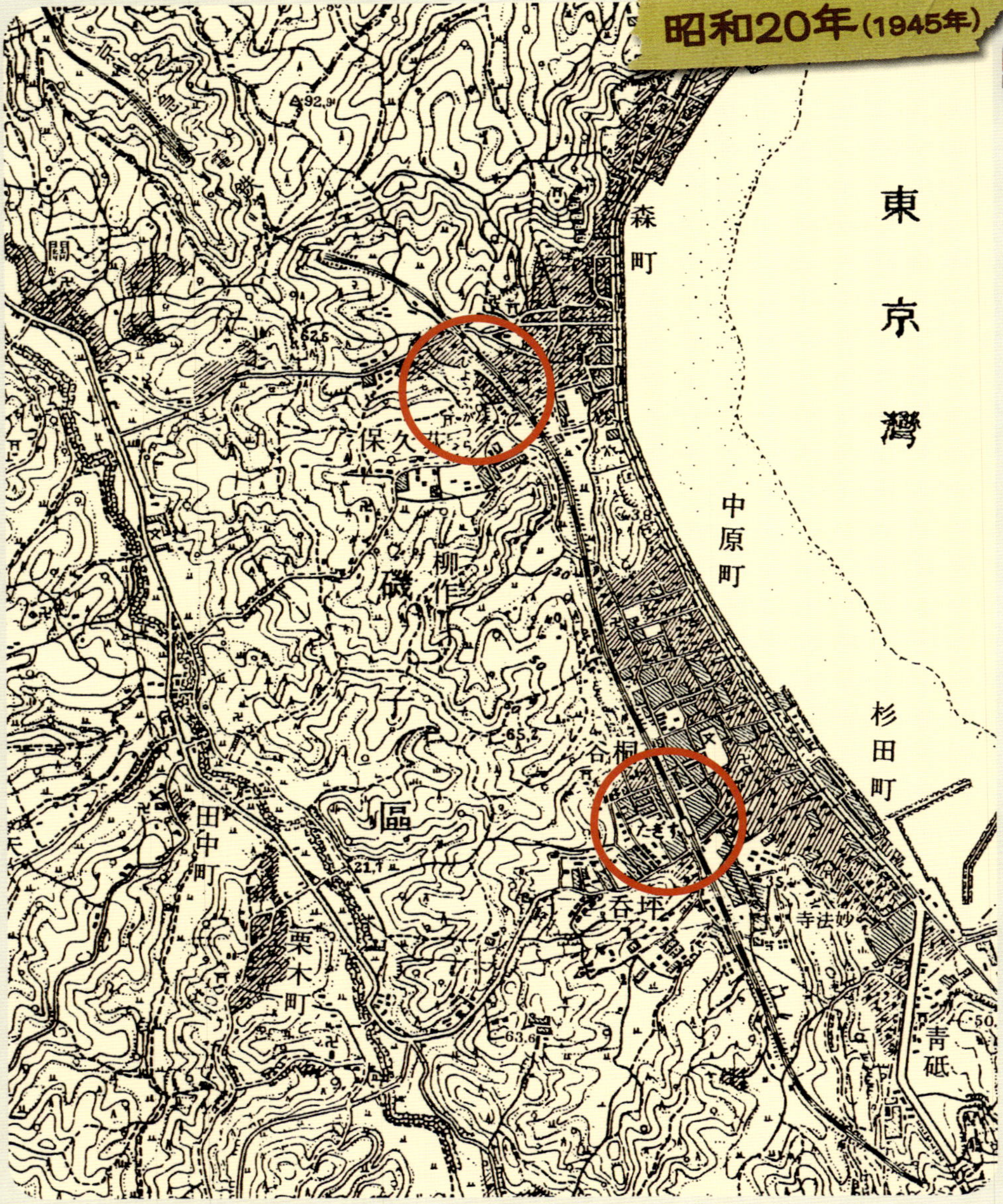

京急本線

屏風浦・杉田

湘南の名勝も今や住宅地

屏風浦駅

開業年	昭和5(1930)年4月1日
所在地	神奈川県横浜市磯子区森3-18-6
キロ程	33.0km（品川起点）
駅構造	2面2線(地上)
乗降客	17,713人

杉田駅

開業年	昭和5(1930)年7月10日
所在地	神奈川県横浜市磯子区杉田2-1-9
キロ程	34.3km（品川起点）
駅構造	2面2線(地上)
乗降客	34,868人

地図下右側に杉田梅林で名を知られた「妙法寺」が見える。田山花袋が「梅は妙法寺の境内から山畑にかけて一面に植えられている。後ろは小高い丘になっていてそこから見下ろすと、梅花を下に、向こうに海が見える」云々と記述した(下段本文参照)ことがよく分かるロケーションだ。しかし、時が流れて戦前にはかつての景勝地の埋め立てが始まっていたことを、上記昭和20年地図が教えている。

杉田の梅林

湘南電気鉄道（以下、湘南電鉄と表記）が杉田の駅を開業したのは昭和5（1930）年。湘南電鉄は湘南地方の観光振興も目的として開業した鉄道だから、開業当時の杉田駅は海岸も近く、「杉田の梅林」も健在だった。

伝によれば豊臣末期の天正年間（1573～93年）、杉田の領主が戦陣用に重要な梅の実を集めるため、村民に副業として梅の栽培を奨励したのが、江戸時代に拡がったのが「杉田の梅林」の起こりという。

明治30年代の杉田の観梅風情（「日本之名勝」）

小説では『田舎教師』『蒲団』が世に知られている田山花袋は紀行文の名手でもあったが、杉田の梅林も大正6年に発表した『一日の行楽』で取り上げている。

――東京の近郊に梅の名所は蒲田、池上、向島など沢山あるが、海に近い梅

建設省地理調査所発行 1/25000地形図「本牧」

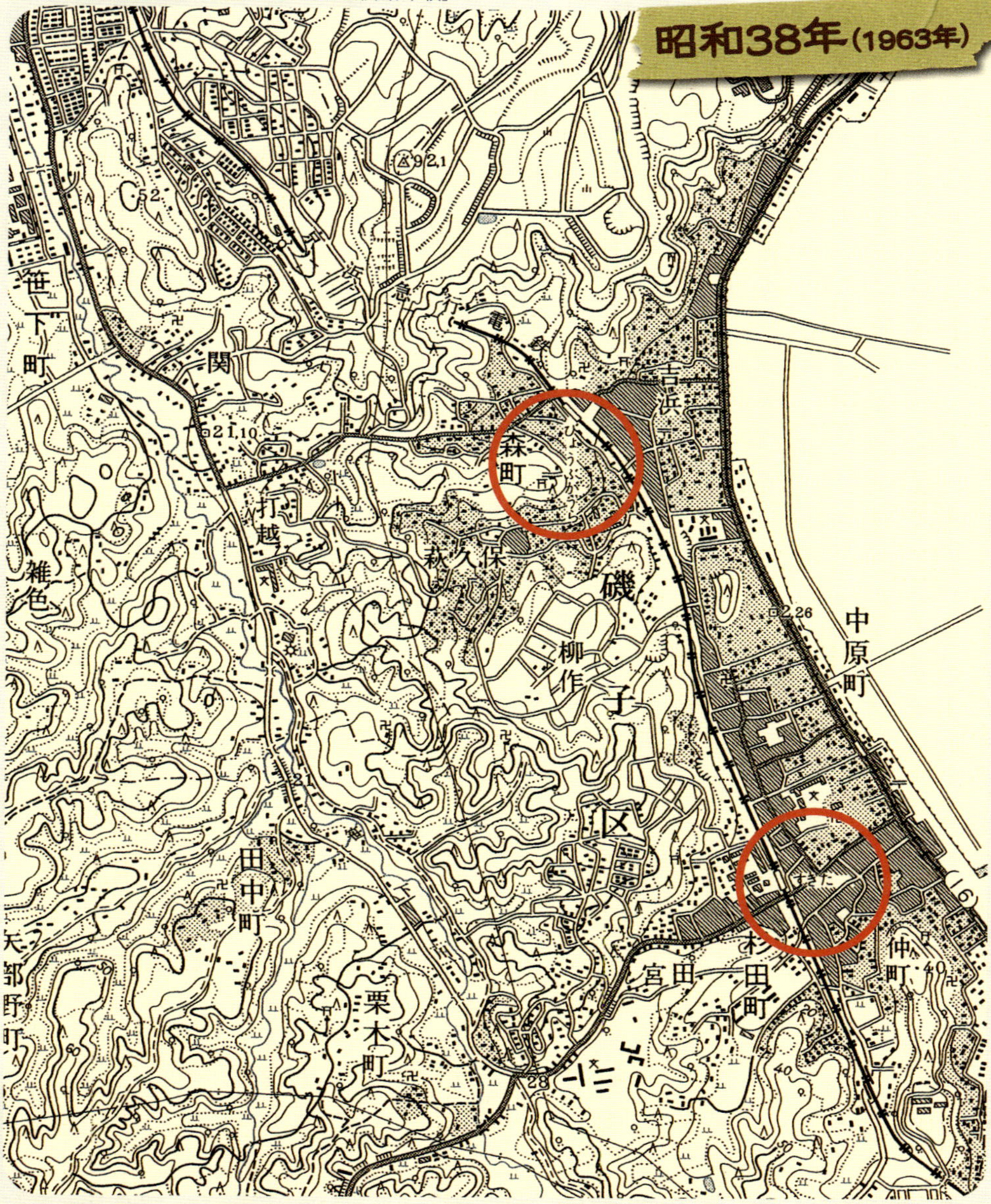

根岸線が屏風浦～杉田の海岸線を走り出したのは国鉄時代の昭和45年だ。地図に見る海岸線の黒い筋が根岸線の軌道だが、開通当初は埋立は進んでいたとしても車窓からはかつての景勝の海が見えただろう。しかし今はもうその海岸線は沖合何百メートル先まで埋め立てられ、昔風に表現すれば「新地」が誕生してずいぶん時が立経つ。西側の等高線だらけだった丘陵地もすっかり住宅地になっているのが現在の屏風浦～杉田だ。

海水浴場だった屏風浦

屏風浦駅も杉田駅同様、かつての海岸はすっかり埋め立てられて宅地となった。往時の景観は消え失せたが、屏風浦は湘南の避暑地として知られていた。

昭和10年発行の『夏のプラン』（松波治郎　著：第百通信社刊）に曰く、

──屏風浦は東京から2時間である。ここの海水浴場は素晴らしいものである。有名な杉田梅林はすぐ近くであり、海苔、貝類、ひらめ等が獲れ、しかも海はすこぶる遠浅で、子女の水泳に適している。花柳界もなかなか盛んである。湘南電車賃金は片道54銭云々。

屏風浦近くの磯子は花街があり、景勝地にある遊楽地として知られていたところ。遊客相手の料理屋も少なくなかった。最も大きかったのは偕楽園だったが、料理屋の一つ「磯子園」は「直木三十五の愛人が経営している」云々と同書。直木三十五は京急富岡に住まいを構え、長昌寺に墓所がある。

1964年当時の屏風浦駅。
撮影：荻原二郎

林では今でもやはり杉田に指を屈しなければならない。徳川時代にも江戸から行って遊んだところである。

梅は妙法寺の境内から山畑にかけて一面に植えられている。後ろは小高い丘になっていてそこから見下ろすと、梅花を下に、向こうに海が見える。料理屋や茶屋などもあるから静かに一酌を催して来ることもできる（要約）

小高い丘から房総の山なみが驚くほど近くに見えたとしている。

文中の「妙法寺」とは、杉田駅から歩いて15分ほど、杉田の観梅の中心となった日蓮宗の古刹。

妙法寺は今も残るが海岸線は埋め立てられ、梅林で有名だった杉田の地はすっかり住宅街となった。

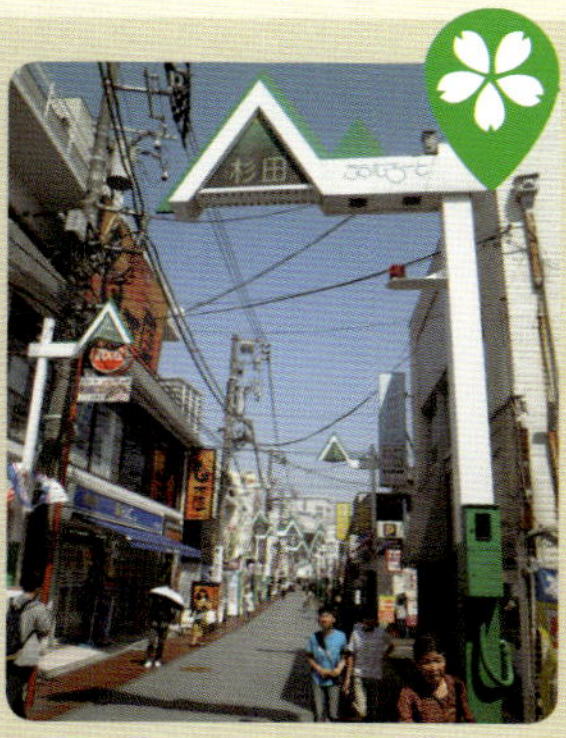

「いらっしゃいませ」。

ぷらむろーど杉田

京急杉田とJR新杉田の乗り換え道にもなっている商店街。京急杉田側の商店街入口にあたるところに大資本の東急ストアが構えているが、昔ながらの小さなお店が並ぶ商店街は元気。三代続く豆腐屋さんもあるなど100店舗近いお店が並ぶ。

京急本線

京急富岡・能見台

京急ニュータウンの街

建設省地理調査所発行 1/25000地形図「本牧」

昭和20年(1945年)

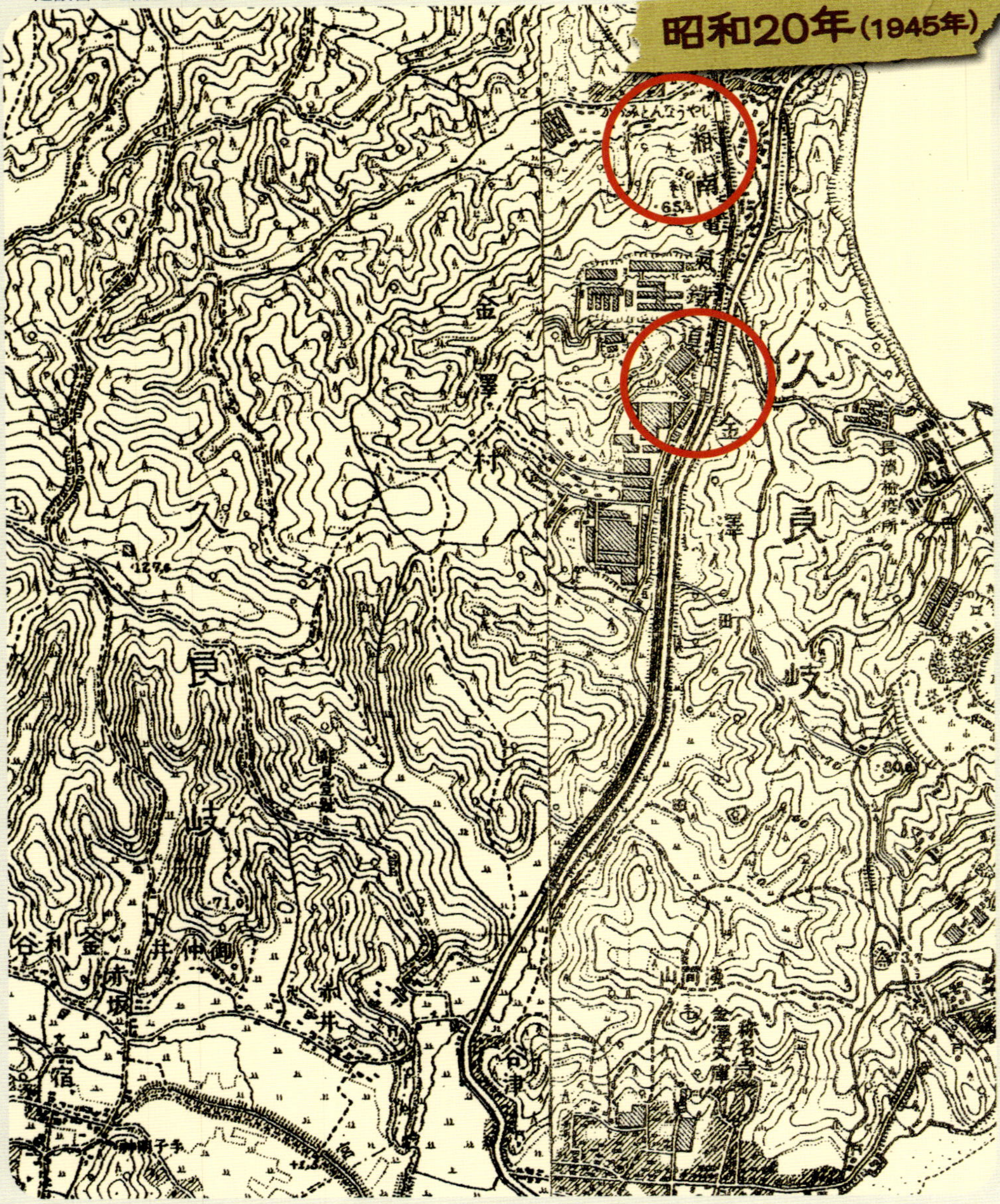

京急富岡が「湘南富岡駅」、能見台が「谷津坂駅」だった時代の地図だ。両駅間はずいぶんと短いが、別項で触れているように谷津坂駅は昭和19年5月の開業。駅西側に展開している軍需工場用に軍部の要請で湘南電気鉄道(当時)開業したものだ。能見台の南側隣駅は金沢文庫になるのだが、その沿線は丘陵地。戦時中という非常時でなかったら、駅が設置されるところではなかったが、戦後の宅地開発には幸いした。

京急富岡駅

開業年	昭和5(1930)年7月10日
所在地	神奈川県横浜市金沢区富岡西7-1-1
キロ程	36.7㎞（品川起点）
駅構造	2面3線(高架)
乗降客	23,252人

能見台駅

開業年	昭和19(1944)年5月10日
所在地	神奈川県横浜市金沢区能見台通2-1
キロ程	37.4㎞（品川起点）
駅構造	2面2線(地上)
乗降客	31,344人

富岡と川合玉堂

富岡と能見台の西側には、京浜急行電鉄が開発を手がけた京急ニュータウンがひろがる。鉄道西側の丘陵地の開発は昭和30年代から始まり、長い年月をかけて「横浜の新しい山の手」とも呼ばれる街が生まれた。

能見台駅前のバス・ステーションの背後に広がる住宅街

駅の開業は富岡のほうが早く、昭和5（1930）年7月。その頃は駅舎から海岸が見えるほどだった。その景勝に惹かれた日本画家川合玉堂は鉄道開通前の大正6（1917）年、今の住所表記で言えば富岡東5丁目の一画に別邸を設けた。この地の旧家の娘が玉堂家に行儀見習に出ていたのが玉堂が富岡の縁のそもそもだったと伝わる。

敷地内に二本の松があったことから二松庵と名付けられたその別邸の敷地は8000平米もあった。富岡の丘陵地

戦時中に開業の能見台駅

京急富岡駅は湘南電鉄時代に湘南富岡として発足しているが、能見台駅の開業は京浜富岡よりずっと遅く、昭和19年5月10日。谷津坂駅の名称で開業当時は付近に人家がほとんどないところだったが、戦時中とあってこの駅を最寄りとした大日本兵器産業富岡工場従業員の通勤用に開設された駅となっている。同工場に通勤する定期乗車券所持者の専用駅で、一般乗客の営業を始めたのは戦後になってからだ。川合玉堂は富岡に電車が走り始めると、足が遠くなった。軍事基地だった横須賀に近いことから航空機や電車の音が画業に差し障りが出たらしい。

太平洋戦争も敗色濃くなった昭和19年、玉堂西多摩郡三田村御岳——青梅を疎開地に選んでいる。玉堂は富岡同様に青梅の自然を気に入り、疎開前から頻繁に写生に訪れている。玉堂は住居を「偶庵」、画室を「随軒」と称して戦後もそのまま定住。この地で生涯を終えた。

建設省地理調査所発行 1/25000地形図「本牧」

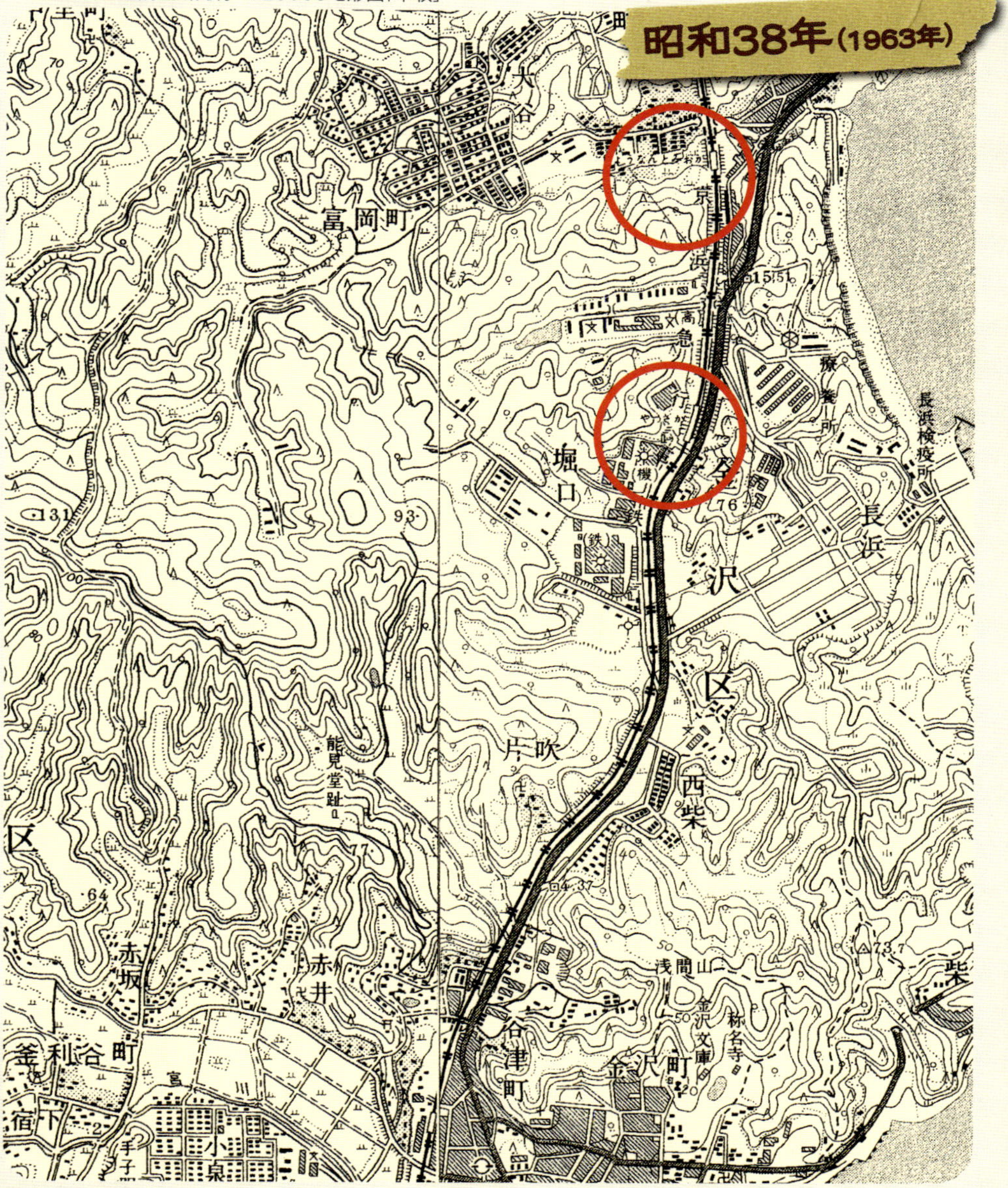

湘南富岡駅（当時）西側丘陵地の一画に集積地が見られるが、ここが下段本文で触れている京急ニュータウン富岡分譲地の初期である。谷津坂駅改め能見台駅となった西側丘陵地に京急ニュータウン能見台の分譲が始まるのは上記地図から20年後の昭和58年。今はもう、丘陵地もすっかり開発され、緑豊かなベッドタウンとの評が定着している。そのハシリが地図に見るニュータウンだった。

1967年当時の谷津坂駅。
提供：京急電鉄

社殿のたたずまいが歴史をかもしだす。

鎌倉幕府の鬼門除け 富岡八幡宮

京急富岡の駅から歩いて10分ほどの富岡八幡宮（横浜市金沢区富岡東4-5-41）建久2（1191）年、鎌倉開府を決めた頼朝が、鎌倉の鬼門に当たるこの地に創建云々と伝わる古社。応長年間（1311～12年）の大津波でも富岡村は八幡宮の山に守られて無事だったことから「波除け八幡」と呼ばれ、厄除け防除の神社として広く信仰を集めた。


の高低差を巧みに取り込んで建てられた二松庵の北側は丘陵となり、南に向けては勾配のある斜面となっており、主屋は丘陵の裾に建てられていた。

　主屋は平成25年に焼失してしまったが、残された庭園は大正中期から昭和初期にかけての、いわゆる昭和モダンの近代別荘文化の香り漂う空間として、平成28年11月に横浜市指定名勝の第一号となっている（毎月第一土曜日開園）。

　川合玉堂は昭和32年、東京・青梅の地で没しているが、富岡の開発が始まるのはそのころであった。

京急本線

金沢文庫

鎌倉武家文化の街の商店街パワー

陸軍陸地測量部発行 1/25000地形図「戸塚」「本牧」「鎌倉」「横須賀」

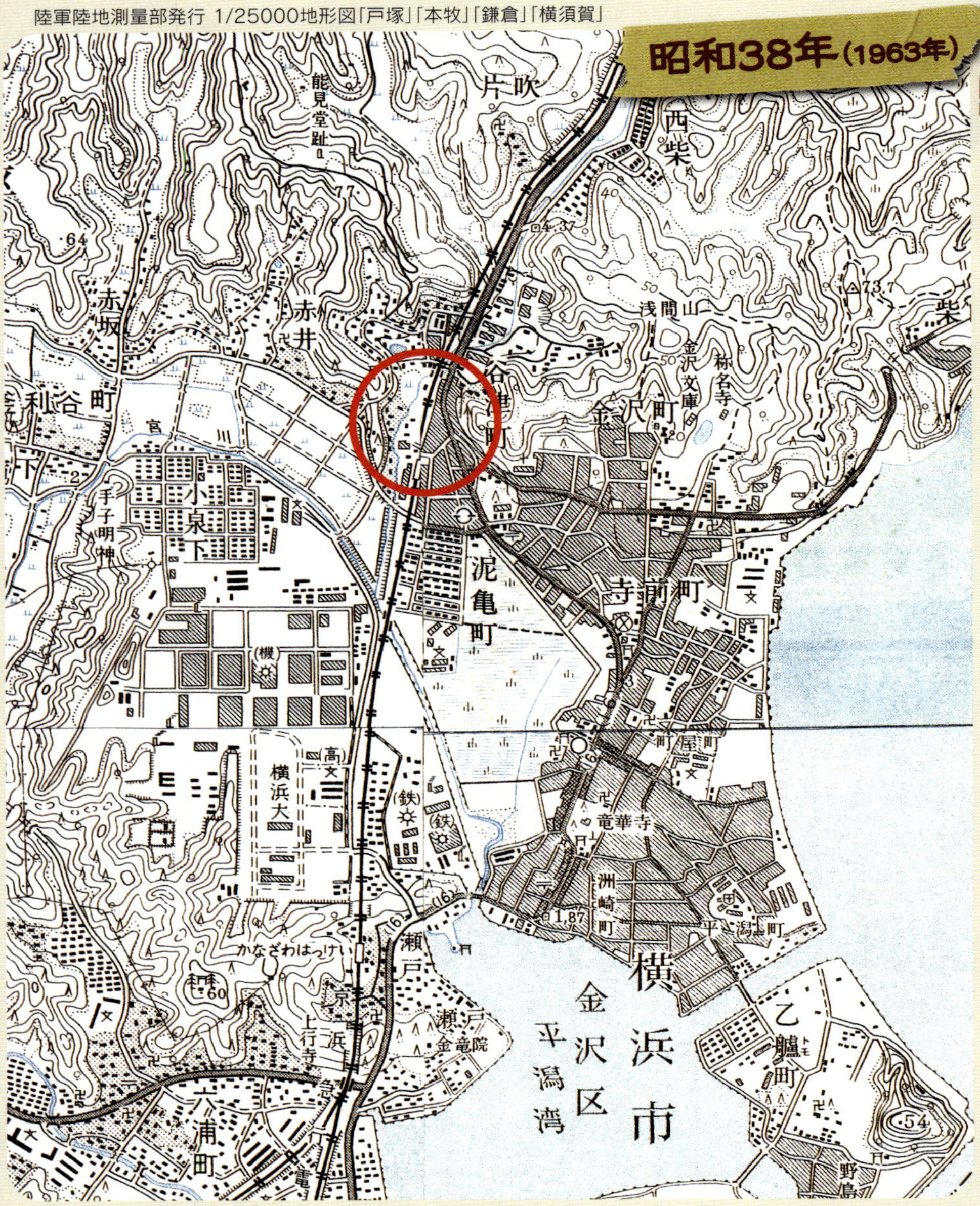

戦後20年ほど、発展直前の金沢文庫～金沢八景周辺の地図だ。徳川四代家綱治世の寛文（1661～72）年間に「泥亀」の号を持つ湯島聖堂儒官が新田を拓いたことからその地名がついた泥亀町には田圃がしっかり残されているし、駅北側の丘陵地も手付かず。八景の景勝で知られた平潟湾の埋め立ても始まったばかりに時代だ。この後、高度成長の波に乗って金沢は激変していく。「横浜大」（横浜市立大学）は次項「金沢八景」で触れる。

開業年	昭和5(1930)年4月1日
所在地	神奈川県横浜市金沢区谷津町384
キロ程	39.5km（品川起点）
駅構造	2面4線(地上)
乗降客	70,204人

2つの商店街が協同

この地を治めていたことから金沢北条氏と呼ばれるその始祖北条実時が開基した称名寺や実時が設けた日本最古の武家文庫「県立金沢文庫」等々、歴史的建造物や文化遺産、そして金沢自然公園、八景島など豊かな自然に恵まれた街の玄関口が金沢文庫駅。快速特急が停車する横浜市南部の重要な駅となっている。

街の活気を探るバロメーターの一つに商店街がある。流石に快速特急停車駅である、駅前商店街は賑やかで、活気に満ちている。

駅前から始まるのが、昭和26（1951）年に発足した「金沢文庫すずらん通り商店街」。その商店街をぶらぶら歩いていくと「金沢文庫ふれあい商店街」につながる。こちらは昭和27年に金沢文庫中央通り睦会として活動をスタートさせている。

金沢文庫すずらん通り商店街

頼朝は何故、鎌倉で開府したのか

源頼朝が開府を京都周辺ではなく、遠く離れた鎌倉の地を選んだ理由は諸説ある。

鎌倉の地形は三方が山に囲まれており、切り通しが山側からの鎌倉攻略を防いでいる要塞的地形という軍事上の理由を上げる人もいれば、鎌倉が東国源氏縁の地だからという見方もある。

地縁説もある。源氏の始まりは平安時代に遡る。清和天皇の孫である経基が「源」の姓を戴き、武蔵守上野介に任ぜられたのが源氏の出自だが、その血を引く源頼義が相模守となり、鎌倉の豪族の平直方の娘を娶って以来、鎌倉は東国源氏縁の地となったというのが、地縁説のあらました。

対朝廷戦略説もある。武家政権を初めて樹立した平清盛は朝廷のある京都から近い神戸・福原に政権の中枢を構え、貴族政治を目指した。そのため後白河法皇など朝廷政治に巻き込まれ、平家の栄華は僅か20年余だった。頼朝は清盛を他山の石として、京都に六波羅探題を設置、朝廷貴族を遠隔地から監視。朝廷とは切り離した武家政治の確立を目指そうとしたというものだ。

なお、金沢北条氏は、鎌倉幕府の滅亡とともに滅びている。

国土地理院発行 1/25000地形図「戸塚」「本牧」「鎌倉」「横須賀」

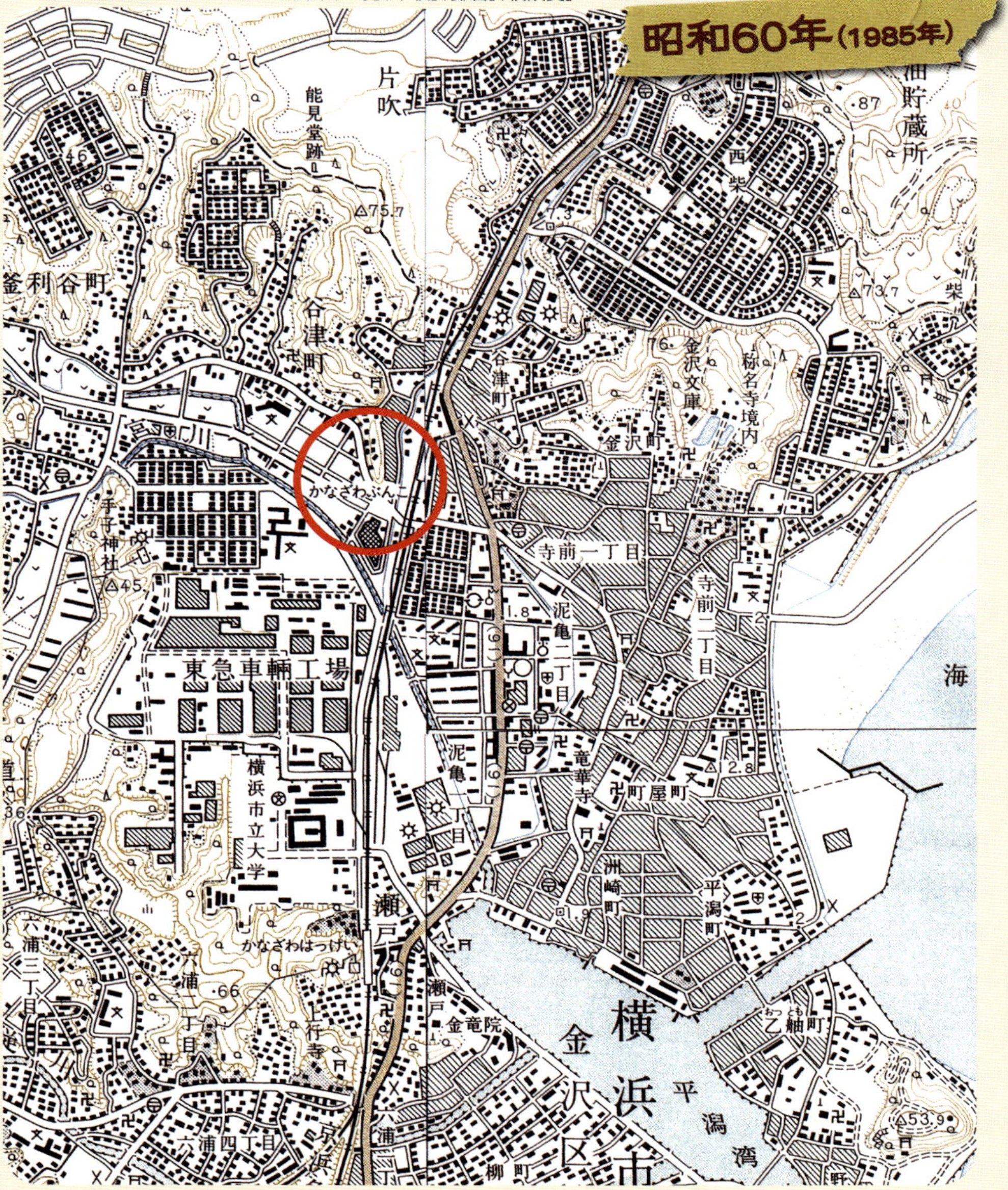

前ページから20年ほど経った昭和末期、泥亀町の田圃は消え、京急西側の丘陵地も宅地開発が進んでいるのが見て取れる。かつては山林以外なかった能見台～金沢文庫間の沿線には住宅地が密集し、2年前に分譲を開始した京急能見台ニュータウンも姿を見せた。平潟湾の埋め立てもすっかり進み、前ページ昭和38年当時とはえらい違いを見せている。八景島シーパラダイスが誕生するのはここから8年後のことだ。

建物からも武家文化が伝わってくる。

県立歴史博物館「金沢文庫」

金沢流北条氏の北条実時が設けた日本最古の武家文庫。

神奈川県横浜市金沢区金沢町142 金沢文庫駅東口から徒歩25分または京急バスで称名寺バス停下車5分。開館時間は9時から4時半。毎週月曜休館（祝日の場合は翌日）。観覧料金はおとな250円、20歳未満及び学生150円、65歳以上及び高校生以下100円。


街のにぎわいづくりに両商店街は協同しているが、ふれあい商店街の方は、商店街空間が広いだけに種々のイベントを定期的に実施。11月下旬には「商店街プロレス」が行われる。今年で6回目を迎える実にユニークな人気イベントになっている。

金沢文庫の街は歴史があるだけに見どころは満載だが、一度は訪れておきたいのが真言律宗別格本山金沢山称名寺。「金沢山」は「きんたくさん」と読む。阿字ヶ池からの景観は文字通り一幅の絵画。かつては七堂伽藍の建つ大寺院だったが、現在でも大寺である。

陸軍陸地測量部発行 1/10000地形図「金沢」

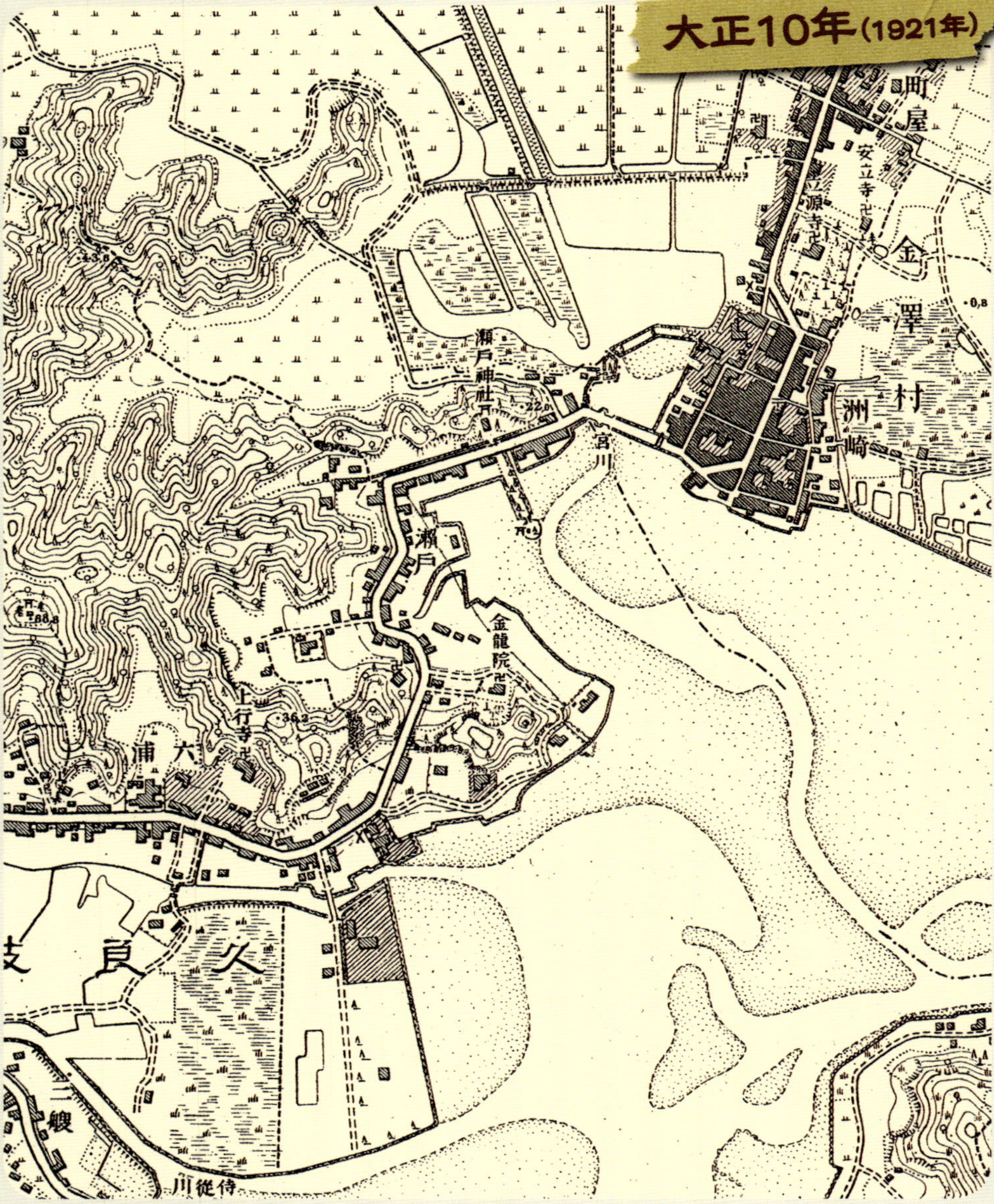

湘南電気鉄道開通前の金沢八景だ。平潟湾の埋立も進んでおらず、往時の景勝が残っているような地図姿だが、田山花袋によれば、大正年間に入ると消え去っていた（下段本文参照）。大正時代中葉期は欧州大戦景気の余韻が残っていた時代で、懐に余裕がある人士たちは、東京からならば横浜まで鉄道で出て、金沢八景まで自動車と人力車等で観光遊山にでかけていったのである（P139「大正時代の三浦半島ガイドブック」参照）。

京急本線

金沢八景

八景今昔、八景島シーパラダイス

開業年	昭和5(1930)年4月1日
所在地	神奈川県横浜市金沢区瀬戸15-1
キロ程	40.9㎞（品川起点）
駅構造	2面4線(地上)
乗降客	57,950人

駅も変わる駅前再開事業

金沢八景駅のホームで見かけた「名所案内」が左の写真。

伊藤博文がこの地に別荘を構えたのは明治31（1898）年。広重が筆を執った八景の一つ「野島の夕照」の野島に茅葺寄棟屋根の田舎風海浜別荘を建てた。風光明媚な入江が続く景勝地も幕末の嘉永年間には内川入江が干拓地となって「内川暮雪」に描かれた景観は失われていたものの、東京湾に面した海岸線の埋立が本格化するのは日露戦争後の明治末期。伊藤博文が別荘を設けたころは、まだ景勝は残されていたのだろう。田山花袋は大正7年刊の『一日の行楽』で世に謳われた八景の景観を「今日ではそんな趣はとても見ることが出来ない」と記している。

金沢八景名所案内

金沢八景といえば、今や八景島シーパラダイスである。平成5年の開業以来、人口島に誕生したテーマパークは斬新な水族館が求心力となってアトラクション・ショッピングモール・ホテル・

錦絵「金沢八景」

写真は上から乙艫帰帆・小泉夜雨・称名晩鐘・洲崎晴嵐・瀬戸秋月・内川暮雪・平潟落雁・野島夕照（いずれも国会図書館所蔵）

建設省地理調査所発行 1/10000地形図「金沢」

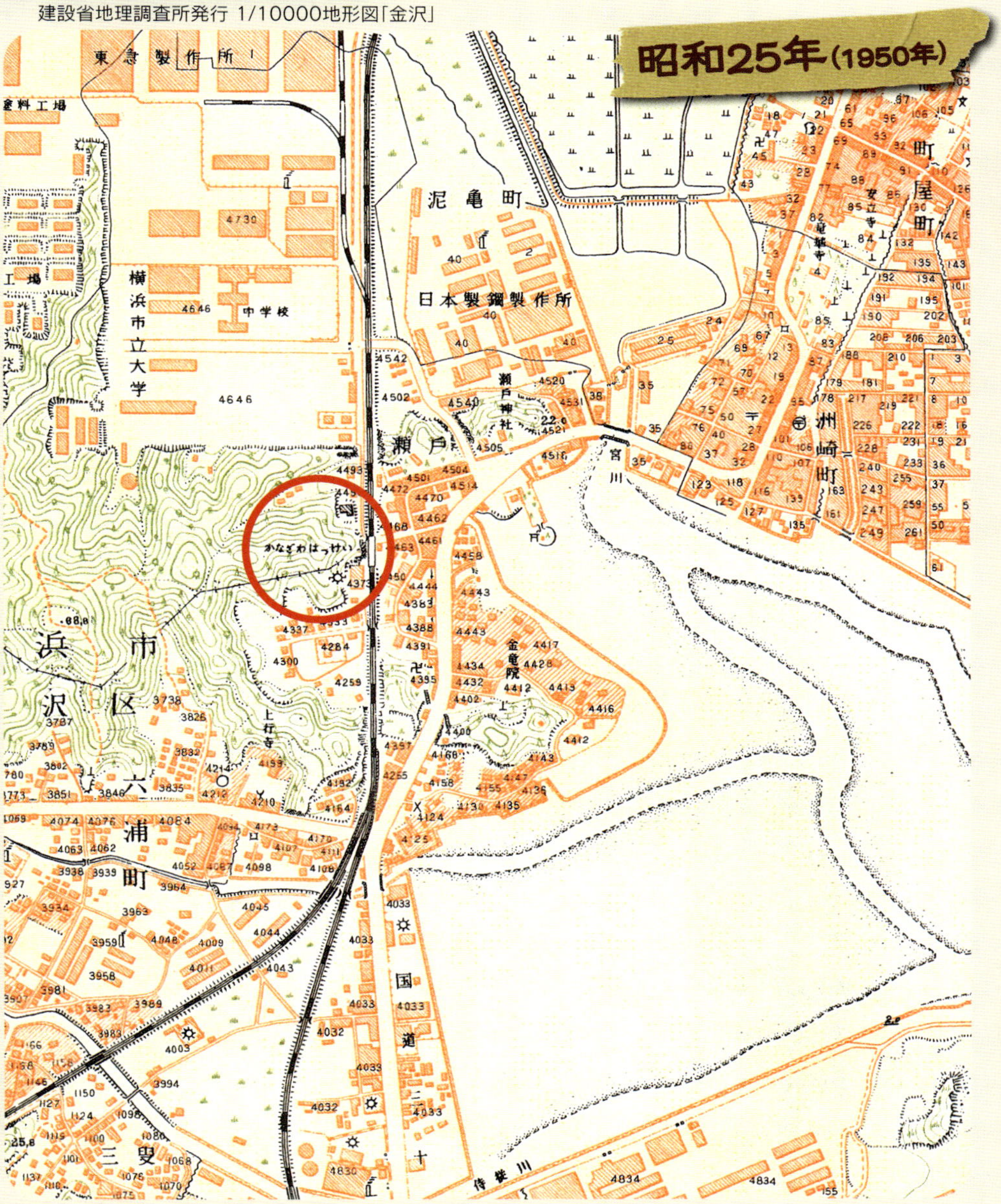

田圃と丘陵地だったところを切り拓いたところに見える横浜市立大学は昭和24年に設置された。昭和3年に創設された横浜市立横浜商業学校をルーツとし、戦後の学制改革で新制大学として誕生した。地図中央を蛇行しながら縦断していく道路は現在の横須賀街道。国道16号線の一部である。大正年間よりマシであるが（右ページ地図参照）この道路が国道に指定されたのは明治20（1887）年。往時は国道といってもこの程度だった。

シーパラダイス遠望。

八景島シーパラダイス

シーパラダイスに行くには、電車の場合は金沢八景駅からシーサイドラインで八景島駅下車だが、見どころ、遊びどころは全島に広がっているので1日乗車券がお得。1日乗り降り自由で利用できる。

大人670円、小児340円。発売日から6ヶ月の内の1日有効です。

マリーナなどで構成した複合型遊園地として、年間利用客は400万人に迫る。

八景島シーパラダイスに行くには、金沢八景駅から連絡する金沢シーサイドラインが便利至極だが、乗換不便だった。その解消は地元や横浜市永年の懸案だったが、現在は駅改良も含めた駅前再開発事業の真っ最中。京急とシーサイドラインの金沢八景駅を60メートルほどの自由通路で結び、合わせて駅前広場、商業施設等々を再整備する金沢八景駅前再開発事業は来年春の竣工予定となっている。

逗子線

六浦

「金沢北条」起こりの地

陸軍陸地測量部発行 1/10000地形図「金沢」

大正10年(1921年)

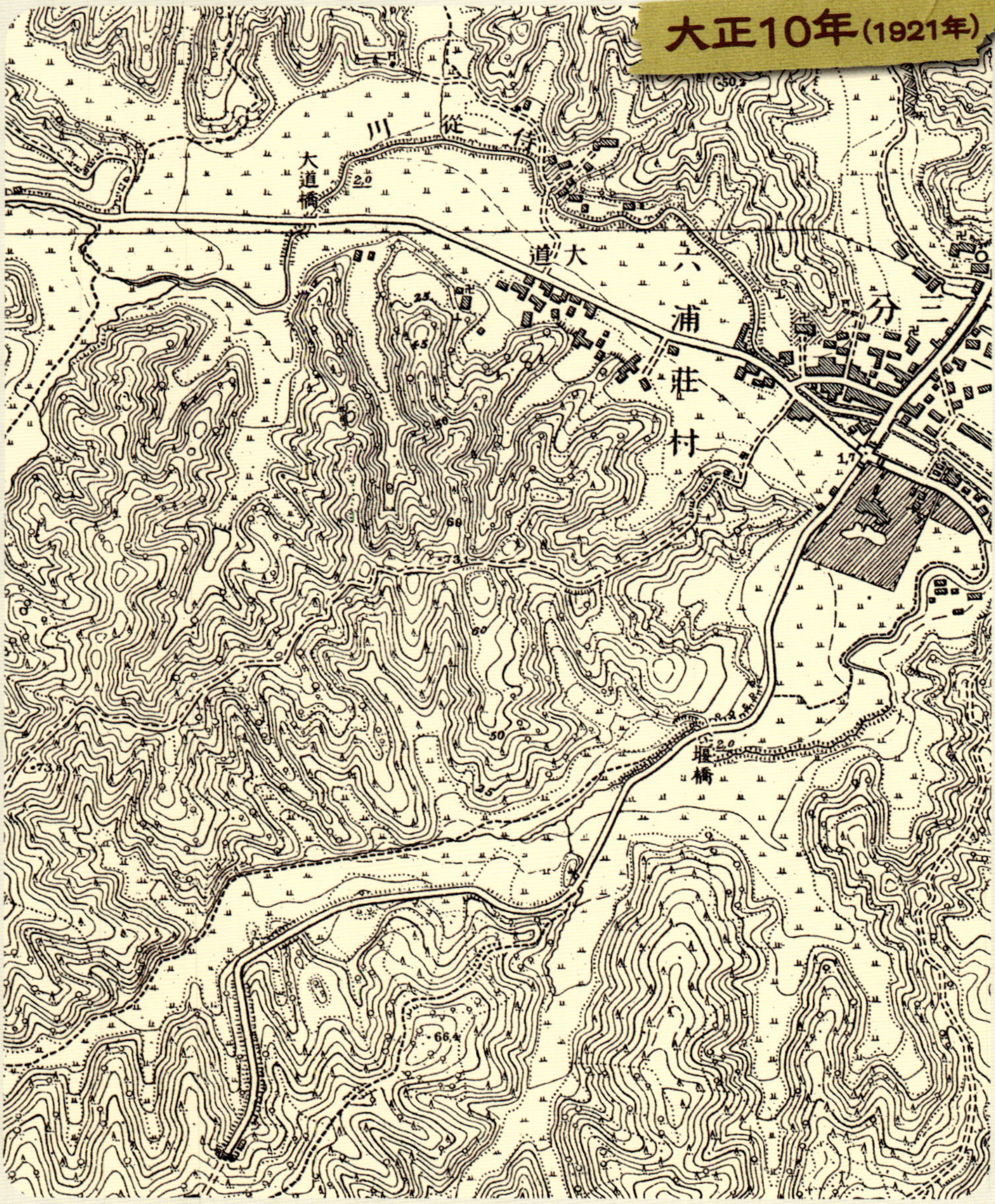

地図上部に見える「侍従川」は鎌倉時代に切り拓かれた朝比奈峠を水源として金沢八景の平潟湾に注いでいる全長2キロほどの二級河川だが、鎌倉時代は幕府と金沢北条結ぶ水路だった。侍従川のそばに見える「大道」も往時は幹線道路であった。仁治2年(1241)に朝比奈峠が拓かれて鎌倉から六浦に通じる幹線道路となり、幅広い大きな道だったので「大道」と呼ばれるようになった。現在は横浜環状4号線を形成している

開業年	昭和24(1949)年3月1日
所在地	神奈川県横浜市金沢区六浦5-1-1
キロ程	1.3km(金沢八景起点)
駅構造	2面2線(地上)
乗降客	16,242人

海陸の要衝だった

逗子線は金沢八景駅を起点に本線から分かれ、三浦半島のほぼ中央を横断しながら相模湾側の新逗子駅まで伸びている。湘南電気鉄道時代に拓かれた路線だが、六浦駅は湘南電鉄時代にはなかった。

駅が置かれたのは京浜電気鉄道と湘南電気鉄道の合体後の昭和18年2月15日、軍の要請で海軍関係者専用の仮駅として六浦荘駅を開設したのが、六浦駅の起こりとなっている。この仮駅は終戦前に廃止され、六浦駅が開業したのは昭和24年3月1日。要は逗子線開業当時も、また戦後も重要な駅ポイントではなかったということだが、六浦は金沢文庫、金沢八景にとっては歴史的な地となっている。

六浦駅前

金沢北条氏は六浦の地から起こっているからだ。往時、六浦の庄は六浦本郷、金沢郷、富岡郷、釜利谷郷の四つの郷か

鎌倉倒幕劇

元弘3（1333）年の鎌倉倒幕劇は足利尊氏、新田義貞らの挙兵から鎌倉北条滅亡までわずか20日間余の短時日で終わっている。

倒幕劇の芽は鎌倉中期、北条時頼の時代の寛元4（1246）年、後嵯峨天皇の退位後に天皇家が皇位継承を巡って大覚寺統と持明院統に分裂。鎌倉幕府の仲介によって両統が交互に皇位につくことが取り決められていたことにある。こうした中で、文保2（1318）年即位した後醍醐天皇は自分の後の皇位継承を巡って鎌倉幕府と激しく対立したのが、倒幕劇につながった。

鎌倉倒幕劇で有名な分倍河原の決戦で、新田義貞らが幕府の防衛ラインだった多摩川を5月16日に突破すると、あとは一瀉千里の勢い。

朝比奈の切通も突破した新田義貞らの倒幕軍は5月18日には、数十万ともいわれる軍勢で鎌倉に対し攻撃を開始。22日には北条一族を自決に追い詰めている。5月初旬に倒幕の旗が上がってから20日間余の出来事になっている。

朝比奈切り通し

建設省地理調査所発行 1/10000地形図「金沢」

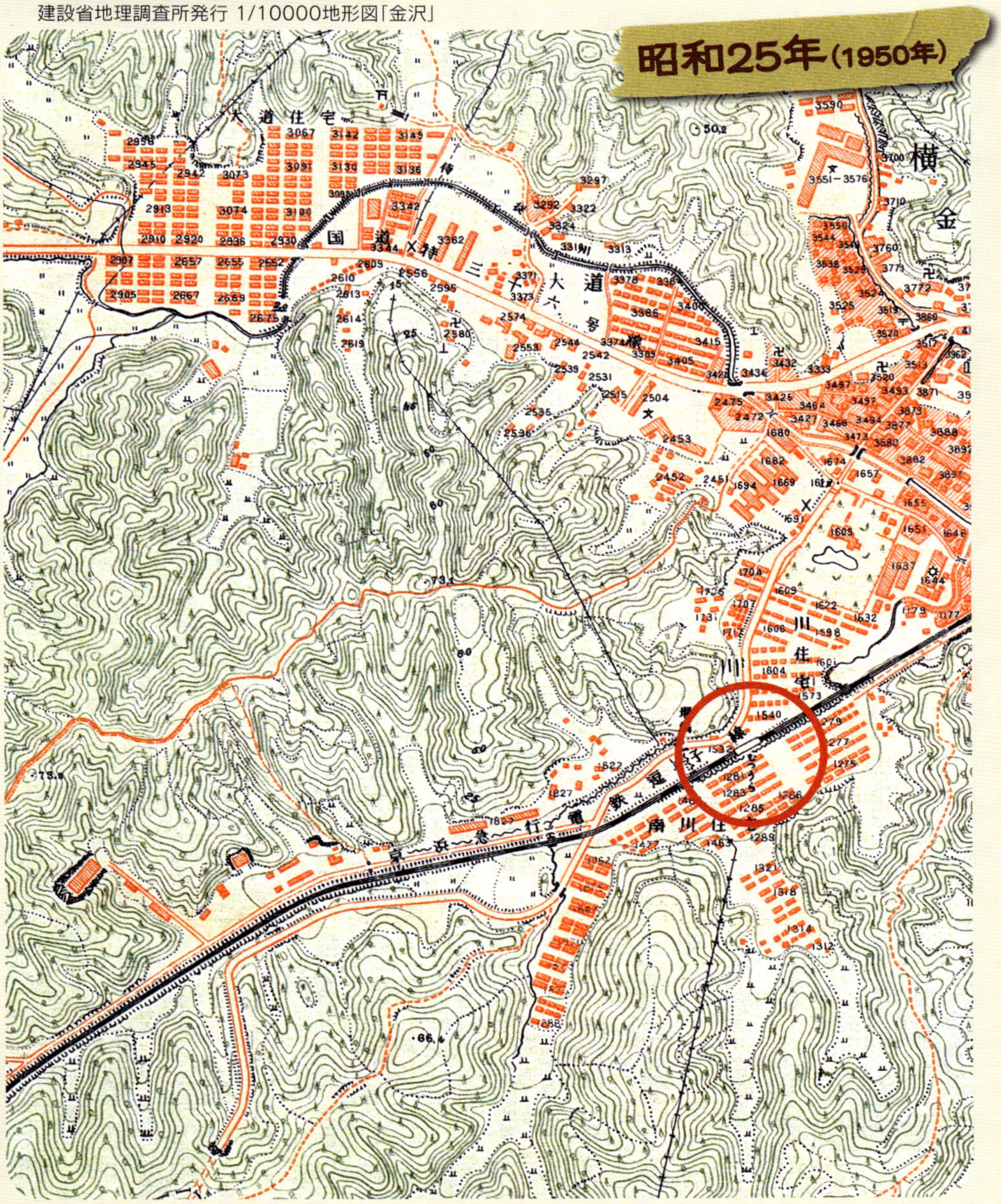

六浦は隣接する軍港横須賀港の後背地として海軍航空技術廠支廠（工員養成所）等々の海軍施設が設けられるようになってから海軍関連の寮や住宅が建設され市街地化が進んでいる。しかし、周囲は山ばかり。宅地化できる平地はわずかということから、田畑を潰していくことになる。地図に見る「大道住宅」がその典型例となっている。京急逗子線開通後は横須賀街道沿いに集積が始まっている。

鼻欠地蔵

像の高さ4メートルほどのお地蔵様の磨崖仏（横浜市金沢区朝比奈町）だが、いつ、誰が彫ったかは不明。風化が激しく、手前に立つ解説板にある「江戸名所図会」が往時の磨崖仏地蔵の全体像を教えてくれる。江戸名所図会は、歌麿と同時代に生きた絵師長谷川雪旦が描いているものだが、江戸にも当地の磨崖仏地蔵が知られていたことがうかがえる。地蔵前の道は六浦道と呼ばれた金沢と鎌倉を結ぶ要路だったことから、往来する人びとの信仰の対象になっていたことが推測される。場所は朝夷奈切通に近い環状4号線・大道中学校バス停前。

風化してしまったが…。

らなっており、この地を支配していた豪族和田一族を滅ぼして領地とした北条氏の分流がやがて「金沢北条氏」と称されるようになったと伝わる。

そのころの海岸線は六浦あたりまで迫っており、入江となって天然の良港だった。地勢的には鎌倉の外港となり、軍事上も要衝だった。また、現在は金沢街道と呼ばれる六浦道は鎌倉防衛の重要地である朝比奈切通から鎌倉中心部とつながっており、往時は物流ルートを兼ねた幹線道路で、六浦は海陸両面から鎌倉幕府の防衛ラインとなっていた。

建設省地理調査所発行 1/10000地形図「大町」「逗子」

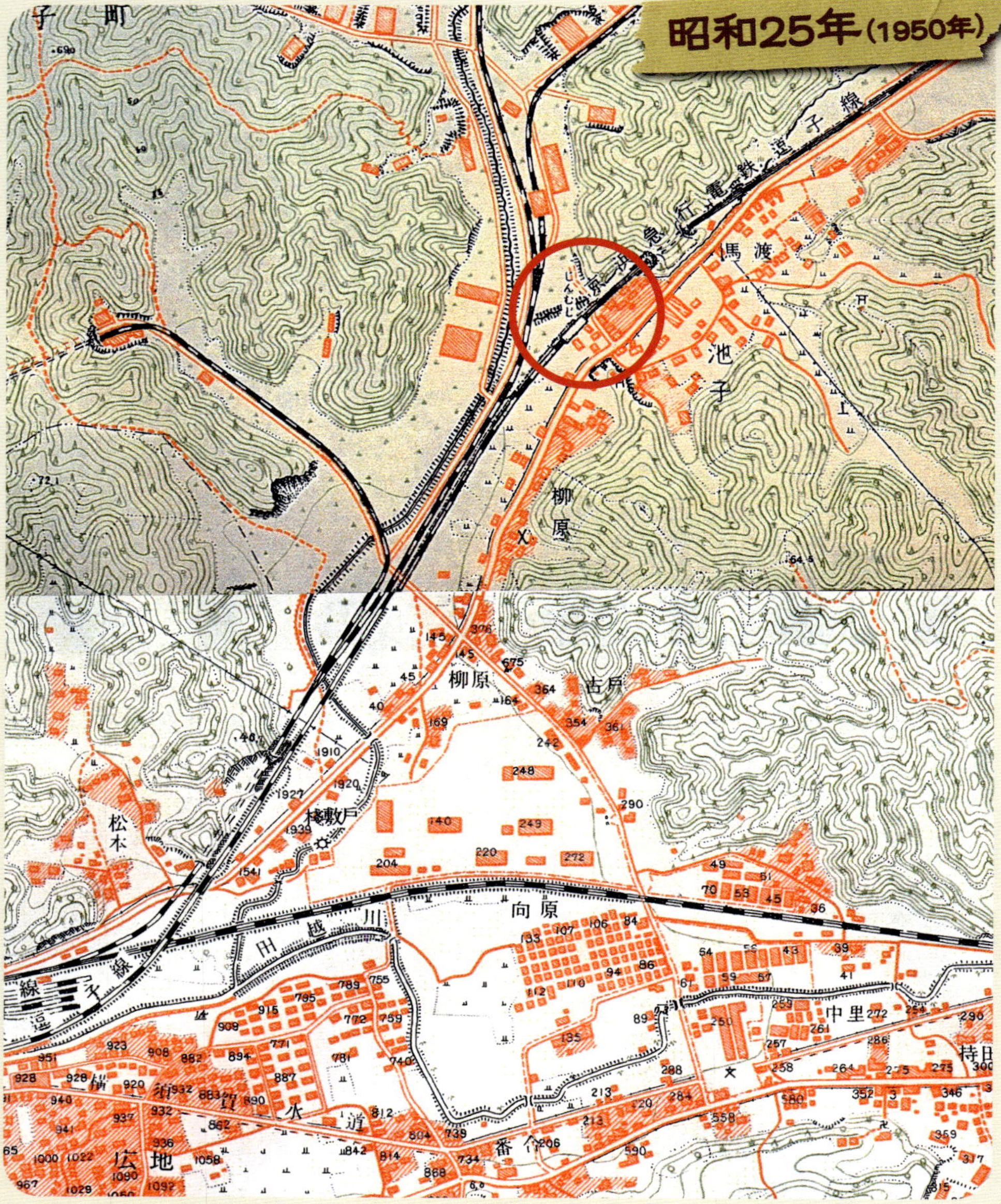

現在、鉄道は京急と横須賀線しか走っていない地域だが、昭和25年当時は京急西側の丘陵地に鉄路が走っている。京急西側の丘陵地が左ページの別項で取り上げている池子の弾薬庫があったところである。地図東側は横須賀港方面であり、戦前は周囲一面丘陵地の地下に弾薬所蔵庫を建造。横須賀線と連絡する貨物線を敷設した。戦後は占領軍となった米軍が弾薬庫と利用していた時代を映す地図である。

逗子線

神武寺

今は昔の逗子八景の一番手

開業年	昭和6(1931)年4月1日
所在地	神奈川県逗子市池子2-11-2
キロ程	4.1㎞(金沢八景起点)
駅構造	2面2線(地上)
乗降客	7,037人

「神武の晩鐘」

神武寺駅から歩いて1分、池子神明社がある。創建は鎌倉開府と同年の1192年。祭神は天照大御神。旧村社の面影を今も残している池子村の鎮守だ(写真参照)。

池子神明社

池子神明社と隣り合うようにして高野山真言宗の古刹東昌寺がある。寺伝によれば鎌倉時代に北条泰時が執権家歴代の菩提寺として鎌倉の西ケ谷(鎌倉市小町)に建立した東勝寺に由来する。

神武寺駅は湘南電鉄時代の昭和6年4月1日、仮駅として開業後11年6月11日に駅に昇格。駅名は仮駅当時のままだ。しかし、駅名となった神武寺は駅から2キロ近く離れた緑深い山中にある。神武寺は神亀元(724)年に開山された天台宗の古刹だが、逗子で最も早く拓けた「池子」の地名ではなく、駅から遠く離れたお寺がなぜ駅名となったのか。

周辺資料から推測すると、神武寺が

池子弾薬庫の変遷

池子弾薬庫跡は現在、一部が「池子の森自然公園」となって一般に公開されているが、ほとんどは米軍家族住宅や運動場など在日米軍施設になっている。

池子に弾薬庫が置かれるようになったそもそもは昭和12（1937）年、横須賀鎮守府が池子弾薬庫建設計画を立てたことに始まる。弾薬庫に伸びる路線はその計画に沿って敷設されたものだ。

終戦後、広大な弾薬庫は占領軍に接収され、米軍の弾薬庫として使用されるようになった。

サンフランシスコ条約発効後も米軍施設として継続、池子弾薬庫はベトナム戦争の終結（1975年）までは弾薬の貯蔵に使用されていた。昭和53年、弾薬庫は閉鎖の運びとなり、その後弾薬庫鉄道も廃線。跡地の返還、共同使用等々、日米間で折衝が重ねられた。結局、紆余曲折あるも日米間の話し合いで現在の形になっていった。

なお、池子の森自然公園がオープンしたのは平成27年とまだ歴史は新しい。

1964年当時の神武寺駅。
撮影：荻原二郎

国土地理院発行 1/10000地形図「大町」「逗子」

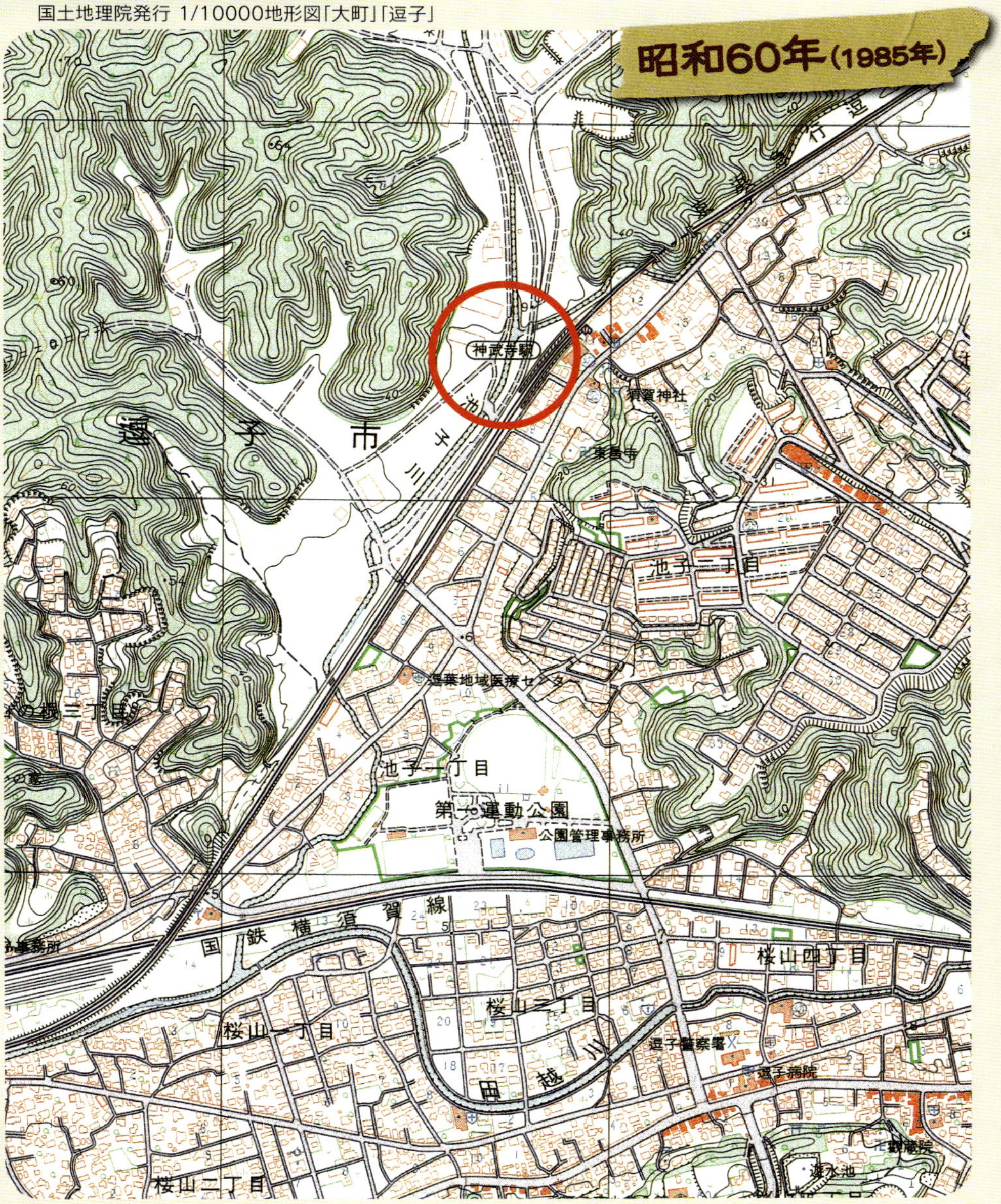

ベトナム戦争集結（1975年）後、弾薬庫は廃止された。その後の経緯は左側の別項で触れているが池子弾薬庫鉄道とも呼ぶべき往時の貨物線も廃止され、廃線跡となって地図に記されている。弾薬庫鉄道は鉄道好きの間では「米軍池子線」と通称され、その廃線跡をたどる鉄道好きもいると仄聞する。戦後間もない頃までは丘陵地だった京急東側の丘陵地も宅地開発が進んでいる。

北条一族を弔って700年近く…

東昌寺は北条一族最期の地

鎌倉幕府最後の執権となった北条高時が一族郎党とともに死に場所として選んだのが東昌寺こと東勝寺。北条家歴代の墓所である寺に火をかけて自害した数、北条一族283人と家臣870人と太平記に記されている。当時の東勝寺の住職は本尊の大日如来像を守って山道伝いに池子に落ちのび、東勝寺を再建。江戸時代になって同寺は水戸徳川家につながる尼寺英勝寺の支配下になったことから寺名にある「勝」を「昌」に改め、「海照山東勝寺」から「青龍山東昌寺」に変わったと伝わる。

神奈川県逗子市池子2-8-33

「逗子八景」の一番手に上げられていることに来由していそうである。昭和3年発行の『逗子町誌』には「本町在住実業之日本社理事藤原疎水氏苦心の選なり」と但して「逗子八景」が上げられている。

一番手に選ばれている神武寺の「神武の晩鐘」以下「延命の秋月」「櫻山暮雪」「小坪の帰帆」「不動の落雁」「岩殿の晴嵐」「鳴鶴の夕照」。金沢八景をなぞったことは一目瞭然。「延命」とは逗子の延命寺、「櫻山」は神武寺山系の連山、「小坪」は漁村、「不動」は逗子の浪子不動、「岩殿」は岩殿寺からの眺望、「鳴鶴」は神武寺山系の連山が相模湾に落ちる鳴鶴ケ崎の夕景を指している。金沢八景同様、逗子八景も今は昔の物語となった。

建設省地理調査所発行 1/10000地形図「逗子」

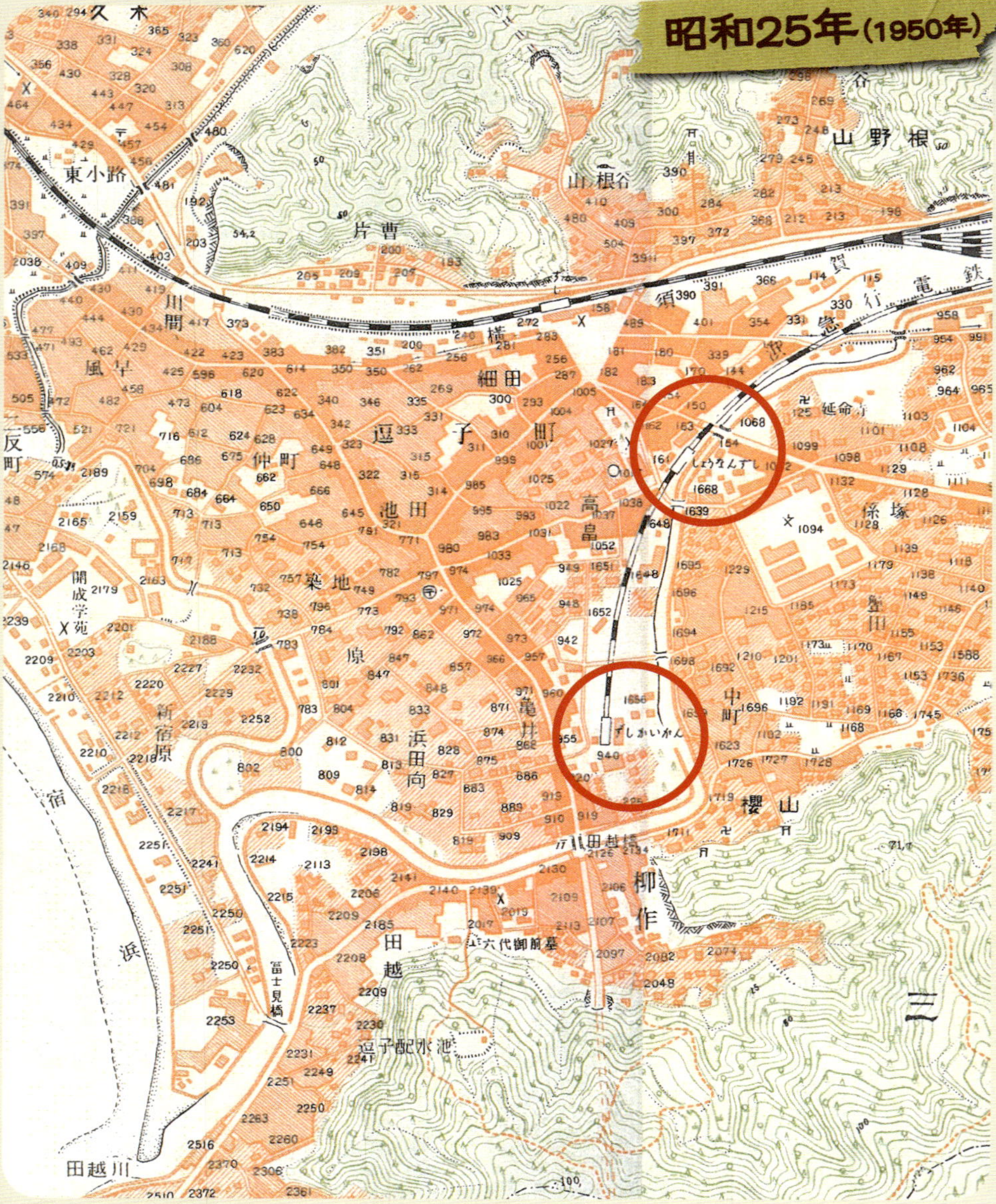

湘南逗子駅と逗子海岸駅の二駅があったころの地図である。地図左側中央部に「開成学苑」とあるのは後の逗子開成中学・高校。♪真白き富士の嶺～の題材となった学校だ。創立（明治36年）間もない明治43（1910）年、休日に学校所有のボートを海に出した生徒ら12人が七里ヶ浜沖で遭難、全員死亡する事故が起きた。「真白き富士の嶺」は鎮魂歌として作詞作曲された。「七里ヶ浜哀歌」とも呼ばれ、戦前戦後の二度、映画化もされた。

逗子線

新逗子

逗子はそれまで静かな別荘地だった

開業年	昭和60(1985)年3月2日
所在地	神奈川県逗子市逗子5-1-6
キロ程	5.9㎞ (金沢八景起点)
駅構造	1面1線(地上)
乗降客	25,128人

徳富蘆花の『不如帰』

〈相州逗子の柳屋という家の間を借りて住んでいたころ、病後の保養に童男（こども）一人連れて来られた婦人があった。夏の真っ盛りで、宿という宿は皆ふさがって、途方に暮れておられるのを見兼ねて、妻と相談の上自分らが借りていた八畳二室のその一つを御用立てることにした。ひと月ばかりの間に大分懇意になった。三十四、五の苦労をした人で、大層情の深い話上手の方だった〉

――徳富蘆花が明治42年、『不如帰』第100版発売にあたって巻首に記した一節だ。蘆花は4年ほど保養を兼ねて逗子に滞在中、この婦人から聞いた実話をもとに、逗子を舞台に武男と浪子の悲恋物語にしたのが『不如帰』だ。

逗子蘆花記念公園から見た逗子の海

明治31（1898）年、国民新聞に連載早々から女性読者を増やし、連載終了後に単行本となると明治出版史に記録される空前のベストセラーとなった。

国土地理院発行 1/10000地形図「逗子」

往時は沿岸地の地名から「新宿浜」と記されていた海岸も「逗子海岸」となっているが、逗子が別荘地となったのは明治20年代に田越川河口に旅館が出来、横須賀線逗子駅が開業してから新宿浜周辺に都人の別邸が建ち始めてから。日清戦争後には海水浴場としても人を呼ぶようになった。日露戦争後、東郷平八郎も当地に別荘を持っている。なお、有名な葉山マリーナは逗子海岸田越川河口を越えた南に位置している。

逗子の景観と文士

逗子海岸の西側の外れ近くに「浪子不動」と「不如帰の石碑」がある。浪子不動の高養寺は波切不動と呼ばれていたが、作中で浪子と武男が訪れたことから「浪子不動」と呼ばれるようになった。不如帰の石碑はお堂の前の海中の岩場に建つ。

蘆花が逗子を静養の地に選んだのは実兄蘇峰が逗子に別荘を構えていたのも、その理由の一つ。石碑の「不如帰」の文字は蘇峰の手になる。

往時、逗子の海岸は海水浴場でもあったが、江ノ島を前にして富士山を見る絶好のビューポイントだった。逗子には徳富兄弟の他、『武蔵野』の国木田独歩や『婦系図』泉鏡花なども訪れ、滞在している。それぞれ文学碑が立てられている。

逗子を紀行した田山花袋によれば、国木田独歩にとっての逗子は、別れた細君信子と「蜜のような半年を送った」ところ。信子は、独歩の貧乏暮らしに愛想を尽かしたのだが、その地に再訪、滞在した独歩の心境は如何に？

国木田独歩の文学碑

逗子の名の起こり「延命寺」

延命寺門前

駅から歩いて5分ほど、黄雲山地蔵密院延命寺（逗子市逗子3-1-17）は寺伝によれば奈良時代の天平年間（729～49年）、行基が開基、延命地蔵尊を安置。平安時代に入り、弘法大師が下野の国に二荒山（日光）に行脚の折、この地に立寄り、地蔵尊を安置する厨子を設けたのが、「厨子＝逗子」の地名の起こりとなった。

それまでどちらかと言えば葉山の露払い的存在で、観光地というより静かな別荘地だった逗子の名を『不如帰』は天下に知らしめた。

逗子市は昭和59年、市制30週年を記念して逗子を広く世の中に広めた徳富蘆花に「蘆花記念公園」を開設して報いている。

新逗子駅は京浜逗子駅と逗子海岸駅を合併してできた。もとの京浜逗子駅は昭和5年4月1日に湘南逗子駅として開業。逗子海岸駅は昭和23年7月3日に開業。昭和27年7月からの海水浴特急の運行以来、行楽の人々で賑わいを増した。

なお、逗子海岸駅のルーツは昭和6年に開業した「湘南逗子駅葉山口乗降場」である。

市区町史に登場する京急電鉄① 川崎市史より

大師電気鉄道・京浜電気鉄道の開通

明治23年（1890）４月から７月に上野公園で開かれた第３回内国勧業博覧会で、アメリカから輸入した電車の運転が行われると、これが全国的な反響を呼び、電気鉄道敷設の計画が各地であいついで起こった。同26年には、各地の電気鉄道を計画する人びとによって「電気鉄道期成同盟会」が結成され、電気鉄道敷設の推進運動が展開された（野田正穂ほか編『日本の鉄道－成立と展開－』）。

このような私設鉄道あるいは、電気鉄道の敷設をめぐる鉄道熱を背景にして、明治28年７月、横浜電車鉄道の発起人高瀬理三郎らが、横浜から川崎を経て大師河原に至る電気鉄道の敷設を出願した。次いで翌年３月には、いち早く電気鉄道事業に参画し指導的立場にあった立川勇次郎を発起人総代として、川崎町在住の田中亀之助（写真55）ら13人が発起人となり、「川崎電気鉄道敷設特許請願書」が提出された。この結果、川崎－大師河原間を結ぶ電気鉄道敷設計画は、横浜電車鉄道と川崎電気鉄道の競願となった。

（中略）

このような経緯で大師電気鉄道（現京急大師線）が川崎（のちの六郷橋）－大師間（全長２㎞）に開通したのは、明治32年１月21日であった。これは、京都電気鉄道（同28年開業）・名古屋電気鉄道（同31年開業）に続く日本で３番目の電気鉄道で、また東日本では最初の電気鉄道であった。

開業当日は川崎大師の縁日に当たり、前日の午後５時から沿道の住民に限って、無料で試乗が行われた。運賃は、川崎－大師間が並等５銭・上等10銭、また川崎－池端間と池端－大師間はそれぞれ並等３銭・上等５銭であった。東京と横浜からの旅客については人力車が必要とされたため、「だるま組」と協議のうえ、官設鉄道川崎停車場に切符売場を設け、同停車場から電車の乗場までを４銭として連絡切符が発売された。当時、東京でも見ることの少ない電車が軽快に走る姿は、沿線の人びとには珍しく、黒山の人だかりができたといわれている。また、この日の収入が300円余りであったことで社員一同は歓喜し、終業後祝杯をあげたことも伝えられている（『京浜電気鉄道沿革史』）。

この鉄道の営業運転は午前９時から午後６時、日曜・大師大祭日（１月・３月・９月の21日）、および毎月１・15・20・21日は午前８時から午後８時まで５分間隔で行われた。もっとも技術が未熟であったため、しばしば脱線することもあり、乗客獲得策として扇子を配布したという逸話も伝えられている。それでも開業当時の営業報告によれば、大師縁日の毎月21日には大混雑を極め、１日に250～260回余りの運転を行い、事故による負傷者もなく順調な滑り出しであったといわれる。大師電気鉄道は、営業開始から５月までの約４か月間で１日平均1200人余り、約16万人の乗客を運んだ。なおこの路線は単線であったが、同32年８月に複線化が計画され、11月にその運転を開始した。

川崎－大師間の営業に成功した大師電気鉄道は、さらに京浜間に路線を敷設するため、その準備に着手した。すでに川崎－品川間については京浜間電気鉄道の敷設が申請されており、これと合同することを得策として、明治32年（1899）４月に大師電気鉄道株式会社と京浜間電気鉄道創立発起人との合併による京浜電気鉄道株式会社が設立された（『市史』資料３近代149～151）。これによって、川崎以北および以南への新路線の敷設が次々に計画・着工され、その第一期線として着手されたのが六郷橋から官設鉄道大森停車場に至る路線であった。この路線は同33年８月に着工し、翌年２月に開業した。運賃は並等10銭・上等15銭であった。

また明治35年６月には、穴守稲荷への参詣客のため蒲田で分岐して稲荷橋に向かう羽田支線（穴守線）も開業し、さらに同年９月には京浜電気鉄道にとって待望久しかった六郷橋から官設鉄道の川崎停車場に達する路線が開業した。この川崎への開通にともない、京浜電気鉄道の運転系統は大森－大師、大森－穴守、川崎－大師となり、終点ではいずれもループ線による方向転換を行った。運賃は大森－大師間が並等15銭・上等22銭、大森－蒲田間は並等８銭（往復割引14銭）、また蒲田から穴守までの人力車連絡の賃金は片道15銭・往復２７銭であった。旅客の流れは、大森発大師行き・大森発穴守行きが増加を示し、この区間では往復割引券（大森行き並等25銭、穴守行き並等28銭）が、また大森や川崎の発着で「途中昇降随意」の巡回割引券（当日限有効）が発売された。

さらに同年11月に京浜電気鉄道は、六郷橋－品川間の新設軌道の敷設を線路変更として内務省に特許され、こののち、品川－大森海岸間が明治37年４月に完成し、５月８日に全線新設軌道による営業運転を開始した。用地の買収には難渋し、大部分を単線とする開通であったが、これによって川崎－品川間が全通した。この品川開通後の乗降客は、開通前に比べて月平均約５割増加したが、それは主に品川・大森地区での短距離客によるものであった。品川延長完成から１年後の同38年４月、川崎－神奈川間の建設工事に起工し、同年12月に竣工、品川－神奈川間の営業運転が始まった。

（中略）

大師電気鉄道創業以来、建設と改良を積み重ねてきた京浜電気鉄道の路線は、おおむねこの形態で大正末年まで運営された。

3章
京急本線（横須賀市）
久里浜線

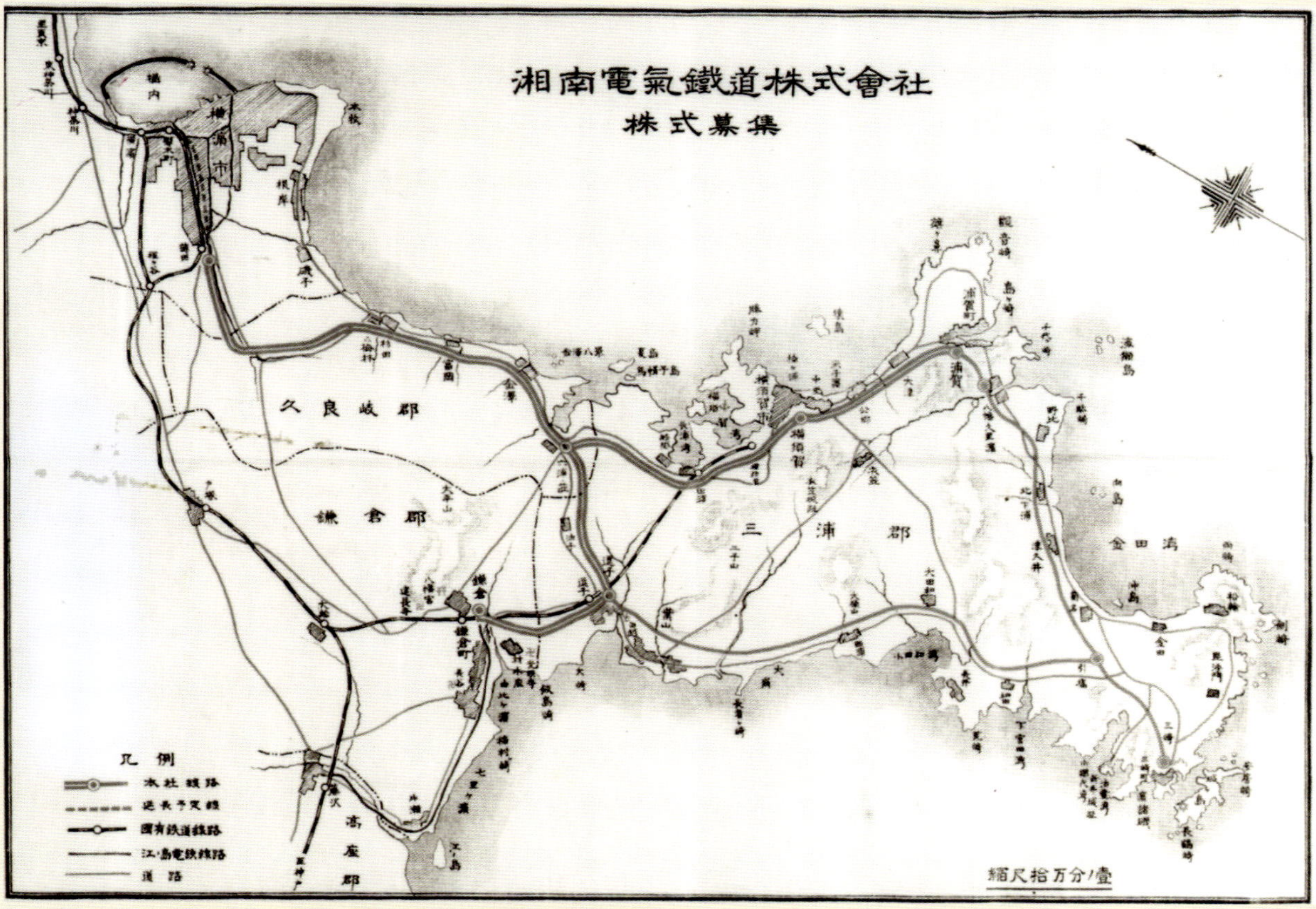

湘南電気鉄道が株式募集のために作成した路線計画図。提供：京急電鉄

京急本線

追浜

平和の大事さを教えてくれる

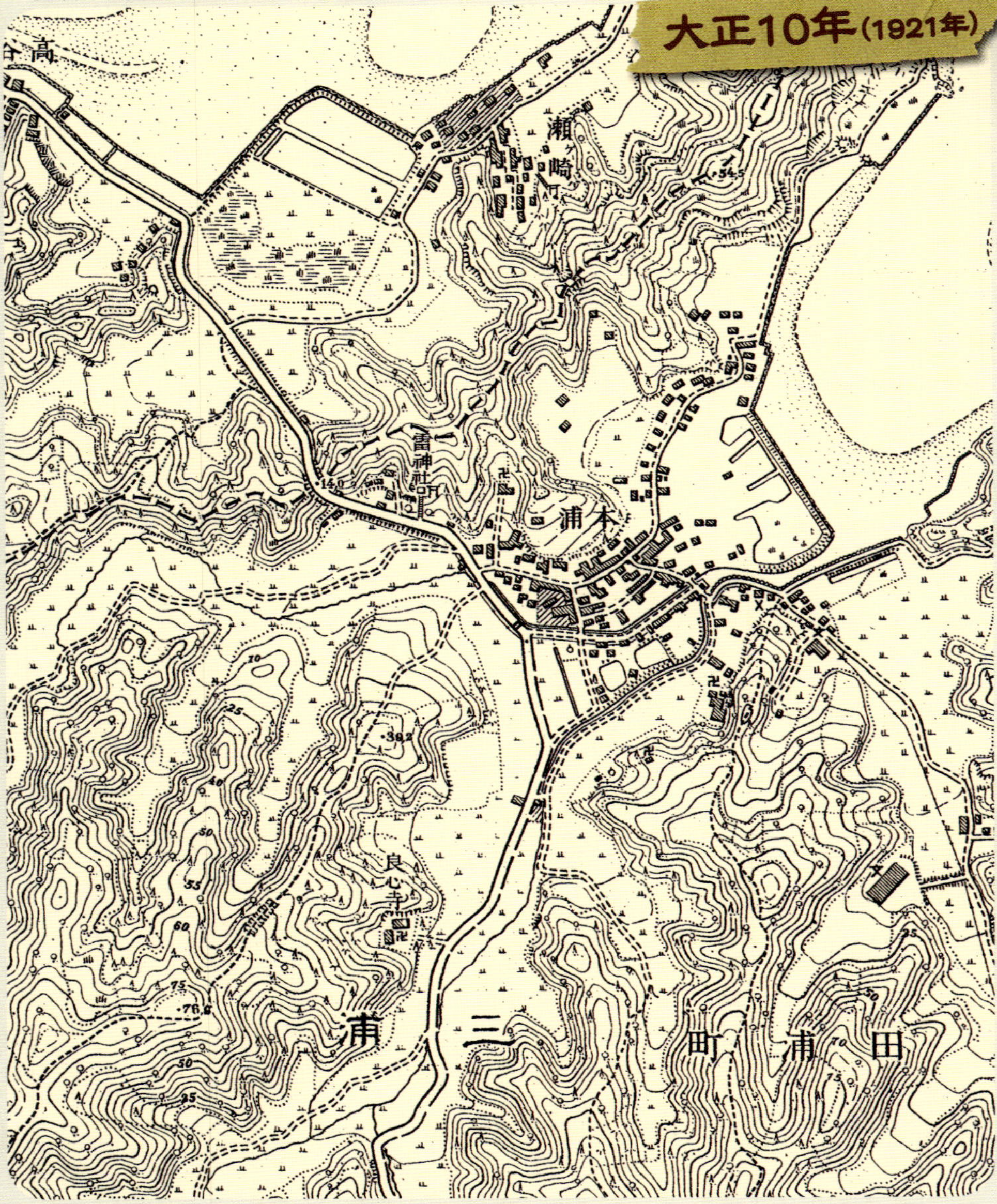

陸軍陸地測量部発行 1/10000地形図「金沢」

追浜の海岸が埋め立てられていく前の地図である。下段本文で触れているように追浜海岸から横須賀海軍航空隊が育っていくことになる。航空機が急速な進歩を遂げるのは欧州大戦で、海軍航空隊も水上飛行機ばかりでなく陸上飛行機の滑走路を建設に入り、追浜飛行場の南側を埋め立て。陸上機のための飛行場を完成させたのは大正15年。以降、横須賀基地も拡大。追浜海岸の景観は戦前に様変わりしていった。

開業年	昭和5(1930)年4月1日
所在地	神奈川県横須賀市追浜町3-3
キロ程	42.8㎞（品川起点）
駅構造	2面2線(地上)
乗降客	41,978人

海軍航空隊発祥の地

駅改札口からつながるペディストリアンデッキに立つと、横須賀スタジアムから横須賀港に向かう追浜のメインストリートがひたすら真っすぐ走っているのを見下ろせる。

埋立地に向かって真っ直ぐメインストリート

地図で見て取れるように、駅周辺はかつては小さな町だった。界隈がまだ村だった明治45（1912）年7月10日、日本海軍は村外れの追浜に南北600メートル、東西200メートルの地を整理して格納庫と滑走路をつくった。明治天皇が同年7月30日に崩御。元号が大正に変わった11月6日、海軍はフランスから購入した複葉水上飛行機の初飛行に成功した。記録によれば高度30mで海上を飛ぶこと15分。これが我が国における水上飛行機の初飛行記録となっている。

ライト兄弟の初飛行から9年後のこの初飛行から海軍航空隊創設の機運が高まり、大正5（1916）年、追浜の地

建設省地理調査所発行 1/10000地形図「金沢」

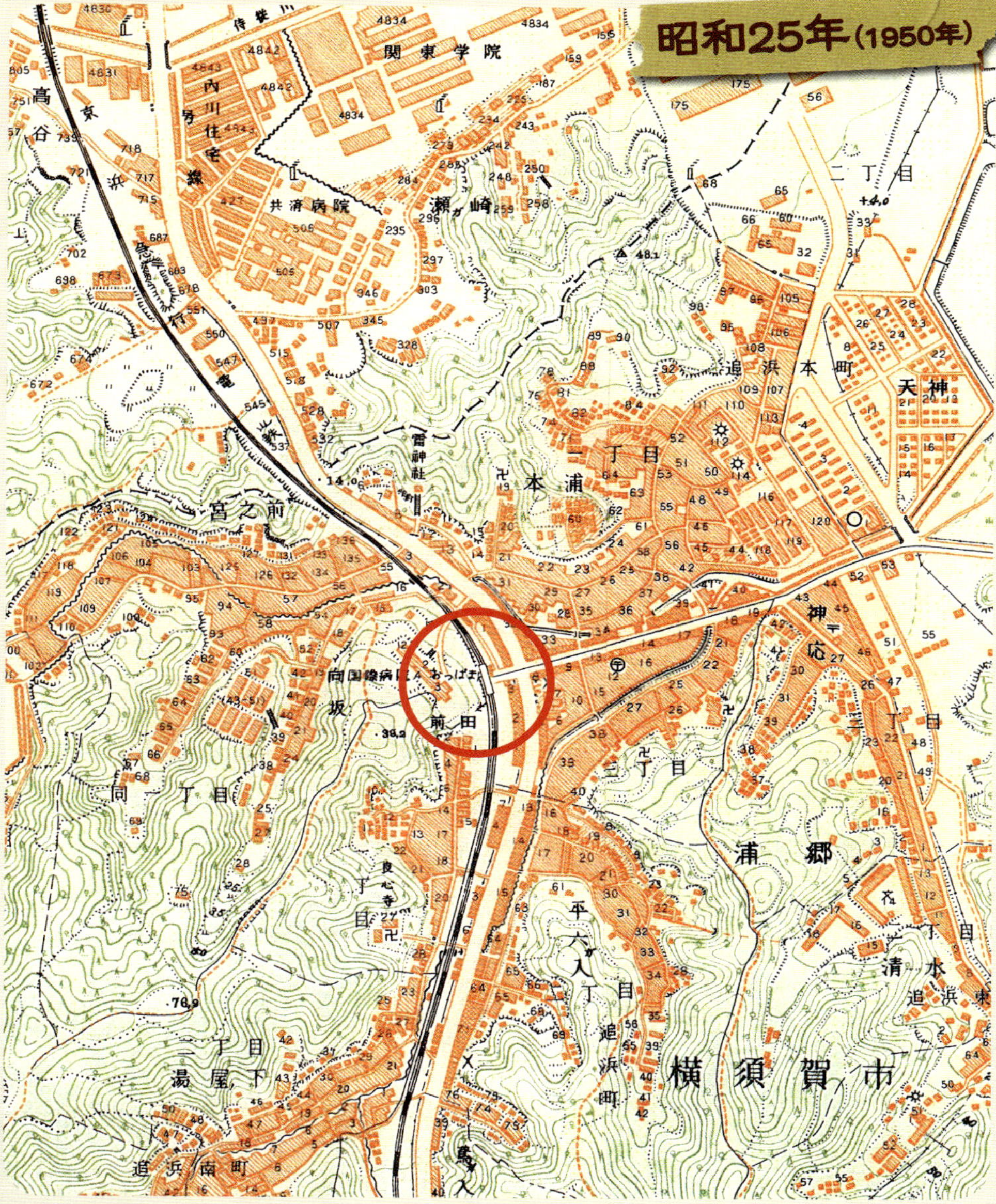

戦後間もない時期の地図だが、京急追浜駅から埋立地方面に直線道路が出来ている。下段右ページの写真で触れている追浜のメインストリートだが、右ページ大正10年の地図には見られない。この直線道路は昭和8年に完成した横須賀海軍航空隊航空隊専用道路であった。要は軍用道路であったのだが、平和が訪れた戦後、埋め立てがさらに進む追浜の発展に大きな貢献を果たすことになった。

海軍航空隊と零戦

太平洋戦争で海軍航空隊の主力戦闘機零戦は三菱重工名古屋航空機製作所が生んだ。零戦が初めて実戦に投入されたのは中国戦線。昭和15年8月、中国・重慶上空での中国空軍27機が初戦の相手だった。対して零戦は半数の13機で中国軍機を全機撃墜したのが零戦のデビュー戦となっている。零戦は以降、中国戦線でのおよそ1年間で中国空軍に与えた損害は撃墜機数162機、撃破機数264機、対して零戦は2機を失ったのみという信じがたい数字を残している。

中国空軍の実態は米英ソ等から購入された外国機ばかりで、それらの国は指導のための顧問団も派遣。また、それら外国勢による飛行隊も編成されていた。米国の顧問の中には、日本がとてつもない戦闘機を開発したこと、対戦データと共に本国へ報告した。しかし、日本を航空後進国と判断していた本国は報告の数字を信じなかったことから、太平洋戦争突入後も、しばらく零戦の天下が続くことになった。

靖国神社遊就館に展示されている零戦

雷神社は追浜のシンボル

追浜駅から徒歩5分の雷神社の創建は平安時代の承平元（931）年と伝わる古社（横須賀市追浜本町1-9）。追浜のシンボルともいえる神社で、夏の大祭では神輿が練り歩き、神社周辺は露店が出るなどして大変な賑わいを見せる。雷（いかずち）神社を地元では「かみなりさま」と呼んでいる。神社の境内にあるご神木は樹齢500年を超す銀杏の大木で、毎年多くの実を付けることから、安産や子育てを願いに訪れる人が後を絶たない。

「かみなりさま」の社殿

に海軍航空隊が置かれた。横須賀港近く、日産自動車工場群の向かい側の貝山緑地にある「海軍航空隊発祥の地記念碑」の来由である。同記念碑の傍らには「甲種飛行予科練習生鎮魂之碑」も立つ。予科練は昭和5年追浜に誕生。後に霞ヶ浦に移ったが、鎮魂の碑は追浜で訓練を受けた存命者ら有志が平成9年に寄進した。記念碑の方は昭和12年に横須賀海軍航空隊が当時の格納庫跡に立て、戦後再建されて平成7年に現在地に移されたものだ。

貝山緑地周辺は横須賀海軍航空隊、海軍航空技術廠、追浜飛行場と海軍航空の一大拠点だった。追浜がその昔、基地の街だった頃の物語である。

陸軍陸地測量部発行 1/10000地形図「田浦」

大正10年(1921年)

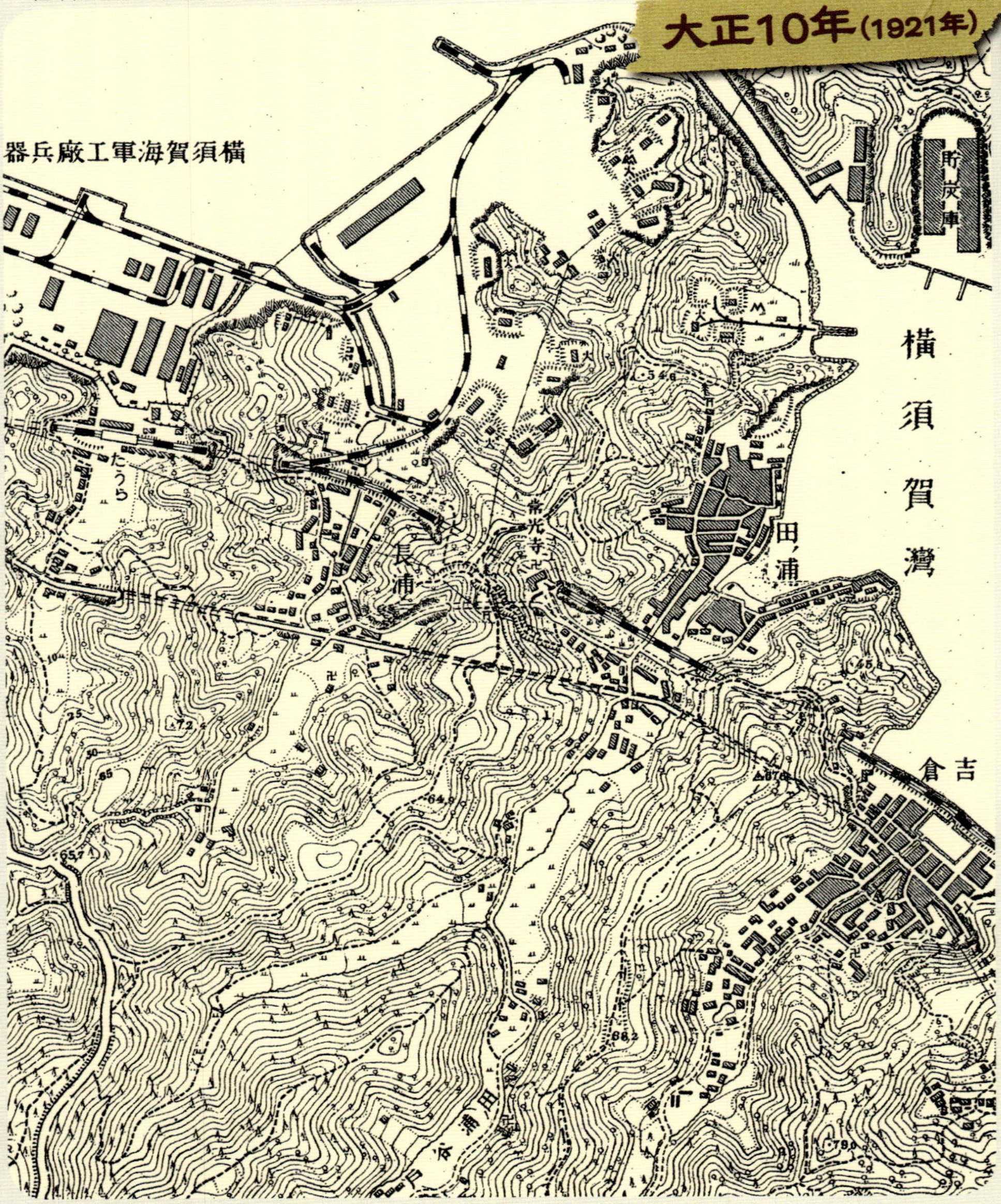

京急が横須賀線の南側を走るようになるのは昭和5年。その10年前の軍港横須賀港の一部を表した地図だが、地図左側に横須賀線田浦駅が見える。その北側に「横須賀海軍工廠兵器庫」が見えるが、そのあたりの海が下段本文で触れている長浦湾だ。田浦駅は軍港駅だったが、明治～大正年間は隣駅の横須賀駅同様に観光客の乗降も多かった。「大日本帝国海軍」の軍港横須賀はその雄大さから格好の観光スポットだったのである。

京急本線

安針塚

軍港の街での駅名改称

開業年	昭和9(1934)年10月1日
所在地	神奈川県横須賀市長浦町2-32
キロ程	47.1㎞(品川起点)
駅構造	2面2線(高架)
乗降客	4,896人

開業時は「軍需部前」

京浜急行も金沢八景を過ぎて追浜に入ると、横須賀市に入る。「追浜」の項で海軍飛行隊の創設等を取り上げたが、横須賀市における京急沿線には今も戦前の名残が随所に見られる。

1966年当時の安針塚駅。撮影：荻原二郎

安針塚駅は、かつて歴史の教科書で習った三浦按針(ウイリアム・アダムス)の供養塔が駅から歩いて30分ほどの塚山公園にあるところから駅名になったのだが、昭和9（1934）年に開業した当時の駅名は「軍需部前」だった。戦時色が濃くなった昭和15年10月1日に、軍施設の所在が明らかになる駅名を嫌った軍部の方針で安針塚駅と改称されたものだ。

安針塚駅北西にはJR横須賀線田浦駅があり、田浦駅と長浦港は目と鼻の先だが、長浦湾の岸壁にそった倉庫地帯は、戦前は海軍軍需部の長浦倉庫と呼ばれていた。主に兵器庫があったところで、今でも軍需部当時の古い建物が

建設省地理調査所発行 1/10000地形図「田浦」

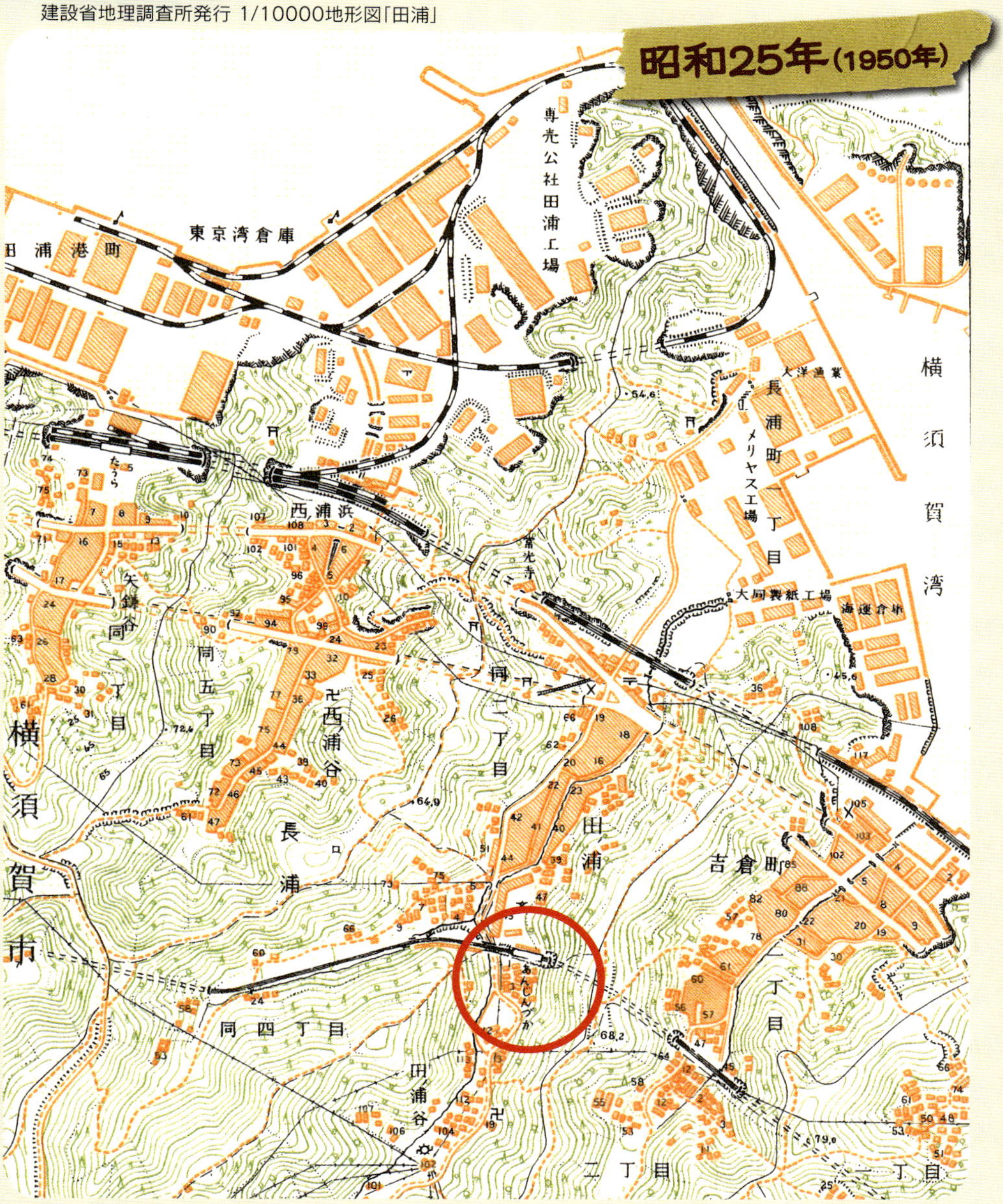

戦前は横須賀海軍工廠兵器庫があったところに「東京湾倉庫」の文字が見える。戦後は一転、民需の倉庫街となった長浦港は別項で触れているように戦後食糧難の時代、米軍からの支援食糧の輸入港となり、昭和25年ごろは救援物資の積み込み積み出しで港が活気づいていた時期だ。横浜ベイスターズ球場は地図右側、メリヤス工場一帯が埋め立てられた跡地にある。

戦後の食糧危機と長浦港

終戦後の食糧難の時代の昭和22（1947）年10月「山口判事事件」が起きている。山口良忠判事は闇市の闇米を拒否して食糧管理法に沿った配給食糧のみを食べ続け、栄養失調死。国が決めた配給食糧では生きていけないことを示した出来事だった。

長浦港は、明治から太平洋戦争終戦まで軍港として使用されてきたが、戦後は一転、進駐軍からの緊急食糧輸入港として、大きな役割を果たすことになった。戦時中の空襲によって各港が甚大な被害を受け、臨港倉庫の不足が深刻だった当時、戦禍の傷浅かった長浦港の広大な海軍倉庫群は、米・麦などの穀物のほか塩・肥料を含む「緊急食糧受入港」として使用され、かつての軍港は日本の食糧危機の打開を支えた。現在の長浦港は米などの輸入と砂利、砂、石材などの作業船の基地となっていて、一部は海上自衛隊に使用されている。

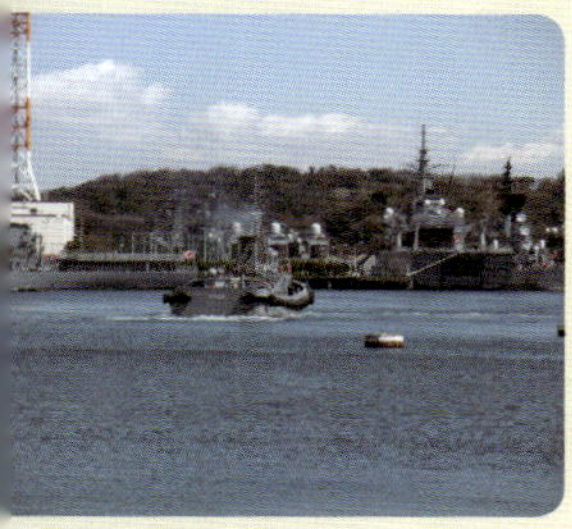
現在の長浦港

季節ともなれば梅の香りにつつまれる。

田浦梅の里

昭和9（1934）年に今上天皇のご生誕を記念して、地元の有志が700本の梅を植えたのが「田浦梅の里」の始まりとなっている。現在では約2000本の梅が咲きほこり、「かながわ花の名所100選」にも選ばれている。

梅の季節でなくても田浦緑地の展望台から眺める東京湾の眺めはなかなかのもの。

横須賀市田浦泉町92
安針塚駅から2キロほど

多く残っている。

そもそも長浦湾の港湾施設は明治初年に海軍省が建設に着手。大正年間にはほぼ現在の姿になった。その間、日露戦争が始まった明治37（1904）年には水雷術練習所も建造されている。この練習所は後に海軍水雷学校となっている。軍需部の長浦倉庫となったのはまだ欧州大戦が続いていた大正8（1819）年、海軍工廠造兵部の倉庫が建ってからだ。

戦後は捕鯨船の母港となったこともあったが、倉庫街は現在では民間が使用。大正時代からの風雪が染み込んだかのような倉庫の風情が、往時を忍ばせる。

陸軍陸地測量部発行 1/10000地形図「横須賀」

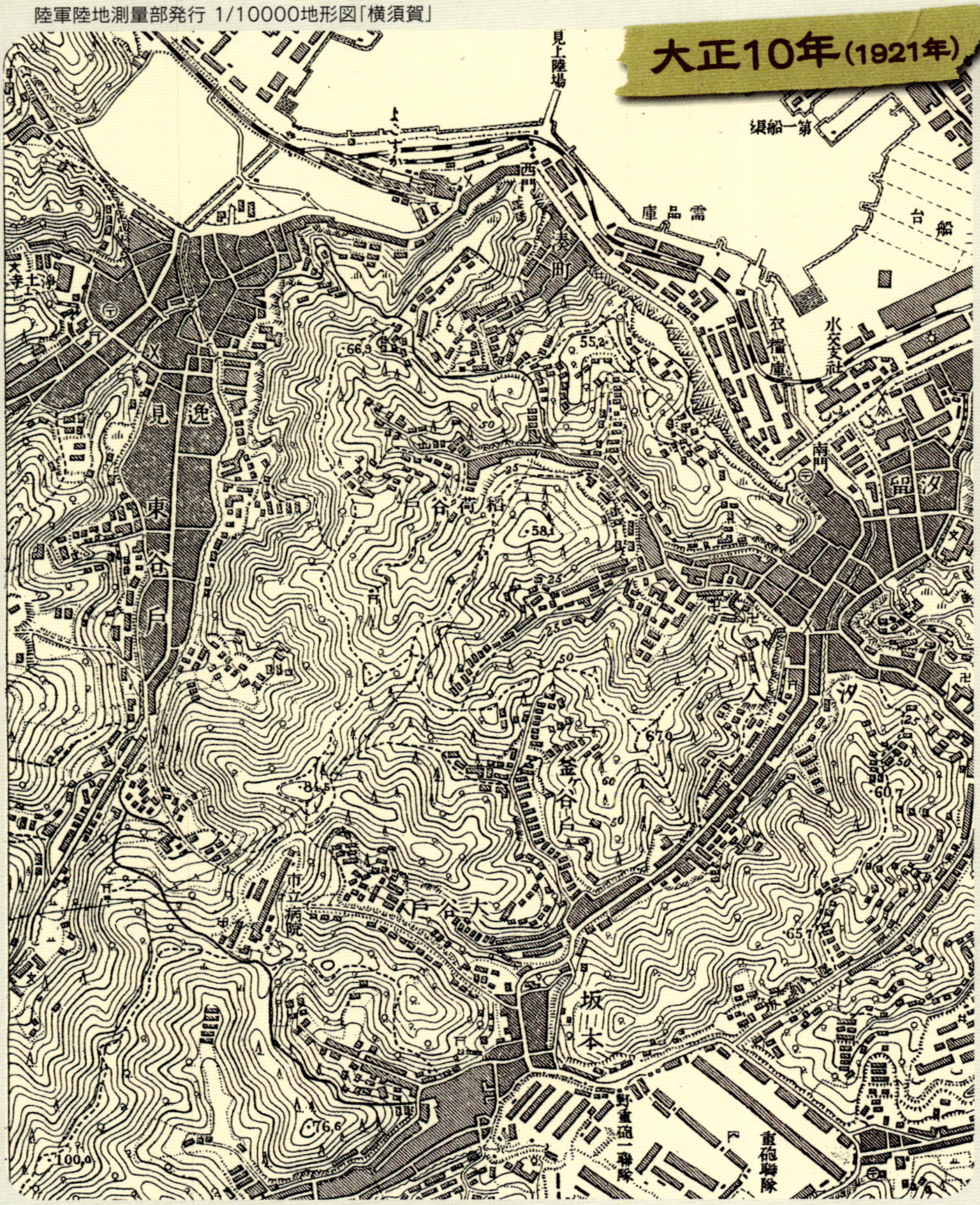

京急本線

逸見

JR横須賀駅とは商店街で連結

横須賀線横須賀駅が地図上部に見える。その南側に横須賀駅の門前町のごとく形成されている逸見の集積地が南北に延びている。その昔、東京湾がこのあたりにまで延びていたことを「東谷戸」の地名が教えている。谷戸とは丘陵地が侵食されて形成された谷状の地形をいうが、等高線だらけの横須賀にあって逸見のあたりは数少ない平地だったことから、町が形成されていき、横須賀駅の発展に連れて逸見の集積も進んだことがわかる。

開業年	昭和5(1930)年4月1日
所在地	神奈川県横須賀市東逸見町2-18
キロ程	48.1㎞（品川起点）
駅構造	2面4線(高架)
乗降客	5,287人

軍事路線だった横須賀線

京急線でJR横須賀線横須賀駅に最も近くにあり、商店街（写真）で結ばれているのが逸見駅だ。湘南電鉄が開業したのは昭和5（1930）年。軍港の街・横須賀が忙しく動いていた時代だ。

幕末の動乱が維新に収斂されていく慶応元（1865）年に幕府の軍艦建造のための造船所の建設地が横須賀湾となったことから、横須賀の街は軍事拠点なる性格が決まったのだが、横須賀線は軍事上の理由で拓かれた。

逸見駅と横須賀駅を結ぶ逸見商店街

明治17（1884）年、横浜の海軍東海鎮守府が横須賀に移転して横須賀鎮守府と改称。横須賀は海軍の本格的基地として拡張されることになった。しかし、東京～横須賀間の交通は極めて不便。横浜以南は馬車だった。その馬車さえ通行不能の箇所があった。ために、海軍は馬車道路の建設を計画し、この計画は明治19年に鉄道建設計画にグレードアップした。

このころ、陸軍でも三浦半島に砲台

横須賀駅とバリアフリー

横須賀線横須賀駅は、予算上の制約から市街地に駅を設けるのが難しく、逸見村（当時）に兵営があったこの地に決定した。また、将来の路線延伸にも便利な地として海軍がこの地を希望したともいう。

横須賀線は大日本帝国憲法が発布された明治22（1889）年6月16日に開通。途中駅は鎌倉、逗子だけだった。1日4往復、7月1日に東海道線が全通すると1日6往復となった。直通運転はなく、大船～横須賀間は45分。横浜～横須賀間は接続時間を含めてほぼ1時間半だった。

横須賀線は軍事的な理由から建設された鉄道だが、鎌倉・逗子と横浜・東京との連絡改善に大きな影響を与えた。

横須賀駅は階段のない駅として有名だが、これは軍事資材の積み下ろしが素早く出来るようにしたため。近年は人にやさしい駅として「関東の駅100選」に選ばれたが、軍事上の理由から設計された。時代が変わるとバリアフリーの優等生となった。

建設省地理調査所発行 1/10000地形図「横須賀」

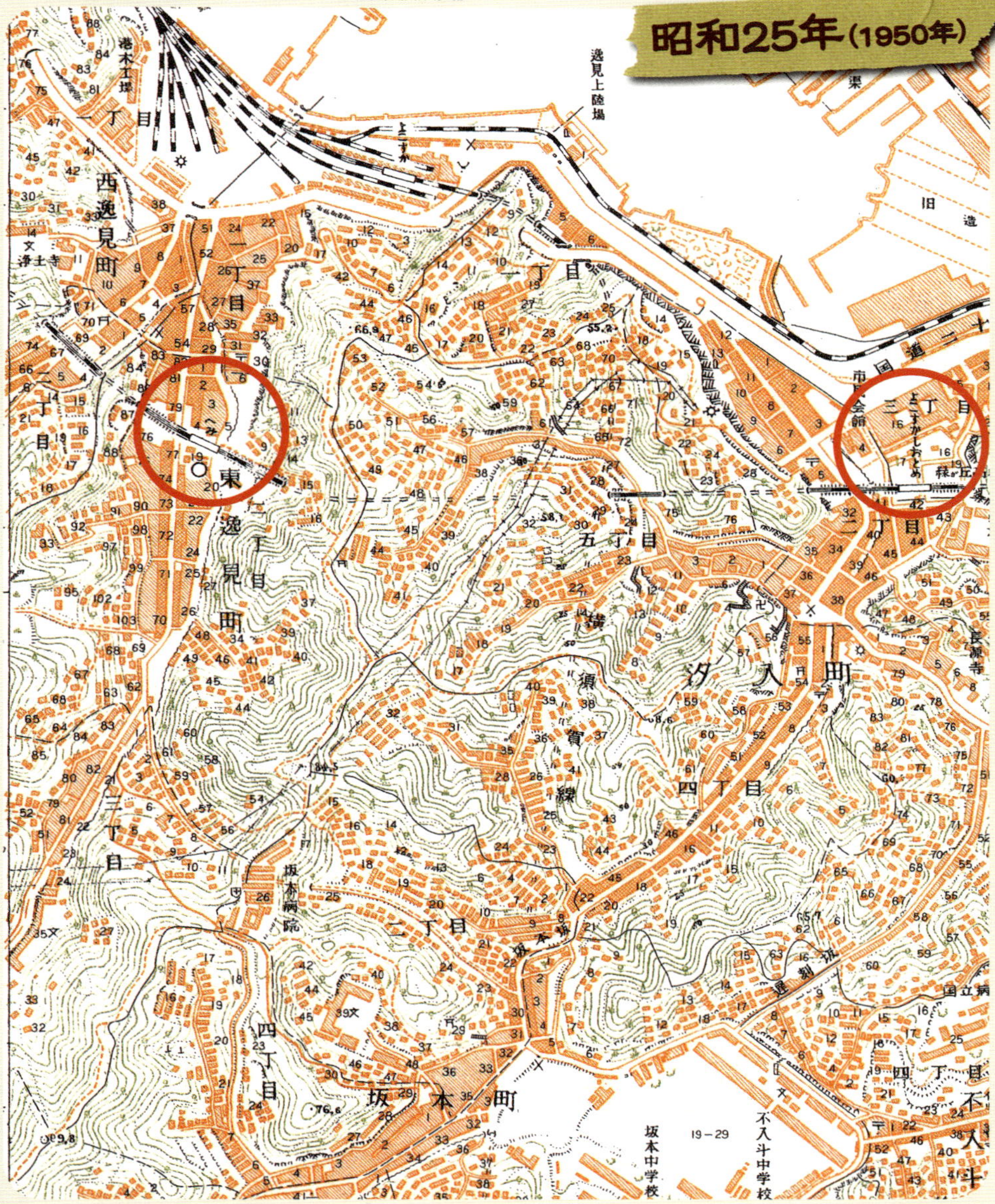

南北に長い逸見の集積を分断するように京急が走り、駅を開業したことが、この地図から見て取れる。横須賀線の南側を走っているのは横須賀街道だが、昭和5年に逸見駅が開業すると、逸見の町の中央にあった通りが横須賀街道にまで延びており、戦後まもない昭和25年の地図だが、現在の逸見商店街の賑わいが伝わってくる。横須賀線は横須賀駅を過ぎると南下。以遠は京急線が横須賀の発展を担うことになる。地図右上の横須賀汐留駅が現在の汐入駅である。

1966年当時の逸見駅。
撮影：荻原二郎

を建設していたから輸送道路改善の必要性を痛感していた。かくて、日頃はとかく意見の合わない陸海軍の意見が一致。明治20年、横須賀線建設が決まった。この頃には明治5年の開業以来、横浜以遠の建設がストップしていた東海道線の部分開業が進み、明治20年には横浜～国府津間が開業している。

当時の鉄道局長官井上勝は東海道線戸塚～藤沢間の中間に位置する大船村に停車場を設けて横須賀線の分岐点とし、鎌倉、逗子を経て三浦半島を横断し、長浦から横須賀に出るルートを決定。横須賀線が大船～横須賀まで開通したのは明治22年、東海道線が神戸まで全通した年でもあった。

ヴェルニー公園

このような艦船も見られる臨海公園。

かつては臨海公園の名で親しまれていたが、公園の対岸にフランス人技師ヴェルニーが建設に貢献した横須賀製鉄所跡地が望めることなどから、フランス庭園様式を取り入れた公園として整備した。海沿いにはボードウォークがあり、潮風の中で散策を楽しめる。横須賀本港を一望できる。公園から見て、右手に米海軍基地、左手に海上自衛隊地方総監部が望める。

横須賀市汐入町1-1-1
JR横須賀駅から徒歩1分

陸軍陸地測量部発行 1/10000地形図「横須賀」

明治36年(1903年)

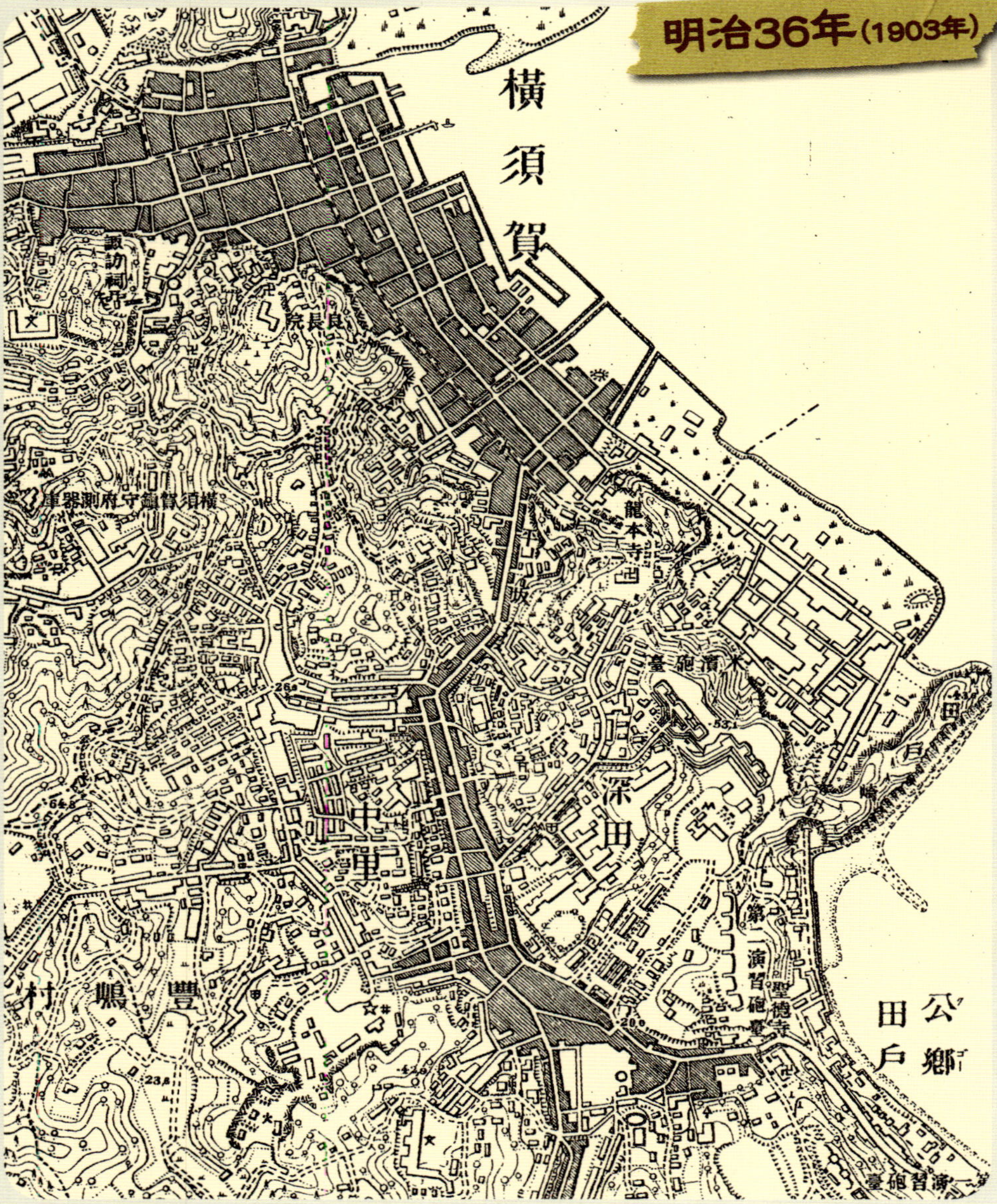

横須賀の表玄関となっているエリアの115年前である。横浜同様にひなびた港だった横須賀の港がかくも発展することになった経緯は下段本文で触れているが、日本の近代化の拠点となると明治12(1879)年になると港湾施設の拡大に早くも沿岸の埋め立てが始まった。地図上部に広がっている集積地は埋立地だ。埋立はどんどん南下して大正年間に入ると左ページ地図のごとく拡大している。

京急本線

汐入・横須賀中央

昭和モダンの時代に開設

汐入駅	
開業年	昭和5(1930)年4月1日
所在地	神奈川県横須賀市汐入町2-41
キロ程	49.2㎞(品川起点)
駅構造	2面4線(高架)
乗降客	21,792人

横須賀中央駅	
開業年	昭和5(1930)年4月1日
所在地	神奈川県横須賀市若松町2-25
キロ程	49.9㎞(品川起点)
駅構造	2面2線(地上)
乗降客	67,676人

モガ・モボが街を闊歩

「汐入」「横須賀中央」両駅とも開業は昭和5(1930)年4月1日だが、汐入は当初は「横須賀軍港駅」と、そのものズバリの駅名だった。横須賀中央駅に「中央」が付けられたのは、横須賀の中心地は逸見村に置かれた横須賀線横須賀駅ではなく、この付近が昔から〝中央〟と呼ばれており、明治に入ってからは役場が置かれるなど、横須賀製鉄所や海軍基地などが設けられた街の中心地として発展してきたからだった。

駅前から横須賀中央のメインストリートを臨む

観光鉄道と走り出した湘南電鉄が両駅を開業した昭和5年は、いま振り返れば昭和戦前の一番華やかな時代だった。大正末期から昭和初期にかけて世相を彩った、いわゆる昭和モダン——和洋折衷近代大衆文化を若い世代が謳歌していた時代だった。

竹久夢二や高畠華宵の美少年・美少女絵が絶大な人気を博し、北原白秋の抒情詩が詩壇に風を起こし、西條八十作詞で悲恋を歌った「東京行進曲」が流行歌

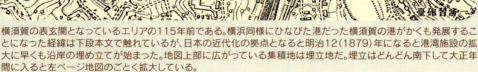

汐入とどぶ板通り

汐入駅は昭和15年、防諜上の理由から「横須賀汐留駅」となり、戦後の町名改正で、昭和36年に現在の駅名に改称されている。現在の汐入駅前は横須賀中央駅に匹敵する賑わいを展開。ショッパーズプラザ横須賀、横須賀芸術劇場、メルキュールホテル横須賀など横須賀を代表する施設が建ち並んでいる。

かの有名などぶ板通りは汐入駅から徒歩3分。その発祥は明治時代で、横須賀造船所見物に来る観光客相手の土産物屋や旅館が並んでいた。その頃から通りの真ん中に溝があり、それを板で蓋をしていたことからその名がついた。

戦後は進駐軍兵士を相手にする店が軒を並べ、いまでもスカジャン専門店やミリタリーショップなど往時のアメリカンな香りが残っている。

週末にはフリーマーケットやストリートライブ、パフォーマンスが開催され、年4回開催される「どぶ板バザール」は賑わいもヒートアップする。

どぶ板通り

陸軍陸地測量部発行 1/10000地形図「横須賀」

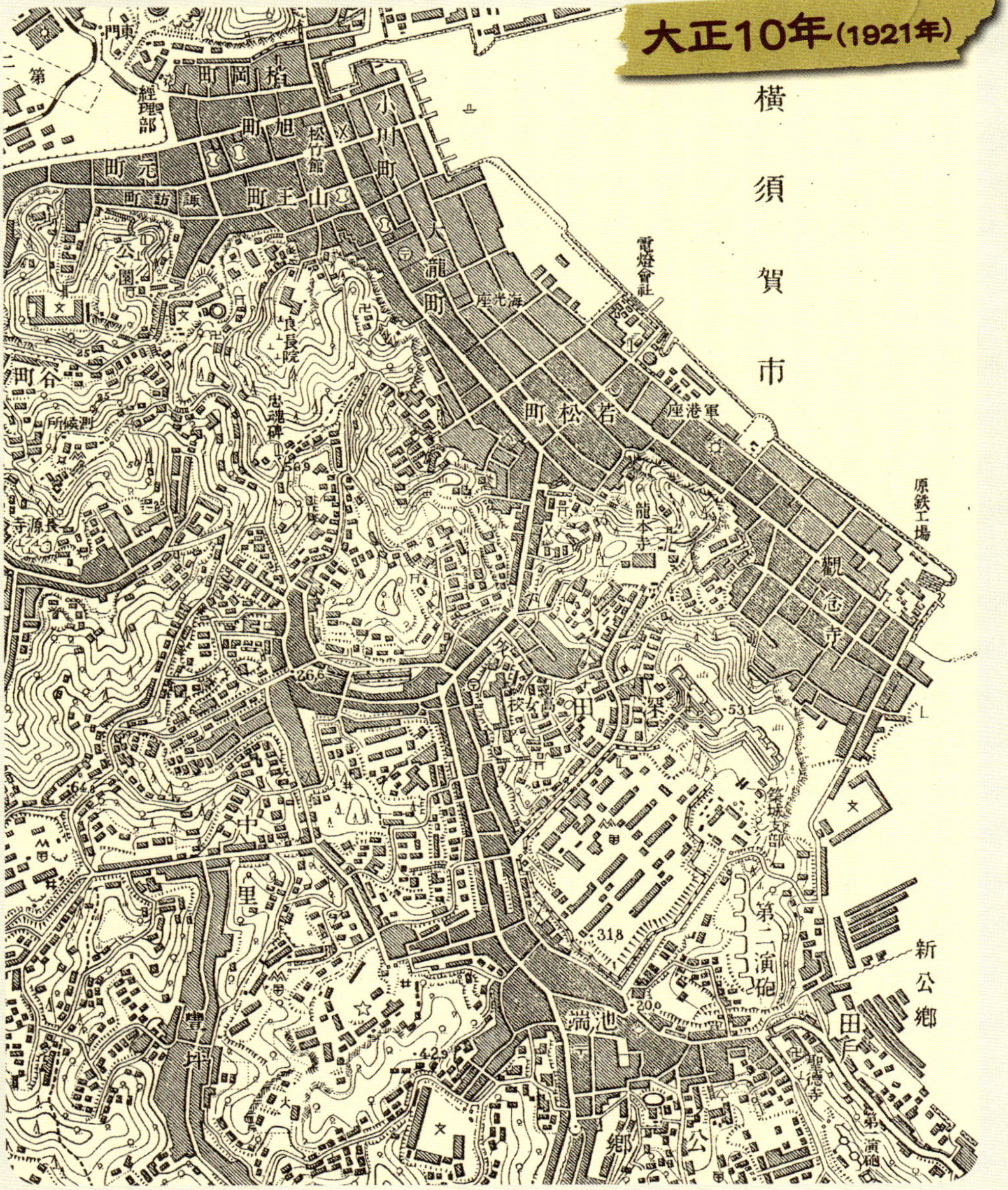

横須賀が発展したのは、軍の要港になったことも挙げられる。横須賀の東にある海底の深い谷が、大型船の入港を可能にしたこと、横須賀本港の奥に入り込む凪いだ穏やかな海が、大型船舶の停泊や修繕に向いていたこと、硬い地盤は地震に強い安全なドライドックの建設に向いていたこと等々の条件を備えていたことが、造船所が建設され、軍港に適していた。かつては「米ヶ浜」と呼ばれた海岸は大正時代には埋め立てられてしまっている。

日露戦争から100年以上経った今でも人気。

三笠公園の「戦艦三笠」

戦艦三笠は日露戦争では東郷平八郎司令長官が連合艦隊の旗艦として乗艦、「皇国の興廃この一戦にあり」と檄を飛ばした云々は有名なエピソード。現存する世界最古の鋼鉄戦艦であり、日本遺産の構成文化財に認定されている。「三笠」の観覧料は有料で、大人600円、高校生300円、小・中学生無料。

横須賀市稲岡町82-19
横須賀中央駅から徒歩15分又は三笠循環バスで「三笠公園」バス停下車

となったのが昭和5年前後のころだ。

風俗ではモガ・モボが特筆される。男は山高帽子にロイド眼鏡、ダブダブのセーラーズボンなど、女は洋装してスカートは膝下のミニ（当時はこれでも斬新だったのだ）、髪は断髪、引眉に赤いルージュ等々が若い世代の最先端を行くファッションで、モダンボーイ、モダンガールと呼ばれたのが、モガ・モボの時代で、カフェの女給が人気の職業でもあった。

しかし、翌年になると大陸戦線で満州事変が起きる。基地の街横須賀は東京よりいち早く緊張感が走った。以降、世相は年を追うごとにきな臭くなっていく。

建設省地理調査所発行 1/10000地形図「横須賀」

昭和25年(1950年)

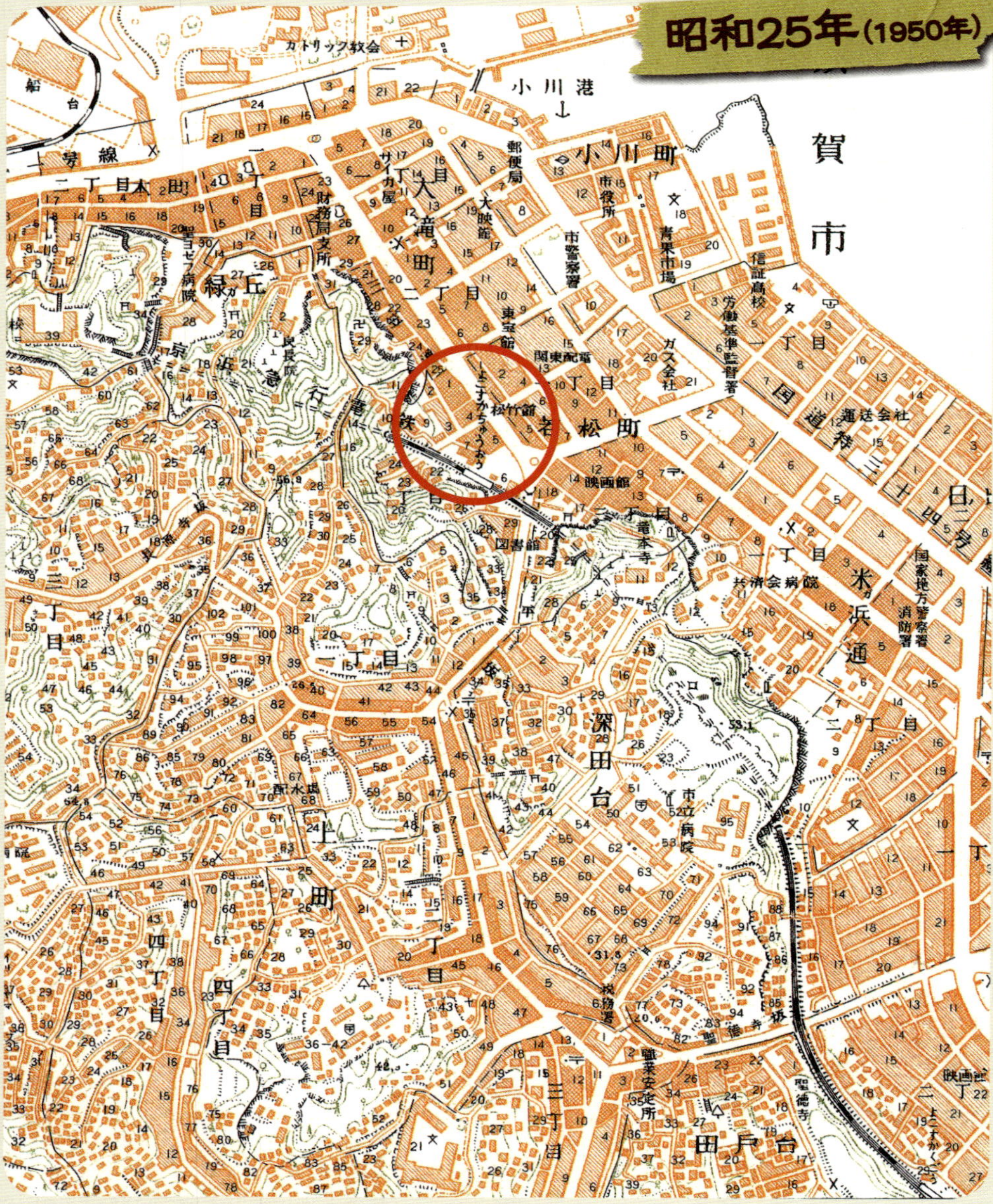

地図中央右側に見える「龍本寺」は日蓮宗のお寺で、江戸時代から「米ヶ浜のお祖師様」と呼ばれて、地元では宗派を問わず親しまれてきた古刹。政府の権力が強大だった明治時代からの埋立ラッシュを逃れたのは日蓮聖人のご利益か。地図左上部から右下へ走っていく幹線道路は現在の横須賀街道だが、京急の軌道がかつての海岸線近くだったと考えると、横須賀のメイン地区の成り立ちがわかりやすい。汐入駅の表記は25Pの地図参照。

現代的だった横須賀製鉄所の労働管理

幕府時代の横須賀製鉄所はフランス人によって労働管理されており、時計を用いて労働時間が決められ、休みの日は日曜日とされた。江戸時代の日本では働くのは夜明けから日没まで。1週間、曜日という概念はなかったから、日本人の作業員は面食らったろう。

日本が和暦を西暦に改暦したのは明治5年。時刻法も従来の一日十二辰刻制から一日24時間の定刻制となった。日本の社会に「一週間」「曜日」「時間」という概念が浸透していくのは、この改暦以降である。

日曜休日、土曜は半ドンとなっていくのは明治9年3月12日、太政官達第27号による。曰く「従前一六日休暇ノ処、来ル四月ヨリ日曜日ヲ以テ休暇ト定ム事。但シ土曜日ハ正午十二時ヨリ休暇タルヘキ事」云々。

明治は「商店の時代」であり、社会の生活カレンダーを書き換えていくのは、官吏という名の勤め人のいる官庁からとなる。

今に繋がる公休日で最初に定められたのは、お盆休みだ。改暦前の明治4年7月12日、〈来ル14日ヨリ16日マデ休暇ノ事。例年右ノ通り〉と唐突な辨官達でお盆休み3日間がもうけられた。次いで定まったのが年末年始休暇で明治6年に12月29〜31日、1月1〜3日と決まった。

小栗上野介と造船所

日本がワシントン海軍軍縮条約を廃棄するのは昭和9(1934)年だから、この頃の横須賀海軍工廠の造船所は平時体制の時期だった。

横須賀造船所は幕末に建設が始まっているが、造船所建設を推進した勘定奉行小栗上野介が当初、造船所建設に白羽の矢を立てたのは、お隣の長浦湾だった。しかし、長浦湾は水深が浅いことが分かり、横須賀湾が湾形曲折し、水深も深いことから、列国の中では幕府側についていたフランスの支援で横須賀湾に造船所を建設することになった経緯がある。

写真は万延元(1860)年の遣米使節団を写したものだ。写真左から使節団正使の外国奉行新見豊前守正興、副使の同奉行村垣淡路守範正、そして監察の目付小栗上野介忠順だ。

写真右端が小栗上野介

「明治の父」と司馬遼太郎が評した小栗上野介は井伊直弼に抜擢された。造

歴史遺産の猿島を歩こう！

猿島。東京湾に浮かぶ唯一の自然島は、縄文の昔にすでに人の営みがあったと伝わる古い歴史を持つ。江戸時代末期には海防上の要衝として台場が、明治から昭和戦前にかけては洋式要塞や高射砲陣地が築かれた。軍事基地として終戦まで一般の入島禁止されていた猿島は、周囲1.5キロほどの小さな島だが、島内には緑深い木々のなか、往時の歴史遺産が残されている。レンガ積みのトンネルや砲台跡などの旧軍施設、縄文・弥生時代の生活の痕跡等々、自然と歴史が折り重なった独特な雰囲気が漂う。島の高台に立つ展望台は現在、老朽化のため登ることは出来ないが、かつての着弾観測所跡だ。

一方、海辺では海水浴や磯釣り、バーベキューなどを楽しむことができるなど、猿島は多様なレジャーが楽しめる。

三笠公園横の新三笠桟橋から定期船が運航されている。10分ほどの船旅で、気軽に訪れることができる。

京急横須賀中央駅から新三笠桟橋まで徒歩15分。

猿島遠望

国土地理院発行 1/10000地形図「横須賀」

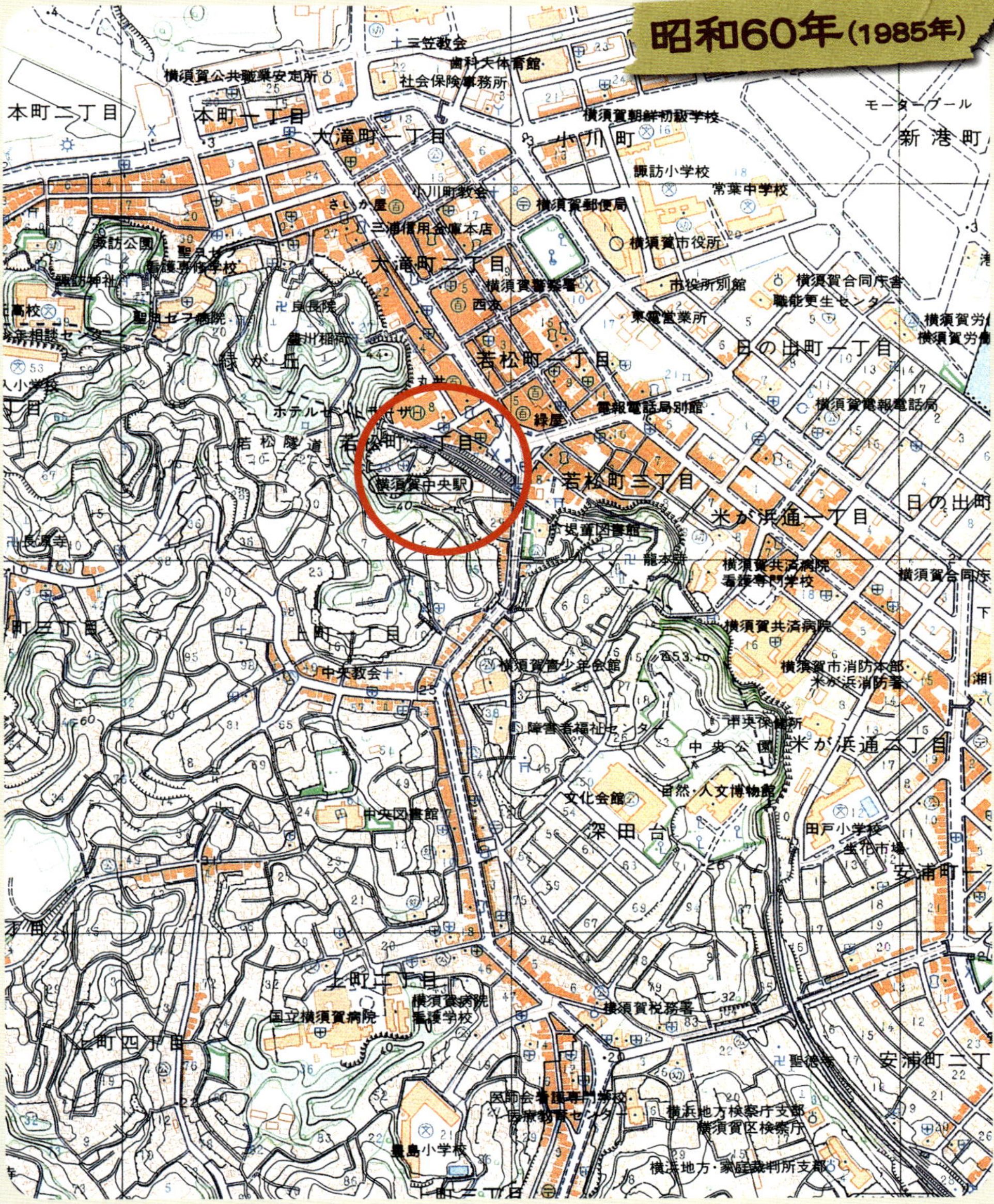

今から30年ほど前の地図だが、かつては「小川港」（右ページ地図参照）も埋立られて小川町となり、誕生して間もない「新港町」は駐車場になっている。このエリアの南側と沖合はこれ以降も埋立が進み、旧埋立地だったエリアとの境界に建造されたのが「よこすか海岸道路」だ。京急汐入駅と横須賀中央駅は横須賀線の東側になる。「逸見」の項で横須賀線に代わって京急が横須賀の発展を担うとした所以だ。

船所建設を推進するなど、幕末期の幕政を支え、日本の近代化を押し進めた開明派の俊秀だった。しかし、大政奉還後の慶応4（1868）年、群馬県に隠遁していたところ、薩長から追討令が出されて逮捕、斬首された。容疑には勘定奉行時代に、公金を隠蔽したなど諸説あるが、真相は不明のままだ。

慶応元（1865）年に建設着手された造船所は、現在の米海軍横須賀基地周辺にあった。建設途中で維新となり、新政府が引き継いだ造船所――当初は横須賀製鉄所だったが、その後、横須賀造船所、横須賀海軍工廠と名称を変えてその名称のまま終戦を迎えている。

小栗上野介が手がけた横須賀製鉄所は、横須賀のみならず日本の工業の近代化を牽引した屈指の工業施設となり、同時に横須賀が都市として発展する出発点ともなった。

自動車が走り始めている大正初期の若松通り（『横須賀案内記』）

建設省地理調査所発行 1/10000地形図「横須賀」「衣笠」

昭和25年（1950年）

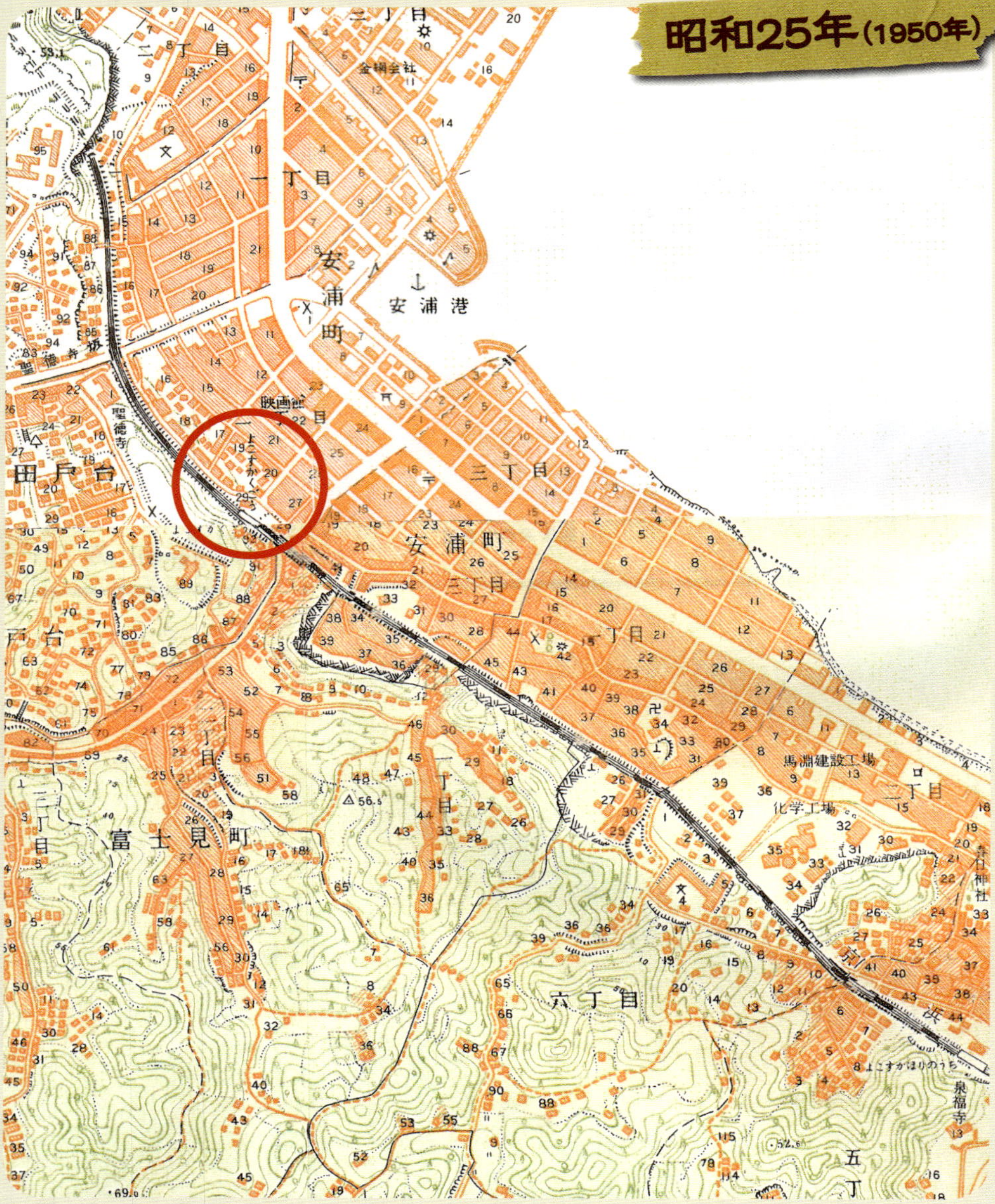

「県立大学駅」が「横須賀公郷駅」だった戦後間もないころの地図だ。安浦町及び安浦港は海岸線の埋立で設けられたこと下段本文で触れているが、埋立で生まれた新地の名前をどうするかという問題があった。埋立事業を請けたのは安田財閥の安田善次郎。そこで名前から「安」の一文字と「港」を意味する「浦」を組み合わせて「安浦」という名称になった。安田善次郎翁、以て瞑すべしか。

京急本線

県立大学

よこすか海辺ニュータウンのランドマーク

開業年	昭和5(1930)年4月1日
所在地	神奈川県横須賀市安浦町2-28
キロ程	51.1km（品川起点）
駅構造	1面2線(高架)
乗降客	12,509人

安浦港を埋め立て

駅の開業は古い。昭和5（1930）年に湘南電鉄黄金町～浦賀間が開通した時で、駅名は「横須賀公郷」だった。「公郷」は「くごう」と読むが、JR横須賀線衣笠駅以東にある町名である。その昔、三浦半島のこの辺り一帯は明治22年の町村制施行まで公郷村とよばれ、江戸時代は幕府の直轄地だった由緒ある地名だ。

駅そばには安浦港がある。その名を駅名に使用した方がよほどわかりやすいのだが、「京浜安浦」に改称したのは昭和38（1963）年、「京急安浦」となったのが昭和62年、そして現在の「県立大学」になったのは平成16年だ。この県立大学は「よこすか海辺ニュータウン」のランドマークである神奈川県立保健福祉大学のことだ。

よこすか海辺ニュータウン

この駅名の変遷が、街の移り変わりをも写している。

東京湾に面した重箱のように四角い

三浦半島と三浦氏

湘南電鉄が駅開業時に名を借りた公郷町最寄りの衣笠駅の商店街は、桜の季節の隔年ごとに「三浦一党出陣武者行列パレード」を開催している。三浦半島を治めていた三浦氏の居城が衣笠にあったことに来由している。

相模三浦氏は源頼朝の挙兵に加勢、鎌倉幕府確立に貢献。有力御家人として幕政に重きをなす。源実朝が建保7(1219)年に暗殺され、頼朝の正統が絶えると執権北条氏と三浦氏との確執が表面化。両者が激突したのが宝治元(1247)年の「三浦氏の乱」ともいう宝治合戦だ。

この一戦で勝利した執権北条氏は盤石の体制を築き、敗れた三浦氏は一族郎党500人余が自害したと伝わる。

県立大学駅前から横須賀中央駅方面へ行き、聖徳坂(地図参照)を横切って階段を降りると、地元で「赤門」の名で知られる永嶋家がある。朱塗りの門の永嶋家は三浦氏の子孫と伝えられ、戦国時代は小田原北条氏の支配下にあって浜代官を務め、江戸時代には名主を務めていたという。

衣笠城址の石碑

国土地理院発行 1/10000地形図「横須賀」「衣笠」

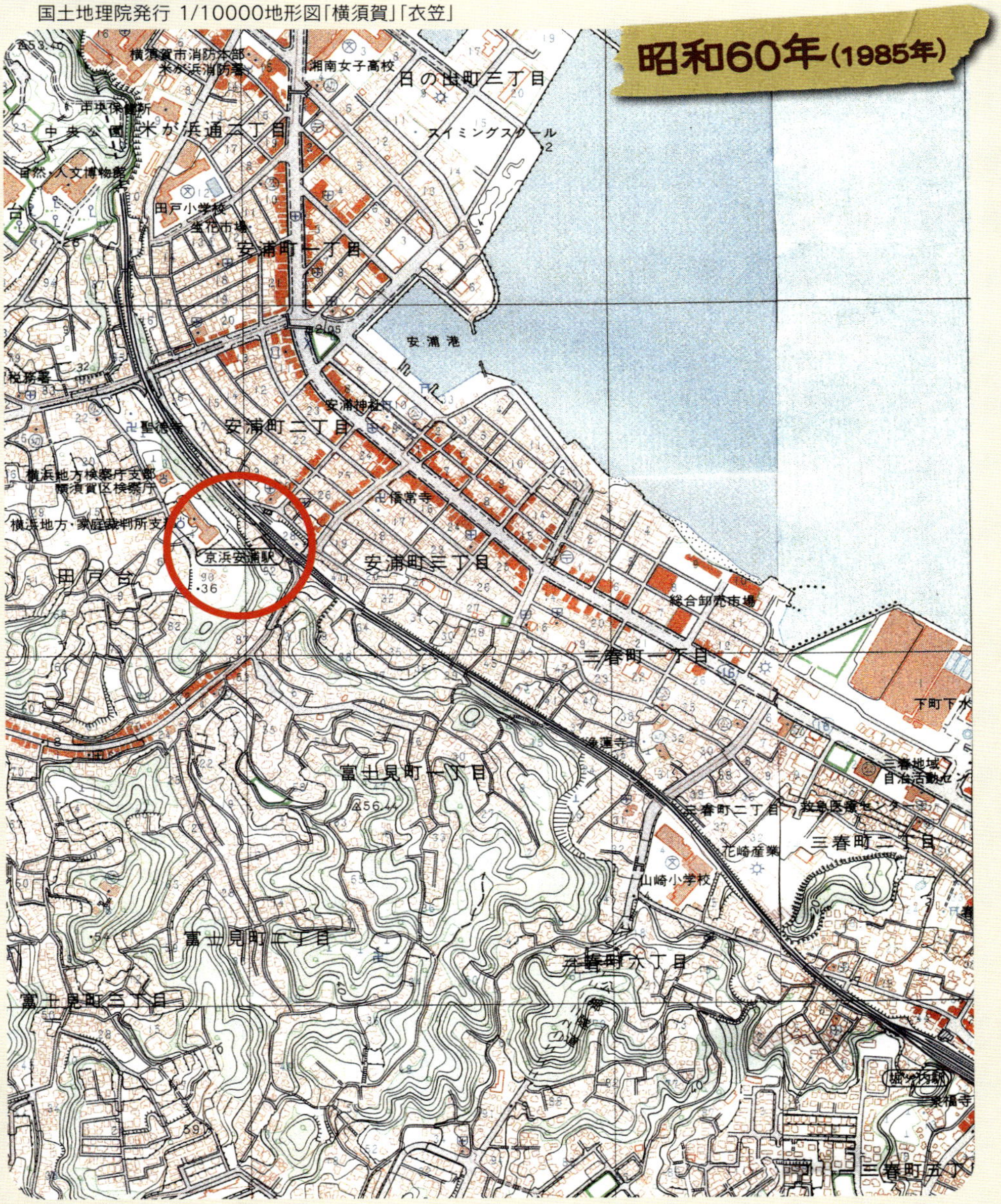

団塊の世代でかつては「安浦3丁目」で遊んだ向きも少なくないだろう。しかし、昭和40年代頃まで安浦の街を賑わせた歓楽街は昭和60年になると影を潜め、住宅地化している。しかし、海岸線は変わらず、安良港が埋め立てられ、京急の海岸線が激変していくのが平成に入ってからだ。硬軟取り混ぜた安浦の商業集積地が宅地化しているのは、それだけ新たな人口流入が激しかったことを教えている。

公園風景のワンカット。

うみかぜ公園

京浜急行県立大学駅より歩いて15分ほどで行ける港湾緑地(横須賀市平成町3-23)。「横須賀」の項で触れた猿島を遠望でき、東京湾一望の景観は素晴らしい。園内には、マウンテンバイクコース・壁打ちテニスコート・スケートボード等のスポーツを楽しめるエリア、バーベキューができる広場・円形花壇・芝すべり台・水の丘噴水など多様性に富んでいる。円形花壇は古代ローマ風でカメラに収める人も多い。

安浦港（地図参照）は大正末期につくられた人工港だ。大正の中頃までは、海岸線は白砂を連ねた海水浴場であったが、市勢の発展とともに人口が増加。宅地需要に応えるために埋め立てられた。同時に、生活物資移入のため設けられたのが安浦港だった。

港はその後、漁港ともなり、戦前から戦後にかけては賑わった。同時に安浦3丁目に港の男たちを相手にカフェなどができ、ちょっとした歓楽街となったのが、駅周辺のかつての歴史である。

現在、安浦港周辺一帯は埋め立てられ、平成町となった。そこに誕生したのが「よこすか海辺ニュータウン」である。

京急本線

堀ノ内・京急大津・馬堀海岸

東京湾を一望「よこすか海岸通り」

陸軍陸地測量部発行 1/10000地形図「衣笠」

大正10年(1921年)

地図に見える広大な敷地の「大津海軍射的場」は横須賀海軍工廠の属しており、海軍の練兵場も兼ねていた。幕末期、海防のために幕府が松平川越藩に命じて設けた「大津陣屋」の跡地だった。射的場の左肩にある四角い建物は海軍監獄である。X印のように見えるのは地図に於ける刑務所の記号だ。海軍監獄は戦後、横須賀刑務所となり、1970年代に同刑務所は久里浜に移転している。

埋立が生んだ新しい景観

堀ノ内は京急の本線（泉岳寺～浦賀間）と久里浜線（堀ノ内～三崎口間）の分岐点となる駅だが、京急大津駅と馬堀海岸駅より開業は遅い。京急大津駅と馬堀海岸駅の開業は昭和5年4月1日だが、堀ノ内駅は昭和6年4月1日と1年遅れの開業となっている。湘南電鉄が浦賀～黄金町間を開業した時は京急安浦が隣駅だった。

爽快、よこすか海岸通り

堀ノ内駅は開業当初、現在の駅から180メートルほど横須賀中央駅寄りに「横須賀堀内仮駅」としてスタートしている。昭和11（1936）年6月に駅に昇格し、現在地に移ったのは、京浜電

堀ノ内駅

開業年	昭和6(1931)年4月1日
所在地	神奈川県横須賀市三春町3-45
キロ程	52.3km（品川起点）
駅構造	2面4線(地上)
乗降客	12,507人

京急大津駅

開業年	昭和5(1930)年4月1日
所在地	神奈川県横須賀市大津町1-11-9
キロ程	53.1km（品川起点）
駅構造	2面2線(地上)
乗降客	5,106人

馬堀海岸駅

開業年	昭和5(1930)年4月1日
所在地	神奈川県横須賀市馬堀町3-20-1
キロ程	54.2km（品川起点）
駅構造	2面2線(地上)
乗降客	9,529人

坂本お龍の墓所

〈幕末の俊傑坂本龍馬の未亡人龍子こと西村鶴女は昨年来横須賀米が濱の陋居に病に臥し非常の窮地（中略）前鎮守府司令長官井上大将が篤志家を募り救護を与え（中略）同女は昨今の寒気にて病いよいよ重く目下危篤の状態〉と報じているのは万朝報明治39年1月14日。

「龍子」と表記するより「おりょう」の方が馴染む坂本龍馬のかつての妻女は翌日、息を引き取った。

彼女の墓所が京急大津駅に近い信楽寺（所在地：横須賀市大津町3-29-1）にある。

おりょうは竜馬の死後、土佐に行ったが竜馬の実姉乙女と折り合い悪く、流浪の果てに一説には妹を頼って横須賀に。そこで知り合った西村松兵衛と明治8年7月、再婚。「西村鶴」となった。

坂本龍馬とおりょうには日本では初めてとなる新婚旅行をした有名なエピソードもある。波乱万丈の女の一生を送ったお龍は66歳でその生涯を閉じた。

おりょうの墓碑

馬堀の地名と浄林寺

浄林寺は馬堀海岸駅から徒歩15分ほど、馬堀小学校前交差点角に建つ（横須賀市馬堀町4-14-1）。永正2（1505）年に創建の古刹。境内左手に馬頭観音が祀られている。縁起によれば上総国から江戸湾を泳いで渡ってきた暴れ馬が、境内裏手の山の岩を蹄で蹴ったところ清水が湧き、その水を飲んだ暴れ馬がたちまち駿馬に変わったとの伝承から、このあたりを馬堀と呼ぶようになったと云々。

浄林寺本堂

建設省地理調査所発行 1/10000地形図「衣笠」

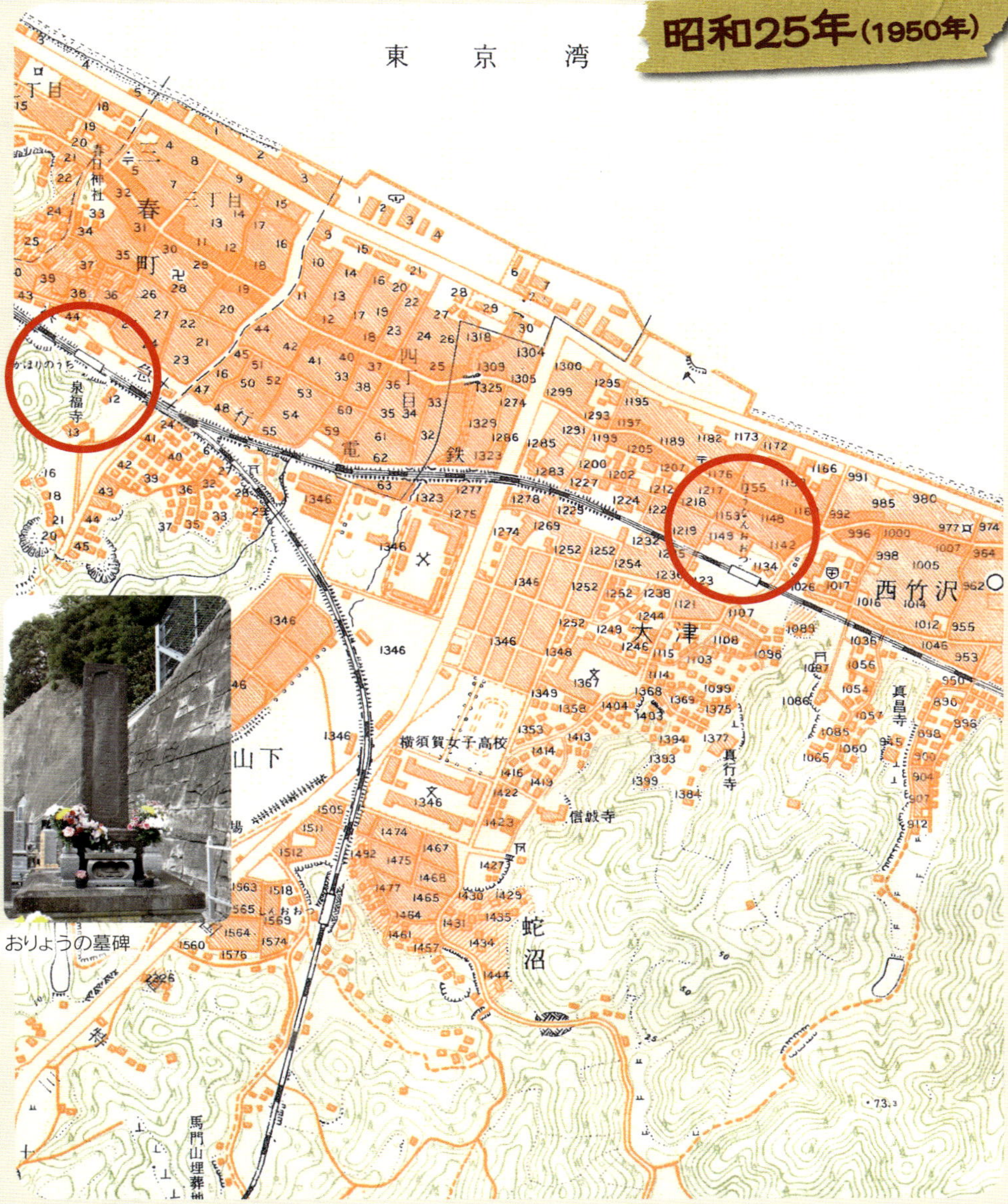

京急線の北側、海岸寄りの集積が人口の増加を物語っている。刑務所の位置から判断すると堀ノ内～大津間の海岸線も沖合に延びており、埋立地が誕生している。海岸線からカギ型となって南に伸びている幹線道路は現在の国道134号、横須賀街道である。埋立は以降、京急大津駅の隣駅馬堀海岸まで拡大され、埋立地にニュータウンが誕生。その海岸線に「よこすか海岸通り」が走ることになる。

鉄として久里浜線を開業した昭和17年。そして、堀ノ内駅と改称されたのは昭和36年9月となっている。

堀ノ内駅のホームから海が望めるように京急本線も堀ノ内以遠は海岸線近くに沿っており、馬堀海岸駅でグッと東京湾に近づくことになる。

堀ノ内駅から国道16号に向かう道筋は商店街となっているが、国道16号はここから馬堀海岸を過ぎて走水まで「よこすか海岸通り」と名付けられ、東京湾の景観が広がっている。

大津から馬堀にかけての海岸は明治30年代から海水浴場として賑わった遠浅の海岸だった。昭和5年に湘南電車が開通すると海岸には地元ばかりでなく京急沿線からも多くの人が訪れ、夏のひとときを楽しんだという。

高度成長期の宅地需要で海岸が埋め立てられたのは昭和44年。埋立地には団地が建ち、海岸の風景はガラリと変わったが、新たに「よこすか海岸通り」の素晴らしい景観を生んだ。

京急本線

浦賀

造船所の街からベッドタウンに

陸軍陸地測量部発行 1/10000地形図「浦賀」

明治36年(1903年)

浦賀造船所は横須賀・横浜製鉄所と並んで幕府が設立した日本の造船所の草分けである。咸臨丸を修理し、鳳凰丸を建造した由緒も明治期に入ると横須賀の発展に置いていかれ、街の発展につながっていない。地図下部、東浦賀と西浦賀を結んでいる点線は今も残る渡し船の航路だが、「東の干鰯」「西の塩」と呼ばれた浦賀の代表的産物が浦賀の代名詞でもあった。その浦賀を変えたのが明治36(1896)年に開業した浦賀船渠だ。

開業年	昭和5(1930)年4月1日
所在地	神奈川県横須賀市浦賀町1-86
キロ程	55.5㎞（品川起点）
駅構造	1面2線(地上)
乗降客	21,374人

黒船来航す

浦賀駅前に立つと、いまは静かな浦賀ドック（現在は住友重機械工業）の長い長方形の建物が目に飛び込んでくる。往時の浦賀を偲ばせるが、昭和5年4月開業の浦賀駅の現在は東京・横浜方面への通勤・通学用が主体であり、観音崎などへの観光客用でもある。

浦賀は陸地深く入り組んだ天然の良港で、古くから港町として栄えてきた。江戸時代には廻船問屋がひしめき、伊豆の下田から浦賀に奉行所が移されてからは海運と海防の街と発展、賑わいは隆盛を極めた。

嘉永6（1853）年6月3日、浦賀沖にそれまで見たこともない黒塗りの大型艦船が出現、浦賀は上を下への大騒ぎとなる。

浦賀奉行戸田伊豆守氏栄（幕末・明治・大正回顧八十年史）

アメリカ東インド艦隊司令長官ペリーの黒船艦隊に同行していた英字紙チャイナ・メール1853年8月11日は、浦賀に来航したペリー側と応接にあたった浦賀副奉行とのやりとりを次のようにスケッチしている。

「蒸気船が時速9乃至10ノットで進む様子は、日本人をかなり動揺させたようであった。湾内に沢山いた日本の舟は注意深く進路を開いた。日本側の役

開国強制の論理

英国紙タイムズ1852年3月26日に次のような記事がある。

「日本は、他の国々との通商を拒否しているだけではない。日本は桁外れに長い海岸線を占有しているのに、遭難した外国船にその港を開放することを拒否しているだけではなく、異国の船舶が沿岸砲台の射程距離内まで接近すれば本当に射撃を加える。我々は、世界の海岸線の一部を占有している国には、他の諸国との通商をいっさい拒否するような権利は絶対にないと考える。このような国の野蛮人たちに対して、一般的な国際法に従うことや一定の交流を行うことを強制するのは文明国、キリスト教国の権利だというのが、われわれの主張である」。

皇紀になぞらえれば二千五百年を超える歴史を紡いできた東洋の島国に、傲岸な論理とともに太平洋から世界史の波が押し寄せて来るのは、この記事が出た翌年のことだ。

ペリー上陸記念碑

陸軍陸地測量部発行 1/10000地形図「浦賀」

大正10年（1921年）

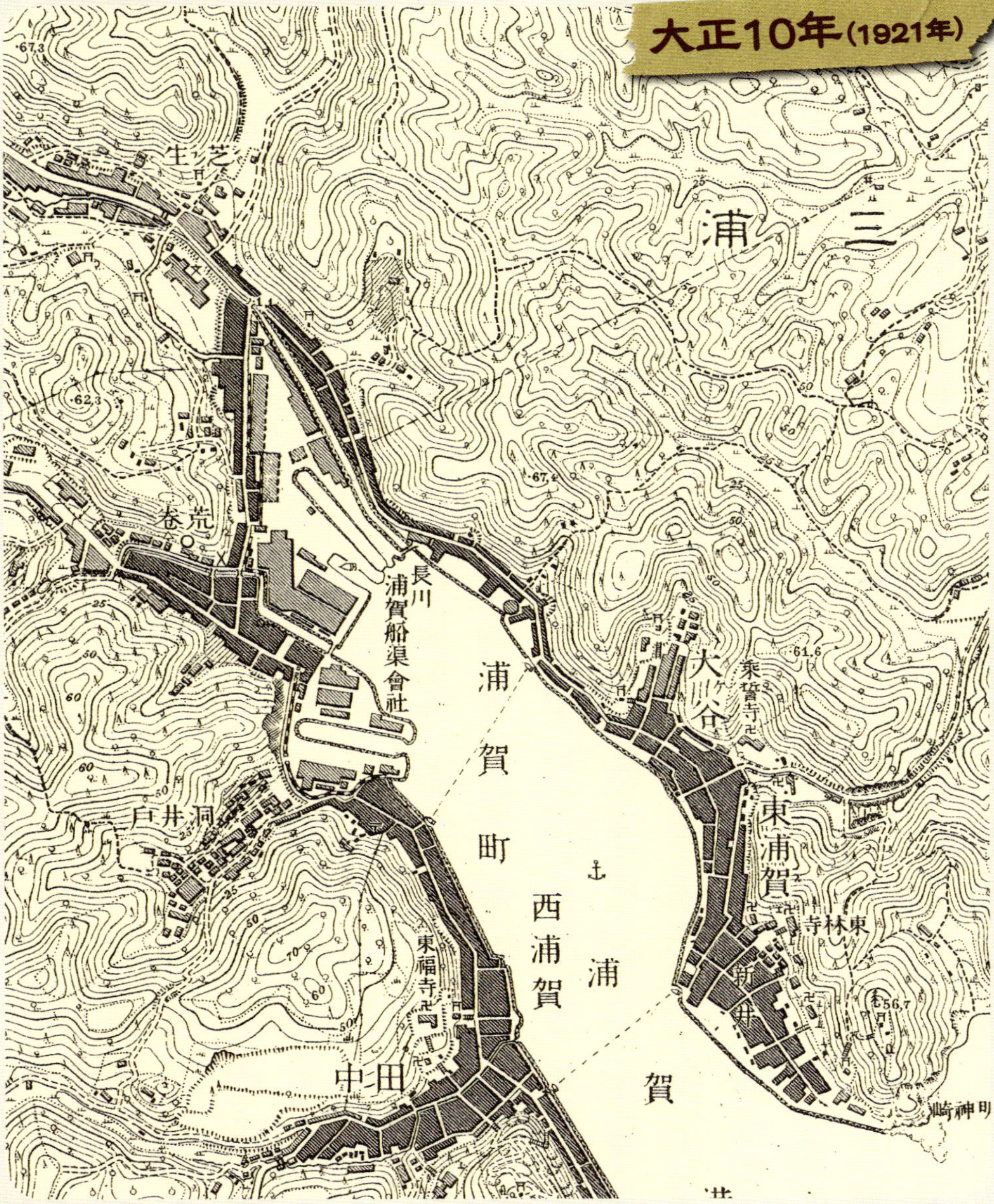

維新政府は浦賀造船所を接収したが衰退のまま明治9年に閉鎖。京浜地方の実業家がたびたび造船所跡の払い下げ運動を試みて浦賀船渠設立だった。日露戦争時、浦賀船渠は軍の艦艇建造で盛業。浦賀の街は活況を呈するが、明治政府は日露戦争の戦費調達に、明治38年に塩の専売制を実施する。塩の街でもあった浦賀は、大打撃を受けた。浦賀船渠と塩の専売制が浦賀の街を造船所を柱にした工業都市へと変えていく。

人が乗った舟が数艘直ちに現れて、当時外国船に対してお決まりの退去通告書を各艦船に届けようとしたが拒まれた」。

役人が日本との交渉地は長崎であるとも告げると、ペリー側は「長崎へ移動せよというのはアメリカ政府に対する侮辱である」と激しく反論。浦賀副奉行は「もし、日本当局が艦船の行動を妨害するため舟で囲むことがあれば重大な結果となるであろう」と警告を受けたとも。2～3艘の舟が黒船艦隊旗艦のサスケハナ号の周りを巡回したが「ペリー提督が本気であることを納得し、速やかに引き上げた」云々。

記事中の「浦賀副奉行」は、浦賀奉行戸田伊豆守氏栄配下の与力、中島三郎助である。奉行戸田氏栄はペリー一行の応接に配下の与力を奉行や副奉行に仕立てて、米国側の真意を探ったこと、よく知られた史実だ。

なお、浦賀では中島三郎助を顕彰した「中島三郎助まつり」を毎年開催している。中島三郎助に関するパネル展示を行い、黒船シチュー、地元生わかめなどの飲食・物販コーナー等々、毎年盛り上がる。

浦賀造船所と鳳凰丸

「泰平の眠りを覚ます上喜撰　たった四杯で夜も眠れず」と詠まれた狂歌は、お上の怒りを慮って宇治の高級茶「上喜撰」と蒸気船を引っかけたものだ。この黒船出現以来、日本は政治経済にとどまらず、産業技術でも大きな影響を受け、浦賀の地から激動の時代へ入ってい

建設省地理調査所発行 1/10000地形図「浦賀」

昭和25年(1950年)

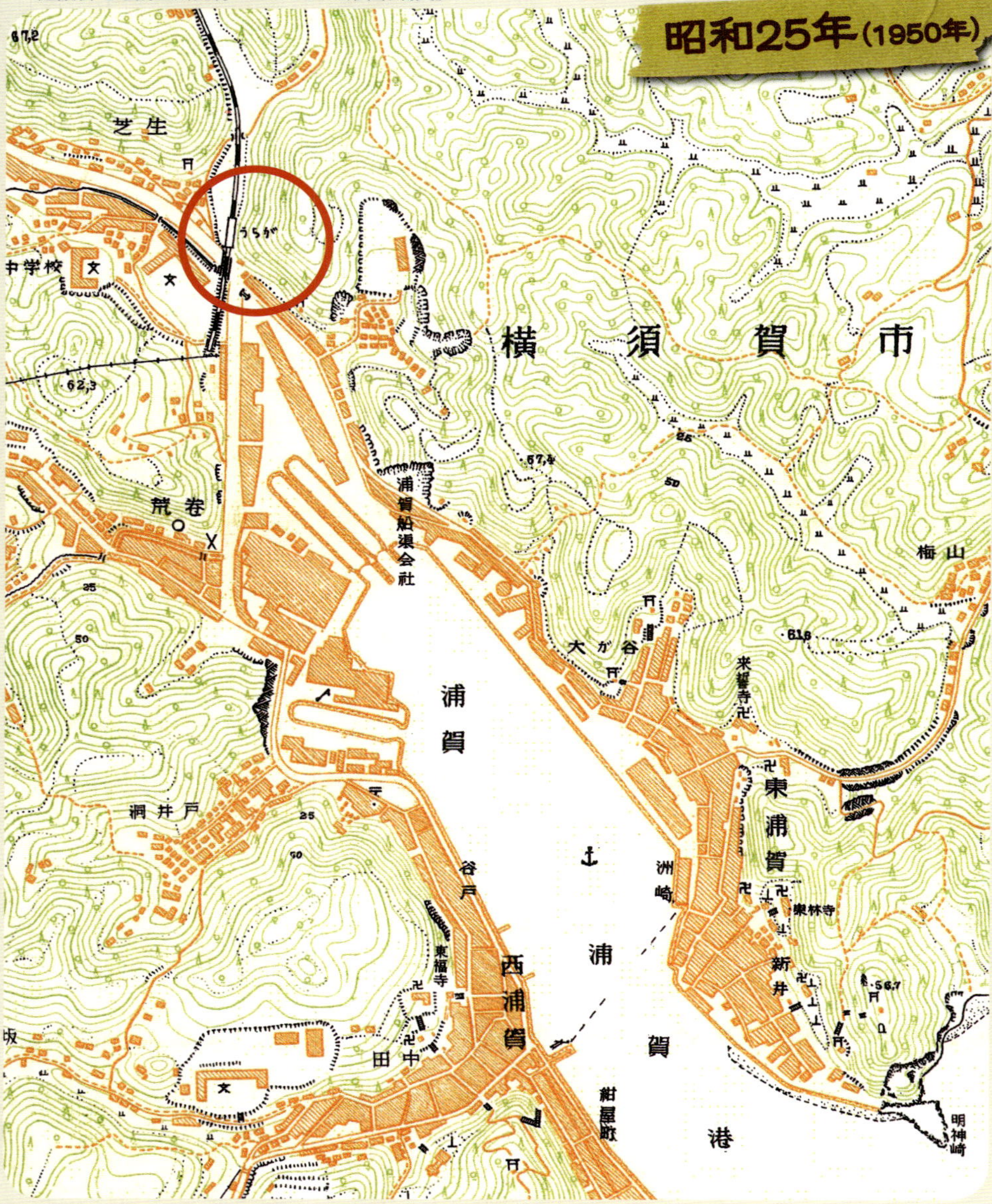

浦賀船渠は大正年間は国内初の鉄道連絡船として青函連絡船「翔鳳丸」「飛鸞丸」を竣工させている。その後も多くの青函連絡船を建造した浦賀船渠の戦後である。地図上の集積地からみる浦賀の町並みは、戦前と代わり映えしない。浦賀湾を形成した周囲の丘陵地が市域拡大を妨げていた。街の柱だった浦賀船渠は海上自衛隊(昭和29年)向け艦艇建造や米空母ミッドウェイの大規模改修、日本丸建造なども手がけた。

世界史の荒波

帝政ロシアは、早い時期から日本の位置を確認している。ベーリング海峡探検隊の別働隊が千島列島を南下、安房・伊豆にまで至ったのは、徳川八代吉宗時代の元文4(1739)年。日本史でいう「元文の黒船」だ。

日本とロシアとの接触は、公式的には松平定信が幕政を仕切っていた寛政4年(1792)、ラクスマンが伊勢の漂流漁民大黒屋光太夫らを護送して根室に来航し、国使として幕府に通商を求めたのが最初だ。松平定信が国書受取を拒否するとロシアは1804(文化元年)年、レザノフを対日使節として日本に派遣。レザノフは長崎に入港、開国を迫る。再び拒否されてロシアは激怒、択捉島を攻撃するのが1806〜7年だ。1808年にはイギリスが、フリゲート艦フェートン号を長崎に入港させ、日本に開国を迫る。1838年、米商船モリソン号が浦賀に入港、通商を打診する。1844年にはオランダ国王が幕府に開国を奨め、1846年には米使ビットルが浦賀に、仏使セシュが長崎に来航している。日本の開国は、さしずめ欧米列強による先陣争いだった。

くことになる。

このころ、幕府の筆頭老中は阿部正弘。鎖国体制の維持か開国か、対策に迷う阿部に「積極的に交易すべきである」と、開国を強く推したのが井伊直弼だ。

明治30年代の浦賀港全景(「日本之名勝」より)

また、黒塗りの鋼鉄船の威力に接したことから幕府内外で海防論議が沸騰。軍艦建造によって国防を果たそうとする建議が相次いで行われる。幕府は嘉永6(1853)年9月、200年余に渡る大船建造禁止令を解除した。とはいえ、泰平の夢を貪っていた日本では近代的艦船を建造する能力も技術もない。

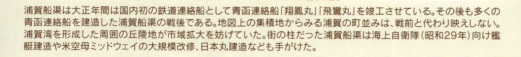

浦賀は江戸湾の入り口に当たる海防上の要衝であることから、幕府は浦賀に造船所を設けた。これが造船の街となる事始めだ。

設備は簡単なもので、海に注ぐ谷川を利用し、渠溝を掘り、その溝口を年度で塞ぎ手動ポンプで排水し乾船渠とし

国土地理院発行 1/25000地形図「浦賀」

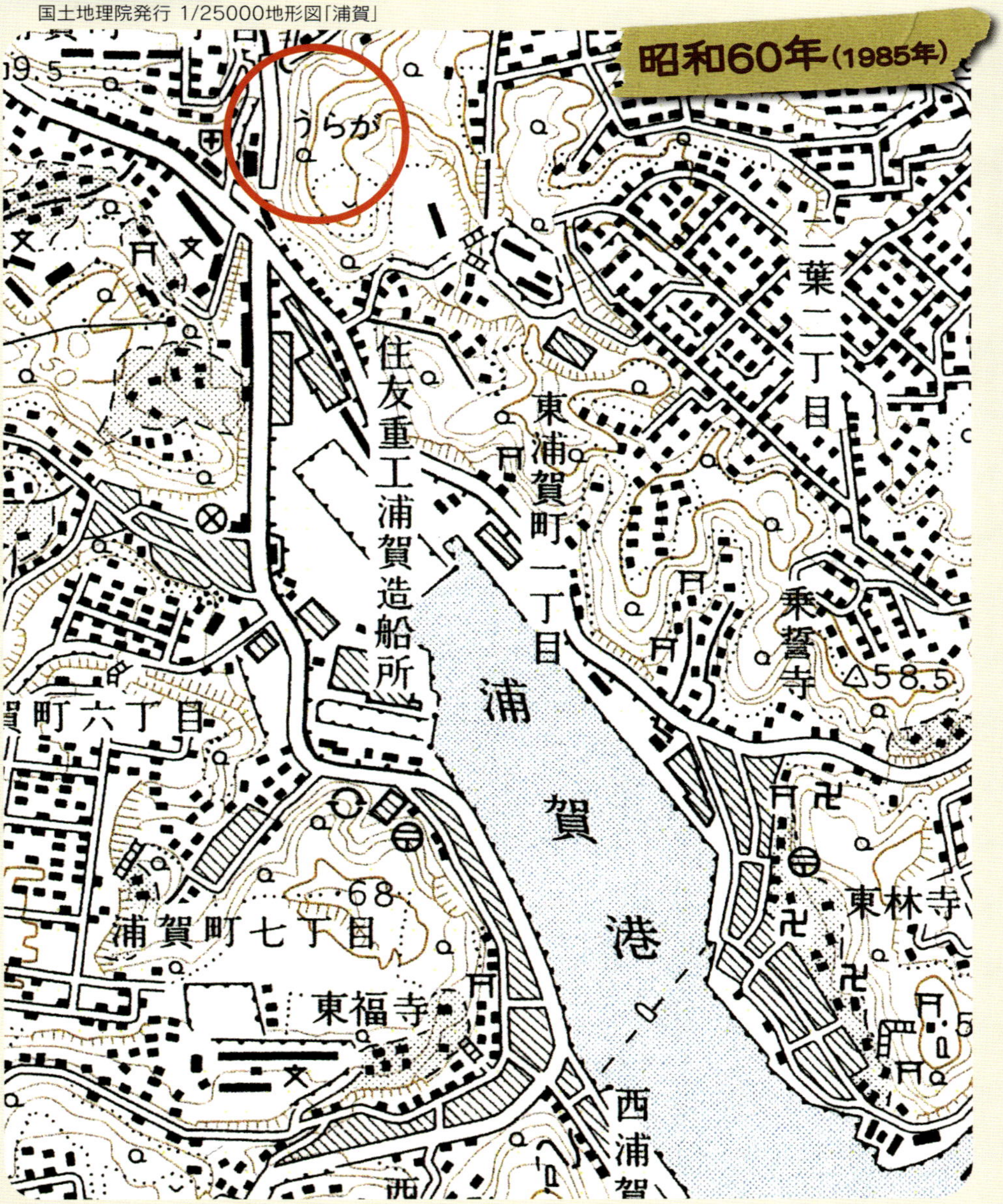

戦後40年、かつての丘陵地も宅地開発され、市域は拡大しているが、街を牽引してきた浦賀船渠は晩年を迎えていた。昭和44年、住友機械工業と合併、住友重機械工業浦賀造船所となるが、その際の追浜造船所（現横須賀造船所）を開設や世界的な造船環境の激変で浦賀地区は工場集約のため平成15年に閉鎖される。かくて浦賀の街は丘陵地の開発で京浜方面のベッドタウン化していくことになった。

浦賀船渠の開業

幕府が建造した浦賀造船所が建造した船は鳳凰丸一隻のみにとどまった。その後は修理所に使用された。咸臨丸もその一例だ。結局、浦賀造船所は発展せずに終わっている。

浦賀が造船所として賑わうのは20世紀に入ってからだ。

明治29（1896）年、浦賀及び東京の有力者が発起人となり、浦賀船渠会社を設立。これに浅野総一郎や安田善四郎ら協力し、農商務大臣であった榎本武揚がこれを支援という陣容で、浦賀船渠は明治33年に開業。

ほぼ同時期、石川島造船所が浦賀に分工場を開業。小さな浦賀港に2つの造船所ができ、劇しい受注競争を演じて、浦賀の街はにわかに活気づいた。

この勝負、浦賀船渠に軍配が上がっている。浦賀船渠は湾奥の風浪を避けた内港に位置し、石川島は風当たりの強い外港にあったため、一般船主はもとより外国船も浦賀船渠を修理等に利用するようになった。結局、浦賀船渠が石川島の浦賀分工場を買収している。

浦賀駅前の旧浦賀ドック

浦賀の渡船

江戸の昔から今も健在。

ポンポン船の愛称で親しまれ、浦賀のシンボルにもなっている渡船は、奉行所が浦賀に置かれてまもない享保10(1725)年ごろから始まる長い歴史を持つ。港に隔てられた東西の浦賀の町を結ぶ。時刻表は無く、渡船が対岸にいるときは呼び出しボタンを押すと来てくれる。3分ほどの船旅だが渡し賃200円3分ほどの船旅を楽しめる。

西渡船場（西浦賀1-2-19先）京急浦賀駅から久里浜駅行バス「紺屋町」バス停下車すぐ。
東渡船場（東浦賀2-19-10先）京急浦賀駅から鴨居方面行きバス（鴨居行、かもめ団地行、観音崎行ほか）「新町」バス停下車、徒歩3分。

た。嘉永7年5月、建造なった鳳凰丸は船体長107フィート、船幅35フィート、水深15フィートとあるから長さ32メートル、幅10メートル、高さ4・5メートルほどか。

見様見真似で作った鳳凰丸は順風でしか帆走できないという欠陥船ではあったが、浦賀造船所から日本は西洋の近産業技術を貪欲に吸収していったのである。

久里浜線

新大津・北久里浜

開業時の駅名は戦時色たっぷり

建設省地理調査所発行 1/10000地形図「衣笠」

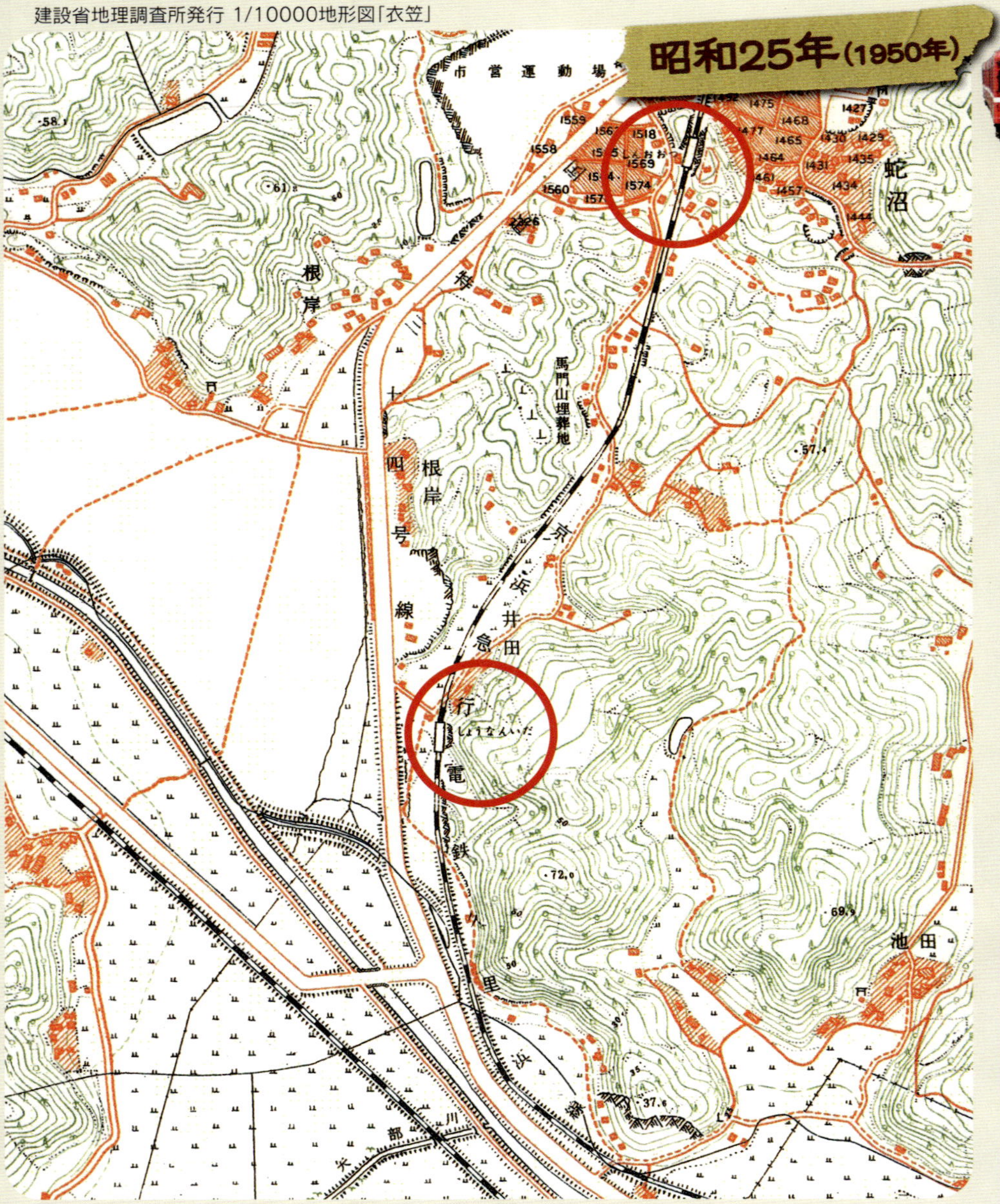

「北久里浜駅」がまだ「湘南井田駅」だった戦後間もない頃、北久里浜駅の東側は山林、西側は田園地帯だった。新大津は大津に「新」の文字がついているように、大津海軍射的場が閉鎖された後に人の流入が増え始めた戦後の街だ。京急久里浜線は海軍基地であった久里浜と横須賀を結ぶため、「大東急」(別項参照)の時代に軍部の要請に沿って開業した路線であるから、戦後もかくの如くの沿線風景となった。

新大津駅

開業年	昭和17(1942)年12月1日
所在地	神奈川県横須賀市大津町4-7-1
キロ程	0.8㎞（堀ノ内起点）
駅構造	2面2線(地上)
乗降客	6,797人

北久里浜駅

開業年	昭和17(1942)年12月1日
所在地	神奈川県横須賀市根岸町2-206
キロ程	1.7㎞（堀ノ内起点）
駅構造	2面2線(地上)
乗降客	27,261人

「鳴神」「昭南」の意味

久里浜線が開業したのは戦時中の昭和17（1942）年12月。当時の横須賀堀内〜久里浜（仮）間だった。翌18年9月、当初の駅設置予定地に延伸して現在地の久里浜駅まで開業の運びとなっている。

久里浜までは戦時中の開通とあって、駅名も戦時色だ。新大津の開業時の駅名は「昭南」だ。これはシンガポールの日本名であり、北久里浜も開業時は「鳴神」だった。これは南洋キスカの日本名である。

駅前賑やかな北久里浜

昭和17年はまだ日本軍が勢いのあった頃で、山下奉文大将が英領シンガポールを落とし、南洋戦線ではミッドウェー作戦におけるアッツ島攻略作戦で日本の支配下に置いたのがキスカ島だ。

久里浜線は日本中が戦勝気分に酔いしれていた時の開通とあって、駅名も日本が支配下に置いた外地の日本名となったのだ。

久里浜線と大東急の時代

久里浜線開業当時、京浜電鉄は五島慶太率いる東京横浜電鉄の傘下にあった。半ば乗っ取られたものだ。東京メトロ銀座線は東京地下鉄道がルーツだが、部分開業を重ねて昭和9年に浅草～新橋間が全通すると、五島慶太が実権を握る東京高速鉄道が設立され、新橋～渋谷間の延伸が計画された。

東京地下鉄道は東京高速鉄道との直通運転を了承したが、その後京浜電鉄と手を組み、品川で連結することに決めた。

約束を反故にされ、渋谷をターミナルとする計画も幻にされた五島慶太は、東京地下鉄道と京浜電鉄の株を買い占めに走り、両社の大株主にも根回し。過半数の株を握って、両社を子会社化した。これが、京浜電鉄が東京横浜電鉄の傘下となる経緯だ。

五島慶太は昭和17年、国の陸上交通事業調整法に乗って、経営の実権を握っていた京浜電鉄及び小田急電鉄を合併。昭和19年には京王電気軌道をも合併、その他関東の有力私鉄を傘下に収めた。五島慶太は鉄道省のエリート官僚出身の人脈をフルに活かし、世上いわれる大東急王国を築いた。

国土地理院発行 1/25000地形図「衣笠」

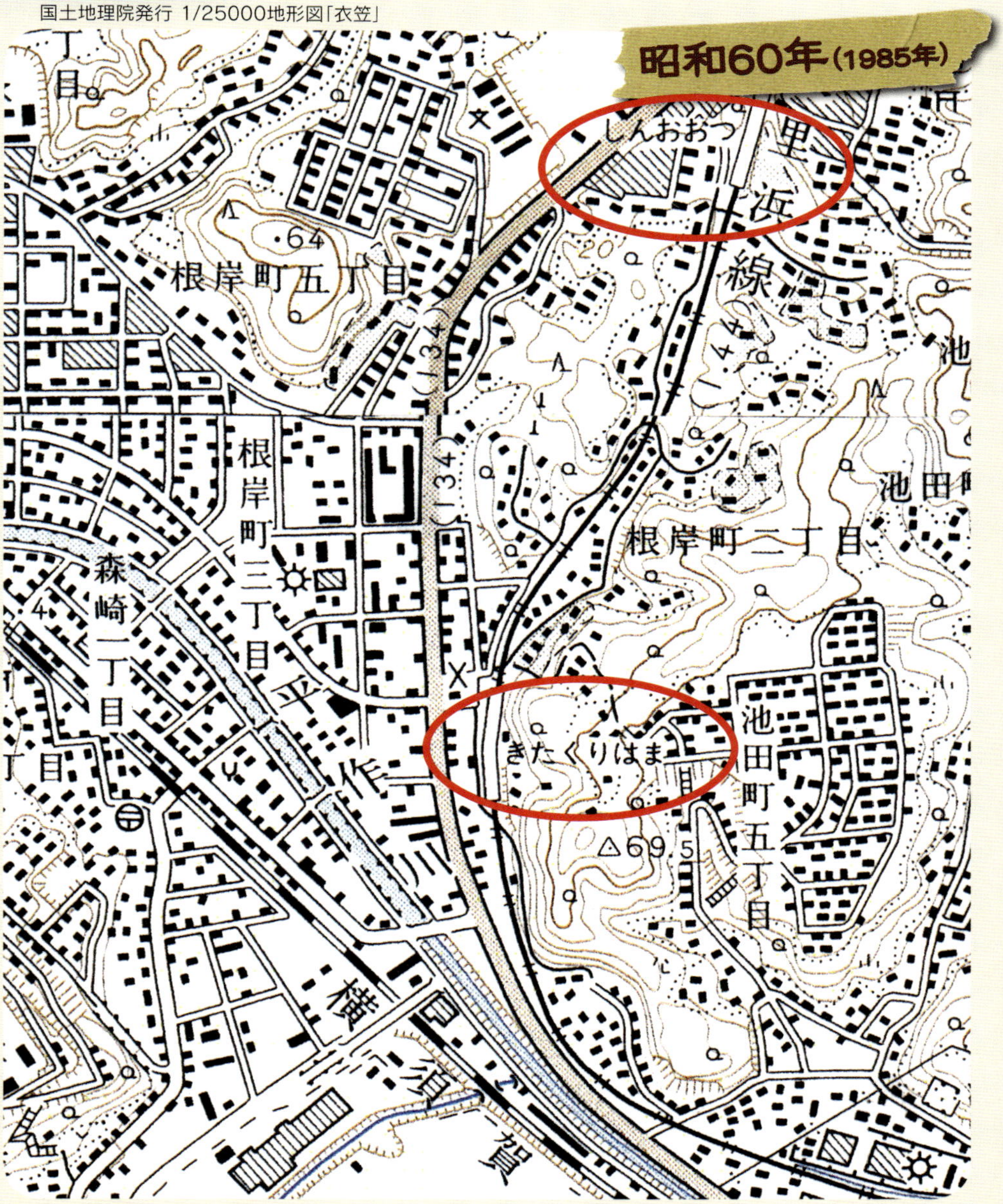

北久里浜駅の東側は今も緑が豊かに残されているが、西側は商業施設が賑わいを見せる街となっている。かつては田畑だった一帯が見事なまでに開発され、宅地化し、商業地化した。新大津も北久里浜も戦後生まれの街だが、駅利用客数を街の賑わいの物差しにすれば、下段本文で触れているように、両駅の利用客数は格段の差がついた。北久里浜駅の西側には宅地化に絶好の田畑があったことが、利用客数の差になっている。

風格あり！

大津の氏神さま
大津諏訪神社

天長元（824）年、御柱祭で知られる長野県の諏訪大社を勧請して創建された古社。関東大震災では神社の社殿が倒壊、周辺集落も甚大な被害を被ったが、氏子の手によって被災よりわずか1年半後に大津総鎮守として再興。氏子中九か所十神社の祭神も合祀され、大津地区の団結の象徴となっている。

横須賀市大津町4-22-22
新大津駅より徒歩3分

両駅とも現在の駅名となったのは戦後で、新大津は昭和23（1948）年2月1日。敗戦で日本は全ての外地を失い、国内は占領下だ。駅名も変えざるを得ない。北久里浜も新大津と同時に昭南から湘南井田となり、北久里浜となったのは昭和38年11月1日だ。

開業から戦後もしばらくは沿線風景も寂しいものだったが、高度成長期に三浦半島にも宅地化の波がひたひたと押し寄せ、いまの新大津は静かな住宅街、北久里浜は駅前賑やかな街へと変わり始める。

陸軍陸地測量部発行 1/25000地形図「久里浜」

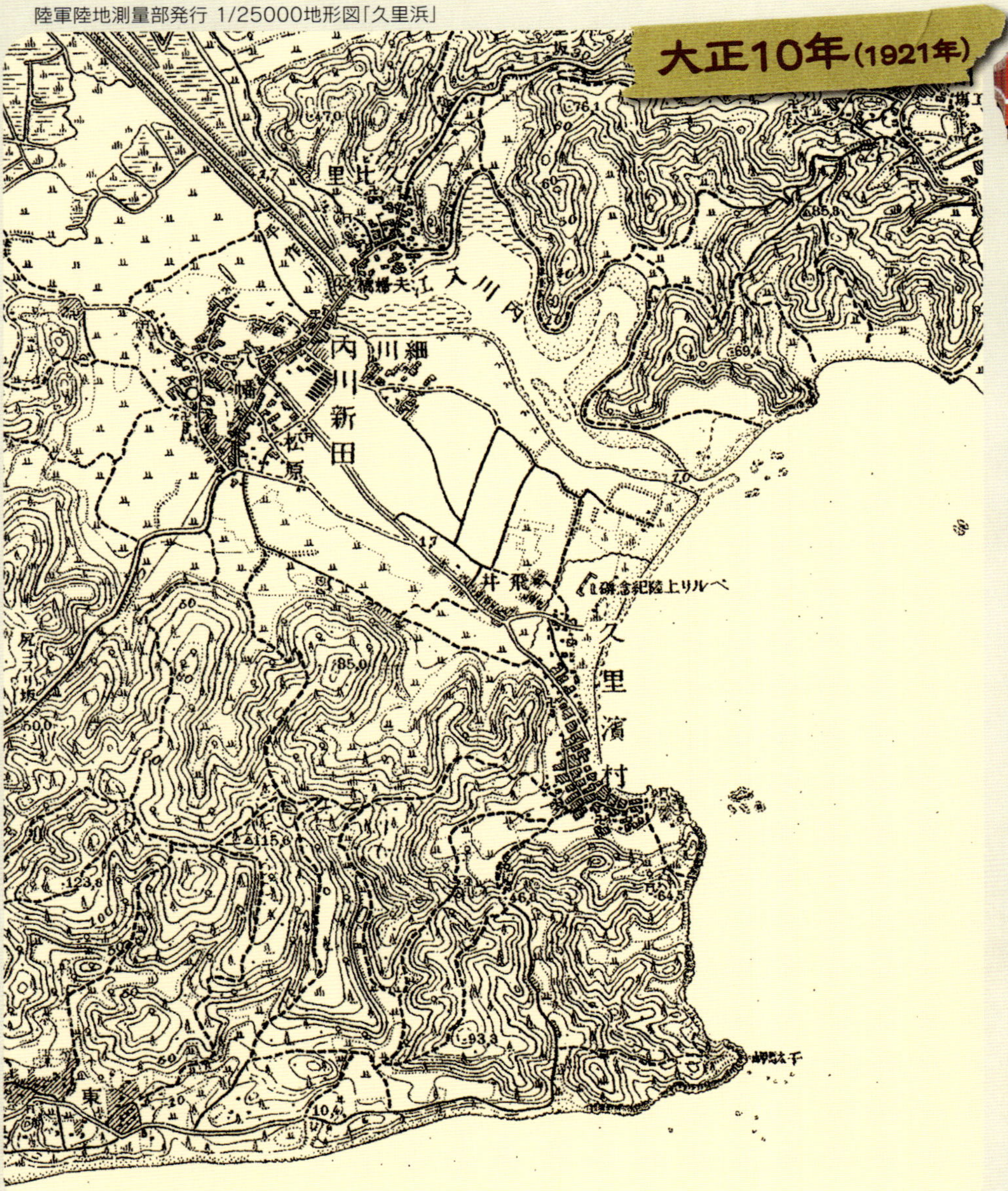

地図中央に「久里浜村」とあり、その上部に「ペルリ上陸記念碑」の文字が小さく見える。ペリーがこの地を上陸地としたのは浦賀に隣接していたことと広い浜辺があったからだが、それから明治も過ぎて大正年間に入っても、久里浜村は農業と漁業の村のままだったことが往時の地図から見て取れる。久里浜村が大きく変貌していくのは昭和に入ってからだ。

久里浜線

京急久里浜

賑わいはJR久里浜駅の6倍強

開業年	昭和18(1943)年9月21日
所在地	神奈川県横須賀市久里浜4-4-10
キロ程	4.5㎞（堀ノ内起点）
駅構造	2面3線(高架)
乗降客	44,083人

久里浜上陸を果たし、日本の土を初めて踏んだペリー一行（「幕末・明治・大正回顧八十年史」）

ペリー、日本に上陸す

久里浜海岸に面して広がる臨海公園──ペリー公園の一画に「ペリー上陸記念碑」が建っている。碑文の「北米合衆国水師提督伯理上陸紀念碑」は、伊藤博文の筆による。明治34（1901）年7月14日、ペリー上陸と同じ日に除幕式が行われたと伝わる。

建設省地理調査所発行 1/25000地形図「久里浜」

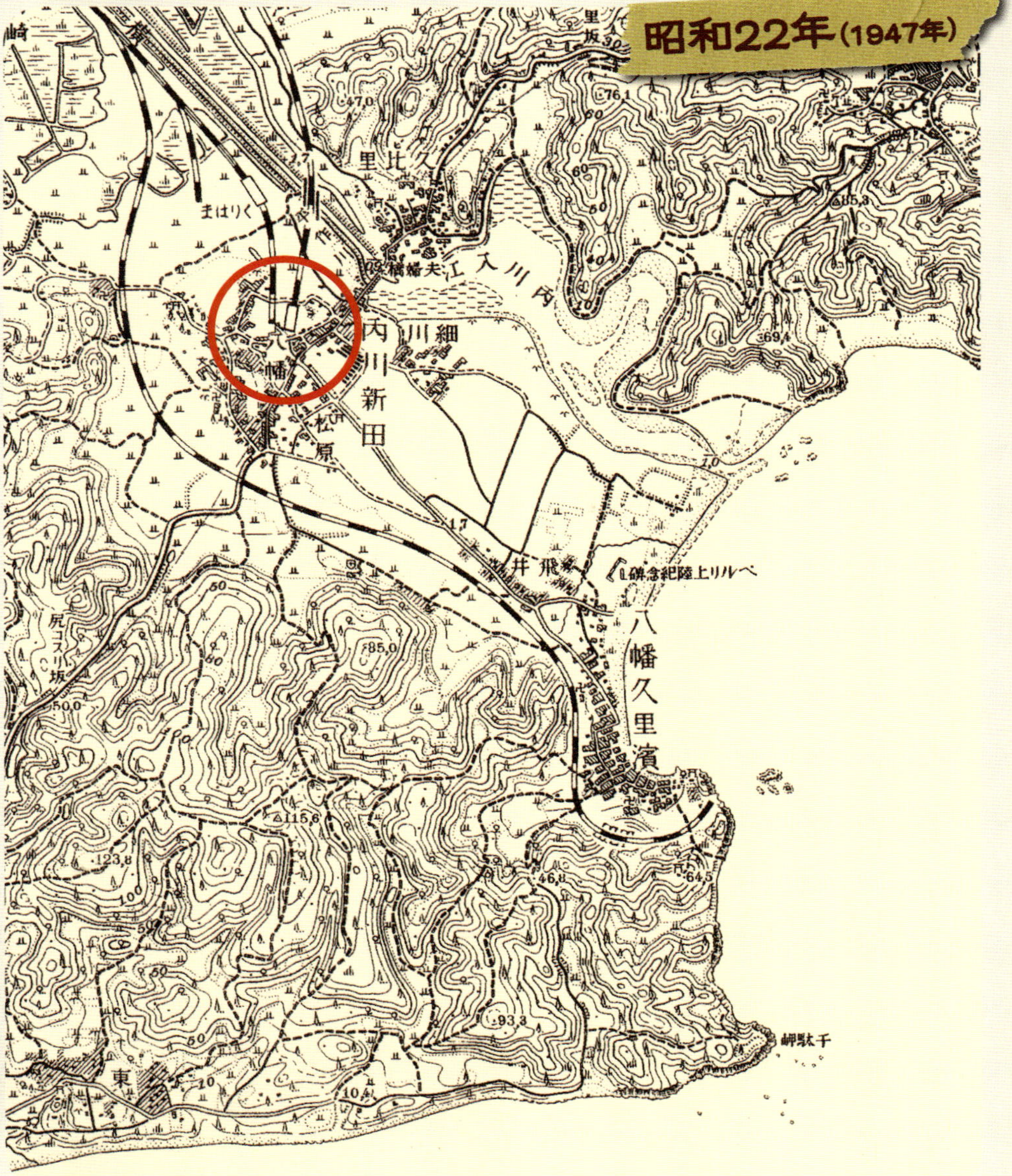

昭和12年、久里浜村が横須賀市に吸収されると横須賀海軍工廠の後背地として海軍施設の開設が続き、物流ルートとして横須賀線から貨物路線が敷設され、戦時中には海軍通信学校等の交通手段として京急久里浜線（当時）が新設された。上記の地図はその名残をみせており、貨物路線が伸びる先端は戦前、軍の施設があったところだ。京急久里浜も周囲に広がっていた田畑と広大な敷地を有していた旧軍用地がその後の発展の基盤となった。

横浜饗応図

久里浜から一端、停泊地の琉球に戻ったペリーは貯炭所建造等の要求を貫徹した上で、中国・香港で投錨。日本宛の贈進物を積んだレキシントン号が香港に到着すると、いよいよ日本に向けて出航。増進物に大人がまたがって乗れるミニ機関車やミシンがあったのは有名な話。

7艘に増えた黒船艦隊が再び江戸湾に姿を見せるのは1854年3月初旬。ペリーは応接地を「浦賀に」と固執する幕府を屈服させるため江戸湾の奥深く、羽田沖にまで艦隊を侵入させる。かくて浦賀より江戸に近い横浜を応接地とすることを承諾させる。

掲載した写真はその饗応風景をイラストで起こしたものだが、描き手は不明（幕末・明治・大正回顧八十年史）

条約交渉が始まったのは3月8日。数次にわたる交渉後、日米和親条約が結ばれるのは3月31日であった。

饗応図

黒船の威圧に屈した幕府は米側から国書を受け取るため久里浜に応接所を設けた。そして嘉永6年6月9日（西暦1853年7月14日）、ペリー一行は久里浜で初めて日本の土を踏んだ。

「ペリー提督を護衛する士官と兵士は約400人。一方日本側は5千乃至7千人と人によって見方が異なった。その最前列は湾頭沿いに約1マイルに渡り、深紅の幟や様々な旗を立てて居並ぶさまは、物珍しく美しい光景だった。提督はアメリカ国旗をなびかせ、国歌を演奏する楽隊を従えて、会見の館へと向かった。――ペリーの艦隊に同行したチャイナ・メール紙が伝える米国フィルモア大統領の親書奉呈式の模様だ（要約）。

幕府が米国と和親条約を結ぶのは翌年だが、ペリー一行が久里浜の地を踏んだ時点で、家康以来の祖法だった鎖国体制は溶解。日本は否応なく世界史と向き合う開国の1ページを開けたことになる。

久里浜の戦前

ペリー上陸の日から45年後の昭和20（1945）年2月、記念碑は引き倒された。鬼畜米英の時代である。太平洋戦争が始まって4年、よくそこまで記念碑が無事だったともいえる。

ペリー上陸の頃は三浦半島の半農半漁の一小村だった久里浜も、横須賀に海軍工廠が置かれ、三浦半島が地勢上、国防の要衝だったことから海軍のみならず陸軍の拠点づくりも進むなど軍事都市化の影響を受け始める。ことに昭和12（1937）年に久里浜村が横須賀市

国土地理院発行 1/25000地形図「久里浜」

昭和38年(1963年)

京急久里浜駅がまだ「湘南久里浜駅」で、久里浜線の終点だった。久里浜線の延伸は昭和38年からで地図に記載されるのはこの年以降となる。横須賀線久里浜駅と京急久里浜駅の周辺を見ると、集積地は京急側が圧倒している。京急久里浜側の「内川新田」は現在の久里浜町で、久里浜の中心地となっているが、江戸時代の寛文年間(1661～72)に拓かれた新田。「久里浜駐とん部隊」は別項参照。

「天皇」と「大君」

欧米列強は、最高権力者と認識していた幕府と条約を交わしたが、日本の統治体制に気づくのが、井伊直弼が暗殺された桜田門外の変からだ。ニューヨーク・タイムズ1860年6月11日は「現日本の支配者である御大老公が3月15日、暗殺された。私邸から行列を従えての登城途中、襲撃された」と事件の一報を掲載した5日後の6月16日に初めて日本の統治形態をあやふやながらも分析している。

「日本には2人の君主がいる。1人は世俗の君主、もう1人は宗教上の君主と呼ばれている。事実上の君主は将軍という名前で呼ばれている。宗教上の君主〈天皇(ミカド)〉は京都に住み、俗界の君主は江戸に住む。〈天皇(ミカド)は名ばかりの最高権力者で、俗事上の権力は露ほども持っていない」。

事件後、僅かな時間で日本の歴史を少々勉強したものか。それまで「皇帝＝幕府」の認識だった外字紙は以降、「天皇」と「大君＝幕府」といった使い分けをするようになっている。

に吸収されると、海軍施設用地の受け皿として軍事施設が次々に設け始められる。

海軍通信学校、海軍工作学校、海軍機雷学校、海軍工廠機雷実験部、海軍軍需部倉庫、久里浜防備隊等々。久里浜港を横須賀軍港のサブとするために、昭和17年からは築港工事も進められていた。昭和18年に京急久里浜線(その頃は大東急の時代に入っており厳密に言えば東急久里浜線)が京浜久里浜に延伸し、昭和19年に横須賀線が久里浜まで延びたのも、軍事上の理由だ。また、横須賀線から軍需部倉庫や港に向かう貨物路線が幾本も敷設されていたのが、戦前から戦時中の久里浜だった。

上陸記念碑の復元

昭和20年8月15日、終戦。マッカーサーが厚木基地に降り立ったのは8月30日。日本が占領下に置かれると、ペリー上陸記念碑は、引き倒されても破壊されなかったのが幸いだった。終戦の年の11月には急いで復元したのが久里浜の占領時代だ。

引き倒される前のペリー上陸記念碑(「日本名勝旧蹟産業写真集」より)

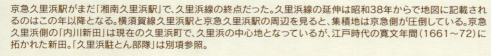

国土地理院発行 1/25000地形図「久里浜」

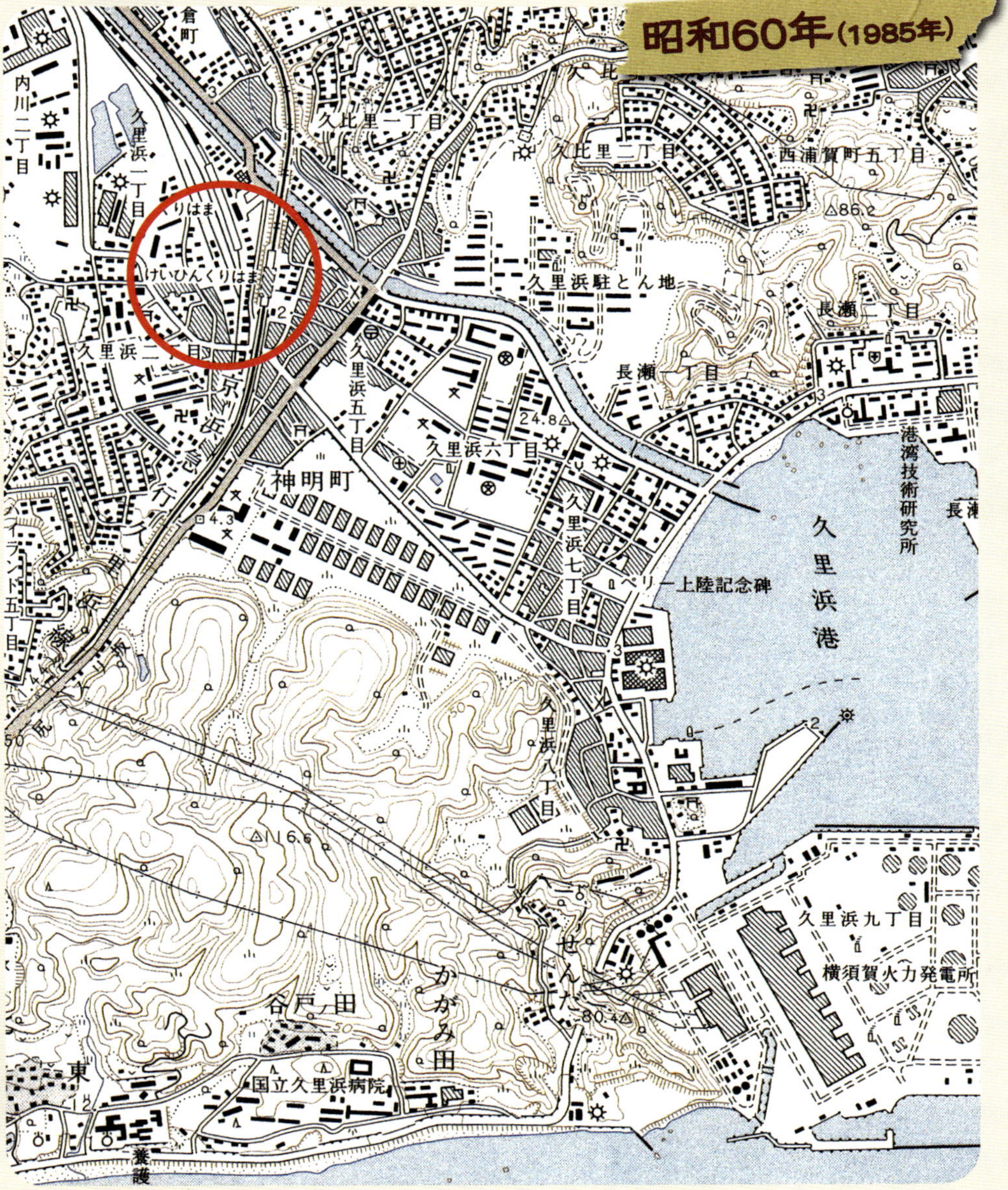

前ページ昭和38年から東京オリンピック、高度成長期を経て20年ほど経つと、京急西側の丘陵地もデベロッパーの手が入り、宅地化が進んでいる。終戦直後、慌てて復元したペリー上陸記念碑の周辺がペリー公園となったのは昭和29年だったが、ペリー記念館が開館したのは昭和62年。ペリー上陸当時の資料等が展示されている（入館無料）。ペリー公園からは木更津を往来する東京湾フェリーが展望できる。

海軍工作学校・海軍通信学校

工作学校というと陸軍中野学校を連想する向きもあるが、海軍工作学校は工業技術（金工、木工、潜水等）を教育する工業高等学校のような存在だった。海軍工作関係の教育機関は、海軍機関学校や海軍工機学校を経て昭和16年4月、久里浜に開設されたのが海軍工作学校だった。跡地は久里浜の文教地区になっており、その一角にある久里浜公園に「海軍工作学校跡碑」（横須賀市久里浜6-11）が建立されている（写真参照）。多くの卒業生が戦死していることから毎年慰霊祭が行われている。

海軍通信学校の跡地は陸上自衛隊久里浜駐屯地となっている。

同学校は昭和14（1939）年に開設され、戦後は昭和25年の警察予備隊発足当時から続く部隊として「陸上自衛隊久里浜部隊」として受け継がれた。自衛隊としては最も古い駐屯地だ。

海軍工作学校跡碑

いま、久里浜の賑わいの中心は京急久里浜駅だ。横須賀線久里浜駅の1日平均乗降客数は7千人に届かないが、京急久里浜駅は4万4千人余（平成28年度）。

乗降客数を物差しにすれば、京急久里浜駅の賑わいはJR久里浜駅の6倍以上となる。駅ビルウイング久里浜は駅前ばかりでなく、久里浜地区の核となっている。

四季折々の花が楽しめる広大な園。

くりはま花の国

駅から徒歩15分ほどの花の名所が「くりはま花の国」（横須賀市神明町1番）。園内には色とりどりの花が咲く庭園やスポーツ施設、レストランなどが営業している。入園は無料。在日米軍の倉庫があった土地を返還後に横須賀市が「久里浜緑地」として整備した。園内は広大で機関車を模した形をした「フラワートレイン」が運行しており、子どもはもとより大人にも人気。

料金大人210円、子ども100円

久里浜線

YRP野比・京急長沢・津久井浜

白砂青松の海岸線は消え・・・

建設省地理調査所発行 1/25000地形図

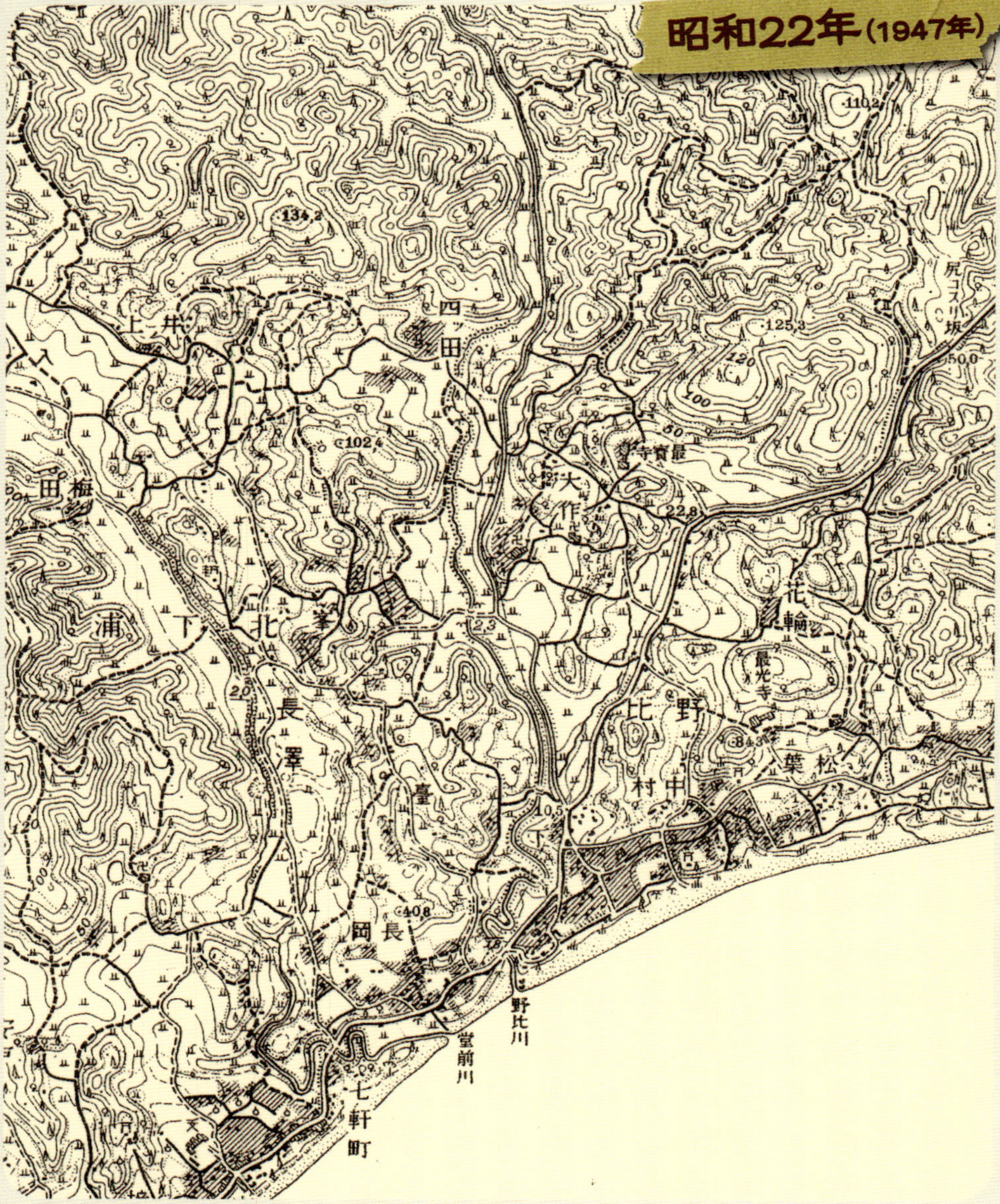

白砂青松の砂浜が続いていた時代の野比、長沢の海岸線だ。鉄道もなく、当地へ向かうには明治大正時代は乗合馬車に人力車、昭和戦前にはバスと、鉄道もなく交通不便な時代に往時の人は白砂青松の景観に誘われて足を運んだことになる。海岸線に張り付いたかのような民家が軒を連ねていたような当地が激変していくのは京急が走り出してからだ。それが左ページの地図である。

青木繁が、若山牧水が・・・

28歳で早世した天才画家青木繁は明治38（1905）年6月12日、スケッチ旅行の途次、野比から友人蒲原氏に手紙を出している。曰く、

――当地方の風光はルーソーの画の如くとの感を起こす事多く、海の国平和、到る処麦実りて一面の夏景色に候、是より三崎地方より伊豆に入って見たく茅ヶ崎の方へ出づる覚悟の候――云々。青木繁23歳の時である。

現在の津久井浜

歌人若山牧水は妻喜志子の病後療養のため、大正4年から2年近く、長沢に住んだ折り、

YRP野比駅

開業年	昭和38(1963)年11月1日
所在地	神奈川県横須賀市野比1-9-1
キロ程	7.2㎞（堀ノ内起点）
駅構造	2面2線(高架)
乗降客	18,782人

京急長沢駅

開業年	昭和41(1966)年3月27日
所在地	神奈川県横須賀市長沢1-35-1
キロ程	8.5㎞（堀ノ内起点）
駅構造	1面2線(高架)
乗降客	7,264人

津久井浜駅

開業年	昭和41(1966)年3月27日
所在地	神奈川県横須賀市津久井浜4-2-1
キロ程	9.7㎞（堀ノ内起点）
駅構造	2面2線(地上)
乗降客	6,432人

国土地理院発行 1/25000地形図「浦賀」

地図右上に「ハイランド町」が見える。千葉県や神奈川県などを営業エリアとしているデベロッパーが広大な山林を開発、分譲地を「湘南ハイランド」と命名したことから生まれた町だ。昭和49年、全国的に住居表示の見直しがあったが、カタカナ入りの町名には横須賀市でも異論が出たが、湘南ハイランドの住民にアンケートを取ったところ、「ハイランド」が多数派だったことから「ハイランド」が町名になった。

YRP野比・京急長沢・津久井浜

京急久里浜線の久里浜以遠は高度成長期に開業した観光路線。YRP野比は昭和38年11月1日、京急長沢と津久井浜は昭和41年3月27日開業となっている。白砂青松の海岸線がなんとか残っている時代に間に合った。

青木繁や牧水、半太郎の時代は乗合馬車に人力車、戦後はバスが交通機関だったが、京急の開通で利便性が飛躍的に上がった。

YRP野比は開業当初は野比だった。平成9年に国際的な電波・情報通信技術研究開発拠点である横須賀リサーチパーク（YRP）が開業すると、YRPで働く研究者やエンジニアによる利用が多くなり、街の様子も大きく変わり、翌年は「野比」から「YRP野比」へと駅名が改称されている。

京急長沢と津久井浜は、三浦富士、砲台山、武山を巡るハイカーたちのベース・ステーション。三浦富士は標高183メートルだが山頂からの眺望は絶佳。相模湾から東京湾まで、伊豆大島や房総半島が望める。山頂には明治時代の登山記念碑がある。

三浦富士からの眺望

「海越えて　鋸山はかすめども　此処の長浜浪立ちやまず」

なる一首を詠んだ。

野比から長沢、津久井と金田湾に面した一帯は海岸が続いている。青木繁が訪れ、若山牧水が歌を詠んだ時代は白砂青松の海岸だった。東京湾の向こうには房総半島は近く、富津市の海岸が望め、鋸山独特の山容もわかるほどだった。

それから1世紀近く――青木繁がルソーの画の如くと感じた麦畑はなくなり、眺望絶佳だった海岸線にも都市化の波が押し寄せた。昭和30年代には見られた青松は枯れてすっかり姿を消し、白砂は減少し、代わりに波消しブロックが大威張りといった具合だ。けれども対岸には青い海を挟んで房総半島が間近に見え、海岸線近くを走る国道134号線はドライブやサイクリングに最適で、サイクリスト用にマイルストーンも設置されている。

長岡半太郎記念館・若山牧水資料館

世界的物理学者の記念館と漂白の歌人の資料館が同じ建物に同居している。長岡半太郎は明治36年、世界に先駆けて原子模型を発表するなど内外の物理学者に多大な影響と業績を残した。博士愛用の計算尺などが展示されている。牧水は酒をこよなく愛し、「156センチ、体重50キロ」と小柄な体で「酒量1日2升6合」云々。

横須賀市長沢2-6-8
京急長沢駅から徒歩12分。入館料無料。午前9時から午後4時まで。休館日は月曜日と年末年始

陸軍陸地測量部発行 1/25000地形図「浦賀」

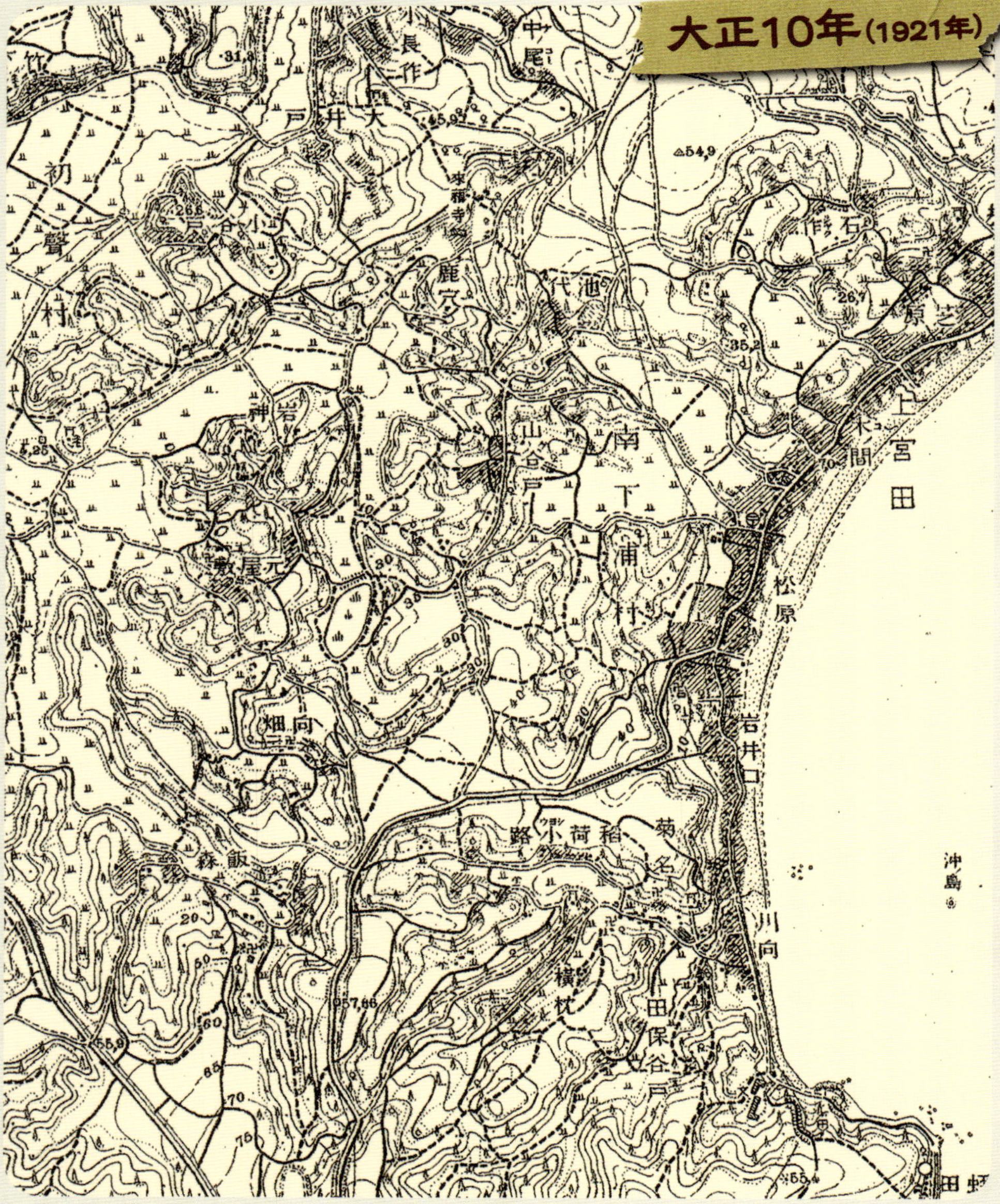

大正時代の三浦市東部の地図である。中央右側に見える「南下浦村」は明治22年(1889)の町村制施行で、三浦郡金田村・上宮田村・菊名村・毘沙門村・松輪村が合併して誕生。昭和15年に南下浦町となり、昭和30年に三浦郡三崎町・初声村と合併、三浦市となっている。地図右側の海は、漁港の朝市で観光客を集めている金田湾である。鉄道も走っていなかった時代、三浦観光の大変さは左ページの別項で触れている。

久里浜線

三浦海岸・三崎口

明治の昔から観光地だった

三浦海岸駅

開業年	昭和41(1966)年7月7日
所在地	神奈川県三浦市南下浦町上宮田1497
キロ程	11.2km(堀ノ内起点)
駅構造	2面2線(高架)
乗降客	11,658人

三崎口駅

開業年	昭和50(1975)年4月26日
所在地	神奈川県三浦市初声町下宮田495
キロ程	13.4km(堀ノ内起点)
駅構造	2面2線(地上)
乗降客	17,926人

三浦観光おトク切符

三浦海岸駅前には大きな河津桜がある。季節ともなれば桜まつりで賑やかになるが、駅に降り立ったのは4月上旬の平日昼下がり。「三崎のまぐろと地魚の店」等々、駅前の飲食店ストリートも暖簾は出ているものの、静かなものだった。

砂浜で子どもたちが遊ぶ三浦海岸

三浦海岸は駅からゆっくり歩いて10分ほど。夏ともなれば海水浴客で賑わう海辺も時季外れとあれば静かなものだ。砂浜に降りる階段のところでそれぞれ子供を連れた三浦マダム数人が仲良くおしゃべりタイム。子どもたちは砂遊びだ(写真参照)

三浦海岸駅は京急長沢、津久井浜と同じ昭和41(1966)年の開業だが、前2駅より若干遅く7月7日。何が何でも海水浴シーズンに間に合わせるという鉄道側の思いが伝わってくる開業日

大正時代の三浦半島ガイドブック

旅行ガイドブックも大正時代から昭和に入る頃になると、グッと丁寧になっている。大正14年発行の『四五日の旅：名所回遊』は4泊5日の旅行のプランの一つに下記の如くの横浜〜三浦半島を提案し、費用の目安も上げている。
第1日：横浜見物〜杉田を経て金沢泊／第2日：金沢発〜横須賀〜浦賀〜ペルリ記念碑〜三崎泊／第3日：三崎滞在／第4日：三崎発〜逗子または葉山泊。
東京から横浜へ：省線電車にて新橋から桜木町まで50分43銭、品川から40分38銭。京浜電車にて品川から神奈川まで34銭、神奈川にて市電に接続。
横浜市街電車：全線均一片道7銭、往復13銭。
横浜〜杉田（1里）：自動車1円、金沢へ（3里）自動車1円50銭。
金沢の旅館：宿料3円乃至5円。
金沢〜逗子：自動車20分、76銭。
金沢〜田浦：人力車1時間1円（和船2時間3円）
横須賀〜浦賀間2里：自動車30分1円（馬車1時間26銭）
浦賀〜三崎間4里強：自動車1時間1円50銭（馬車2時間60銭）
「三浦半島周遊切符」は東京〜逗子〜三崎〜浦賀〜横須賀で、1泊2日で宿泊地は三崎。一切の経費を含む。料金約8円、主なる駅にて発売云々とある。

建設省地理調査所発行 1/25000地形図「浦賀」

右ページから四半世紀経ってもほとんど変わりない。戦後、京急が三浦観光に本腰を入れ始めるのは昭和24年から。その年2月、横浜〜三崎間の急行バスの運行を始め、翌年には品川〜三崎間の急行バスを開業している。このころ、京急の初乗り運賃は大人5円、子供3円。品川〜三崎急行バスの料金は片道190円。三浦海岸〜三崎口が開通するまで、京急バスが大車輪の活躍をしていた。

三浦半島の海の表玄関三崎漁港。

三崎漁港と城ヶ島

漁港周辺には、マグロ料理などの店が並び、東京から気軽に訪れられる日帰り観光地。マグロが目的なら「みさきまぐろきっぷ」がお得。三浦海岸駅または三崎口から京急バスで三崎漁港下車すぐ。三崎漁港から城ヶ島へは京急バスで十数分。レンタルサイクル、渡し船などを使って、ぐるっと回ることも出来る。城ヶ島絵への入口でもある城ヶ島大橋は全長575m、高さ21m。レンタサイクルで走るのも痛快、爽快。食べて遊んでまた食べて、1日たっぷり楽しめる。

だ。一番電車からの混雑が目に浮かぶ。
　三浦観光が大きく多様化していくのは、昭和50年4月26日の三崎口駅開業からだろう。横須賀と大磯を結ぶ国道134号線に面した駅前から多方面への路線バスが出ている。油壺マリンパーク、三戸海岸、三崎港、城ヶ島、浜諸磯、通り矢、ソレイユの丘、長井、横須賀駅等々16路線だ。
　京急は往復乗車券に加えてエリア内ならバスなども乗り放題の三浦半島フリー切符も発売している。1日有効の1

国土地理院発行 1/25000地形図「浦賀」

昭和38年（1963年）

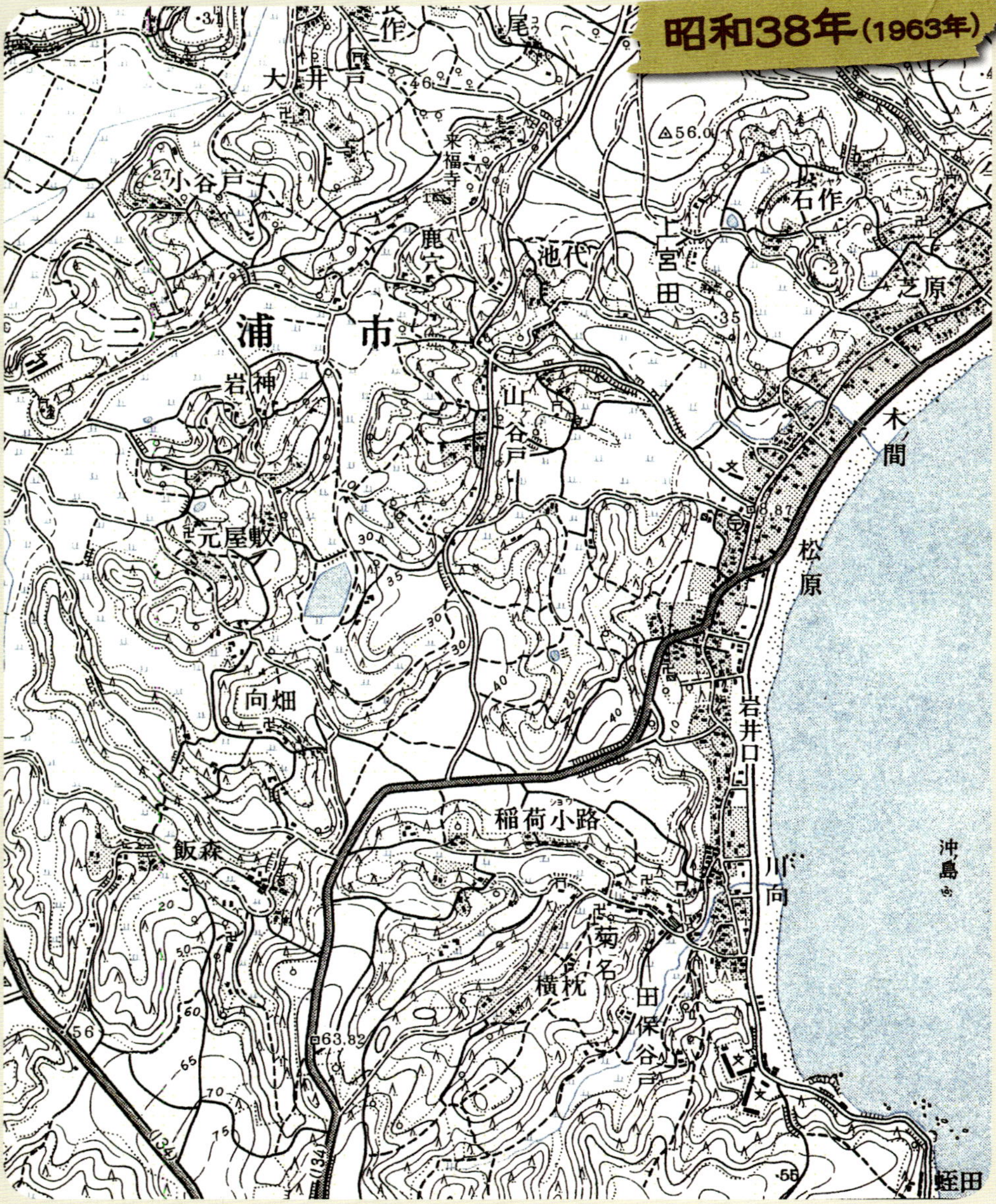

昭和38年は東京オリンピック・東海道新幹線開通の前年となるが、京急が久里浜以遠の野比～津久井浜間を開業するのは3年後の昭和41年3月。その3ヶ月後の7月7日、津久井浜～三浦海岸が開通した。三浦半島観光の夜明けだった。京急はその日花列車を走らせ、押し寄せる乗客をさばくため品川～三浦海岸間を終日10分間隔で運行。三浦海岸には特設ステージを設けて開通記念のフラダンスショーを開催した。

田山花袋の三崎紀行

三崎は江戸時代にあっては、有名な和船の港であった。城ヶ島の細い海峡があるので、その中にさえ入れば、船はいかなる風浪でも支障することが出来た。伊豆の諸島へ行く便船は皆、此処で日和を待って出帆して行くのを例としていた。その自分は、三崎はさぞ賑やかであったことであろう。港はすべて帆船で蔽われるようであったろう。女や酒の歓楽も今に比べては非常に盛んであったろう――紀行文の達人でもあった田山花袋が大正7年（1918）に著した『一日の行楽』（博文館刊）における三崎港である。

花袋が実兄と友人の3人で三浦半島の松輪の海水浴にでかけた時の紀行の一節だが、花袋は三崎から三浦半島の西海岸を通って葉山に出ていく間の景観に感嘆している。

「長井付近の海岸は、遥かに伊豆の天城山群の右に富士山を見晴らして、何とも言われない好い景色であった」云々。

三崎口売店で見かけたサザエに蛤

DAY切符は1920円（品川から）2DAY切符は2030円（同）と実にお得。また、電車&バス乗車券に「まぐろまんぷく券」がセットになった「みさきまぐろきっぷ」3500円（1日有効）も人気という。

久里浜線が三崎口まで延伸する前は、電車で行く三浦半島観光は久里浜あるいは新逗子からだったことを考えると、その利便性は雲泥の差だ。

明治41年三浦繁昌記

三浦半島観光はすでに明治時代からガイドブックが出ているほどだ。明治41年発行の『三浦繁昌記』から一部要約すると――

…三崎町より浦賀まで4里4丁。毎日2回、馬車の便あり（42銭）

汽船は毎日2回、午後10時及び11時に出帆。浦賀を経て東京へ、及び東京・房州へ。

「城ヶ島の雨」と大正2年

♪雨はふるふる城ヶ島の磯に利休鼠の雨がふる～♪北原白秋作詞、梁田貞作曲・独唱で歌われた「城ヶ島の雨」は大ヒット。城ヶ島の名を一躍世間に知らしめた。大正2（1913）年10月30日のことだ。城ヶ島大橋の袂に北原白秋記念館及び歌碑が立つのは、三浦半島の城ヶ島を世に広めた地元の謝意でもある。

城ヶ島にとっては記念すべき大正2年だが、その時代相は日米関係が危険領域に入った時期で、米国カリフォルニア州で排日土地法が成立した年にあたっている。この法律は日本人移民の土地所有及び3年以上の賃借を禁止したものだ。

カリフォルニアで点火された排日機運は年を追うごとに全米に拡がり、大正13年には一切の日本人移民を禁止した排日移民法が成立した。同法に対する日本国内の反発は強く、新聞各紙は共同講義を発表。抗議集会も各地で開かれた。列島に広がる反米風潮は、アメリカ風だんだら模様の水着もすたれるなどのエピソードも残されている。

国土地理院発行 1/25000地形図「浦賀」

三浦海岸～三崎口が開通したのは昭和50年4月のことだ。それから10年後の京急沿線だが、丘陵地にも開発の手が入っているのが見て取れる。三浦海岸駅から三崎口駅の間に位置する京急ニュータウン三浦海岸の全造成工事が完了したのはこの年の3月。戦時中に軍部の要請で開業させられた形の久里浜線だったが、長い年月をかけて三浦半島の観光振興と市街化となって結実した。

小網代より大崩古戦場を経て葉山方面には人力車。

三浦郡の中央を貫き、長井、初聲、衣笠等を過ぎて横須賀へ出るには三崎より長井まで人力車。長井より横須賀までは毎日数回の馬車便あり。

旅館は7軒。海水浴場あり。毎年6月から9月までは東京その他から絶えず800人くらいの避暑客が入り込むので、7軒では収容しきれず、普通の民家を借り住む。

夏涼しく、冬暖か、風景に富み、古跡多く、ことに肺病患者の療養に適しているが、交通不便なため、あまり別荘も出来ない。

地価も今のうちなら安い。交通も次第に便利となるので、目の早いものはすでに地所買い占めに着手の噂。

花街は日の出町の外れ、入江の奥の諏訪町に妓楼3軒、芸妓7名。

――『三浦繁昌記』は横須賀は浦賀、三崎などの歴史をたどりながらその街の現在を伝えているもので、大正時代のガイドブックと比べると大雑把だが、明治後期の三浦半島の現状が伝わってくる。

このころはまだ、車は輸入車がちらほら程度。日本初のタクシー会社が発足するのは大正元年だ。

三浦半島への鉄道は横須賀止まりの横須賀線一本。あとは乗合馬車と人力車、そして船便しかアクセスがなかった時代、不便を乗り越えて三崎周辺まで足を運んでいたのが、明治の人士であった。

【著者プロフィール】

坂上 正一（さかうえ しょういち）

東京・深川生まれ、1972年東京都立大学経済学部卒業。日刊電気通信社に3年ほど在籍後、日本出版社に就職。その後、フリーランスとして生活文化をフィールドとして活動。2006年、新人物往来社『別冊歴史読本　戦後社会風俗データファイル』に企画・編集協力で参画後、軸足を歴史分野に。かんき出版でビジネス本にたずさわりながら2011年、同社から『京王沿線ぶらり歴史散歩』『地下鉄で行く江戸・東京ぶらり歴史散歩』を「東京歴史研究会」の名で上梓。2014年、日刊電気通信社から『風雲家電流通史』を上梓。現在は新聞集成編年史を主資料に明治・大正・昭和戦前の生活文化年表づくりに取り組み中。

【写真提供】

小川峯生、荻原二郎、朝日新聞社、国立国会図書館、京浜急行電鉄株式会社

【写真撮影（現在の写真）】

竹内正行

【沿線案内図提供】

生田 誠

京急全線古地図さんぽ

2018年7月15日　第1刷発行

著　者……………………坂上 正一
発行人……………………高山和彦
発行所……………………株式会社フォト・パブリッシング
〒161-0032　東京都新宿区中落合2-12-26
TEL.03-5988-8951 FAX.03-5988-8958
発売元……………………株式会社メディアパル
〒162-0813　東京都新宿区東五軒町6-21（トーハン別館3階）
TEL.03-5261-1171 FAX.03-3235-4645
デザイン・DTP ………柏倉栄治（装丁・本文とも）
印刷所……………………株式会社シナノパブリッシングプレス

ISBN978-4-8021-3108-7 C0026

本書の内容についてのお問い合わせは、上記の発行元（フォト・パブリッシング）編集部宛てのEメール（henshuubu@photo-pub.co.jp）または郵送・ファックスによる書面にてお願いいたします。